風險
保險學

主編　石大安

高等院校創新型系列精品規劃教材

風險保險學

主　編： 石大安

副主編： 範全歡　吳志鋒　張美惠　陳　敏　鐘　潔
　　　　　高　偉　高利強　白加良　熊殷泉　段曉波
　　　　　王　娟　龐　磊　宋　楠

編　委（按姓氏拼音排序）
　　　　　陳世懷　方豔花　郭雪蓮　金　虎　李喬玲
　　　　　馬雲江　穆穎超　石志紅　王旭東　王周紅
　　　　　吳燕祥　楊發瓊　楊立麗　楊秋月　葉綠原
　　　　　楊　敏　岳浩生　於良君　楊慧賓　劉　爽
　　　　　孔小力　劉雅寧　李盼盼　趙　瑜

內容簡介

　　風險與保險是一門新興的、快速發展的獨立分支學科。它研究的對象是風險與保險的關係，既研究風險，又研究保險以及什麼樣的風險能夠用保險處理。

　　本書緊密聯繫實際，從各個不同的角度進行具體的風險與保險的研究，分析研究了風險的特徵、風險成本、風險處理方法、風險管理與保險的關係、保險的功能與作用、保險的原則、責任風險與保險、信用保證風險與保險、農業風險與保險、財產損失風險與保險、旅遊風險與保險、人身風險與保險、生態風險與保險、保險市場與保險監管等當今存在的風險與保險熱點問題。該新興學科的建立，不僅為深入貫徹落實科學發展觀、推進全面建成小康社會提供了一些新思路和新舉措；而且在學術上涉獵了一些新領域的內容，突顯了針對性和實用性，具有由淺入深、簡繁結合、易教易學的特點，有一定的先進性和前瞻性。

前言

　　風險保險學是一門新興的、快速發展的學科。它既研究風險，又研究保險。有句俗話說得好：「無風險，無保險。」由此可見風險與保險之間的密切聯繫了。

　　本書編寫時注意貫徹基礎知識、基本原理與創新能力培養相結合的原則。在加強基本理論、基本方法和基本技能論述的同時，盡可能增加國內外有關風險保險學理論與實踐發展的新內容，反應新的研究成果與發展趨勢，使本書具有一定的先進性和前瞻性。

　　編者在編寫《風險保險學》一書時，在對基本原理做概述的同時，還非常注意其基本原理的實際應用，力爭使其既有一定的理論深度，同時又具有應用與指導的價值，以便達到學以致用的目的。

　　為了保證編寫質量，我們邀請了有關專家、教授參與編寫工作，力求使本書達到較高的學術水平，並具有一定的特色。但由於經驗不足和水平有限，難免會有一些問題和缺點，敬請廣大讀者和專家批評指正。

編　者

目 錄

第一章 緒論 … (1)
一、風險保險學的研究對象 … (1)
二、風險保險學的研究方法 … (3)
三、學習風險保險學的意義 … (6)

第二章 風險概論 … (8)
第一節 風險的概念 … (8)
一、風險的含義 … (8)
二、風險要素 … (9)
三、風險的特徵 … (10)
四、風險成本 … (11)

第二節 風險的種類 … (12)
一、按風險的性質分類 … (12)
二、按風險的環境分類 … (13)
三、按風險的標的分類 … (13)
四、按風險的因素分類 … (14)
五、按風險的範圍分類 … (15)
六、按風險的程度分類 … (15)
七、按風險的主體分類 … (15)

第三章 風險管理 … (17)
第一節 風險管理概述 … (17)
一、風險管理的概念 … (18)
二、風險管理的分類 … (18)
三、風險管理的目標 … (18)
四、風險管理的意義 … (20)
五、風險管理的程序 … (21)

第二節 風險處理的方法 … (22)
一、風險控製型處理方法 … (22)
二、風險財務型處理方法 … (24)

第四章 保險概論 … (31)
第一節 保險的產生和發展 … (31)
一、原始保險的產生 … (31)
二、商業保險的產生 … (33)

1

目 錄

　　三、世界保險業的發展 ……………………………… (38)
　　四、中國保險業的發展 ……………………………… (43)
第二節　可保風險 ………………………………………… (47)
　　一、可保風險的定義 ………………………………… (47)
　　二、可保風險的條件 ………………………………… (47)
第三節　保險的概念 ……………………………………… (49)
　　一、保險的概念 ……………………………………… (49)
　　二、保險的特徵 ……………………………………… (50)
　　三、保險要素 ………………………………………… (51)
第四節　保險的功能 ……………………………………… (52)
　　一、經濟補償功能 …………………………………… (52)
　　二、資金融通功能 …………………………………… (53)
　　三、社會管理功能 …………………………………… (54)
第五節　保險的作用 ……………………………………… (55)
　　一、保險在微觀經濟中的作用 ……………………… (55)
　　二、保險在宏觀經濟中的作用 ……………………… (56)
第六節　保險的分類 ……………………………………… (57)
　　一、按照經營目的分類 ……………………………… (57)
　　二、按照實施方式分類 ……………………………… (58)
　　三、按照保險標的分類 ……………………………… (58)
　　四、按照風險轉移方式分類 ………………………… (58)
　　五、按照保險保障對象分類 ………………………… (59)
第七節　保險的原則 ……………………………………… (60)
　　一、保險利益原則 …………………………………… (60)
　　二、最大誠信原則 …………………………………… (64)
　　三、近因原則 ………………………………………… (75)
　　四、損失補償原則 …………………………………… (78)
　　五、代位追償原則 …………………………………… (80)
　　六、重複保險分攤原則 ……………………………… (84)

第五章　保險合同 ………………………………………… (87)
　第一節　保險合同的概述 ………………………………… (87)
　　一、保險合同的概念 ………………………………… (87)
　　二、保險合同的特徵 ………………………………… (88)
　　三、保險合同的分類 ………………………………… (91)

目 錄

第二節 保險合同要素 …………………………… (92)
 一、保險合同主體 …………………………… (92)
 二、保險合同客體 …………………………… (94)
 三、保險合同內容 …………………………… (95)
 四、保險合同形式 …………………………… (98)

第六章 財產損失風險與保險 …………………… (102)
 第一節 財產風險與保險概述 …………………… (102)
  一、財產風險概述 …………………………… (102)
  二、財產保險概述 …………………………… (103)
 第二節 火災保險 …………………………………… (106)
  一、火災保險的概念和特點 ………………… (106)
  二、火災保險的適用範圍 …………………… (107)
  三、火災保險的組成 ………………………… (107)
  四、火災保險的主要險種 …………………… (107)
  五、團體火災保險的基本內容 ……………… (108)
 第三節 機動車輛保險 …………………………… (111)
  一、機動車輛保險概述 ……………………… (111)
  二、車輛損失基本險 ………………………… (112)
  三、機動車輛保險的附加險 ………………… (115)
  四、機動車輛保險的賠償處理 ……………… (116)
  五、購買汽車保險的六大原則 ……………… (118)
 第四節 貨物運輸保險 …………………………… (119)
  一、貨物運輸保險概述 ……………………… (119)
  二、貨物運輸保險的主要內容 ……………… (120)
  三、貨物運輸險涉及的損失 ………………… (120)
  四、貨物運輸險的免責及終止 ……………… (121)
  五、國際貨物運輸險程序 …………………… (122)
 第五節 工程保險 ………………………………… (122)
  一、工程保險概述 …………………………… (122)
  二、工程保險的責任範圍 …………………… (124)
  三、工程保險的主要險種 …………………… (125)
 第六節 企業財產保險 …………………………… (132)
  一、企業財產保險概述 ……………………… (132)
  二、企業財產保險的內容 …………………… (133)

目　錄

　　三、企業財產保險的類別 ……………………………（135）
　　四、保險金額與保險期限 ……………………………（136）
　　五、賠償金額的計算 …………………………………（138）
　　六、利潤損失保險 ……………………………………（138）
第七節　家庭財產保險 …………………………………（140）
　　一、家庭財產保險概述 ………………………………（140）
　　二、保險的標的範圍 …………………………………（142）
　　三、家庭財產保險的責任範圍 ………………………（143）
　　四、保險金額與保險費率 ……………………………（144）
　　五、家庭財產保險的賠償處理 ………………………（144）
　　六、被保險人義務 ……………………………………（144）
　　七、投保家庭財產保險的注意事項 …………………（145）

第七章　責任風險與保險 …………………………………（147）
第一節　責任風險與保險概述 …………………………（147）
　　一、責任風險 …………………………………………（147）
　　二、責任保險概念與類型 ……………………………（148）
　　三、責任保險的基本內容 ……………………………（150）
第二節　公眾責任保險 …………………………………（152）
　　一、公眾責任保險概念 ………………………………（152）
　　二、公眾責任保險的責任範圍 ………………………（153）
　　三、公眾責任保險的賠償限額 ………………………（154）
　　四、公眾責任保險的費率與保險費 …………………（154）
第三節　雇主責任保險 …………………………………（154）
　　一、雇主責任保險概念 ………………………………（154）
　　二、雇主責任保險的責任範圍 ………………………（155）
　　三、雇主責任保險的賠償 ……………………………（155）
　　四、雇主責任保險的費率與保險費 …………………（156）
　　五、雇主責任保險的附加險 …………………………（156）
第四節　產品責任保險 …………………………………（156）
　　一、產品責任與產品責任保險 ………………………（156）
　　二、產品責任保險的責任範圍 ………………………（157）
　　三、產品責任保險的賠償 ……………………………（157）
　　四、產品責任保險的費率與保險費 …………………（158）
　　五、產品責任保險和產品質量保險的區別 …………（158）

4

目 錄

第五節 職業責任保險 …………………………………（159）
    一、職業責任保險概述 ………………………………（159）
    二、職業責任保險的承保方式 ………………………（160）
    三、職業責任保險的保險責任和除外責任 …………（160）
    四、職業責任保險的費率 ……………………………（161）
    五、職業責任保險的主要分類 ………………………（161）

第八章 信用保證風險與保險 ……………………………（164）
  第一節 信用風險 ………………………………………（164）
    一、信用風險簡介 ……………………………………（164）
    二、信用風險的特徵 …………………………………（164）
    三、信用風險的后果影響 ……………………………（165）
  第二節 信用保險 ………………………………………（165）
    一、信用保險的內容 …………………………………（165）
    二、信用保險的作用 …………………………………（166）
    三、信用保險的分類 …………………………………（166）
  第三節 保證保險 ………………………………………（168）
    一、保證保險的內容 …………………………………（168）
    二、保證保險的功能和範圍 …………………………（168）
    三、保證風險的分類 …………………………………（169）
    四、保證保險與保證的異同 …………………………（170）

第九章 人身風險與保險 …………………………………（174）
  第一節 人身風險與保險概述 …………………………（174）
    一、人身風險概述 ……………………………………（174）
    二、人身保險的概述 …………………………………（174）
    三、人身保險的分類 …………………………………（176）
  第二節 人壽保險 ………………………………………（178）
    一、人壽保險的概念 …………………………………（178）
    二、人壽保險的特點 …………………………………（179）
    三、人壽保險的作用 …………………………………（181）
    四、人壽保險的分類 …………………………………（182）
  第三節 人身意外保險 …………………………………（188）
    一、人身意外保險的概念 ……………………………（188）

目　錄

　　二、人身意外保險的類型 ……………………………………（189）
　　三、意外傷害保險的基本內容 ………………………………（193）
第四節　健康保險 …………………………………………………（195）
　　一、健康保險的概念 …………………………………………（195）
　　二、健康保險的特徵 …………………………………………（196）
　　三、健康保險的分類 …………………………………………（198）
　　四、健康保險的常用條款 ……………………………………（199）

第十章　旅遊風險與保險 ……………………………………………（202）
　第一節　旅遊風險 …………………………………………………（202）
　　一、旅遊風險的內容 …………………………………………（202）
　　二、旅遊風險的種類 …………………………………………（203）
　第二節　旅遊保險 …………………………………………………（204）
　　一、旅遊保險的概念和類型 …………………………………（204）
　　二、旅遊保險的保障和投保方式 ……………………………（205）
　　三、購買人群及注意事項 ……………………………………（205）

第十一章　農業風險與保險 …………………………………………（207）
　第一節　農業風險概述 ……………………………………………（207）
　　一、農業風險的內容 …………………………………………（207）
　　二、農業風險的種類 …………………………………………（208）
　　三、制度變遷對農業風險的影響 ……………………………（209）
　第二節　農業保險概述 ……………………………………………（211）
　　一、農業保險的含義 …………………………………………（211）
　　二、農業保險的特徵 …………………………………………（211）
　　三、農業保險的分類 …………………………………………（215）
　第三節　種植業保險 ………………………………………………（216）
　　一、種植業保險的內容 ………………………………………（216）
　　二、種植業保險的分類 ………………………………………（217）
　　三、種植業保險的基本技術方法 ……………………………（217）
　第四節　養殖業保險 ………………………………………………（220）
　　一、養殖業保險的內容 ………………………………………（220）
　　二、養殖業保險的分類 ………………………………………（220）

目錄

第十二章 再保險 (222)
第一節 再保險概述 (222)
一、再保險的概念 (222)
二、再保險的職能 (224)
三、再保險的作用 (225)
第二節 再保險的形式和種類 (227)
一、再保險的形式 (227)
二、再保險的種類 (228)

第十三章 生態風險與保險 (233)
第一節 生態風險概述 (233)
一、生態安全 (233)
二、生態風險的內容 (235)
三、生態風險導致的損失后果 (237)
第二節 環境責任保險概述 (238)
一、環境責任保險的內容 (238)
二、環境污染責任保險現狀 (239)
三、開展環境保險的意義 (241)

第十四章 保險市場與保險監管 (243)
第一節 保險市場 (243)
一、保險市場的概述 (243)
二、保險市場的組織形式 (247)
第二節 再保險市場 (253)
一、再保險市場的特點 (253)
二、再保險市場的組織形式 (254)
三、世界主要的再保險市場 (256)
四、中國再保險市場 (258)
第三節 保險市場監管 (261)
一、保險市場監管概述 (261)
二、保險市場的監管內容 (263)

第一章 緒論

學習要點：
◇ 瞭解風險保險學的對象、內容和性質
◇ 瞭解風險保險學的研究方法
◇ 瞭解學習風險保險學的意義

一、風險保險學的研究對象

（一）風險保險學的研究對象

每門學科都有自己特殊的研究對象，並以此與其他學科區別開來。風險保險學的研究對象是什麼呢？

首先，風險是風險保險學的研究起點。古人雲：「天有不測風雲，人有旦夕禍福。」在現實生活中，不論是「不測風雲」還是「旦夕禍福」，都是由客觀存在的風險引起的。風險不僅存在於人的生產活動中，也廣泛地存在於人的非生產活動中。因此排在我們面前的對象，首先是風險（關於風險的詳細論述，請參見本書第二章）。風險是風險保險學的研究起點，「無風險則無保險」，而風險存在於人類活動中的各個角落。

其次，風險與保險的關係是風險保險學的研究對象。風險保險學以風險為研究對象，但並不是一般的研究風險，而是通過對風險的主要特徵及主要風險類型的分析，來尋求對付風險的辦法，也就是要對風險進行有效的管理。但是風險管理的方法有很多種，風險保險學則選擇其中最重要的一種方法——保險來研究，具體說來就是怎樣的風險，可以用保險來處理。

最後，風險保險學不可避免地要研究保險的具體內容。現代保險學界有句俗語說得好：「無風險，無保險。」由此可見風險與保險之間的密切聯繫。保險作為應對風險的方法之一，有別於其他風險管理方法的特徵。而保險本身的特性，就決定了某些風險是不能通過保險來規避的，但是保險作為一種工具，卻是隨著技術的發展，而不斷的進步，以前不能使用保險規避的風險，現在卻可以規避了。

目前，風險保險學在風險管理和保險領域中的運用主要是以服務於中國經濟為目

的的，以當代中國經濟結構轉型和經濟社會發展建設中的各種經濟風險與保險問題為主要的研究對象，探究在經濟領域中，風險與保險變化的規律。

風險保險學是一門新興的、快速發展的學科，從趨勢上看，風險保險學的重點將轉向實用性較強的社會問題，尤其是要關注那些可能成為社會熱點的重大問題，例如環境污染和環境保險的相關問題的研究。

風險保險學的內容決定於風險保險學的研究對象，風險保險學的內容是風險保險學的研究對象的具體表現。從這種意義上說，風險保險學的內容和風險保險學的研究對象是統一的。然而，兩者之間也存在著一定的差別。一門科學的對象是指某一現象領域中的某種特殊關係，因此，一門科學只能有一個研究對象，而一門科學所涉及的內容則是多方面的。不僅如此，任何一門科學的研究對象及其性質都不是孤立存在的，對於一門科學的研究，除了要研究這門科學的對象本身以外，還要研究與這門科學的對象相關的各個領域，以及它們之間的相互關係。風險保險學的對象與其內容的關係也是如此。風險保險學的研究對象只有一個，即風險與保險之間的關係，而風險保險學的研究內容則相對廣泛得多。總的說來風險保險學包括兩個方面的內容：一是關於風險的內容，二是關於保險的內容。

1. 關於風險

風險通常用於表示不確定性，它幾乎在個人和組織發展的過程中創造各種問題和機遇。無論是誰，不管是達官貴人，還是販夫走卒都面臨著風險並以各種方式來應對。有時候一個風險可能被人們有意識的分析和管理，但是大多數的風險都被人們忽視了。風險的具體內容主要有兩個方面：一是對風險的認識。主要包括風險是什麼、風險的影響因素有哪些兩個方面的內容。二是如何處理風險，即風險管理方面。主要包括風險管理的流程、風險管理的工具、風險管理的思想等。

2. 關於保險

保險本身是一種契約，一種可轉移風險的商業契約。作為商業契約的本質，自然是一種商品關係的反應。這種商品關係指保險當事人雙方之間遵循商品等價交換原則，通過簽訂保險合同的法律形式確立雙方的權利與義務，實現保險商品的經濟補償功能。在保險商品關係中，一方當事人按照合同的規定向另一方繳納一定數額的費用，另一方當事人按照合同的規定承擔經濟補償責任，即當發生保險事故或出現約定事件時，保險人按照合同規定的責任範圍，對對方的經濟損失進行補償或給付，以保障對方的生產或生活的正常運行。保險商品關係既是一種經濟關係，又是一種法律關係。保險商品關係的具體內容主要體現在以下四個層面：

第一，保險當事人之間的關係。保險當事人之間的關係是指保險人與投保人、被保險人、保險受益人之間因保險商品交換而形成的相互關係。保險人作為保險商品經營的主體，在為投保人或被保險人提供保險商品服務的過程中，與客戶結成一定的社會經濟關係，即商品交換關係。聯結保險當事人權利與義務關係的紐帶是保險合同。由保險合同確定的保險當事人之間的關係表現為一種法律關係。保險法律關係是保險經濟關係的表現形式，保險經濟關係是保險法律關係的存在基礎。

第二，保險當事人與保險仲介人之間的關係。這種關係一方面表現為保險人與保

險代理人、保險經紀人、保險公估人等之間因經營保險業務而形成的保險商品交換關係，另一方面表現為保險代理人、保險經紀人、保險公估人等與被保險人或保險受益人等之間因從事保險代理、保險經紀、保險公估活動而產生的保險商品交換關係。

第三，保險企業之間的關係。保險企業之間的保險商品關係包括保險公司之間，原保險公司與再保險公司之間以及再保險公司之間因保險經營活動而產生的保險商品關係。目前，中國保險市場上存在的保險企業，從性質上看，有國有獨資保險公司與股份有限保險公司；從形式上看，有內資保險公司、外資保險公司和中外合資保險公司；從業務內容上看，有財產保險公司、人身保險公司、再保險公司；從經營範圍上看，有全國性保險公司、區域性保險公司等。隨著改革開放政策的進一步貫徹落實，社會經濟的深入發展，還會出現一些其他形式的保險企業，從而形成一種不同經濟結構，不同層次，不同形式並存的保險市場格局。這些保險企業，不論其規模大小，實力強弱，在市場經濟中均處於平等地位。為了各自的經濟利益，它們在保險經營活動中既存在相互競爭關係，又存在相互協作關係。

第四，國家對保險業實施監管而形成的管理與被管理的關係。這種關係是指國家保險主管機關對在本國領土上從事保險業務的保險人和從事保險仲介業務的保險仲介人實施監管而形成的管理與被管理的關係。具體表現在兩個方面：一是政府與保險企業之間的關係。政府實施宏觀調控，根據保險市場的需要，決定是否批准成立新的保險企業等。政府對國家負責。企業按政府規定經營保險業務，自主經營，自負盈虧，自我約束，自我發展。二是監管者與被監管者之間的關係。保險商品關係本質上是一種商品經濟關係。只要存在商品經濟關係，必然有保險市場的競爭。為了保障保險企業的正常經營，保護保險當事人的合法利益，宏觀上需要對保險市場進行管理，包括經濟手段的管理、行政手段的管理和法律手段的管理，從而形成一種為保證保險商品交換正常運作的管理與被管理的關係。

(二) 風險保險學的學科性質

任何一門學科都要明確研究對象，也要明確其學科性質，而學科性質是由研究對象規定的。風險保險學在確定了自己的研究對象的同時，也就規定了它的學科性質，它是具有應用性和邊緣性的學科。

風險保險學是風險管理和保險學的交叉學科，是以風險學和保險學為主幹，緊密聯繫實際，從各個不同的角度進行具體的風險與保險的研究，從而逐步建立起來的新的科學。風險保險學主要是以經濟活動中的風險與保險關係的變化及規律性為研究對象，以提高人們運用保險規避風險能力為中心任務的一門學科。這就明確了風險保險學是一門應用性學科。同時它是建立在風險管理學、保險學、自然科學的基礎之上，並運用這些學科的理論、原則和方法來研究經濟活動過程中的風險現象並如何規避的一門科學，所以它又是一門邊緣性學科

二、風險保險學的研究方法

風險保險學的研究方法主要有兩種：一是一般的研究方法，即哲學思維方法；二

是具體的研究方法。

(一) 風險保險學研究的一般方法

1. 唯物辯證法

在風險保險學中使用唯物辯證法，就是要在研究和學習中堅持以下基本觀點：

(1) 唯物的觀點。物質是第一性的，意識是第二性的，存在決定意識，而不是相反。按照這一觀點，風險保險學的研究不應當從「理性」「正義」或人的主觀意識和心理因素出發，而應從客觀存在的物質生產過程出發，去揭示風險變化與保險發展過程中固有的規律性。風險是損失的可能性，雖然這種損失在當下並不存在，但是影響損失的各種因素，卻是客觀存在的。所以，風險保險學必需嚴格堅持唯物的觀念，對風險和保險進行如實地考查和系統記錄，盡可能地收集完整的資料，不漏掉相矛盾的資料。在分析材料做結論時，必須尊重材料所提供的事實情況，對材料不能簡單取捨，更不能任意添加和臆測，只有這樣，研究才有可能是科學和有用的。

(2) 發展變化的觀點。辯證法認為風險與保險處於不斷運動中。辯證法對現存風險與保險關係的肯定的理解中，同時包含著對它的否定的理解；每一種風險與保險關係都是在不斷地運動中，因而也是從它的暫時性方面去理解。任何風險與保險都必然要經歷一個由量變到質變的過程。在不同環境和條件下，風險與保險關係的性質也是不同的。任何風險與保險都要經歷一個發生、發展和消亡的歷史過程。

(3) 矛盾的觀點。對立統一規律是辯證法的核心內容，也是宇宙間的根本規律。一切風險與保險過程發展變化的決定性的原因和力量，在於它內部固有的矛盾性。風險與保險的內部矛盾是其發展運動永不枯竭的源泉。

(4) 聯繫的觀點。在人類的活動過程中，風險與保險都是在外部環境中，在各種因素彼此相互影響和作用下產生和發展的；同時，風險與風險，風險與保險，保險與保險之間，也是相互影響和相互作用的。因此，風險保險學的研究必須堅持聯繫性原則，不能孤立地看待某一風險或保險現象。要考慮環境各因素與各個風險和保險之間的關係，考慮不同的風險之間以及風險與保險之間的關係，從錯綜複雜的聯繫中去探討其研究對象的心理規律。

2. 歸納演繹法

唯物辯證法既是科學的世界觀，也是科學的方法論。科學的歸納演繹法就是這種科學方法的運用。抽象法包括相互聯繫的兩個科學思維過程。

(1) 歸納法。歸納法就是從具體到抽象，也就是理論研究要從具體的客觀現象出發，深入調查研究，充分佔有實際材料，對所佔有的材料進行辯證的分析，探索事物內在的、本質的、必然的聯繫，揭示經濟運動過程的客觀規律性。運用這一方法進行經濟理論研究，首先要求充分地佔有材料。充分地佔有材料是堅持辯證唯物主義認識論的基礎，只有做到這一點，才有可能對風險過程作出全面的、準確的、客觀的和符合實際的認識，從而抽象出科學的概念和理論。在充分佔有材料的基礎上，堅持辯證思維的理論研究過程，也就是對客觀風險與保險現象進行去粗取精、去偽存真、由此及彼、由表及裡的思維過程，透過現象發現事物的本質，揭示事物的內在聯繫和規律

性。理論研究從具體到抽象的過程，也就是人們對客觀經濟事物從感性認識到理性認識的上升過程。

（2）演繹法。演繹法是理論敘述的方法，也就是安排理論的方法。所謂從抽象到具體，就是理論敘述的邏輯進程從最簡單和最一般的經濟理論範疇出發，逐步上升到複雜和具體的經濟理論範疇，通過理論範疇的上升和轉化，把客觀運動和發展過程在理論上再現出來。風險與保險關係總是一個複雜的整體，包含著多重的規定和關係，正因為它是許多規定的總和，所以是具體的。人們在理論上闡明這種事物，首先需要對那些最簡單和最一般的風險與保險範疇作出理論分析，然後逐步深入分析那些比較複雜的風險與保險範疇，直到最后對這一關係作出全面的、完整的、具體的理論闡析，在理論範疇上達到本質和現象的統一。

（二）風險保險學研究的具體方法

風險是一種在人類活動中的複雜多變的影響因素，對它的研究不可能像其他自然科學那樣用顯微鏡、化學試劑等工具直接進行定性和定量的分析。

風險保險學的研究要有成效，就必須在唯物辯證法的指導下，運用具體的研究方法。風險保險學研究的主要方法有觀察法、調查法、問卷法、模擬法等。在實際從事研究工作時往往是各種方法綜合運用，下面就主要的方法進行介紹：

1. 觀察法

觀察法是一種傳統的、應用廣泛的科學研究方法。

觀察法是有目的、有計劃地通過對研究對象的觀測和計量來判斷風險變化的規律的基本研究方法之一。

觀測法有很多種分類。根據是否限制在一定的時間、空間內進行觀察，分為時間取樣法和情景取樣法。

2. 經驗比較法

風險保險學中每一個概念的形成及理論體系的建立，總是要以千百萬人的實踐經驗為基礎，通過反覆驗證才能完成。由於歷史經驗難免受當時現實條件的局限，因此，認真總結、借鑑歷史經驗，做出科學的假說，對於創立本學科的概念從而形成系統的理論是十分必要的。

近年來，風險保險學的發展過程中，比較研究得到了越來越多的應用。這些比較研究主要包括不同風險和保險之間的比較研究，發達國家和發展中國家之間的風險形式和保險類型的研究。

3. 問卷法

問卷法是運用內容明確、表達正確、回答簡便的問卷表，讓調查對象根據個人情況自行作答的調查方法。此方法近似於民意測驗，常用的問卷調查法有以下三種：

（1）是非法：採用只有「是」與「不是」兩種回答的問卷，讓調查對象根據自己實際情況對每個問題作出「是」與「不是」的回答，不能模棱兩可，也不能不作出問答。

（2）選擇法：要求調查對象在可供選擇的幾種答案中按照個人的實際情況選擇出

一個或幾個。

（3）等級排列法：在問卷中列出多種答案，要求調查對象按其對自己的重要程度依次進行排列。

4. 計量分析法

計量分析法在風險保險學中也被廣泛地運用。在研究影響風險與保險因素的文獻中，計量分析方法具有特別重要的意義，它能夠揭示不同要素之間的數量關聯，從而驗證相關理論在實證層次上的有效性。

5. 案例分析方法

案例分析法是研究者如實、準確記錄某一時間案例發生、發展、變化的過程並進行分析、研究的一種方法。該方法運用於風險保險學中，可以從具體到抽象，從分析到綜合，根據案例中的數據得出有用的結論。如對農業風險的變化狀態的具體研究等問題。

6. 微觀和宏觀分析相結合的方法

微觀分析法是以單個經濟單位所面臨的風險為研究對象，通過研究單個經濟單位的風險狀況說明微觀主體最優選擇的保險對策。宏觀分析通過對整個社會所面臨的風險狀況來說明哪些風險是系統性的，哪些不是系統性的。通過這兩種分析方法的結合，來幫助我們更深入地瞭解風險與保險之間的關係。

7. 博弈理論的應用

博弈論也稱對策論，它研究決策主體的行為在存在相互關聯時，是如何決策並最終實現均衡的。決策主體不僅要考慮自身的決策問題，還要考慮競爭對手的反應，這種決策以及由此形成的均衡就是博弈理論所研究的內容。博弈理論包括博弈主體、博弈規則、行為策略和收益函數四大基本要素。考慮信息的對稱與不對稱問題，博弈過程的可重複性問題，博弈過程中的共謀與否等問題，博弈可形成特殊的均衡與非均衡狀態。將這一理論引入風險保險學中，研究在風險環境中的經濟的行為。

三、學習風險保險學的意義

隨著科技的日新月異，經濟與社會發展的各個方面都發生了巨大變化。在這個過程中，風險成了現代社會的最為重要的特徵之一。風險管理理論就是順應時代發展的產物，保險作為風險管理最重要的技術手段，其地位得到了不斷的提高。在當今社會，風險管理與保險已經滲透到了社會的各個方面。對於當代大學生來說，如何認識風險，如何管理風險，如何利用保險規避風險，都是在未來生活工作的過程中不可避免的問題。因此學習風險保險學的意義在於：

首先，學習這門課程是為了將來從事相關領域的職業作出準備。風險保險學的知識，不僅可以幫助那些希望在保險職業生涯中取得發展的同學邁出重要的一步，而且可以為很多希望從事管理工作的人提供有效的知識儲備。對於一個組織領導而言，為了最大化組織的經營績效，必須能夠精確地理解組織所面臨的風險及其性質，並懂得對損失的正確處理方法。

其次，學習這門課程可以使自己在未來的生活工作中，讓自己和家庭在諸多方面

獲益。第一，你可以更好地瞭解自己生活在其中的世界。為什麼現代經濟社會離不開保險業？為什麼這個社會需要機動車交通事故責任強制保險？為什麼創業創新需要保險來護航？諸如此類的問題，你都可以在學完這門課程之後找到答案。第二，這門課程可以幫助你成為一個更有知識的保險消費者，更精明的安排保險計劃。第三，你將可以用更經濟的方式來處理各種損失風險（這是個人理財最重要的一個方面），不僅能夠避免意外事故造成的生活水平降低，並且可以因為將各種風險置於控製之中而獲得內心的安寧，進而更輕鬆地投入自己的事業和對夢想的追逐。

最後，學習這門課程有利於自己的學術生涯，風險保險學課程將會為你提供一個將各個學科有機融合起來的機會。保險應用和綜合了其他領域的廣泛知識，其寬度幾乎是沒有別的學科可以比擬的。在閱讀完本書之後，你會發現，保險包括了經濟學、統計學、金融學、會計學、管理學、法學、工程學、醫學等各個學科的應用，不僅具有較強的實踐性，而且提供了一種跨學科的思維方式和研究方法。

本章小結：

1. 風險保險學是將風險和保險作為研究對象的學科。
2. 風險保險學的研究具體方法有觀察法、經驗比較法、問卷法、計量分析法、案例分析方法、微觀和宏觀分析相結合的方法以及博弈理論的應用。
3. 風險保險學的研究一般方法有唯物辯證法和歸納演繹法。

復習思考題：

1. 風險保險學是一門研究什麼的學科？
2. 風險保險學研究的對象、內容和性質是什麼？
3. 簡述風險保險學的研究方法。
4. 試述學習風險保險學的意義。

第二章
風險概論

學習要點：
　　◇ 風險的概念、特徵
　　◇ 風險的構成要素及相互關係
　　◇ 風險的分類

第一節　風險的概念

一、風險的含義

在現代經濟生活中，人們經常說到或聽到諸如「股市有風險，入市請謹慎」「這些事情風險很大，還是不要做了」「風險越大，收益越高」「風險與機遇並存」等類似話語。但「什麼是風險」，不同的學者對此卻有不同的理解和認識，國外學者主要有兩大派觀點，即客觀風險說和主觀風險說。客觀風險說以風險的客觀存在為前提，從概率統計的數理觀點出發，認為風險是可以用客觀尺度衡量的事物，也就是在一個較大的範圍內和一個較長的時間裡，依據大數法則和概率論對風險發生的頻率和損失程度進行測定和估計。主觀風險說強調的是「損失」與「不確定性」之間的關係，認為風險是主觀的、個人的和心理上的一種觀念，是人們主觀上的一種認識。該學說對風險的定義純屬個人對客觀事物的主觀估計，而不能以客觀的尺度予以衡量。

國內學術界對風險的定義也沒有統一的說法，這裡概要列舉幾種觀點：
(1) 風險是事件未來可能結果發生的不確定性；
(2) 風險是損失發生的不確定性；
(3) 風險是指損失的大小和發生的可能性；
(4) 風險是由風險因素、風險事件、風險結果相互作用的結果；
(5) 風險是經過某一時間間隔，具有一定工信區間的最大可能損失；
(6) 風險是在特定的客觀條件下、特定的時間內，實際損失與預測損失之間的均

方誤差與預測損失的數學期望之比。

在上述的所有與「風險」有關的理解和認識中，都包含了「損失的不確定性」。這種不確定性又可分為兩個方面的不確定：損失出現的不確定和損失程度的不確定。由此可知風險的大小至少與上述兩種不確定有關。

理解風險的含義，需要注意風險與損失、收益的密切相關性。該定義至少揭示了兩層含義：一是風險的結果是可能的損失；二是不確定性是風險的核心。風險是損失的不確定性，即發生與否不確定，發生時間不確定，發生情況如何不確定，發生程度和結果不確定。事物存在風險，意味著存在損失的可能性，同樣也意味著獲得收益的可能性。有的事物雖然有著很大的風險，但是同時也伴隨著很高的期望收益。事物所具有的這種兩面性，一方面期望收益激起人們奮鬥的慾望，促進人們去嘗試新的事物，去開拓新的領域；另一方面損失的可能性，讓人們在嘗試新的事物，去開拓新的領域的時候，積極地準備，小心地實踐以提高成功的可能性。

二、風險要素

（一）損失

損失是指人非故意、非計劃、非期望的標的物質減少。它包括兩層含義：一是損失必須是「非故意的、非計劃的、非預期的」，如惡意行為、折舊、發生火災后放任火災蔓延所導致的損失則分別屬於故意的、計劃的、可預期的，因而不能稱為損失；二是損失必須是經濟損失，如記憶力的衰退、感情損失等就不包括在內。但是，車禍使受害者喪失一條腿，便認為是損失，因為首先車禍的發生滿足第一個條件，而人的腿雖不能以經濟價值來衡量，即不能以貨幣來衡量，但喪失腿后所需的醫療費和因殘疾而導致的收入的減少是可以用金錢來衡量的，所以車禍的結果也滿足第二個條件。

損失依據能否被貨幣度量，可以分為經濟損失和非經濟損失兩大類。在風險保險學中的損失指的是經濟損失，例如對於人身傷亡，只從由此引起的給本人及家庭帶來的經濟困難或者對社會創造經濟價值的能力減小的角度來考慮。

損失依據引起損失的因素是否直接作用於標的物，可以分為直接損失和間接損失。例如汶川地震中，造成的工廠倒塌，這是地震引起的直接損失，而由於工廠倒塌引起的工廠停工，造成的經營收益的損失，就是地震引起的間接損失。

（二）風險事件

風險事件又稱為風險事故，是指引起生命或財產損失的偶然事件，是造成損失的直接原因。風險一般指的是損失的可能性，而風險事件的發生就使得這種可能性損失變成了現實性損失。從這個意義上來說風險事件是損失的媒介。

（三）風險因素

風險因素，又稱為風險條件，是指增加風險事件發生的頻率或嚴重程度的原因或條件。風險因素是風險事件發生的潛在因素，是造成損害的間接的、內在的原因。例如，對於建築物來說，風險因素指的是其建材、建築結構、自然界中的風火雷電等；對於人自身而言，風險因素就包括年齡、健康狀況等。需要注意的是構成風險因素的

條件越多,發生損失的可能性就越大,損失就會越嚴重。

風險因素依據影響損失產生的可能性和程度可分為兩類:有形風險因素和無形風險因素。

有形風險因素是指增加風險事件發生的頻率或嚴重程度的物質方面的因素。比如財產所在的地域、建築結構和用途等。南方地域要比北方地域發生洪災的可能性大;木質結構的房屋要比水泥結構的房屋發生火災的可能性大;機動車從事營運的要比非營運的發生交通事故的可能性大。

無形風險因素是指文化、習俗和生活態度等一類非物質形態的風險因素,這類因素也會影響損失發生的可能性和受損的程度。無形風險因素包括道德風險因素和行為風險因素兩種。道德風險因素是指人們以不誠實,或不良企圖,或詐欺行為故意促使風險事件發生,或擴大已發生的風險事件所造成的損失的因素。例如偷工減料引起產品事故、故意縱火以圖謀保險金等。行為風險因素是指由於人們行為上的粗心大意和漠不關心,易於引發風險事件發生的機會和擴大損失程度的因素。例如,外出忘記鎖門對於室內被盜事件、工程設計差錯對於工程項目失敗、電線陳舊不及時更換對於火災事故等,都屬於行為風險因素。在實際操作的過程中,這兩者很難區分開來。

需要指出的是,風險因素和風險事件的區分是相對的而不是絕對的,如雷電。雷電直接擊傷人或擊毀財物,則雷電屬於風險事件;如果雷電造成火災,進而火災損害人或財物,則雷電屬於風險因素。

三、風險的特徵

(一) 客觀性

風險是損失的可能性,而這種可能性是由客觀存在的自然運動和社會運動的無限性引起的。而客觀事物的運動是一種不以人的意志為轉移,獨立於人的意識之外的客觀存在。因為無論是自然界的物質運動的規律,如自然的地震、洪水、雷電、暴風雨等是受自然規律支配的,還是社會運動的規律,如戰爭、衝突、車禍、瘟疫、失誤或破產等是受社會發展規律支配的。因此所有的風險,都由事物的內部因素決定,由超出人們主觀意識存在的客觀規律決定,所以風險具有客觀性。人們通過認識和掌握客觀規律來預防風險事件,降低風險事件發生的概率,減少其損失,但是不可能通過消滅客觀規律來消除風險。

(二) 普遍性

人類社會自產生以來,就面臨著各種各樣的風險,隨著科學技術的發展、生產力的提高、社會的進步以及人類的進化,新的風險不斷產生,並且風險事件造成的損失也越來越大。如人們在生產、生活中會面臨各種各樣的自然災害、意外事故、疾病、戰爭等。在現實社會中,無論人們的年齡、性別、職業、職務怎樣,無論何時,也無論身處何地,人們總會面臨各種各樣的風險。所以說,風險是無處不在、無時不有的。

(三) 偶然性

從總體上看,風險是必然要發生的,即損失的可能性一定會轉換成現實性的。但

是對個體而言風險具有偶然性。這是由於信息的不對稱，未來風險事件的發生很難預測，即未來風險事件的不確定性：一是風險事件發生與否不確定，例如就全社會而言，每天都有車禍發生，這就使得社會中的每個人面臨著車禍風險，但是具體到個人，車禍是否發生，就未必了；二是風險事件發生的時間和空間的不確定，例如人難免一死，但是什麼時候死和死在哪裡，卻是不可知的；三是風險事件發生的形式和造成的損失的不確定，例如房屋的損毀，有可能是地震、洪水、臺風、火災等各種風險事件引起。

（四）可測性

個別風險事件的發生是偶然的。但是通過對大量風險的觀測可以發現，風險往往呈現出明顯的規律性，也就是說，對一定時期內特定風險發生的頻率和損失率，可以依據概率論和數理統計的方法加以測定，從而將不確定性化為確定性。可見，通過對偶發事件的大量觀測分析，可以揭示出風險潛在的規律性，使風險具有可測性。風險的可測性奠定了保險費率厘定的基礎。

（五）相對性

客觀存在的自然運動和社會運動的無限性，讓風險不是永恆不變的，而是相對不變的。而風險的變化，既有量的增加，也有質的改變，舊的風險可能消失，而新的風險也會出現。風險的變化，主要由風險因素的變化引起。例如：科技進步一方面使得人類認識風險，規避風險，抵禦風險的能力得到增強；另一方面，也產生了諸如核風險、耐藥細菌、空難等新的風險形式。

（六）發展性

風險的發展性也稱為風險的可變性。在一定的條件下，風險可能發生變化。人類社會在自身進步和發展的同時也創造和發展了風險，尤其是當代高新科學技術的發展和應用，使風險的發展性更為突出。如向太空發射衛星，把風險擴展到外層空間，建立核電站帶來核污染等。

（七）社會性

自然現象本身無所謂風險，比如火山噴發，是地球自身運動的一種表現形式，如果沒有人類存在，火山便不會危及人類。只有當火山噴發給人們的生命和財產造成損害和損失時，才稱其為風險。因此風險與人類的利益是密切相關的。也就是說無論風險源於自然現象、社會現象，還是源於生理現象，它都必須是相對於人身及其財產的危害而言的。沒有人，沒有人類社會，就沒有風險可言。

四、風險成本

在投資界中，有這麼一句俗語：「高風險，高收益。」因此承擔風險的想法非常有誘惑力。但是並不是所有的風險都伴隨收益，有的風險就只有損失的可能性。比如，一個工廠所面臨的火災的可能性。當火災爆發時，很可能由於財產損害和收入減少造成損失，但是發生火災，卻不可能因此有任何的預期的收入。圍繞這種潛在的損失會給個人、組織、國家都帶來巨大的損失，這種潛在的損失，就是風險成本。風險成本是指由於風險的存在和風險事件發生后人們所必須支出的費用和預期經濟利益的減少，

包括風險因素成本、風險事件成本、風險處理成本。

（一）風險因素成本

風險因素成本是指由於風險因素存在所產生的風險成本。儘管此時的風險損失並沒有產生，但是由於風險因素存在導致資源配置、社會生產力、社會福利的損失。這種損失是無形的、隱蔽的，但是卻實際存在。這種成本主要體現在：

（1）風險因素導致的社會生產力和社會個體福利水平下降。一方面，由於風險事故發生的不確定性以及事故的災難性的后果，人們對此總是表現出擔憂。為此不得不利用一部分資源來防備風險損失，從而降低整體的福利水平。另一方面，因為風險的存在，人們不願意把資金投向高風險的高新技術產業，這使高新技術的運用和推廣受到阻礙，這也會降低社會的生產能力。

（2）風險因素導致的社會資源失衡。由於風險的存在，客觀上限制了投資方向，並從總體上破壞了社會資源的均衡狀態，這表現出了社會資源流向風險相對較小的部門或行業過多，而流向風險相對較大的部門或行業則過少。從而抑制生產，限制供給，引起市場價格的變動。這又引起新的市場風險，形成惡性循環。

（二）風險事件成本

風險事件成本是指由於風險事件的發生導致的風險成本，這種成本是由直接成本和間接成本構成。例如：一家工廠發生的火災，不僅造成機器損壞、生產停滯，還造成收入減少等。

（三）風險處理成本

風險處理成本是指預防或控製風險損失的風險成本，這其中就包括為潛在損失進行融資的支出和出於防範風險而採取行動的機會成本。例如購買防災減災的設備的直接費用；如果採用購買保險的方式處理風險，則要支出保險費。

第二節　風險的種類

風險分類，就是根據風險分析的目的不同，按照一定的標準，對各種不同的風險進行區分的過程。

風險分類是為一定的目的服務的。對風險進行科學的分類，首先是不斷加深對風險本質認識的需要。通過對風險進行分類，可以使人們更好地把握風險的本質及變化的規律性。其次，對風險進行分類，是對企業風險實行科學管理，確定科學控製手段的必要前提。

由於對風險分析的目的不同，可以按照不同的標準，從不同的角度對風險進行分類。

一、按風險的性質分類

按照風險的性質不同，風險可以分為純粹風險、投機風險和收益風險三類。

(一) 純粹風險

純粹風險是指只有損失的可能性而無獲利的可能性的風險，其所致結果有兩種：損失和不損失。例如交通事故只有可能給人民的生命財產帶來危害，而絕不會有利益可得。在現實生活中，純粹風險是普遍存在的，如水災、火災、疾病、意外事故等都可能導致巨大損害。但是，這種災害事故何時發生，損害後果多大，往往無法事先確定。人們通常所稱的「危險」，也就是指這種純粹風險。

(二) 投機風險

投機風險是指既有損失的可能性又有獲利的可能性的風險。其所致結果有三種：損失、無損失和盈利。例如，有價證券，證券價格的下跌可使投資者蒙受損失，證券價格不變無損失，但是證券價格的上漲卻可使投資者獲得利益。還如賭博、市場風險等，這種風險都帶有一定的誘惑性，可以促使某些人為了獲利而甘冒這種損失的風險。

(三) 收益風險

收益風險是指沒有損失的可能性而只有獲利的可能性的風險，例如接受教育可使人終身受益，但對受教育的得益程度是無法進行精確計算的，而且，這也與不同的個人因素、客觀條件和機遇有密切關係。對不同的個人來說，雖然付出的代價是相同的，但其收益可能是大相徑庭的，這也可以說是一種風險，有人稱之為收益風險。

二、按風險的環境分類

按照環境的不同，風險可以分為靜態風險和動態風險兩大類。

靜態風險是指在社會政治經濟環境正常的情況下，由於自然力的不規則變動、人們的錯誤判斷和錯誤行為所導致的風險。

動態風險是指與社會變動有關的風險，主要是社會經濟、政治以及技術、組織機構發生變動而產生的風險。

動態風險與靜態風險的區別主要在於：第一，所致損失不同。動態風險對於一部分個體可能有損失，但對另一部分個體則可能獲利，從社會整體看也不一定受損；靜態風險對於個體和社會來說都是純粹損失。第二，影響範圍不同。靜態風險的影響範圍有限，往往只會影響到部分財產或個人，而動態風險的影響範圍較大，甚至全社會。第三，靜態風險對個體而言，風險事件的發生具有偶然性，但是就社會整體而言，其具有一定的規律性，相反，動態風險很難找出其規律所在。

三、按風險的標的分類

按照標的不同，風險可以分為財產風險和人身風險。

(一) 財產風險

財產風險是指導致財產物資發生毀損、滅失和貶值及有關利益的減少的風險。對財產風險的概念的界定，不同學者有著不同的闡述，一般而言，人們將其分為狹義的財產風險和廣義的財產風險。狹義的財產風險僅指各種財產損失風險，強調風險標的是各種具體的物資財產，故狹義的財產風險又稱為財產損失風險。例如，房屋、設備

有遭受火災、地震、爆炸等損失的風險；汽車行駛中有遭受因碰撞、傾覆等損失的風險；船舶在航行中有遭受觸礁、擱淺、沉沒所致損失的風險等，這些都屬於財產風險。廣義的財產風險的風險標的既包括各種有形的物資財產，也包括各種以物資財產基礎派生出來的財產相關利益、責任和信用。可見，廣義的財產風險是最高的概念，狹義的財產風險則是廣義財產風險的有機組成部分。因此廣義的財產風險可以進一步分為財產損失風險、責任風險、信用風險。責任風險是指因侵權或違約，依法對他人遭受的人身傷亡或財產損失應負的賠償責任的風險。例如，醫療事故造成病人的病情加重、傷殘或死亡；生產或銷售有缺陷的產品給消費者帶來損害；駕駛機動車不慎撞人造成對方的傷殘或死亡，如果屬於駕駛員的過失，那麼按照法律責任規定，就須對受害人或家屬給付賠償金。又如，根據合同、法律規定，雇主對其雇員在從事工作範圍內的活動中，造成身體傷害所承擔的經濟給付責任，均屬於責任風險。信用風險是指在經濟交往中，權利人與義務人之間，由於一方違約或犯罪而造成對方經濟損失的風險。例如，在信用貸款中，貸款人就面臨著借款人不能及時還貸款的信用風險。

(二) 人身風險

人身風險是指因生、老、病、死、殘等原因而導致經濟損失的風險。例如因為年老而喪失勞動能力或由於疾病、傷殘、死亡、失業等導致個人、家庭經濟收入減少，造成經濟困難。生、老、病、死雖然是人生的必然現象，但在何時發生並不確定，一旦發生，將給其本人或家屬在精神和經濟生活上造成困難。人身風險又可以分為生命風險、意外傷害風險和健康風險三類。

四、按風險的因素分類

按照風險的因素的不同，風險可以分為自然風險和人為風險。

(一) 自然風險

自然風險是指由於自然現象或物理現象所導致的風險。自然風險還可以分為環境風險和人的自體風險。環境風險如風災、水災、雪災、震災、旱災、蟲災、火災，等等，它們是完全的自然生成后給人類造成的危險和災難。人類在進化的過程中起初對它們只有被動承受的份，毫無作為；進而有了對它們的認識、瞭解、預測、預防、躲避乃至不同程度的淡化和消除的技能，但時至今日也還不能從根本上避免它們的發生。自體風險即疾病，包括可以蔓延到群體的傳染性疾病（如霍亂、瘟疫、流感、肝炎、麻風、肺結核、血吸蟲病等）和不具傳染性的個體疾患。對疾病，人類憑藉自己的智慧在不斷地認識、治療和根除，但時至今日面對許多疾病人類也還是束手無策，無可奈何。自然風險一直伴隨著人類走過來，也還要一直伴隨著人類走下去。

(二) 人為風險

人為風險是指由於人的意志行為所導致的風險。許多人為風險不僅僅是人為風險自身的風險，還會加劇自然風險的力度，導致自然風險的愈趨肆虐。

人為風險包括社會風險、經濟風險、技術風險、政治風險、法律風險等。

社會風險是指由於個人行為反常或不可預測的團體的過失、疏忽、僥幸、惡意等不

當行為所致的損害風險。如盜竊、搶劫、罷工、暴動等。

經濟風險是指在產銷過程中，由於有關因素變動或估計錯誤而導致的產量減少或價格漲跌的風險等。如市場預期失誤、經營管理不善、消費需求變化、通貨膨脹、匯率變動等所致經濟損失的風險等。

技術風險是指伴隨著科學技術的發展、生產方式的改變而發生的風險。如核輻射、空氣污染、噪聲等風險。

政治風險是指由於政治原因，如政局的變化、政權的更替、政府法令和決定的頒布實施，以及種族和宗教衝突、叛亂、戰爭等引起社會動盪而造成損害的風險。

法律風險是指由於頒布新的法律和對原有法律進行修改等原因而導致經濟損失的風險。

五、按風險的範圍分類

按照風險的涉及範圍不同，風險可以分為特定風險和基本風險。

特定風險是指與特定的人有因果關係的風險，即由特定的人所引起，而且損失僅涉及個人的風險。例如，盜竊、火災等引起的財產損失的風險，對他人財產損失和身體傷害所負的法律責任的風險等，都屬於特定風險。特定風險通常被認為在個人的責任範圍之內，因此個人應當通過保險以及其他的風險管理工具來應付這一類風險。

基本風險是指由非個人的或至少是個人往往不能阻止的原因所引起的、損失通常波及很大範圍的風險。基本風險的起因及影響都不與特定的人有關，至少是個人所不能阻止的風險。例如，與社會或政治有關的風險，與自然災害有關的風險，都屬於基本風險。基本風險主要不在個人的控製下，大多數情況下它們不是由某個特定的個人的過錯所造成，因此應當由社會來應付它們，而不是個人，所以通常由政府以某種形式介入來管理這類風險。

特定風險和基本風險的界限，對某些風險來說，會因時代背景和人們觀念的改變而有所不同。如失業，過去被認為是特定風險，而現在認為是基本風險。

六、按風險的程度分類

輕度風險。這是風險程度最低的，在一般情況下即使有風險，對整體不發生大的影響。

中度風險。這比輕度風險要大，這種風險雖然未達到左右整體的程度，但對整體卻會產生明顯的影響。

高度風險，也稱為重大風險或嚴重風險。這種風險一旦發生，就會使整體陷於困境，必須經過一定的時間才能恢復正常狀態，嚴重時能造成企業無法生存，置企業於死地而不再逢生。

七、按風險的主體分類

按照承擔風險的經濟主體不同，風險可以分為個人與家庭風險、組織風險和國家風險。

個人與家庭風險，也稱私人風險。主要是指以個人與家庭作為承擔風險的主體的風險。這類風險主要有人身風險、財產風險、責任風險和信用風險等。

組織風險主要指以社會組織為承擔風險的主體的風險。社會組織面臨的風險主要有組織人員的人身風險、財產風險、信用風險和責任風險等。

國家風險主要是指在開放條件下國家在進行國際貿易、國際信貸等方面所遇到的風險。國家對國內風險應承擔的部分，也屬於國家風險。

本章小結：

1. 風險即損失的不確定性。這種不確定性，包括損失發生與否不確定，發生的時間不確定，損失的程度不確定。

2. 不確定性意味著預期結果和實際結果之間可能存在差異。風險的大小決定於風險事故發生的概率及其造成后果的程度。

3. 風險要素包括風險因素、風險事件、風險損失。

4. 風險具有客觀性、普遍性、偶然性、可測性、相對性、發展性、社會性。

5. 風險按照性質分類有純粹風險、投機風險、收益風險；按環境分類有靜態風險、動態風險；按風險的標的分類有財產風險、人身風險；按風險因素分類可以分為自然風險、人為風險；按風險的範圍分類有特定風險和基本風險；按風險的程度可分為輕度風險、中度風險、高度風險；按風險的主體可分為個人與家庭風險、組織風險、國家風險。

復習思考題：

1. 風險是什麼？
2. 風險有哪些特徵？
3. 試述風險的分類。
4. 請說明風險因素、風險事故和損失之間的關係。
5. 試運用有關不確定性理論分析風險成本。

第三章
風險管理

學習要點：
  ◇ 風險管理的概念
  ◇ 風險管理的基本程序
  ◇ 風險控製型技術和風險融資型技術
  ◇ 風險管理與保險的關係

第一節　風險管理概述

　　風險管理從 20 世紀 30 年代開始萌芽。風險管理最早起源於美國，在 20 世紀 30 年代，由於受到 1929—1933 年的世界性經濟危機的影響，美國約有 40% 左右的銀行和企業破產，經濟倒退了約 20 年。美國企業為應對經營上的危機，許多大中型企業都在內部設立了保險管理部門，負責安排企業的各種保險項目。可見，當時的風險管理主要依賴保險手段。

　　1938 年以后，美國企業對風險管理開始採用科學的方法，並逐步累積了豐富的經驗。20 世紀 50 年代風險管理發展成為一門學科，風險管理一詞才形成。20 世紀 70 年代以后逐漸掀起了全球性的風險管理運動。隨著企業面臨的風險複雜多樣和風險費用的增加，法國從美國引進了風險管理並在法國國內傳播開來。與法國同時，日本也開始了風險管理研究。

　　近 20 年來，美國、英國、法國、德國、日本等國家先後建立起全國性和地區性的風險管理協會。1983 年在美國召開的風險和保險管理協會年會上，世界各國專家學者雲集紐約，共同討論並通過了「101 條風險管理準則」，它標誌著風險管理已進入了一個新的發展階段。

　　1986 年，由歐洲 11 個國家共同成立的「歐洲風險研究會」將風險研究擴大到國際交流範圍。1986 年 10 月，風險管理國際學術討論會在新加坡召開，風險管理已經由環

大西洋地區向亞洲太平洋地區發展。

如今，風險管理已經在西方發達國家的企業得到普及，尤其在大企業，風險管理機構已成為企業的一個重要職能部門。簡言之，風險管理的重要性主要表現在：一方面，對企業和家庭而言，首先有利於減少因風險所致的費用開支，從而提高利潤水平和工作效率；其次有助於減少企業和家庭對風險的恐懼和憂慮，從而充分調動人們的積極性和創造性。另一方面，對社會而言，有利於減少社會資源的浪費；有利於社會資源的最佳配置。

一、風險管理的概念

風險管理，簡單說來就是如何在一個肯定有風險的環境裡把風險減至最低的管理過程。管理過程的主體是經濟主體，包括個人、家庭、企事業單位、社會團體和政府部門以及跨國集團或國際組織。

風險管理的對象是風險，但是管理的對象是哪一種風險，歷史上有純粹風險說和全部風險說兩種觀點。純粹風險說強調風險管理的對象是純粹風險，風險管理的職能是對威脅經濟主體生存和發展的純粹風險進行確認和分析，管理的目標是以最小的費用支出，使純粹風險的不利影響最小化。全部風險說強調風險管理應以全部風險管理為管理對象，風險管理的職能不僅包括對純粹風險的確認和分析，還包括對投機風險的確認和分析。風險管理的目標不僅追求不利影響的最小化，還追求有利影響的最大化。

風險管理的最終目標是以盡可能小的成本換取最大的安全保障和經濟利益。

風險管理強調的是人們的主動行為。在風險管理的過程中，首先需要對風險進行識別和衡量，對風險進行評價，才能對症下藥，採取合理的手段，主動地、有目的地、有計劃地控制風險和處理風險，風險的識別與度量是風險控製與處理的前提條件。

綜上所述，可以給風險管理下一個更準確的定義。風險管理是指對影響經濟主體的目標的各種風險進行識別和評估，採用合理的經濟和技術手段對風險進行處理，以最低的成本獲取最大安全保障的管理過程。

二、風險管理的分類

風險管理依照不同的分類標準可以分為以下幾類：按照主體不同，風險管理可以分為個人家庭風險管理、組織風險管理和國家風險管理，其中國家風險管理的重點是公共風險管理，而公共風險管理的重點又是公共危機管理；按照風險事件發生的原因分類，風險管理可以分為火災風險管理、洪災風險管理、地震風險管理、海損風險管理、意外事故風險管理和技術風險管理等；按照風險事件發生時受損的標的分類，風險管理可以分為財產風險管理、人身風險管理、責任風險管理和信用風險管理等。

三、風險管理的目標

風險管理的目標是什麼？風險管理的早期倡導者唐斯堤認為，風險管理是企業或組織通過控製意外損失事故風險，以保障企業或組織盈利。美國著名風險管理專家克

萊蒙認為，風險管理的目標是保存組織生存的能力，並對客戶提供產品和服務，以保護公司的人力與物力，保障企業的綜合盈利能力。海靈頓認為，風險管理的目標是通過風險成本最小化實現企業價值最大化。

風險管理的目標依照層次的不同可分為總目標和具體目標兩個層次。

(一) 風險管理的總目標

風險管理的總目標是：以最小的風險管理成本獲得最大的安全保障，從而實現風險主體價值最大化。風險管理成本，是指風險主體在風險管理過程中，各項經濟資源的投入及投入的機會成本。安全保障，就純粹風險管理而言，包括兩個方面的內容：一是風險損失的減少，及對風險的有效控製；二是實際損失能及時、充分並有效地得到補償。就投機風險管理而言，還包括投資收益獲得的穩定性和可靠性。以最小的成本支出獲得最大的安全保障，意味著要堅持成本效益比較的原則。通過風險成本最小化實現企業或組織價值最大化。就總體而言，由於風險的存在而導致企業價值的減少，這就構成了風險成本。通過全面系統的風險管理，可以減少風險主體的風險成本，進而減少災害損失的發生和風險主體的資源流出，通過風險成本最小化而實現風險價值的最大化。這是現代風險管理的一個非常重要的目標。

(二) 風險管理的具體目標

風險管理的具體目標，按其定位不同，可以分為最低目標、中間目標和最高目標。其中，最低目標是確保風險主體的生存，中間目標是促進風險主體的發展，最高目標是實現風險主體的社會責任。按照損失前後，可以分為損前目標和損後目標。

1. 損前目標

損前目標是風險事件發生前，風險管理應達到的目標，具體包括經濟目標、安全系數目標、合法性目標。

(1) 經濟目標。風險管理過程中，要求盡量減少不必要的費用支出和損失，盡可能使風險管理計劃成本降低。但是費用的減少會影響安全保障的程度。因此，實現費用和保障程度達到均衡是實現經濟目標的關鍵。

(2) 安全系數目標。風險管理者必須使人們意識到風險的存在，而不是隱瞞風險。這樣有利於人們提高安全意識，主動配合風險管理計劃的實施。與此同時，風險管理者應給予人們足夠的安全保障，以減輕人們對潛在損失的煩惱和憂慮。

(3) 合法性目標。風險主體受到各種法律法規的制約。因此，必須對自己的每一項活動同時加以合法性審視，以免不慎涉及官司而蒙受財力、人力、時間或名譽的損失。風險管理者必須密切關注與企業相關的各種法律法規，保證企業經營活動的合法性。

2. 損後目標

損後目標是風險事件發生后，風險管理應達到的目標，具體包括生存與發展目標、持續經營目標、穩定收益目標和社會責任目標。

(1) 生存和發展目標。風險主體在面臨風險和意外事故的情形下能夠維持生存，風險管理方案應使風險主體能夠在面臨損失的情況下得到持續發展。實現這一目標，

意味著通過風險管理的種種努力，能夠使個人、家庭、組織乃至國家社會避免受到災害損失的打擊。因此，維持風險主體的生存是損失後風險管理的首要目標。

（2）持續經營目標。風險事件的出現會給人們帶來程度不同的損失和危害，進而影響或打破風險主體的正常生活和工作秩序，甚至可能會使風險主體陷於絕境。實施風險管理能夠有助於風險主體迅速恢復正常運轉，幫助人們盡快從無序走向有序。這一目標要求風險主體在損失控制保險及其他風險管理工具中選擇合適的平衡點，實現有效的風險管理績效。

（3）穩定收益目標。風險主體在面臨風險事件後，借助於風險管理，一方面可以通過經濟補償使生產生活得以及時恢復，盡最大可能保證風險主體生產生活的穩定性；另一方面，可以為風險主體提供其他方面的幫助，使其盡快恢復到損失前的水平，並促使風險主體盡快實現持續發展的計劃。

（4）心理穩定目標。風險事件的發生不但會導致物質損毀和人身傷亡，而且會給人們帶來嚴重的憂慮和恐懼心理。實施風險管理能夠盡可能地減少人們心理上的憂慮，增進安全感，創造寬鬆的生產和生活環境，或通過心理疏導，消減人們因意外災害事故導致的心理壓力。

四、風險管理的意義

（一）風險管理對個人與家庭的意義

通過有效的風險管理，可以防範個人與家庭遭受經濟損失，使個人與家庭在意外事件之后得以繼續保持原有的生活方式和生活水平。一個家庭能否有效地預防家庭成員的死亡或疾病、家庭財產的損壞或喪失、責任訴訟等風險給家庭生活帶來的困擾，直接決定了此家庭的成員能否從身心緊張或恐慌中解脫出來。他們所承擔的身體上和精神上的壓力減少了，就可以在其他活動中更加投入。

（二）風險管理對組織的意義

風險管理有利於維持組織的日常活動的穩定。有效的風險管理，可使企業充分瞭解自己所面臨的風險及其性質和嚴重程度，及時採取措施避免或減少風險損失，或者當風險損失發生時能夠得到及時補償，從而保證組織生存並迅速恢復正常的組織活動。

風險管理有利於提高組織的效益。一方面通過風險管理，可以降低組織的費用，從而直接增加組織的經濟效益；另一方面，有效的風險管理會使組織上下獲得安全感，並增強擴展業務的信心，增加領導層經營管理決策的正確性，降低組織現金流量的波動性。

風險管理有利於組織樹立良好的社會形象。有效的風險管理有助於創造一個安全穩定的經營環境，激發組織人員的積極性和創造性，為組織更好地履行社會責任創造條件，幫助組織樹立良好的社會形象。

（三）風險管理對國家的意義

風險管理對於個人、家庭和組織，都具有提高效益的功效，從而使整個社會的經濟效益得到保證或增加。同時，風險管理可以使社會資源得到有效利用，是風險處理

的社會成本，使全社會的經濟效益增加。

五、風險管理的程序

風險管理的基本程序分為設定目標、風險識別、風險估測、風險評價、風險處理和評估風險管理效果六個環節。

（一）設定目標

任何成功的決策過程都要求預先確定所想要的結果或目標。個人在處理特定任務、職業選擇、家庭關係等方面都會設定目標，組織的目標則可能包括利潤、增長、公共責任等方面。就一個組織的風險管理而言，最根本的目標應著重於風險與收益的平衡。風險管理的目標分損失發生前和發生後兩種情況。損失發生前風險管理目標是：減少或避免損失的發生，尋找最經濟有效的手段，將損失發生的可能性和嚴重性降至最低，減輕和消除精神壓力。損失發生後的風險管理目標是：盡可能減少直接和間接損失，使受損單位渡過難關，並盡快恢復到損失前的狀況。

（二）風險識別

風險識別是風險管理的最重要的一步，它是指對企業、家庭或個人面臨的和潛在的風險加以判斷、歸類和對風險性質進行鑒定的過程。即對尚未發生的、潛在的和客觀存在的各種風險，系統地、連續地進行識別和歸類，並分析產生風險事件的原因。風險識別主要包括感知風險和分析風險兩方面內容。風險在一定時期和某一特定條件下是否客觀存在，存在的條件是什麼，以及損害發生的可能性等都是風險識別階段應予以解決的問題。

風險識別的主要具體工作有：第一，全面分析風險主體的人員構成、資產分佈以及活動；第二，分析人、物和活動中存在的風險因素，判斷發生損失的可能性；第三，分析風險主體所面臨的風險可能造成的損失及其形態，如人身傷亡、財產損失、財務危機、營業中斷和民事責任等。此外，需要鑒定風險的性質，以便採取合理有效的風險處理措施。

由於風險的可變性，風險識別需要持續地、系統地進行，要密切注意原有風險的變化，及時發現新的風險。

（三）風險估測

風險估測是在風險識別的基礎上，通過對所收集的大量資料進行分析，利用概率統計理論，估計和預測風險發生的概率和損失程度。風險估測使風險管理建立在科學的基礎上，而且使風險分析定量化，為風險管理者進行風險決策、選擇最佳管理技術提供了科學依據。

（四）風險評價

風險評價是指在風險識別和風險估測的基礎上，對風險發生的概率、損失程度，結合其他因素進行全面考慮，評估發生風險的可能性及其危害程度，並與公認的安全指標相比較，以衡量風險的程度，並決定是否需要採取相應的措施。處理風險需要一定費用，費用與風險損失之間的比例關係直接影響風險管理的效益。通過對風險的定

性、定量分析和比較處理風險所支出的費用，來確定風險是否需要處理和處理程度，以判定為處理風險所支出的費用是否有效益。

（五）風險處理

風險處理是根據風險評價結果，選擇最佳風險處理方法，以實現風險管理目標。風險處理是風險管理中最為重要的環節。風險處理方法分為控製型和財務型兩類。前者的目的是降低損失頻率和縮小損失範圍，重點在於改變引起意外事故和擴大損失的各種條件；后者的目的是以提供基金的方式，對無法控制的風險做財務上的安排，以期在風險事件發生後，能夠對風險損失做出相應的補償。一般來說，風險處理方法的選擇不是一種風險選擇一種方法，而是需要將幾種方法組合起來加以運用。只有合理組合，才有可能使風險處理做到成本低、效益高，即以最小的成本獲得最大安全保障。

（六）風險管理效果評價

評估風險管理的效果是指對風險管理技術適用性及收益性情況的分析、檢查、修正和評估。風險管理效益的大小，取決於是否能以最小風險成本取得最大安全保障，同時，在實務中還要考慮風險管理與整體管理目標是否一致，是否具有具體實施的可行性、可操作性和有效性。風險處理對策是否最佳，可通過評估風險管理的效益來判斷。在選定並執行了最佳風險處理手段後，風險管理者還應對執行效果進行檢查和評價，並不斷修正和調整計劃。因為隨著時間的推移，經濟單位所面臨的社會經濟環境、自身業務活動和條件都會發生變化。

第二節　風險處理的方法

一、風險控製型處理方法

風險控製型處理方法是指在風險分析、估測、評價的基礎上，針對風險存在的風險因素，積極採取控制技術以消除風險因素，或減少風險因素的危險性的風險處理方法。運用風險控製型處理方法時，主要表現為：在風險事件發生前，可以降低事故的發生概率；在事故發生時和發生後，可以將損失降低到最低限度，從而降低風險單位預期損失。

風險控製型處理方法有風險迴避、風險預防、風險分散、風險抑制、控製型風險轉移。

（一）風險迴避

風險迴避是指放棄某一計劃或方案從而避免由此可能產生的損失後果，達到迴避風險的目的的一種處理方法。通過放棄某項活動以達到迴避損失發生的可能性，從根本上消除風險的措施。如將廠房建於地勢較高且排水方便的地方以避免洪水風險，又如賣方拒絕與信用不好的買方簽訂買賣合同等。迴避是一種最簡單、最徹底、比較消極的控製型方法。

風險迴避通常有兩種方法：一是根本不從事可能產生某種特定風險的任何活動。

例如人們恐懼飛機失事風險，不乘飛機而改用其他交通工具，就可以避免飛機失事風險；工廠為了免除爆炸的風險，根本不從事爆炸等危險品的生產。二是中途放棄可能產生某種特定風險的活動。例如，學校計劃組織教職員工進行旅遊活動，因臨行前獲知了臺風警報而取消，如此可以免除可能導致的責任風險。

風險迴避的方法一般在某特定風險所致損失頻率和損失程度相當高或處理風險的成本大於其產生的效益時採用。風險迴避簡單易行，但有時意味著喪失利益，比如為了避免投機股票面臨的股票價格下跌風險而不進入股票市場，就同時失去了因股價上漲帶來收益的可能，且避免方法的採用通常會受到限制，因為有些風險是無法避免的，如地震、水災、旱災等自然災害事故，人的生老病死以及世界性經濟危機、能源危機都是無法迴避的。另外一些社會風險（如2003年在中國等亞洲國家和地區發生的「非典」）無法準確預測，難以及時迴避。有些風險若採取避免的方法在經濟上是不適當的，有些風險在被避免的同時還有可能產生新的風險。比如，某人出遠門害怕乘坐飛機，於是改乘其他的交通工具，但是其他的交通工具也有風險。無經營就無風險，但無經營就無利潤，故從經濟上看，採用風險迴避是不適當的。

(二) 風險預防

風險預防是指在風險發生之前採取措施減少風險的發生頻率與損失程度，它是通過消除或減少風險因素來實現的。例如，害怕車況不好的汽車會導致交通意外事故，那麼就要選擇一輛車況好、性能優的汽車，同時，駕駛員提高自身的安全駕駛意識，避免人為因素導致事故。因此，我們說，預防事故要從標的本身的質量、性能以及使用、運用標的人的安全意識教育兩方面入手，才能減少風險發生頻率與損失程度。

風險預防目的在於通過消除或減少風險因素而降低損失發生的頻率。即通過消除或減少風險從而降低損失發生頻率，如安裝避雷針以防雷擊、疏通渠道、加固堤壩以防洪水侵襲等。中國對於各種災害風險，向來以預防為主。但有了防災設施後，並不等於就可以防止災害事故的發生，因為在生產和生活過程中，有很多動態因素和條件可能觸發新的風險。

(三) 風險分散

風險分散是指以增加風險單位數量來提高風險的可測性，平衡風險損失，降低風險成本。風險分散從具體的實現途徑來區分，其主要方法包括分割風險單位、複製風險單位、整合風險單位。

分割風險單位是將現在的資產或活動分散到不同的地點，而不是將他們全部集中在可能毀於一次損失的同一地點。這樣萬一有一處發生損失，不至於影響其他。人們常說的「不要把雞蛋放在一個籃子裡」就是分割風險單位。在現實生活中風險分散的實例很多，如一些炒股人士，害怕某種股票過分下跌，進而在其下跌的不同階段以不同的價格買進該股票或者大量買進其他股票，使持股種類及數目增多。這樣一來，即便該種股票下跌厲害，其損失也可通過其他股票的上漲或反彈盈利來彌補。

複製風險單位是指增加風險單位的數量，準備備用的生產資料或設備，以便正在使用的資產或設備遭受損失后將其投入使用。例如，企業製作兩套會計記錄，儲存設

備的重要部件，配后備人員等。

整合風險單位是指將具有不同風險的單位組合起來，使之互相協作，提高各單位應付風險的能力，由於大數法則的作用，使損失的不確定相對減少。通過集中與分散，達到降低風險的目的。如企業通過合併、擴張、聯營或採用商品品種多元化經營的方式，以利於分散或減輕可能遭到的風險。

（四）風險抑制

風險抑制，又稱為風險損失抑制，是指風險發生時或發生后採取的各種防止損失的措施，包括防止風險的蔓延和損失擴大而採取的一系列措施，是處理風險的有效技術。風險抑制有兩方面的含義：一是風險發生時的損失最小化；二是風險發生後的挽救措施。例如，在建築物上安裝消防、自動噴淋系統等，就可減輕火災損失的程度，防止損失擴大。風險損失抑制的一種特殊形態是割離，它是將風險單位割離成許多獨立的小單位而達到降低損失程度的一種方法。風險抑制不能降低風險事件發生的概率，只能降低風險損失的程度。

（五）控製型風險轉移

控製型風險轉移是指通過一定的方式，企業將自身風險轉嫁出去，而使某些沒有經受損失的機構承受損失的負擔。它一般通過兩種途徑得以實現：一是將與風險相關的財產或活動轉移給其他人或組織。例如，房屋所有者將易著火的建築物賣掉，就不再承擔其著火帶來損失的風險。企業出售自己房產的同時也將與房產相關的風險轉移給了新的所有者。二是通過合同協議轉移風險。企業可以通過與他方訂立合同，當發生損失時，由接受方負責承擔損失。比如一些大型商場、賓館聘請專門的保安公司來負責商場、賓館的安全工作，一旦安全出現問題，則由保安公司來承擔。

二、風險財務型處理方法

風險財務型處理方法是指通過事先的財務計劃或合同安排來籌措資金，以便對風險事件造成的經濟損失進行補償的風險處理方法。風險控製型處理方法並不能消除風險，損失總是會發生的。控製型風險管理技術都屬於「防患於未然」的方法，目的是避免損失的發生。但由於現實性和經濟性等原因，很多情況下，人們對風險的預料不可能絕對準確，而損失控製措施也可能無法解決所有的風險問題，所以某些風險事件的損失后果仍不可避免，這就需要財務型風險管理技術（又稱融資型財務風險管理技術）來處理。與控製型風險管理技術的事前防範不同，財務型風險管理技術的目的在於通過事故發生前所做的財務安排，使得在損失一旦發生後能夠獲取資金以彌補損失，為恢復正常經濟活動和經濟發展提供財務基礎。財務型風險管理技術的著眼點在於事后的補償。為了應對未來的損失，因此人們應當採取一些融資措施，使得損失一旦發生，受損的風險主體能迅速地獲取所需的資金，為其恢復正常的經濟活動提供財務基礎。

根據資金的來源不同，風險財務型處理方法可以分為風險自留和風險轉移兩類。風險自留的資金來自於經濟單位內部；使用風險轉移方法時，其資金來自於經濟單位

外部。風險轉移是指通過合同或非合同的方式將風險轉嫁給另一個人或單位的一種風險處理方式。

(一) 風險自留

風險自留也稱為風險承擔，是指企業自己非理性或理性地主動承擔風險，即通過採取內部控製措施等來化解風險或者對這些保留下來的項目風險不採取任何措施。風險自留通常在風險所致損失頻率低、損失幅度小、損失短期內可預測以及最大損失不影響經濟單位財務穩定時採用。風險自留與其他風險對策的根本區別在於：它不改變項目風險的客觀性質，既不改變項目風險的發生概率，也不改變項目風險潛在損失的嚴重性。企業風險自留的具體措施主要包括：①動用企業庫存現金、銀行存款或其他流動資產來補償經濟損失，然後將損失攤入經營成本。②建立意外損失基金。③借款，比如安排應急貸款。④成立專業自保公司。⑤發行新股。風險自留可以是風險的全部，也可以是風險的一部分，隨著現代企業風險管理技術水平的提高，防災防損工作的加強，現在企業自留一部分風險的做法可能會越來越普遍化。風險自留可能是被動的，也可能主動的。

1. 被動風險自留

被動自留往往是在沒有意識到風險存在或低估了風險損害的程度或無法將風險轉移出去時，只能由經濟組織自行承擔風險損害的財務後果。被動風險自留產生的原因有以下幾種：①風險部位沒有被發現。②不足額投保。③保險公司或者第三方未能按照合同的約定來補償損失，比如由於償付能力不足等原因。④原本想以非保險的方式將風險轉移至第三方，但發生的損失卻不包括在合同的條款中。⑤由於某種危險發生的概率極小而被忽視。⑥該風險無法進行轉移。在這些情況下，一旦損失發生，風險主體必須以其內部的資源（自有資金或者借入資金）來加以補償。如果該風險主體無法籌集到足夠的資金，則只能停業。因此，準確地說，非計劃的風險自留不能稱之為一種風險管理的措施。但是在現實生活中，被動風險自留大量存在，例如：個人或家庭往往認為意外不會降臨到自己頭上，而不進行任何保險安排。

2. 主動風險自留

主動風險自留也可以稱之為自保。自保是一種重要的風險管理手段。它是風險管理者察覺了風險的存在，估計到了該風險造成的期望損失，決定以其內部的資源（自有資金或借入資金），來對損失加以彌補的措施。在有計劃的風險自留中對損失的處理有許多種方法，有的會立即將其從現金流量中扣除，有的則將損失在較長的一段時間內進行分攤，以減輕對單個財務年度的衝擊。從整體上來講，主要的融資方式有以下幾種：

(1) 將損失計入當前發生的費用。應當注意到風險主體這樣做是一種有意識的決策。一般適合於企業中發生頻率高但損失程度小的風險，它構成了風險主體中經常發生而又無法避免的費用，比如機動車的修理費，偷盜造成的損失等。

(2) 建立內部風險基金。這是一項專門設立的基金，它的目的就是在損失發生之後，能夠提供足夠的流動性來抵補損失。它主要有兩種方式：一是以年為單位，每年

以費用的形式建立基金，發生損失后以該基金抵補。它與以當前費用扣除損失的方式較為相似，也是適用於發生頻率高、損失金額少的風險損失。二是將損失在一個以上的會計年度進行分攤。它適用於發生頻率低、損失金額多的風險損失。

（3）建立外部風險基金。風險主體逐期支付一定的捐納金給保險公司，由保險公司代為累積和管理基金。與傳統的保險不同的是，一旦出險，保險公司的賠償以基金中的數額為限。在實際中，風險主體通常會就超過基金累積額的損失與保險公司達成一定的保險協議。也就是說，企業支付一定的保險費，保險公司賠償一部分超過基金總額的損失。與內部風險基金相比較，外部風險基金的罅出金可以作為費用扣除掉，但不利的是，企業需要支付一定的費用給保險公司。

（4）成立專業自保公司。專業自保公司是風險主體自己設立的保險公司，旨在對本風險主體、附屬風險主體以及其他風險主體的風險進行保險或再保險安排。在《財富》500強企業中有70%的企業設立了專業自保公司。建立專業的自保公司主要基於以下原因：①保險成本降低，收益增加。專業自保公司由於可以不通過代理人和經紀人展業，節約了大筆的佣金和管理費用，其保險費率與本公司或行業內部的實際損失率比較接近，因而可以節省保險費開支。優於其他自保方式的一個因素是，向專業自保公司繳付的保險費可從公司應稅收入中扣除。②承保彈性增大。傳統保險的保險責任範圍不充分，保險公司僅承保可保風險，其風險範圍不能涵蓋企業面臨的所有風險，不能滿足被保險企業多樣化的需要，而專業自保公司更易於瞭解客戶面臨的風險類別和特性，可以根據自己的需要擴大保險責任範圍，提高保險限額，可根據自身情況採取更為靈活的經營方略，開發有利於投保人長期利益的保險險種和保險項目。③可使用再保險來分散風險。許多再保險公司只與保險公司做交易。通過設立專業自保公司可以使企業直接進入再保險市場，以此分散風險，擴大自己的承保能力，有剩余承保能力的還可以接受分保。以上幾種主動風險自留的方法，主要是組織型風險主體採用。

（5）借入資金。風險主體準備在發生損失后以借入資金來彌補損失。這要求企業的財務能力比較雄厚，信用好，能在危機的情況下籌到借款。

風險主體選擇主動風險自留，往往基於風險自留較之風險轉移更為有利。風險自留通常考慮的因素有：

第一，風險主體所承擔的風險發生頻率及損失程度。一般說來，對於發生頻率高、損失程度小的風險，風險主體採用風險自留的手段往往更為有利。這是因為損失在一段較長的時間內發生的損失總額會比較穩定，採用風險自留作為管理風險的手段，管理費用比較低，風險轉移會令企業覺得得不償失。對於發生頻率小、造成損失金額多的風險，企業則會在風險自留和投保兩種方式之間進行權衡。但應注意，企業採用風險自留的手段來處理這些風險時還需要考慮以下條件：一是風險主體具有大量的風險部位。二是各風險部位發生損失的情況（概率和程度）較為相似。三是風險部位之間相互獨立（特別是應當有一個合理的地理分佈）。四是企業應具有充足的財務力量來吸收損失。

顯然，只有當風險主體的力量比較強大，在國內甚至國際上擁有多家分支機構的時候才能滿足這樣的條件。隨著風險主體的逐漸發展壯大，分支機構的數量增加，可

以在其內部分攤損失，具有較好的損失管理經驗，籌資能力增強，會逐漸用風險自留來取代保險管理一些損失風險。在風險自留形式的選擇上，風險主體往往會選擇建立內部基金。因為建立內部基金在提供彌補損失的一定流動性的同時，不會給財務帶來過大的衝擊，而且不必向第三方支付費用，另外還能帶來一定的投資收益。

第二，風險自留的成本與風險轉移的成本。當風險自留成本小於風險轉移成本時，風險主體往往會選擇風險自留。這樣，風險自留就可以節省一部分風險轉移成本。對於風險自留中將損失計入當前發生費用和建立內部風險基金兩種方法，管理費用包括風險主體在流通資金或損失基金不足以補償損失的情況下，借款或變賣資產所遭受的損失。對於建立外部風險基金的方法，管理費用包含風險主體交付給保險公司的費用以及基金不足時，風險主體遭受的損失。對於用借入資金進行風險自留的方法，管理費用是風險主體在遭受損失后的借貸成本，在這裡，由於大部分費用是風險主體發生損失后才發生的，因此應當計算其期望值。另外應當注意的一點，無論是哪種風險自留的方法，管理費用還應當包括風險主體因為自擔風險而產生的焦慮成本，準確地說，就是風險主體因為自留風險而無法專心於生產造成的損失。

（二）風險轉移

風險轉移是指將風險及其可能造成的損失全部或部分轉移給他人。通過轉移風險而得到保障，是應用範圍最廣、最有效的風險管理手段，保險就是其中之一。一般說來，風險轉移的方式可以分為財務型非保險轉移和財務型保險轉移。

1. 財務型非保險轉移

財務型非保險轉移是指受補償的人將風險所導致損失的財務負擔轉移給補償的人（其中保險人除外）的一種風險管理技術。具體實施方法有以下幾種：

（1）中和。中和是將損失機會與獲利機會平衡的一種方法，通常被用於處理投機風險。擔心原材料價格變化的製造商所進行的套購，以及受外匯匯率變動影響的出口商進行的期貨買賣都屬於中和方法。所謂套購，就是通過買賣雙方交易的相互約定，使可能的價格漲落損益彼此抵銷。通常，商業機構、生產商、加工商和投資者利用期貨價格和現貨價格波動方向上的趨同性，通過在期貨市場上買進或賣出與現貨市場上方向相反但數量相同的商品，而把自身承受的價格風險轉移給投機者，達到現貨與期貨盈虧互補的目的。

例如，有一經銷商於某年 9 月 1 日購買銅錠一批，價格 200 萬元，銅錠制成銅管后，預期於次年 1 月 10 日出售，屆時可得 380 萬元，因而可以賺取合理的利潤。然而，由於銅錠價格波動會影響銅管的價格，所以利潤是不確定的。也就是說，該經銷商可能因銅錠價格下跌而蒙受損失，也可能因銅錠價格上漲而獲得超額利潤。為了避免銅錠跌價所致損失，經銷商可在 9 月 1 日購買銅錠的同時，訂立於次年 1 月 10 日亦以同樣價格出售銅錠的合同。這樣做，可以中和未來價格波動的風險，經銷商雖然失去可能因銅錠價格上揚而獲超額利潤的機會，但卻免除了因銅錠價格下跌而蒙受損失的可能。

（2）免責約定。免責約定是指合同的一方通過合同條款，對合同中發生的對他人

人身傷害和財產損失的責任轉移給另一方承擔，即通過主要針對其他事項的合同中的條款來實現風險轉移。例如，機械加工企業，在與客戶簽訂機械加工合同時，可在協議條款中寫明若遇原材料價格上漲時，合同價格應當上調，從而將其價格風險轉移給客戶。同樣，客戶也可以通過免責條款協議，將其潛在損失轉移給加工企業。如合同協議條款規定若由於加工企業延長工期，由此引起的原材料價格上漲因素由加工企業負責，並賠償由於延誤工期而給客戶帶來的損失。當然雙方在簽訂合同時，都要緊緊圍繞「合同條件」這個中心，而且，尋求利用某條款轉移風險的一方，必須獲得對方對該條款的認可。另外，有時候可專門為轉移風險而訂立合同。需要指出的是，免責約定不同於責任保險。免責約定所轉移的風險其受讓人不是保險人，而且所提到的財產損失責任是以合同責任下的損失為限的。

（3）保證合同。保證合同是指由保證人對被保證人因其行為不忠實或不履行某種明確的義務而導致權利人損失予以賠償的一種書面合同。這裡有保證人、被保證人和權利人三位當事人，借助保證書，權利人可將被保證人違約的風險轉移給保證人。保證的目的在於擔保被保證人對權利人的忠實和有關義務的履行，否則由保證人賠償損失。保證書通常用於以下「明確的義務」：清償債務，在規定的期限內提供一定數量的產品，按要求的日期完成一項工程等。如果被保證人沒有履行義務，保證人必須自己履行這項義務，或者按保證書的規定支付一定的罰金。然后，保證人可以向被保證人追償其損失。有時，保證人在簽發保證書時，要求被保證人用現金或政府債券等作為擔保品，以備自己索賠。即使被保證人得不到任何保障，他也要簽署這種保證書，因為他希望得到權利人只在有保證書的情況下才會提供的某些好處，如貸款、供貨合同或建築合同等。需要指出，保證書不同於保險合同（尤指財產保險合同），其差別如下：

一是保證書的當事人有三方，即保證人、被保證人和權利人，而保險合同一般只有兩方，即保險人和投保人（被保險人）。

二是保證書中，被保證人通常得到擔保並付出擔保費，而權利人得到保障，不過，有時被保證人可通過成本包括在所提供的服務的價格裡，而將這種成本轉移給權利人，而被保險人則通常是購買保險來保障自己。

三是保證書中的損失有可能是由被保證人故意引起的，而保險損失對被保險人而言則必須是意外的。

四是理想狀況下，保證書中的擔保不會有損失。因為如果有任何損失的可能性，保證人就不會簽署這種保證書，況且保證人自己會在調查中發現任何潛在的損失。而保險人則清楚地知道在被保險的群體中間會有一些損失──期望損失值。理想狀況下，保證書的擔保費不應該包括任何期望損失作備抵，所以這種擔保費只需包括保證人的調查費和其他費用，並提供一定的利潤和一定的意外準備金。而保險費則必須補償期望損失。在實踐中，保證人也會發生一些損失，因為他們的調查並不完全準確，但這樣的損失在擔保費中所占的比例遠低於保險費中所占的比例。

五是如果損失確實發生，保證人可以向被保證人求得補償，但保險人對於被保險人則沒有這種權利。儘管如此，有些保證書與保險合同極為相似，例如誠實保證。實

踐中，許多保證書的保證人是保險人。

（4）公司化。有的企業通過發行公司股票，將企業經營的風險轉移給多數股東承擔。這種轉移實際上只是分散了原有股東的風險，增強了企業抵抗風險的能力，並不能轉移企業遇到的具體風險。

2. 財務型保險轉移

財務型保險轉移又簡稱為保險，根據《中華人民共和國保險法》中的描述：狹義的保險是指投保人根據合同的約定，向保險人支付保險費，保險人對於合同約定的可能發生的事故因其發生所造成的財產損失承擔賠償保險金責任，或者當被保險人死亡、傷殘、疾病或者達到合同約定的年齡、期限時承擔給付保險金責任的商業保險行為。廣義的保險是指保險人向投保人收取保險費，建立專門用途的保險基金，並對投保人負有法律或者合同規定範圍內的賠償或者給付責任的一種經濟保障制度。

由此看來，保險並沒有改變風險主體所面臨的風險，只是通過一個事先的安排，利用保險基金補償保險事故發生所導致的經濟損失。

（三）保險與風險管理的關係

保險是處理風險的一種非常重要的財務型技術。保險和風險管理之間無論在理論淵源還是在各自作為一種經濟活動與經濟制度的發展中，都有著密切的關係。

（1）從研究對象上看，風險管理與保險都必須研究風險。「無風險，無保險」，保險公司是專門經營風險的特殊企業，經營風險就必須瞭解風險，研究風險，弄清楚風險變化的規律，以保證保險公司持續穩健地發展。風險管理是研究風險發生規律，通過運用各種風險管理技術對風險實施有效控製的一門學科。可見，風險和保險都是以風險為研究對象的。但由於風險的存在與發生，性質、形態都遠比保險內容複雜、廣泛得多，保險公司並不是對所有可能存在的風險都進行承保，因此，風險管理與保險所研究的風險在性質、範圍、階段上有所不同。

（2）從方法論上看，保險與風險管理都以概率論和大數法則為數理基礎。概率論與大數法則是近代保險業賴以建立的數理基礎，在這一基礎上，保險公司將個別風險單位遭受損失的不確定性，變成多數風險單位可以預知的損失，使保險費的計算變得較為科學。如果將保險對大數法則的應用移植到企業管理上來，就成為企業風險管理的基礎理論。

（3）保險是風險管理的最佳措施之一。人們面臨的各種風險損害，可以通過控製的方法消除或減少，也可以採取風險自留的方式。但面對各種風險造成的損失，如果單靠自身力量解決，則需要提留充足的后備基金，這樣既會造成資金利用效率低下，同時又難以解決巨災損失的補償問題。因此，轉移成為風險管理的重要手段，而保險作為風險轉移的方式之一，具有經濟、安全的特點。尤其是現代科學技術高度發展的今天，企業、單位或個人可以通過保險把風險轉嫁給保險人，以較小的固定支出獲得一定的經濟保障，在發生風險損失時，及時得到經濟補償或保險金的給付，將災害損失對被保險人的影響縮小到最低程度，甚至可以從根本上消除風險的影響。

（4）風險管理與保險是互制互促的關係。一方面，風險管理的技術制約保險的經

營效益。保險經營屬於商業交易行為，其經營過程同樣存在風險，因此保險公司要順利健康地經營發展，加強自身的風險管理是十分重要的，這就需要運用到多種風險管理技術。同時，保險所承保風險的識別、衡量和處理，也受到風險管理水平的制約。另一方面，保險與風險管理相輔相成、相得益彰。保險公司累積了豐富的風險管理經驗和知識，企業與保險人合作，會使企業更好地瞭解風險，提高解決風險的能力，從而促進了風險管理。同時，由於企業加強和完善了風險管理，提高了保險意識，需要保險提供更好的服務來滿足企業的發展需求，這又促進了保險的發展

本章小結：

1. 風險管理是指經濟單位通過對風險的識別和衡量，採用合理的經濟和技術手段對風險進行處理，以最低的成本獲得最大安全保障的一種管理活動。

2. 風險管理的目標可以分為總目標和具體目標兩個層次。風險管理的總目標是：以最小的風險管理成本獲得最大的安全保障，實現經濟單位價值最大化。風險管理的具體目標，按其定位不同，可以分為最低目標、中間目標和最高目標。

3. 風險管理的程序是設定目標、風險識別、風險估測、風險評價、風險處理和風險管理效果評價六個環節組成。

4. 風險處理方法包括風險控製型處理方法和風險融財務處理方法。

5. 風險控製型處理方法主要有：風險迴避、風險預防、風險分散、風險抑制、控製型風險轉移。

6. 風險財務型處理方法主要有：風險自留、合同轉移、保險、通過衍生工具進行套期保值和利用其他合約進行融資。

復習思考題：

1. 簡述處理風險的手段及各自的適用條件。
2. 如何理解保險與風險管理之間的關係？
3. 有人認為，「保險公司是經營風險的企業，所以是有險必保。」對此你有何看法？

第四章
保險概論

學習要點：
◇ 瞭解保險的起源與發展
◇ 掌握保險的概念、功能、分類
◇ 理解可保風險的含義
◇ 運用可保風險條件判斷現實生活中風險可保性
◇ 掌握保險的原則

第一節　保險的產生和發展

人類社會自從產生以來就不可避免的遇到各種自然界的風險及意外事故的發生，面對風險可能帶來的嚴重后果，幾千年以前的人類就萌生了對付風險的保險思想和原始形態的保險方法。

一、原始保險的產生

（一）西方原始形態保險

西方保險原始形態的產生可以追溯到公元前 4500 多年的古埃及。在古埃及的一項文件中記載：在石匠中曾有一種互助基金組織，向每一成員收取會費以支付個別成員死亡后的喪葬費。

約在公元前 3000 年前，在古巴倫的法典中就有冒險借貸的規定：凡是沙漠商隊運輸貨物途中，如果馬匹死亡、貨物被劫或發生其他損失，經當事人宣誓並被證實無縱容或過失行為后，可免除其個人的責任，由商隊全體給予補償。另外還規定了僧侶、法官及村長等對他們所轄境內的居民收取賦金，用以救濟遭受火災及其他天災的人們。該法典又記載沙漠商隊根據合同規定要對運輸貨物負絕對責任，對沒有把貨物運到目的地的承運人處以沒收財產、扣押親屬，甚至判處死刑，但在遇到強盜、原始人和半

自治地區王子搶劫時，承運人可對貨物被盜不承擔責任。這可以說是貨物運輸保險的雛形，后來傳到腓尼基和希臘，廣泛用於海上貿易。

古羅馬的歷史上，也有過類似於現代養老保險的喪葬互助會組織「拉努維莫」，一種軍隊中的士兵組織，也以收取會費作為士兵陣亡后對其遺屬的撫恤費用。在古希臘，曾盛行過一種團體，即組織有相同政治、哲學觀點或宗教信仰的人或同一行業的工匠入會，每月交付一定的會費，當入會者遭遇意外事故或自然災害造成經濟損失時，由該團體給予救濟。上述這些都是人身保險的原始形態。

到了中世紀，歐洲各國城市中相繼出現各種行會組織，這些行會具有互助性質，其共同出資救濟的互助範圍包括死亡、疾病、傷殘、年老、火災、盜竊、沉船、監禁、訴訟等不幸的人身和財產損失事故，但互助救濟活動只是行會眾多活動中的一種。這種行會或稱基爾特制度在 13~16 世紀特別盛行，並在此基礎上產生了相互合作的保險組織。

(二) 中國原始保險形態

1. 中國古代的保險思想

傳說，早在 3000 多年以前，即商朝末周朝初，有一個年輕的在長江上做生意的四川商人名叫劉牧，提出要改變過去那種把貨物集中裝載在一條船上的做法，而把貨物分裝在不同的船上。開始時很多商人都反對這種做法，因為如果採取這種做法，就要與別的商人打交道，還增加了貨物裝卸工作量。但經過努力地說服，劉牧成功了。採取這種辦法后的第一次航行，果然發生了事故，船隊中有一艘船沉沒了。但由於採取了分裝法，使損失分攤到每個商人頭上后就變得小了，大家都避過了滅頂之災。這種分散風險的方法在長江運輸貨物的商人們中被廣泛地接受，進而得到了發展。此外，中國歷代王朝都非常重視積谷備荒。在古代中國，積糧備荒如「委積」制度和「平糴」思想、倉儲制如「義倉」等使得中國成為傳統保險思想的發祥地之一。春秋時期孔子「耕三餘一」的思想就是頗有代表性的見解。孔子認為，每年如能將收穫糧食的三分之一積儲起來，這樣連續積儲 3 年，便可存足 1 年的糧食，即「餘一」。如果不斷地積儲糧食，經過 27 年可積存 9 年的糧食，就可達到太平盛世。

公元前 2500 年，中國的《禮記·禮運》中就有這樣一段話：「大道之行也，天下為公；選賢與能，講信修睦，故人不獨親其親，不獨子其子；使老有所終，壯有所用，幼有所長；鰥寡孤獨廢疾者皆有所養。」這一記載足以說明中國古代早有謀求經濟生活安定的強烈願望，是中國社會保險思想的萌芽。

中國長期以來是一個農業國，農業生產嚴重依賴自然條件，不可避免地遭受到各種自然災害的影響，所以歷代有儲糧備荒，倉儲賑災的傳統制度。早在夏周時期，夏箴上說：「天有四殃，水旱饑荒，甚至無時，非務積聚，何以備之？」這種分散風險的方式是在時間上分散風險。

2. 中國古代救濟制度

中國古代救濟制度主要是建立國家糧食后備倉儲制度。作為農業大國，周朝已建立各級后備倉儲，到春秋戰國以後已逐步形成一套倉儲制度，稱為「委積」制度；漢

代設有備荒賑濟的「常平倉」；隋朝設有「義倉」。這些都是以實物形式的救濟后備制度，由政府統籌，帶有強制性質。宋朝和明朝還設有「社倉」制度，它屬於相互保險形式，在宋朝還有專門贍養不能自我生存的老幼貧病的「廣惠倉」，這可以說是原始形態的人身保險制度。歷代的行倉儲制，不斷創造發展，形式多樣，名稱各異，但基本功能未變。歷史上的倉儲主要可分為三種。

（1）常平倉是政府設置的糧倉，始創於漢宣帝五鳳四年（公元前54年）。朝廷採取耿壽昌的建議，在邊郡設常平倉，谷賤時收儲，谷貴時賣出，以調節糧價，也用於備荒賑恤。以后各朝多有沿用。

（2）義倉是政府倡導民間自辦的公益性糧倉，始於北齊的「富人倉」。政府讓民戶繳納「義租」，在郡縣設倉儲存，防備災荒，到隋時義倉成為定制，唐時盛行。以后歷朝也多有設立，清時規定義倉設在市鎮。

（3）社倉是政府倡導，民間自辦，以設在社裡為主的互助性備荒賑濟倉儲。隋代的長孫平首創社倉，其於開皇年間，「奏令民間每秋家出粟麥一石已下，貧富差等，儲之閭巷，以備凶年」。宋代大儒朱熹曾大力提倡社倉，並倡導訂立了一套較完備的社倉管理法；明代嘉靖年間，曾「令各地設社倉，以二十三家為一社，處事公平者為社正，能書算者為社副」；清康熙二十四年（1685年）令各州縣於各村莊設社倉，收貯米谷；雍正七年（1729年）曾明令重申，社倉只准民辦，禁止官府插手。歷史上「義倉」與「社倉」名稱經常互用，其做法也基本上是民辦為主，存糧用於荒年賑濟，或貸作種子，秋收償還。但此類倉儲常為豪紳勾結官府，予以把持，甚至成為民間的額外負擔。儘管中國古代早就有分散風險、積糧備荒的保險思想，但由於封建制度和重農抑商的傳統觀念，商品經濟不發達，缺乏經常性的海上貿易，所以在中國古代社會沒有產生商業性的保險活動。

二、商業保險的產生

（一）海上保險

人類歷史的發展，一直與海洋密不可分。海上貿易的獲利與風險是共存的，早在公元前2000年，地中海一帶就有了廣泛的海上貿易活動。當時由於生產力水平低下，船舶構造非常簡單，航海是一種很大的冒險活動。要使船舶在海上遭風浪時不致沉沒，一種最有效的搶救辦法是拋棄部分貨物，以減輕載重量。為了使被拋棄的貨物能從其他受益方獲得補償，當時的航海商提出了一條共同遵循的原則：「一人為眾，眾人為一」，即共同海損分攤。這一原則在公元前916年羅地安海商法中得到了法律確認：「為了全體利益，減輕船只載重而拋棄船上貨物，其損失由全體受益方來分攤。」從這個法律規定中可以看出，當時構成共同海損分攤的對象，只是被拋棄的貨物。這種規定持續了很長一段時間，直到羅馬法典將其擴展到共同海損必須在船舶獲救的情況下，才能進行損失分攤。后來，在12世紀英國的《奧利昂判例卷》和16世紀法國的《海上指導》等法律條文中，對由共同海損引起的補償內容作了進一步的具體規定，從而完整的共同海損概念開始形成。由於這種由大家共同承擔危險，船東或貨主一起分攤

損失的方法含有海上保險的內核，所以人們把它視為海上保險的萌芽。這就是著名的「共同海損」基本原則。時到今日，共同海損分攤原則仍被各國海商法採用。

公元前 8 世紀至公元前 7 世紀，海上抵押借貸在從事海上商業的腓尼基人和羅得人之間開始出現，其後隨著海上貿易霸權的轉移，通過希臘傳入到羅馬帝國，最後盛行於義大利及地中海沿岸一些國家。抵押借貸在其長期形成和發展過程中，經歷了以下四個階段，每個階段都有其特殊的存在形式，不同的存在形式體現著不同程度的海上保險關係。

第一階段為從「一般借貸」向「冒險借貸」轉化階段。據歷史資料記載，早期的海上抵押借貸產生於公元前 8 世紀至公元前 7 世紀之間。由於當時進行海上貨物運輸的主要工具是木船，這種運輸工具抵禦海上災害的能力十分有限，為此船東和貨主經常遭受損失，輕者造成資金週轉困難，重者導致貿易經營的中斷。為解決因災害事故造成的經營中斷的問題，船東和貨主常常以船舶或貨物作為抵押，向資金所有者舉債，以此彌補資金，繼續業已中斷的貿易經營活動。由於這種借貸關係普遍存在於海上貿易活動中，所以被稱為「一般借貸」。

12 世紀以後，從「一般借貸」關係中產生出一種特別借貸方式，即「冒險借貸」。在這種借貸關係中，從事海上貿易的債務人以船舶或貨物作為抵押取得貸款，如果船貨安全抵達目的港，債務人必須將本金連同利息一同償還債權人。反之，如果航行途中遭遇災害事故造成經濟損失，則按照事先約定，債務人可以視其損失程度免還部分或全部借款。這種借款方式實際上體現了海上保險的初級形式，放款人相當於保險人，借款人相當於被保險人，船舶或貨物相當於保險標的，高出普通利息的差額當於保險費，如果船舶沉沒，借款就等於預付的賠款。由此可見，船貨抵押借款制度具有保險的一些基本特徵，因而被認為是海上保險的初級形式。

第二階段為從「冒險借貸」向「假裝買賣」轉變階段。隨著海上貿易的發展，海上冒險借貸呈現出一派繁榮景象，直到 13 世紀初葉。由於羅馬教皇格雷戈里九世 1237 年所頒布的《禁止利息法》，使一度繁榮的冒險借貸開始走下坡路，進而導致海上貿易的衰退。大家知道，法律一經頒布就不易隨意廢除。為了緩解這種矛盾，《禁止利息法》在實踐中做出一些讓步，其做法是使海上借貸不具有與《禁止利息法》相衝突的借貸關係，即假裝買賣。所謂假裝買賣，是指在航運開始以前，作為債權人的貨幣所有者向作為債務人的航運經營者以支付本金的形式買進船舶或貨物，當船舶安全到達目的地時，事前所訂立的買賣合同自動解除，航運經營者將事前接受的貸款加上定金或危險分擔費歸還貨幣所有者。如果由於海難或其他災害事故而不能完成航運，買賣合同依然有效。資金所有者在接受航運經營者支付定金的前提下，對航運經營者遭受的意外損失進行賠償，船舶或貨物的滅失因此而變成債權人的損失。從這裡可以看出，航運經營者向貨幣所有者繳納的危險分擔費，已經類似於保險合同關係中的保險費，而貨幣所有者支付給航運經營者的損失賠償費，同時也具有保險金的性質。同冒險借貸相比，假裝買賣關係中的債務人與債權人之間的關係，已經從原來的單一的危險轉嫁關係發展到除危險轉嫁關係以外的損失補償關係。不過，這種危險轉嫁關係和損失補償關係不是作為借貸關係的本質，而是借貸關係中派生出來的一種關係，因此，它

不是一種完整的保險關係。

　　第三階段為從「假裝買賣」到「保險借貸」的轉變階段。假裝借貸的目的是籌措購買船舶和貨物的資金。當債務人為了籌措資金而同作為第三者的債權人發生借貸關係，這種借貸關係就是假裝買賣。然而，當航運經營者的資金不需要向處於第三者地位的貨幣所有者進行籌措的情況下，仍然同其發生假裝借貸關係，債務人的目的就不是為了籌措航運資金，而是為了將海上危險轉嫁給債權人。這種不是以籌措資金而是以轉嫁危險為目的的借貸，叫作「保險借貸」。保險借貸關係中的借貸金在航運之前不一定要交給航運經營者，但債權人要預先向債務人收取利息。只有當債務人的船舶或貨物在航運中不幸滅失時，債權人才能將借貸金支付給債務人，以此補償其經濟損失。如果船貨安全到達目的港，彼此之間則不發生借貸金的授受問題。「保險借貸」開始於14世紀初葉。「保險借貸」關係中的利息與保險合同的保險費一樣，是承擔風險的一種代價。同其他借貸關係相比，保險借貸已經近似於海上保險，所以被稱為「準保險」。

　　第四階段為由「準保險」向「海上保險」過渡階段。對於債務人來說，當時以轉嫁海上危險為目的而預先收受資金，船貨安全到達目的港時加上高昂利息還給債權人，可以說是一種不經濟的行為。於是經過人們長期的探索，總結出了海上保險方法。1347年10月23日，義大利商船「聖·科勒拉」號要運送一批貴重的貨物由熱那亞到馬喬卡。這段路程雖然不算遠，但是地中海的颶風和海上的暗礁會成為致命的風險。這可愁壞了「聖·科勒拉」號的船長，他可不想丟掉這樣一筆大買賣，同時也害怕在海上遇到風暴而損壞了貨物，他可承擔不起這麼大的損失。正在他為難之際，朋友建議他去找一個叫做喬治·勒克維倫的義大利商人，這個人以財大氣粗和喜歡冒險而著名。於是，船長找到了勒克維倫，說明了情況，勒克維倫欣然答應了他。雙方約定，船長先存一些錢在勒克維倫那裡，如果6個月內「聖·科勒拉」號順利抵達馬喬卡，那麼這筆錢就歸勒克維倫所有，否則勒克維倫將承擔船上貨物的損失。這是一種事先繳付一定的報酬，但不接受借貸資金，船舶或貨物遭受意外損失后能夠得到債權人的經濟補償的方法，這個方法就是「海上保險」。

　　不過，這種海上保險還只是內容上的存在，缺乏一個與這種內容相適應的外在形式。內容和形式的統一，是任何事物發展成熟得以存在的客觀標誌。與海上保險內容相適應的外在形式，就是海上保險單。當第一張海上保險單，即1384年比薩保險單正式運用於海上保險經營時，海上保險才真正誕生。現在我們仍然可以在義大利熱那亞博物館看到這兩張具有里程碑意義的保險單。這張保單承保一批貨物從法國南部阿爾茲安全運抵義大利的比薩。在這張保單中有明確的保險標的，明確的保險責任，如「海難事故，其中包括船舶破損、擱淺、火災或沉沒造成的損失或傷害事故」。在其他責任方面，也列明了「海盜、拋棄、捕捉、報復、突襲」等所帶來的船舶及貨物的損失。

　　15世紀以后，新航線的開闢使大部分西歐商品不再經過地中海，而是取道大西洋。16世紀時，英國商人從外國商人手裡奪回了海外貿易權，積極發展貿易及保險業務。到16世紀下半葉，1574年經英國女王特許，在倫敦皇家交易所內建立了保險商會，專

門辦理保險單的登記事宜，並參照《安特衛普法令》和交易所的習慣制定標準保險單。1601 年伊麗莎白女王制定第一部有關海上保險的成文法，即《涉及保險單的立法》，規定在保險商會內設立仲裁庭，以解決海上保險的爭議案件。然而，在一個相當長的時間裡，英國對海上保險案件的判決，全由法官的意志決定，缺少一個為大家共同遵循的法律依據。直至 1756 年曼斯菲爾德爵士受命出任首席法官，才開始了對海上保險案件的專門研究。曼斯菲爾德根據歐洲大陸的海事法令，特別是 1681 年法國路易十四頒布的海事法令，以及國際通商慣例編纂海上保險法規，從而為解決海上保險糾紛提供了第一部判決法案。該法案的意義十分深遠，不僅為后來的英國《1906 年海上保險法》的問世奠定了基礎，而且也深刻地影響了美國在內的其他國家的海上保險法規的制定。1720 年經女王批准，英國的「皇家交易」和「倫敦」兩家保險公司正式成為經營海上保險的專業公司。其他公司或合夥組織不得經營海上保險業務。而勞合社，是由勞埃德咖啡館發展起來的，已成為當今世界上最大的保險壟斷組織之一。

1688 年，勞埃德先生在倫敦塔街附近開設了一家以自己名字命名的咖啡館。為在競爭中取勝，勞埃德慧眼獨具，發現可以利用國外歸來的船員經常在咖啡館歇腳的機會，打聽最新的海外新聞，進而將咖啡館辦成一個發布航訊消息的中心。由於這裡海事消息靈通，每天富商滿座，保險經紀人利用這一時機，將承保便條遞給每個飲咖啡的保險商，由他們在便條末尾按順序簽署自己的姓名及承保金額，直到承保額總數與便條所填保險金額相符為止。隨海上保險不斷發展，勞埃德承保人的隊伍日益壯大，影響不斷擴大。1871 年英國議會正式通過一項法案，使它成為一個社團組織——勞合社。到目前為止，勞合社的承保人隊伍達到 14,000 人。現今其承保範圍已不僅是單純的海上保險。

(二) 火災保險

火災保險起源於 1118 年冰島設立的 Hrepps（黑瑞甫）社，該社對火災及家畜死亡損失負賠償責任。17 世紀初德國盛行互助性質的火災救災協會制度，1676 年，第一家公營保險公司——漢堡火災保險局由幾個協會合併宣告成立。但真正意義上的火災保險是在倫敦大火之后發展起來的。1666 年 9 月 2 日，倫敦城被大火整整燒了五天，市內 448 畝（1 畝≈666.67 平方米，全書同）的地域中 373 畝成為瓦礫，占倫敦面積的 83.26%，13,200 戶住宅被毀，財產損失 1200 多萬英鎊，20 多萬人流離失所，無家可歸。災后的幸存者非常渴望能有一種可靠的保障，來對火災所造成的損失提供補償，因此火災保險對人們來說已顯得十分重要。在這種狀況下，聰明的牙醫巴蓬 1667 年獨資設立營業處，辦理住宅火險，1680 年他同另外三人集資 4 萬英鎊成立火災保險營業所，1705 年更名為菲尼克斯即鳳凰火災保險公司。在巴蓬的主顧中，相當部分是倫敦大火后重建家園的人們。巴蓬的火災保險公司根據房屋租金計算保險費，並且規定木結構的房屋比磚瓦結構房屋保費增加一倍。這種依房屋危險情況分類保險的方法是現代火險差別費率的起源，火災保險成為現代保險，在時間上與海上保險差不多。1710 年，波凡創立了倫敦保險人公司，后改稱太陽保險公司，接受不動產以外的動產保險，營業範圍遍及全國。18 世紀末到 19 世紀中期，英、法、德等國相繼完成了工業革命，

機器生產代替了原來的手工操作，物質財富大量集中，使人們對火災保險的需求也更為迫切。這一時期火災保險發展異常迅速，火災保險公司的形式以股份公司為主。進入 19 世紀，在歐洲和美洲，火災保險公司大量出現，承保能力有很大提高。1871 年芝加哥一場大火造成 1.5 億美元的損失，其中保險公司賠付 1 億美元，可見當時火災保險的承保面之廣。隨著人們的需要，火災保險所承保的風險也日益擴展，承保責任由單一的火災擴展到地震、洪水、風暴等非火災危險，保險標的也從房屋擴大到各種固定資產和流動資產。19 世紀后期，隨著帝國主義的對外擴張，火災保險傳到了發展中國家和地區。

（三）人壽保險

人壽保險起源於歐洲中世紀的基爾特制度。起初行會對其成員的人身傷亡或喪失勞動能力給予補償，后來有些行會逐漸轉化為專門以相互保險為目的的「友愛社」，對保險責任和繳費有了比較明確的規定。這種相互保險組織形式對以后的人壽保險發展影響很大，美國最大的人壽保險公司——美國謹慎保險公司就是相互保險公司，其前身就是 1873 年建立的「孤寡老友愛社」。此外在海上保險的產生和發展過程中，一度包括人身保險。15 世紀后期，歐洲的奴隸販子把運往美洲的非洲奴隸當作貨物進行投保，后來船上的船員也可投保；如遇到意外傷害，由保險人給予經濟補償。這些應該是人身保險的早期形式。

17 世紀中葉，義大利銀行家，法國在任宰相秘書洛倫·佟蒂提出的一種不償還本金募集國債的計劃，即一項聯合養老辦法，這個辦法后來被稱為「佟蒂法」，並於 1689 年正式實行。佟蒂法規定每人繳納 300 法郎，籌集起總額 140 萬法郎的資金，保險期滿后，規定每年支付 10%，並按年齡把認購人分成若干群體，對年齡高些的，分息就多些。「佟蒂法」的特點就是把利息付給該群體的生存者，如該群體成員全部死亡，則停止給付。法王路易十四為了籌集戰爭經費於 1689 年採用了「佟蒂法」。「佟蒂法」是養老年金的一種起源，它規定在一定時期以后開始每年支付利息，把認購人按年齡分為 14 群，對年齡高的群多付利息，當認購人死亡，利息總額在該群生存者中平均分配，當該群認購人全部死亡后，就停止付息。由於這種辦法不償還本金並引起相互殘殺，后被禁止，但佟蒂法引起了人們對養老年金和生命統計研究的重視。

著名的天文學家哈雷，在 1693 年以西里西亞的勃來斯洛市的市民死亡統計為基礎，編製了第一張生命表，精確表示了每個年齡的死亡率，提供了壽險計算的依據。18 世紀四五十年代，辛普森根據哈雷的生命表，做成依死亡率增加而遞增的費率表。之後，陶德森依照年齡差等計算保費，並提出了「均衡保險費」的理論，從而促進了人身保險的發展。1762 年成立的倫敦公平保險社才是真正根據保險技術基礎而設立的人身保險組織。

工業革命以后，機器的大量使用及各種交通工具的發明和推廣，使人身職業傷亡和意外傷害事故增多，這為廣泛開展人壽保險業務開闢了市場。加上人壽保險帶有儲蓄性質，年金能提供養老收入，準備金能用於投資，這就加速了人壽保險的發展。到了第二次世界大戰以后，人壽保險的覆蓋率進一步擴大，大多數家庭有了人壽保險，

而且人壽保險種類繁多，並開始與金融市場的投資緊密結合。人壽保險公司已成為僅次於商業銀行的投資機構。

（四）責任保險

責任保險是以被保險人的民事賠償責任為標的，它的產生是社會文明進步尤其是法制完善的結果。19世紀初法國《拿破崙法典》中的有關責任賠償的規定為責任保險的產生提供了法律基礎。1855年英國率先開辦了鐵路承運人責任保險。自此以後，責任保險日益引起人們的重視。工業革命以後，雇主責任險得以發展，1880年英國通過了雇主責任法，規定雇主經營中因過錯使工人受到傷害，應負法律責任，同年就有雇主責任保險公司成立。

19世紀末，汽車誕生后，汽車責任保險隨之產生，最早的汽車保險是1895年由英國一家保險公司推出的汽車第三者責任險。1898年美國開辦了這項業務，進入20世紀后，汽車第三者責任保險得到極大發展。

（五）信用保險和保證保險

信用與保證保險是隨著商業信用的發展而產生的一種新興保險業務。在18世紀末19世紀初，忠誠保證保險就已出現。該項保險的投保人一般是雇主，如果雇員的不忠誠行為使雇主蒙受損失，保險人將負有賠償責任。19世紀中期英國又出現了合同保證保險，這種保險主要運用於工程建設上。1919年由於東西方政治局勢的惡化，英國政府為了保證貿易的進行，專門成立了出口信用擔保局對有關貿易進行擔保，創立了一整套信用保險制度，並成為以後各國爭相效仿的樣板。1934年伯爾尼聯盟（國際信用和投資保險人聯合會）的成立標誌著出口信用保險已為世界所公認，此后，各國信用保險和投資保險業務都開始穩步發展。

（六）社會保險

社會保險主要有社會養老保險、社會醫療保險、失業保險、工傷保險和生育保險等險種，最早出現於19世紀80年代的德國。那時工業社會使人們的生產方式與生活方式發生了重大改變，在機器大生產取代了手工生產后，工業勞動者構成了一個日益壯大的以出賣勞動力為生的無產階級。工業社會不僅直接增加了勞動的職業傷害風險與失業風險，而且也使農業社會裡被視為個人風險的疾病醫療、養老等演變成了群體性的社會風險。在這樣的背景下，僅僅依靠傳統的慈善事業、有限的救濟措施以及完全市場化的商業保險、互助合作保險制度，已經無法解決勞動者的後顧之憂。面對新的社會問題，政府開始運用保險手段，來實現其政治目的。1883年德國建立疾病保險制度，1884年建立傷害保險制度，1889年建立老年及殘疾保險制度。這三項保險制度的建立，不僅為德國建立完整的社會保險體系奠定了基礎，也為世界上其他國家建立社會保險制度提供了示範。隨后，世界各國紛紛效仿。

三、世界保險業的發展

（一）世界保險業發展的特點

第二次世界大戰后，世界保險業獲得了飛速發展，主要有以下幾個特點：

1. 保險業務範圍日益擴大，新險種不斷增加

隨著科學技術的發展，尖端科學日新月異，各種新的風險不斷產生。原來的傳統險種已不能滿足需要，保險已從海上保險、火險、汽車險等險種擴大到衛星保險、核電站保險、航天飛機保險等。保險範圍的不斷擴大，已成為當今保險業發展的特點之一。過去的 100 年，是人類歷史上發展變化最快的 100 年。進入 21 世紀，人類前進的步伐更是不斷加快。經濟發展、技術進步、全球化進程，我們面對的是一個快速發展變化著的世界。世界在變，社會在變，保險業面對的風險也在不斷變化。電腦系統故障、環境污染、金融危機、老齡化帶來的養老醫療負擔、全球氣候變化甚至恐怖主義襲擊，傳統的風險在變化，新型的風險不斷湧現。保險業面臨著巨大的挑戰，也面臨著廣闊的發展機遇。

2. 保險金額巨大，巨災風險索賠增多

由於保險財產的價值越來越大，為獲得足夠的保險保障，保險金額日益提高。如一艘萬噸油輪、一顆人造地球衛星，價值都在幾千萬至幾億美元以上，一旦保險標的損毀，索賠數額將相當巨大。保險金額巨大，索賠案件增多，為保險人提出了一個嚴峻的問題。而且巨災發生頻率和損失程度不斷上升。2005 年全球共發生了 397 起災害事故，造成 97,000 多人遇難，財產損失總額超過 2300 億美元。發生在克什米爾地區的 7.6 級地震造成 73,000 多人死亡；發生在美國的一連串颶風造成了巨大的財產損失，卡特里娜造成損失 1350 億美元、威爾瑪 200 億美元、麗塔 150 億美元。全球保險公司的賠付總額達到 830 億美元，僅卡特里娜颶風造成的賠付就達到了 450 億美元。2005 年是自 1906 年美國舊金山大地震以來，國際財產險保險公司損失最大的一年。2005 年發生的災害及損失，是近年來巨災發生頻率、強度及造成的損失不斷攀升的生動寫照。20 世紀 70 年代，自然災害造成的賠償金額約為 30 億美元，1997 年至 2003 年增長到 160 億美元，2004 年及 2011 年則分別猛增到 450 億美元和 1050 億美元。而且，大量事實表明，這種發展趨勢將一直持續下去。

3. 保險業的迅速發展，使其在世界經濟中的地位和作用快速提升

從 20 世紀 90 年代至今，世界經濟保持穩步健康增長。過去 20 年全球實際 GDP 增長平均 3% 左右，2011 年全球 GDP 增長了 3.9%，達到 69.66 萬億美元。與此同時，世界保險業發展迅速，在整個世界經濟中的作用日益突出。1990 年全球保費收入僅為 1.406 萬億美元，2011 年增加到 3.1 萬億美元，實現了年均 6% 左右的增長速度，呈現出持續增長的勢頭，並遠高於同期全球 GDP 的增長速度。保險業在世界經濟中的地位進一步提高，作用進一步加強。從保險密度看，進入 20 世紀 90 年代以後，世界保險業保險密度出現快速增長的局面，從 1990 年 265.3 美元到 2011 年 627.3 美元，實現了近一倍的增長。從保險深度看，1990 年，世界保險業的保險深度為 6.5%，2001 年達到了 7%。

保險業的迅速發展，使其在國際金融業的地位和作用快速提升。近年來，國際金融業資產結構的重要變化使銀行資產占金融業資產的比重逐步下降，保險和其他非銀行金融機構資產占金融業資產的比例大幅度提高。保險業的發展又快於其他非銀行金融機構。如經合組織（OECD）國家保險公司的資產總額從 1990 年不到 6 萬億美元增

長到 1999 年的 12 萬億美元。目前，經合組織國家保險資產占金融總資產的比例平均為 20%。保險公司日益成為金融業重要的組成部分。

4. 新興市場國家的保險業增長強勁

新興市場國家的保險業增長強勁，在世界保險業中的比率逐年提高。2005 年新興市場國家保費收入 4270 億美元，增長率為 7%，其中壽險增長 7.5%，非壽險增長 6%。過去 10 年新興市場國家保險業的年平均增長率達到了 9%。壽險方面，得益於經濟增長和趕超過程，以及對養老金的需求，過去十年新興市場國家壽險的平均增幅為 10.9%；非壽險方面，過去十年新興市場國家的平均增長率為 6.9%，雖然低於壽險的增長速度，但仍然是同期 GDP 增長速度的 1.5 倍。而 2005 年工業化國家保費收入的增長率只有 1.9%，過去 10 年的平均增長率也只有 3.1%，遠低於同期新興市場國家保險業的增長速度。另外，雖然新興市場國家的保險業得到了長期的發展，但其總量還較小，世界保險業的整體格局尚未發生明顯的變化。工業化國家保險市場雖然已經接近飽和，增長速度逐漸放緩，但其絕對主導地位並未動搖。2005 年，工業化國家的保費收入 2.998 萬億美元，占全球保險業保費收入的 88%，保險密度 3286 美元，保險深度 9%；而同期新興市場國家的保險密度和保險深度分別為 77 美元和 3.6%，與工業化國家相比，尚存在巨大差距。

(二) 世界保險業發展的趨勢

考查世界保險事業的發展趨勢，可以明顯地看出，它同國民經濟的發展成正比例，是整個國民經濟體系中不可缺少的一個組成部分。縱觀現代保險事業的發展，大體上呈現以下趨勢：

1. 保險市場全球一體化趨勢

當今世界，經濟的發展尤其是國際貿易與國際資本市場的發展決定了市場開放的必要性，而通信、信息等高新技術的發展又為實現全球經濟一體化創造了技術條件。在高新技術的推動下，全球經濟一體化的趨勢越來越明顯，作為世界經濟重要組成部分的保險業，必然要受其影響，保險業國際化趨勢也日益明顯。在發達國家，為了適應世界保險業一體化需要，都紛紛放松了對本國保險市場的監管。在發展中國家，為了適應保險一體化需要，也在作出自己的努力，如中國、印度、東盟國家及拉美國家都在不同程度地開放本國的保險市場，以吸引外國投資者。20 世紀末全球金融保險領域掀起了一股兼併浪潮，從而加速了保險機構之間的聯合與兼併。19 世紀初，全世界只有 30 多家保險公司，到 20 世紀 90 年代初，全世界保險公司的數量增加到過萬家。而在面臨全球化競爭的情況下，許多保險公司又開始廣泛的合作。競爭與合作呈現出一種相互推動的態勢。近年來，合作進一步演化成保險公司之間的併購，保險市場的併購案件顯著增多，保險機構規模呈現大型化趨勢。1996 年 7 月，英國的太陽聯合保險公司與皇家保險公司宣布合併，成立皇家太陽聯合保險公司，一舉成為英國第一大綜合性保險公司。1996 年 11 月，法國巴黎聯合保險集團與安盛保險進行合併，成立新的保險集團，資產規模排世界第二。近年來，不僅保險公司之間購並，保險公司與銀行之間也發生購並，如 1999 年 6 月花旗銀行收購旅行者公司，這是銀行與保險合併的

典範，也由此促使美國國會通過了《金融服務現代化法案》，法律上認可了混業經營。2001年4月德國安聯保險集團公司宣布收購德國的第三大銀行德累斯頓銀行，合併后的公司將成為全球第四大金融集團。這種購並往往是強強聯合，優勢互補，形成更大範圍的規模經營，提高經營效率，降低經營成本，有效控製風險，提高公司的實力和聲譽。

2. 保險領域擴大化趨勢

保險事業是伴隨著人類科學技術水平的提高而發展起來的「朝陽產業」。保險領域擴大化趨勢主要表現在以下方面：

（1）保險服務領域不斷擴大。生產技術的日新月異，尖端科學的廣泛應用，使各種新的風險因素不斷增加，也給保險事業開闢了廣闊的服務領域。如技術性較高的新險種：建築工程險、安裝工程險、石油開發險、衛星險等紛紛問世。國際貿易方式的多樣化、合作企業不斷興辦、聯合開發資源的出現，使產品、職業、個人等責任保險和信用與保證保險成為國際間普遍關注的保險業務。各種社會福利性的保險，作為國家和社會福利制度的補充，越來越受到人們重視。新興的綜合保險，由於把一些互相關聯的險種結合在一起，實行一攬子保險，則更能適應投保人的需要。此外，適應保險商業化的要求，各種名目繁多的險種不斷出現，從承擔「哥倫比亞」號航天飛機的風險，到保障「百老匯」芭蕾舞演員腳尖的安全，幾乎是無所不及。保險事業的颶風，已席捲人類生活的每個角落。

（2）再保險業務領域不斷被拓展。生產規模的擴大及科學技術的高度發展，使保險業承擔了前所未有的經濟責任，導致再保險業務的興隆。儘管國際再保險市場屢次發生危機，但是國際金融寡頭、保險業投資者們對於國際再保險市場每年550億美元的巨額仍垂涎欲滴。大約有300家專業再保險公司和近3000家直接公司或混合公司在國際再保險市場角逐。從國際再保險市場的發展情況來看，隨著保險業進入宇宙空間和其他新興科技領域，國際再保險業務的規模將不斷擴大。

3. 利用投資方式擴大保險事業對國民經濟的影響

由於世界經濟不景氣，使國際保險再保險市場競爭激烈，造成保險費率下降，承保力量超過需求，使許多保險人趁通貨膨脹和國際金融市場的利率很高，以較低的保險費率，接受看來可能虧損的業務。其目的在於把收取的保險費用於投資，在發生賠款之前就可以獲得巨額的投資利益，以彌補保險業務的虧損。擁有年保險費收入3萬億美元，並擁有非常雄厚的保險基金為支柱的世界保險企業，已成為許多國家的金融核心之一，特別是在美國、日本和西歐工業發達國家，保險公司可以運用的資金力量已超過其他的金融組織，保險公司已成為金融中心。

4. 保險市場自由化

保險市場的自由化，是為了適應市場經濟的發展，滿足投保人或被保險人的客觀要求而採取的必要政策。保險市場的自由化主要體現在以下幾個方面：

（1）放寬費率管制。過高的保險費率必然損害被保險人的利益，使保險企業獲得不合理的利潤。適度地放寬費率管制，對於保險企業的競爭十分有利，除具有地域性的業務仍採用管制費率之外，凡是具有國際性的業務，其費率的厘定盡可能自由化。

（2）保險服務自由化。由於民眾的保險意識提高，消費者對保險商品的需求在內容和形式上都有很大變化。保險企業為了滿足消費者的保險需求，必須開發新險種，為被保險人服務。這樣，必須放寬對保險商品的管制，准許保險企業開闢新的保險服務領域。

（3）放寬保險公司設立的限制。根據保險業法的規定，只要符合設立條件的申請者，就應讓其成立公司。特別是在保險業不發達的國家，增加保險市場的主體，有利於改變保險市場賣方壟斷的局面，形成競爭勢態。適應國家經濟往來的需要和世界貿易組織的要求，在發展本國保險業的同時，適當開放本國保險市場。

5. 國際競爭激烈化

近年來，由於作為主要國際貨幣的美元定期存款利率長期保持在一個較高的水平上，使保險公司從保險費的投資收入或存款利息中取得相當可觀的好處，從而促進了保險公司的競爭，使得國際保險市場承保能力過剩，供大於求。競爭的結果，使得保險費率大幅度下降，保險業務本身出現連年虧損。美國的財產險保險費收入占全世界財產險保險費收的一半左右，美國保險業務的好壞，在國際保險市場上起著舉足輕重的作用。保險公司激烈競爭的結果，使美國的財產保險在過去25年中，有15年是虧損的。美國的水險和航空險業務尤為糟糕，即使加上投資收入，也難以彌補保險業務本身的虧損。由於國際保險和再保險市場競爭激烈，使正常的保險業務出現了混亂的局面。如阿拉伯地區由於石油出口賺了大量外匯，進行大規模的建設，從而給保險業務帶來生機，許多保險人紛紛而至，相互競爭，破壞了正常保險業務的開展。非洲國家的保險業務，長期以來一直發展正常，但由於外國保險商接踵而至，展開競爭，使保險市場由好變壞。為了避免在國際保險競爭中的損失，一些大的保險公司採取了一系列措施，如荷蘭的歐洲再保險公司等相繼自動宣布清理，從而減少了市場上的競爭者；日本保險公司決定從1983年起，減少水險業務，主要原因是迫於巨大未決賠款的負擔，不敢繼續輕易從事。

6. 銀行、證券與保險混業經營的趨勢

在歷史上，曾出現過銀行業、證券業和保險業混業經營的情況，但由於當時風險防範能力和監管能力不足，導致了1929—1933年的經濟金融危機。在這之後，以美國為代表的世界大多數國家實行了金融分業經營，銀行、證券和保險由各自的機構經營，嚴格分開。但近年來，一方面，由於金融市場競爭日趨激烈，混業經營有利於成本的降低；另一方面，金融機構防風險能力增強，金融監管能力增強，這種混業經營的情況重新出現，並有不斷發展的趨勢，特別是1999年12月美國國會通過《金融服務現代化法案》後，混業經營在法律上得到確認。因此，銀行、證券和保險混業經營成為全球趨勢。

7. 服務手段現代化

隨著現代世界從工業社會過渡到信息社會，對保險業的工作效率提出了新要求。它要求保險業能夠適應信息社會變幻多端的經濟動態，提供最迅速的保險服務，使保險公司在競爭中立於不敗之地，並且能更好地運用保險費收入進行投資收益。在經濟發達的工業化國家中，使用電子計算機處理保險業務，已經成為保險公司鞏固和發展

業務的重要手段。使用電子計算機處理業務，給保險人帶來了以下好處：

（1）節約了大量的人工。電子計算機的高速度、高可靠性、高靈敏性的特點，使過去需要大量人工和時間的工作變得迅速，節約了勞動力，對資方的經濟收益比較明顯。

（2）加強了業務競爭能力。電子計算機能迅速處理案情，支付賠款，增強了被保險人對於保險公司的信任，改善了服務質量，加強了業務競爭能力。

（3）提高了科學管理水平。電子計算機存儲量大，可以將各種情報資料存儲在計算機內，使管理人員能夠迅速地掌握國內外保險市場的動態，及時進行分析研究，制定保險發展的中長期戰略。

四、中國保險業的發展

（一）發展歷史

1. 中國保險業的開端

鴉片戰爭以後，西方列強迫使清政府簽訂了一系列不平等條約，加強了對中國的政治、軍事、經濟的侵略。外國保險公司紛紛登陸中國，中國保險市場逐漸形成。外國保險公司憑藉不平等條約所持有的政治特權擴張業務領域，利用買辦招攬業務，壟斷了早期的中國保險市場，從中攫取了巨額利潤。

面對外商獨占中國保險市場，每年從中國掠奪巨額利潤，致使白銀大量外流這一嚴峻事實，中國人民振興圖強、維護民族權利、自辦保險的民族意識被激起。在此情況下，1865 年 5 月 25 日義和公司保險行在上海創立。義和公司保險行，是中國第一家自辦的保險機構，其成立打破了外商保險公司獨占中國保險市場的局面，為以後民族保險業的興起開闢了先河。

提到保險業就不得不提到航運業，保險與貿易兩者是互為表裡的關係。輪船招商局於 1872 年在上海成立，是中國人自辦的最早的輪船航運企業，也是現在的招商局集團的前身。它不僅是中國現代航運業的起點，也可以說是中國保險業的源頭之一。輪船招商局自創辦之日起就深刻明白保險對於航運業的重要作用。作為一種打擊競爭對手的手法，早期依附於外商航運業的外資保險公司聽命於上司，為了擊垮輪船招商局，對其所屬船舶百般刁難，收取高額保費，對中國本土產的船只不保等限制。以李鴻章為代表的洋務派，為適應航運業發展的需要，先後創辦了「保險招商局」「仁和水險公司」和「濟和水火險公司」等官辦保險公司，取得了較好的經營業績，並堅持與外商保險公司進行鬥爭，從而在一定程度上抵制了外商對中國保險市場的控制。當然，洋務派在保險業方面的努力不能改變外商壟斷中國保險市場的局面。

2. 中華人民共和國成立前在夾縫中生存發展的民族保險業

到民國初期，中國民族保險業獲得了難得的發展機遇：一是民國初建需要刺激工商業的發展以穩定政權；二是第一次世界大戰的爆發，歐美列強捲入戰爭，無暇東顧，大大減緩了洋商對中國保險市場的控制；三是五四運動的爆發，反帝鬥爭的興起，贏得了整個民族對民族工商業的支持和對洋商的抵制。從 1912 年到 1925 年，國內陸續創

辦了華安合群等 30 余家民族保險公司，華資壽險市場一度興起，但由於經營不善，其中停業者居多。

至 20 世紀 20 年代中后期，金融資本投入保險業，民族銀行開始興辦保險企業，民族保險業始有進一步發展。保險業有了突破性的發展，出現了太平保險公司這樣實力雄厚、信譽卓著，分支機構代理網點遍布全國各大城市，甚至涉足南洋市場，在國際上也有一定聲譽的民族保險公司。但是抗日戰爭爆發后，保險業受到巨大的衝擊。

3. 中華人民共和國成立后保險行業的發展

中華人民共和國成立后中國保險業的發展史，可謂跌宕起伏。經歷了中華人民共和國成立初期的起步，到 20 世紀六七十年代的低谷，最后到現在的快速發展的過程。

保險業作為國家經濟發展的晴雨表，到 20 世紀末，經過了四個發展時期。第一個階段是在 20 世紀 50 年代的初創時期，保險業僅中國人民保險公司一家國有保險公司，保險業務的發展還處於初級拓荒階段，業務範圍也十分狹窄，但是當時保險業配合新中國經濟建設，在保障生產安全、促進物資交流、安定人民生活、壯大國有資產等發揮了積極作用。第二階段是在 20 世紀六七十年代的低谷期，由於當時的歷史原因，本外幣保險業務基本停辦，僅保留五大口岸城市的涉外險業務，保險業陷入長達 20 年的停滯時期，發展嚴重受挫。第三階段是 20 世紀 80 年代的復甦期，伴隨著中國改革開放和經濟發展，保險業迅速崛起，為國家經濟建設和人民生活提供多方面廣泛的服務，但市場經營主體仍處於人保獨家壟斷狀態。第四階段是 20 世紀 90 年代的發展期，保險業獨家壟斷的格局被打破，取而代之的是中外保險公司多家競爭、共同發展的多元化新格局。進入 21 世紀以來，中國保險業正步入一個全新的發展階段，根據中國入世承諾，保險業在金融行業中開放力度最大，開放過渡期最短。2004 年 12 月 11 日過渡期結束，中國保險業進入全面對外開放的新時期，呈現出日漸市場化、專業化、國際化、規範化的新特點。

30 多年的改革開放為中國保險業發展注入了新的生機和活力。改革開放之初，中國保險市場由一家公司經營，全部保費收入只有 4.6 億元。到 2007 年，全國保險公司達到 110 家，總資產達到 2.9 萬億元，實現保費收入 7000 多億元，市場規模增長 1500 多倍。

(二) 發展現狀

1. 中國保險業的整體實力與核心競爭能力不斷提升，經濟功能初步顯現

回顧保險業 60 年來的改革發展歷程，雖然經歷了曲折，但全行業始終堅持改革創新，在探索中國特色保險業發展道路上邁出了堅實的步伐，取得了令人矚目的發展成就，特別是黨的十六大以來，在「抓監管、防風險、促發展」的總體思路指導下，中國保險業保持了又好又快的發展勢頭，在各方面取得了突出的成績。

(1) 保險業務大發展，行業實力顯著增強，競爭格局基本形成。保險業快速發展，業務領域逐步拓展。1980 年恢復國內保險業務時，中國只有企財險、貨運險、家財險、汽車險等幾個保險業務種類。此后隨著國內保險業風險管理技術的進步和經營管理能力的提高，業務領域逐步從財產損失保險擴展到人壽保險、責任保險、信用保險和保

證保險、意外傷害保險、健康保險等領域，目前已基本形成涵蓋所有可保風險領域的業務和產品體系。保險業恢復經營以來，中國保費收入年均增長超過20%，是國民經濟中發展最快的行業之一。2008年實現原保費收入9789億元，世界排名第6位，中國已逐步成長為新興的保險大國。資產規模不斷壯大。1949年人民保險公司成立之初，僅有資本金約200萬元。目前，全國保險公司總資產達到3.7萬億元。市場體系日益完善，從由國有保險獨家經營保險業務，到目前全國共有保險公司120多家，初步建成了多種組織形式和所有制形式並存，公平競爭、共同發展的保險市場體系。

（2）體制機制發生積極變化。自改革開放以來，中國的保險業就分別從經營體制改革、公司體制改革、資金管理體制改革、保險監管體制改革四方面，進行了有條不紊的改革。首先，保險業務經營體制改革。1996年，為了適應保險業快速發展和防範風險的需要，建立了保險分業經營體制，對產險、壽險實行專業化經營。人保、平安、太平洋等綜合性保險公司相繼完成產壽險分業經營體制改革。同時，為了提升保險業服務經濟社會的能力與水平，對農業保險、健康保險、養老保險等業務領域探索實行專業化經營，專業性的保險公司開始逐漸成立。保險仲介市場也逐步發育完善。其次，公司體制改革。堅持從實際出發，採取「三步走」的戰略，積極吸引外資和民營資本參股，引進境外戰略投資者，優化股權結構，公司治理結構和運行機制不斷完善。最后，保險資金管理體制改革。實現了保險資金專業化集中運用，保險資產管理公司從無到有，目前達到10家，管理資產占保險業全部資產的82.6%；從資金運用結構看，實現了從銀行存款為主向債券投資為主的轉變。

（3）全社會的風險和保險意識大提高。改革開放前，中國保險市場的消費者規模相當有限，消費者對保險的瞭解非常少，保險意識處在一個較低的水平。隨著改革開放的不斷推進，保險知識的普及也日漸展開，消費者對保險的認識和理解逐步深化。同時，隨著收入水平的提高和市場化體制改革的推進，全社會的風險和保險意識逐步提升，消費者開始主動購買所需要的保險產品，並且在購買保險產品時，多方收集所需保險產品的信息，瞭解保險市場行情。人民群眾保險意識不斷增強和消費行為日趨理性，標誌著中國保險市場逐步向成熟的方向邁進。

（4）保險創新取得積極進展。產品創新更加貼近市場需求，適應不同消費群體，開放不同的產品。針對居民日趨多元化的金融保險需求，突破保險產品傳統保障功能的限制，開發了具有投資理財功能的產品。針對低收入人群開發了保費低廉、手續簡便、保障適度的小額保險產品。適應建立多層次社會保障體系需要，開發了多種形式的商業養老和健康保險產品等。在產品貼近市場的情況下，營銷創新與時俱進。從個人營銷代理到現在的通過銀行、郵局、車行等機構代理，甚至通過利用網絡、電話等方式銷售保險產品，為保險消費者提供便利、質優價廉的保險服務。在做到服務創新的同時，理論創新為產品創新和營銷創新提供了理論基礎。近年來特別是十六大以來，在總結保險實踐經驗的基礎上，保險理論創新不斷深入推進。提出了保險業發展階段理論，做出了中國保險業仍處於發展的初級階段的判斷，首要任務是加快發展，做大做強。

2. 中國保險業仍處於發展的初級階段，存在諸多問題

儘管中國保險業發展取得了一定的成就，但由於起步晚、基礎差，與發達國家相比，與經濟社會發展的要求相比，仍存在較大差距，中國保險業依然處於發展的初級階段。

（1）保險業發展與經濟不適應。中國保險業的發展與經濟不適應主要表現在四個方面。首先，與國民經濟發展整體實力不適應。2010 年，中國 GDP 世界排名第二位，但是保費收入排名為第 6 名。保費收入占 GDP 的比重世界平均為 8%，中國僅為 4%。其次，與人民的生活水平不適應，雖然目前保險產品品種較以前有了很大的進步，但是保險產品還是不豐富，有許多人民群眾迫切需要的險種還不能提供，不能有效滿足社會多層次的需求。再次，與和諧社會建設不適應。中國人均長期壽險投保率遠低於世界平均水平，保險作用發揮得還比較有限。最后，與金融體制改革發展的要求不適應。中國保險資產占金融業總資產的比例為 4%左右，而這一比例在發達國家則高達 20%。

（2）中國保險業的誠信缺失。據 2008 年年底，國務院發展研究中心和國家統計局中國經濟檢測中心對國內公眾保險情況的調查顯示：老百姓認可國內保險公司不到 10%，只有 6%左右的人認為國內保險公司誠信較好，70%的人認為誠信一般，持不信任態度的占 26%。按國際標準，當一個行業有 6.5%的消費者對其不信任時，就表明這個行業進入了危機階段。中國保險業的誠信缺失成為制約其自身加快發展的瓶頸。投保容易索賠難，不能嚴格履行保險合同，壓賠案，壓賠款，代理人誤導消費者等這些類似事件的屢次發生，是保險公司為未來追求高增長而對誠信和消費者信心的透支。

（3）面對國際形勢而言，中國保險業面臨著嚴峻的考驗。國外保險公司無論從資金實力、產品開發技術，還有業務展開方式和管理水平上都遠遠強於國內的公司，與這樣的公司同臺競爭，無疑給中國保險業帶來競爭壓力。而且稅收方面外資保險公司享受優惠，在資金運作方面，外資保險公司的投資可涉及股票、房地產、貸款等，資金運用率普遍在 85%以上，而中資保險公司的保險基金運用渠道相對狹窄。外國保險公司可以憑藉其經濟實力和稅收的優勢，通過降低保險費率、提高保險代理佣金搶占市場。可以預見，隨著保險業開放程度的提高，外資保險公司對國內保險市場的衝擊必然會升級，並壓縮民族保險業的生存空間。

（4）行業人才現狀堪憂。據統計，2010 年全國保險系統職工人數近 64 萬，如果加上 330 萬名的保險營銷人員及其他保險仲介保險行業的隊伍達 400 萬人之多。然而，從整體上看保險行業人才隊伍建設還存在一些不容忽視的問題。保險人才培養滯后，保險人才總量的匱乏，就北京市場而言，保險人才就缺口 10 多萬。而且人才質量不高，高層次人才比例偏低，就全國 330 萬保險營銷人員言，擁有大專以上文憑的人員不到 30%，大部分是高中或者中專學歷，保險專業知識普遍缺乏；至於高級管理人才則更是稀缺。而人才結構不夠合理在全國保險專業技術人員中，精算、核保、理賠人員所占比重明顯偏低，與整個保險業的發展根本不相匹配。而且還有地域分佈不均衡、人才流動無序等問題。

第二節　可保風險

作為一種最為普及的、使用最廣泛的風險管理手段，保險不能將各種風險通通予以承保，這概念有理論上的限制，也存在著保險經營理念、手段和經營方法上的限制。在這裡必須明確的一點是只有可保風險才可以採取保險的手段進行風險管理。

一、可保風險的定義

可保風險是指保險人可以承擔的風險，即投保人可以通過購買保險來轉移的風險。因此，可保風險這一概念是對一定時期的保險市場而言的。從保險經營的角度來分析，並不是所有的風險都可以保險，對客觀存在的大量的風險，只有符合一定條件，才能成為保險經營的風險。保險公司對其經營的特殊商品——風險是有嚴格限制的。保險業經過幾百年的經營，各國保險人累積了豐富的承保經驗，總結出一套可保風險的條件。

二、可保風險的條件

（一）可保風險必須是純粹風險，而不是投機性風險

純粹風險與投機性風險是性質完全不同的風險，它們造成的后果是不同的。就保險行業的承保技術和手段而言，保險公司只承擔由純風險發生導致的損失。投機性風險不具有可保性，原因是：其一，若保險人承保投機風險，則無論是否發生損失，被保險人都將可能因此而獲利，這就有違保險的損失補償原則；其二，投機風險不具有意外事故性質，一般多為投機者有意識行為所致，而且影響因素複雜，難於適用大數法則。

（二）可保風險必須是大量的、相似的風險單位都面臨的風險

保險經營的重要數理依據是大數法則，大數法則是統計學中的一個重要定律。大數法則是指隨著樣本數量的不斷增加，實際觀察結果與客觀存在的結果之間的差異將越來越小，這種差異最終將趨於零。因此，隨著樣本數量的增加，利用樣本的數據來估計的總體的數字特徵也會越來越精確。

大數法則在保險中的應用是指隨著投保的保險標的數量的增加，保險標的的實際損失與用以計算保險費率的預測損失之間的差異將越來越小。

大數法則的運用必須存在大量的、相似的或同類的保險標的。因為只有這樣才能體現出大數法則所揭示的規律性。那麼，數量多大就構成了大數？從保險經營的角度來看大數不是一個具體的數量，它是保險公司願意承受風險程度的函數。保險經營中所需大數的多少取決於保險公司承受一項風險發生的實際損失偏離預期損失的程度的意願。舉例來說明，假設汽車發生碰撞並造成全損的概率是 1‰，承保了 1000 輛汽車保險的保險公司對其承保的汽車在明年發生碰撞導致的全損的預期是 1 輛。在一年期

滿時，1000輛承保的汽車都沒發生碰撞損失，這對保險公司而言，則發生了實際損失與預期損失的偏差，但這種偏差是對保險公司有利的；與此相反，在一年期滿時，1000輛承保的汽車中有2輛發生了碰撞導致的全損，這對保險公司而言，也發生了實際損失與預期損失的偏差，但這種偏差是對保險公司極為不利的；只要保險公司的保險費率是公平精算費率，則1000輛汽車的保險費累積的汽車險保險基金不足以補償2輛發生全損車輛的損失賠償。因此，就保險公司的經營而言，承保數量1000構不成大數。在保險費率不變的情況下，保險公司只能通過增加承保汽車的數量來減少實際損失超過預期損失的風險。當承保數量達到10,000輛、100,000輛時，雖然預期的損失也在成比例的增加到10輛、100輛，但實際損失與預期損失的差異大大降低，則保險公司經營汽車險的風險隨之降低。承保標的的數量在保險經營活動中是至關重要的。參加保險的標的越多，實際發生的損失與預測的損失就越接近，而根據預測損失制定的保險費率，收取的保險費的累積就越多，保險公司補償損失的能力越強，經營效益越好。

（三）損失的發生具有偶然性和意外性

風險發生的偶然性是針對單個風險主體來講的，它是指風險的發生與損失程度是不可知的、偶然的。如果客觀存在的風險一定會造成損失，這種風險保險公司不會承保。如一個已身患絕症的病人投保死亡保險、汽車已經碰撞了再去買保險、機器設備的折舊和自然損耗等保險公司是不會承保的。保險公司承保的風險必須只包含發生損失的可能性，而不是確定性，也就是說損失的發生具有偶然性。之所以要求損失的發生具有偶然性，原因之一，是為了防止被保險人的道德風險和行為風險的發生；原因之二，保險經營的基礎是大數法則，而大數法則的應用是以隨機（偶然）事件為前提的。

風險發生的意外性強調的是風險事件的發生和損失後果的擴展都非投保方的故意行為所致。故意行為易引發道德風險，且發生是可以預知的，不符合保險經營的原則，只要是投保人和被保險人的故意行為所致的損失，任何一種保險都將其列為除外責任。

（四）損失是可以確定和衡量的

所謂損失是可以確定的，是指風險造成的損失必須在時間上和地點上可以被確定，因為只有這樣才能確定此項損失是否為保險公司承保範圍之內的損失。所謂損失是可以衡量的，是指風險造成的損失程度必須可以用貨幣來衡量。只有這樣，保險人才能對損失進行補償。因此，從保險經營的角度來看，可保風險造成的損失一定是可以確定和衡量的。

（五）損失必須是適度的

從風險管理的理論來看，管理風險的措施是多樣的，保險只是方法之一。從理論上講，人們只對發生頻率低，而損失程度嚴重的風險採取保險的手段進行風險轉移。因為這種損失一旦發生，人們無法依靠自己的力量來補償損失或自己補償損失極不經濟。判斷損失的嚴重性是沒有一個確定的數量標準。它是相對於企業、家庭或個人能夠並且願意承擔損失的大小而定的，不是絕對的。對於投保人來說，如果一種風險造

成的損失的可能性很大，但損失結果並不嚴重，對這種風險購買保險是很不經濟的，人們可以通過自留風險和控制損失頻率的方法來解決。但可保風險造成的損失不應是巨災損失，保險中的巨災損失是指風險事件造成的損失在損失程度和損失的範圍上不僅超出了保險精算費率預期的損失嚴重程度，而且也超出了為該風險累積的保險準備金的數量。超過保險公司的財務承受能力，會影響保險經營的穩定性。比如海嘯、大地震，以及衛星發射時爆炸、航天飛機的失事等都屬於巨災風險，它們往往使風險載體的獨立性不復存在，保險人面臨的將是系統性風險。如果這樣的風險載體成為保險標的，一旦發生保險事故，保險人將會無力賠付。所以，在普通保險合同條款中，往往將戰爭、地震等其他的巨災風險作為除外責任。

（六）損失的概率分佈是可以被確定的

保險經營風險的前提是可以確定一個合理的保險費率。而保險費率的確定是建立在預期損失的基礎上的。如果一種風險是可保的，它的預期損失必須是可以計算的。預期損失是根據損失的概率分佈計算出來的。如果風險造成的損失的概率分佈可以確定在一個合理的精確度以內，則這項風險就是可保的。

這裡我們需要注意的是，建立在經驗基礎上的損失概率分佈對預測未來的損失是有用的，它有個充分必要條件，那就是導致未來事件發生損失的因素要與過去的因素基本相一致。比如說，近年來，中國鼓勵私人購車，鼓勵轎車進入家庭，在許多城市私人汽車猛增，這樣新司機也猛增，交通事故也較以前大大增加。我們在制定車險費率時，很顯然就不能以 10 年前的車輛損失概率分佈作為現在的費率依據。

需要注意的是，可保風險是個相對概念，而不是個絕對概念。隨著社會經濟的發展，保險業的不斷改革完善，可保風險的某些條件可能會放寬，標準也會不斷降低。例如，對於精神傷害，由於其不能用貨幣來衡量，不具有現實的可測性，因而排除在可保風險的條件之外，但現在很多國家的保險公司已經將其考慮在保險責任範圍中了；再比如巨災風險，過去是不可保的，而現在由於出現再保險而變得可保了。因此，可以說可保風險的條件是在不斷發展變化的。

第三節　保險的概念

一、保險的概念

根據《中華人民共和國保險法》第二條規定：保險是指投保人根據合同約定，向保險人支付保險費，保險人對於合同約定的可能發生的事故因其發生所造成的財產損失承擔賠償保險金責任，或者當被保險人死亡、傷殘、疾病或者達到合同約定的年齡、期限時承擔給付保險金責任的商業保險行為。可見，法律主要是對商業保險進行了定義，至於社會保險不像商業保險在法律上有明確定義，因為社會保險是國家在既定的政策下，通過立法手段而建立的社會保障基金，由國家或社會對於由特定原因而喪失勞動能力或勞動機會的個人或家庭提供一定物質幫助的社會保障制度。

隨著世界保險業在綜合風險管理、非傳統危險轉移工具開發、新型險種設計等方面的大量創新，保險保障範圍也由傳統意義上的純粹風險轉向了非純粹風險，所以現代金融的發展使得保險含義也在發生相應變化。無特別說明，我們在本書中給出的定義仍是傳統意義上的保險概念，適用於財產保險和人身保險，是一種眾多投保人平均分攤少數人經濟損失的制度。從本質上來說，是在參與平均分擔損失補償的單位或個人之間形成的一種分配關係。這種分配關係是客觀存在的一種經濟關係，由於自然力和偶然事件造成的破壞，在任何社會制度下都是不可避免的，是不以人的意志為轉移的客觀規律，具有客觀必然性。因此，保險是有效的風險管理方法之一，被廣泛運用。

二、保險的特徵

(一) 互助性

保險具有「一人為眾，眾為一人」的互助特性。保險在一定條件下，分擔了單位和個人所不能承擔的風險，從而形成了一種經濟互助關係。這種經濟互助關係通過保險人用多數投保人繳納的保險費建立的保險基金對少數遭受損失的被保險人提供補償或給付而得以體現。保險的運行機制是大家共同繳納保費，共同出資，組成保險基金。當某個被保險人遭受損失時，可以從保險基金中獲得補償，而補償是源於所有被保險人繳納的保險費。因此，遭受損失的人實際獲得的是全體被保險人的共同經濟支持。可見，各個被保險人之間是一種互助供給關係，集合大家的力量一同應付危險損失。由此，也可以說保險是一種分攤意外事故損失的財務安排，在被保險人之間起到了收入再分配的作用。

(二) 法律性

從法律角度看，保險又是一種合同行為，是一方同意補償另一方損失的一種合同安排，同意提供損失賠償的一方是保險人，接受損失賠償的一方是投保人或被保險人。

中國《保險法》規定：「投保人提出保險要求，經保險人同意承保，並就合同的條款達成協議，保險合同成立」；「投保人和保險人訂立保險合同，應當遵循公平互利、協商一致、自願訂立的原則，不得損害社會公共利益」。中國《保險法》指出，保險是保險人與投保人之間的合同行為。保險合同明確規定了保險當事人雙方的權利義務關係。保險人的權利是向投保人收取保險費，其義務是當約定的危險事故發生后向被保險人進行賠償或給付保險金。投保人（被保險人）的權利是當約定的危險事故發生後能夠向保險人要求給付保險金，其義務是向保險人支付保險費並履行合同規定的其他義務。

(三) 經濟性

保險是通過保險補償或給付而實現的一種經濟保障活動。其保障對象財產和人身都直接或間接屬於社會再生產中的生產資料和勞動力兩大經濟要素；其實現保障的手段，大多最終都必須採取支付傾向的形式進行補償或給付；其保障的根本目的，無論從宏觀的角度，還是微觀的角度，都是與社會經濟發展相關的。

保險組織通過收取保險費聚集了大量的資金，再對這些資金進行運作，實際上在

社會範圍內起到了資金融通的作用，所以保險組織也是一種金融仲介機構。但它有別於商業銀行，資金的聚集不是以放貸為目的，而是以對被保險人的損失賠償為基本出發點，因此各國都對保險投資的方向予以嚴格規定。就保險組織而言，收取保費、保險投資、理賠是其日常經營中最主要的業務，而這些無不是以貨幣收支的形式進行的，所以保險組織的行為具有濃厚的金融行為色彩。對於被保險人而言，在遭受到危險事故損失後獲得賠償也是以貨幣的形式進行的，所以也是一種金融行為，這一點在人壽保險上表現得尤為明顯。

（四）商品性

保險體現了一種對價交換的經濟關係，也就是商品經濟關係。這種商品經濟關係直接表現為個別保險人與個別投保人之間的交換關係；間接表現為在一定時期內全部保險人與全部投保人之間的交換關係，即保險人銷售保險產品，投保人購買保險產品的關係；具體表現為，保險人提供保險的補償或給付，保障社會生產的正常進行和人們生活的安定。

從需求方面來看，存在著大量的面臨著同樣危險的個人或單位，而與之有利害關係的社會主體都希望獲得保障，在遭受損失後能夠及時獲得補償；對於單個的投保人而言，通過參加保險，自己付出一定的財務成本（保費），換來的是一旦遭受損失就能夠獲得經濟補償，從而不再恐懼危險事故帶來的不確定損失，將危險損失轉嫁出去。由此可見，投保人出於成本比較的考慮，當前付出的成本小於未來的損失估計，從而對保險產品產生需求。

從供給方面來看，保險人用特殊的技術手段——概率論中的大數法則進行論證，證明完全可以憑藉收取保費對被保險人因危險事故造成的損失進行補償，並且盈利，從事保險有利可圖。於是，保險人將大量的面臨同樣危險的個人或單位組織起來，按照損失分攤的原則向投保人收取保險費，建立保險基金，當被保險人遭受損失後向其進行經濟補償，保險人承擔了未來的不確定損失。保險人願意這樣做也是出於成本收益的考慮，保險人相信從被保險人處聚集的資金及帶來的相應收益一定大於未來的損失，這樣保險產品就有了供給。

（五）科學性

保險是處理風險的科學措施。現保險經營以概率論和大數法則等科學的數理理論為基礎，保險費率的厘定、保險準備金的提存等都是以科學的數理計算為依據的。

三、保險要素

（一）特定的風險事件

保險是基於風險事故的客觀存在而產生的，無風險則無保險。就某一具體險種而言，總是為相應的風險而設立的。給付保險金必須以約定的某種風險事故發生為條件。風險事故具有偶然性，這種偶然性又著重表現為：風險事故發生與否不確定，發生的時間不確定，發生的結果不確定。

（二）面臨相同風險的眾多經濟單位

這裡的經濟單位是指面臨某種特定風險、需要保障的經濟主體，如企事業單位、

機關團體、個人、家庭等。只有將眾多面臨同樣風險的經濟單位集合起來，才能比較準確地預測風險事故，從而降低風險處理的代價。

（三）保險機構

保險機構即專業從事風險保障服務的機構，如保險公司、社會保險部門、互助合作保險組織等。

（四）保險合同

保險活動當事人需要通過訂立保險合同來明確相應的權利和義務。保險合同受法律保護，這就意味著保險活動受到法律的保護。

（五）保險費的合理負擔

保險費是投保人將風險轉移給保險公司所應支付的代價，因此，這種費用必須與所轉移的風險相一致。顯然，保險費與保險公司所承擔的保險責任限額——保險金額有關。保險金額越高，則保費越高。同時，保險費也與風險事故損失率相對應，因為風險的大小是基於風險事故損失率的判斷。損失率越高，則保費也越高。

（六）保險基金

這是社會后備基金的一種，是實現保險職能的物質基礎。保險基金來源於保險費、保險機構的開業資金，以及投資收益等，由保險人用於組織、管理並執行補償與給付職能。

第四節　保險的功能

保險功能是指保險制度可以發揮的作用和功效，它是由保險的特性決定的，是保險本質的客觀反應。很多學者從其不同的研究目的出發，對保險功能有不同的表述，但一般認為，現代保險具有經濟補償、資金融通和社會管理三大功能

一、經濟補償功能

這是保險的基本功能，是由保險的本質特徵決定的，它除了在不同國家、地區和不同時期的表現形式有所不同以及不斷被賦予新的時代內容以外，其在保險制度中的核心地位不會因時間的推移和社會形態的變遷而改變。該功能主要體現在分散風險、補償或給付等方面。

（一）分散風險

從本質來說，保險是一種分散風險、分攤損失的機制。這種分散風險的機制是建立在災害事故發生的偶然性和必然性這一對立統一的矛盾基礎之上。對個別投保人來說，災害事故的發生是偶然和不確定的；但對於由大量個體組成的投保人全體來說，災害事故的發生就有著必然性，損失的概率分佈也就成了可以確定的。保險機制之所以能夠存在，就是因為投保人願意以支付小額的、確定的保險費，來換取未來、不確定的大額損失補償；而保險公司通過向眾多投保人收取保險費，所形成的保險基金也

足以補償一部分投保人由於災害事故而遭受的損失。這些遭受損失的一小部分投保人，因為加入保險集合而獲得了補償，從而把自身的損失風險分散到了所有投保人身上，最終實現了損失共擔。

(二) 補償或給付

根據保險合同，投保人有義務按合同約定繳納保費，而保險人也有義務在特定風險損害發生時，在保險合同約定的責任範圍內，按照合同約定的數額或計算方法對投保人（或收益人）給予賠付，從而使得保險具備了經濟補償功能。

在財產保險和責任保險的場合，一般是由保險公司根據實際損失的情況進行賠償。這種賠償是根據標的物的實際價值、損失程度以及被保險人對其擁有的保險利益等因素而確定的，其目的是社會財富因為災害事故導致的實際損失在使用價值上得以恢復，從而使社會再生產過程得以迅速恢復和延續。

而在人身保險的場合，一般是由保險公司根據合同約定的數額進行給付。這是因為人身保險的標的物——人的身體和生命的價值是很難用貨幣衡量的，並且很多人身保險具有較強的儲蓄性質，無論是在理論上還是實踐上，我們都不能說保險人在被保險人發生責任範圍內的事故時所支付的保險金可以完全彌補其受益人所承受的打擊和損失，也就是說，人身保險金不具有充分的「補償性」，所以一般被稱為「給付」。

二、資金融通功能

這是保險的派生功能之一，是在保險基本功能的基礎上派生出來的。作為金融的一個重要組成部分，保險的資金融通功能隨著現代保險業，尤其是現代壽險業的迅速發展和金融環境的不斷完善而越來越突出。所謂資金融通，是指資金的積聚、流通和分配過程，保險的資金融通功能則是指保險資金的積聚、運用和分配功能。具體體現在：一方面，通過承保業務獲取並分流部分社會儲蓄；另一方面，通過投資將累積的保險資金運用出去，滿足未來的支付需要。保險體系吸收的資金大部分是長期資金，這是其區別於銀行儲蓄資金的主要特點。

保險的資金融通功能與金融市場的發達程度密切相關。在銀行主導型的傳統金融市場中，金融資源配置方式主要通過銀行的間接融資來完成，保險對金融資源配置的功能受到極大的抑制。隨著經濟的發展，特別是金融創新的日新月異，保險資金融通功能發揮的空間非常廣闊，保險業已在金融市場中占據非常重要的地位，是資產管理和股市的重要參與者，持有很大比例的上市公司股票，市值很高。

由於保險資金具有規模大、期限長的特點，充分發揮保險資金融通功能，一方面可以積聚大量社會資金，增加居民儲蓄轉化為投資的渠道，分散居民儲蓄過於集中在銀行所形成的金融風險；另一方面可以為資本市場的發展提供長期的、穩定的資金支持，實現保險市場與貨幣市場、資本市場的有機結合和協調發展。正是由於保險具有資金融通功能，進而具備了金融屬性，因此保險業便與銀行業、證券業一起成為金融業的三大支柱。

三、社會管理功能

保險對社會的管理，在於通過其經濟補償功能的發揮，能夠促進、協調社會各領域的正常運轉和有序發展，即起到「社會潤滑劑」的作用。社會管理功能是保險的又一派生功能，是其基本功能的外在表現形式，是反應一國保險業融入該國社會經濟生活程度的重要標誌。隨著保險業在國民經濟中發展地位的不斷鞏固和增強，保險的社會管理功能也不斷凸顯出來。主要表現在以下幾個方面：

一是保險通過發揮其經濟補償或給付的保障功能：一方面使得保險基金在廣大的被保險人之間實現了社會再分配；另一方面又通過其經濟補償機制，在全社會範圍內為社會再生產的順利進行和社會生活的穩定提供強有力的經濟保障，熨平經濟發展中的不安定因素，客觀上起到社會穩定器的作用。二是參與社會風險管理。保險公司不僅具有識別、衡量和分析風險的專業知識，可以為國家應對公共突發事件應急管理提供有力的數據支持，而且保險業累積了大量風險損失治療，可以為全社會風險管理提供有力的數據支持。同時，保險公司能夠積極配合有關部門做好防災防損，並通過採取差別費率等措施，鼓勵投保人和被保險人主動做好各項防損減損工作，實現對風險的控制和管理。三是保障交易，啟動消費。四是對社會保障制度的補充和完善。社會保險是社會保障體系的重要組成部分，在完善社會保障體系方面發揮著重要作用。商業保險可以為城鎮職工、個體工商戶、農民和機關事業單位等沒有參與社會基本保險制度的勞動者提供保險保障，有利於擴大社會保障的覆蓋面。同時，商業保險具有產品靈活多樣、選擇範圍廣等特點，可以為社會提供多層次的保障服務，提供社會保障的水平，減輕政府在社會保障方面的壓力。保險的社會管理功能的理論創新意義重大，為保險業全面服務國民經濟和社會發展提供了理論依據，大大拓展了保險業的市場空間，提高了保險業的社會地位。

經濟補償是保險最基本的功能，是保險區別於其他行業的最根本特徵。資金融通功能是在經濟補償功能的基礎上發展起來的，是保險金融屬性的具體體現，也是實現社會管理功能的重要手段。正是由於保險具有資金融通功能，才使保險業成為國際資本市場中的重要資產管理者，特別是通過管理養老基金，使保險成為社會保障體系的重要力量。現代保險的社會管理功能是保險業發展到一定程度並深入到社會生活的諸多層面之後產生的一項重要功能。社會管理功能的發揮，在許多方面都離不開經濟補償和資金融通功能的實現。

同時，保險的社會管理功能的逐步發揮，將為經濟補償和資金融通功能的發揮提供更加廣闊的空間。因此，保險的三大功能之間既相互獨立，又相互聯繫、相互作用，形成了一個統一、開放的現代保險功能體系。

第五節　保險的作用

保險的作用是指在國民經濟中執行其職能時所產生的社會效應。

一、保險在微觀經濟中的作用

保險在微觀經濟中的作用主要是指保險作為經濟單位或個人風險管理的財務手段所產生的經濟效應。

（一）有利於安定人民生活

家庭是勞動力再生產的基本單位，家庭生活安定是人們從事生產勞動、學習、休息和社會活動的基本保證。但是，自然災害和意外事故對於家庭來說同樣是不可避免的，參加保險也是家庭危險管理的有效手段。家庭財產保險可以使受災家庭恢復原有的物質生活條件。當家庭成員，尤其是工資收入者，遭遇生老病死等意外的或必然的事件時，人身保險作為社會保險和社會福利的補充，對家庭的正常經濟生活起保障作用。

（二）有利於受災企業及時恢復生產

在物質資料生產過程中，自然災害和意外事故是不可避免的，這是一條自然規律。但在什麼時候什麼地點發生、波及面有多廣、受損程度有多大，都是不確定的，保險賠償具有合理、及時、有效的特點。投保企業一旦遭遇災害事故損失，就能夠按照保險合同約定的條件及時得到保險賠償，獲得資金，重新購置資產，恢復生產經營。同時，由於企業恢復生產及時，還可減少受災企業的利潤和費用等間接經營損失。

（三）有利於企業加強經濟核算

保險作為企業風險管理的財務手段之一，能夠把企業不確定的巨額災害損失化為固定的少量的保險費支出，並攤入企業的生產成本或流通費用，這是完全符合企業經營核算制度的。因為企業通過繳付保險費，把風險損失（其至可包括由營業中斷造成的利潤損失和費用損失）轉嫁給保險公司，不僅不會因災損而影響企業經營成本的均衡，而且還保證了企業財務成果的穩定。如果企業不參加保險，為了不因災損而使生產經營中斷、萎縮或破產，就需要另外準備一套風險準備金，這種完全自保型的風險財務手段，一般來說，對單個企業既不經濟也不可能。

（四）有利於企業加強危險管理

保險補償固然可以在短時間內迅速消除或減輕災害事故的影響因素，但是，就物質淨損失而言，仍舊是一種損失。而且保險企業也不可能從風險損失中獲得額外的利益。因此，防範危險於未然是企業和保險公司利益一致的行為。保險公司常年與各種災害事故打交道，累積了豐富的危險管理經驗，不僅可以向企業提供各種危險管理經驗，而且通過承保時的危險調查與分析、承保期內的危險檢查與監督等活動，盡可能消除危險的潛在因素，達到防災防損的目的。此外，保險公司還可以通過保險合同的

約束和保險費率槓桿調動企業防災、防損的積極性,共同搞好危險管理工作。

(五) 有利於民事賠償責任的履行

人們在日常生產活動和社會活動中不可能完全排除民事侵權或他人侵權而發生民事賠償責任或民事索賠事件。具有民事賠償責任風險的單位或個人可以通過交保險費的辦法將此風險轉嫁給保險公司,為維護被侵權人的合法權益順利獲得民事賠償。有些民事賠償責任由政府採取立法的形式強制實施,比如雇主責任險、機動車第三者責任險等。

二、保險在宏觀經濟中的作用

保險在宏觀經濟中的作用是保險職能的發揮對全社會和國民經濟總體所產生的經濟效應。其作用具體表現在以下幾方面:

(一) 保障社會再生產的正常進行

社會再生產過程由生產、分配、交換和消費四個環節組成,它們在時間上是連續的,在空間上是均衡的。也就是說,社會總產品的物質流系統和價值流系統在這四個環節中的運動,時間上是連續的,空間上分佈是均衡的。但是,再生產過程的這種連續性和均衡性會因遭遇各種災害事故而被迫中斷和失衡,這種情況是不可避免的。比如,一家大型鋼鐵廠因巨災損失而無力及時恢復生產,社會正常的價值流系統和物質流系統因該廠不能履行債務和供貨合同而致中斷,其連鎖反應還將影響社會再生產過程的均衡發展。保險經濟補償能及時和迅速地對這種中斷和失衡發揮修補作用,從而保證社會再生產的連續性和穩定性。

(二) 推動商品的流通和消費

商品必須通過流通過程的交換才能進入生產消費和生活消費,而在交換行為中難免存在著交易雙方的資信風險和產品質量風險的障礙,保險為克服這些障礙提供了便利。比如出口信用保險為出口商提供了債權損失的經濟補償責任;履約保證保險為債權人提供了履約擔保;產品質量保證保險不僅為消費者提供了產品質量問題上的經濟補償承諾,而且還為廠商的商品作了可信賴的廣告。可見,保險在推動商品流通和消費方面的作用是不可低估的。

(三) 推動科學技術向現實生產力轉化

「科學技術是第一生產力」。在各種經濟生活中,採用新技術比採用落後的技術顯然具有更高的勞動生產率,當代的商品競爭越來越趨向於高新技術的競爭,在商品價值方面,技術附加值比重越來越大。但是,對於熟悉了原有技術工藝的經濟主體來說,採用新技術就意味著新的風險。保險則可以對採用新技術帶來的風險提供保障,為企業開發新技術、新產品以及使用專利壯膽,促進先進技術的推廣運用。

(四) 有利於財政和信貸收支平衡的順利實現

財政收支計劃和信貸收支計劃是國民經濟宏觀調控的兩大資金調控計劃。相對資金運動來說,物質資料的生產、流通和消費是第一性的,所以,財政和信貸所支配的資金運動的規模與結構首先決定於生產、流通和消費的規模與結構。毫無疑問,自然

災害和意外事故發生的每次破壞，都將或多或少地造成財政收入的減少和銀行貸款歸流的中斷，同時還要增加財政支出和信貸支出，從而給國家宏觀經濟調控帶來困難。在生產單位參加保險的前提下，財產損失得到保險補償，恢復生產經營就有了資金保證，生產經營一旦恢復正常，就保證了財政收入的基本穩定，銀行貸款也能得到及時的清償或者重新獲得物質保證。可見，保險確實對財政和信貸收支的平衡發揮著保障性作用。此外，保險公司積蓄的巨額保險基金還是財政和信貸基金資源的重要補充。

(五) 增加外匯收入，增強國際支付能力

保險在對外貿易和國際經濟交往中，是必不可少的環節。按國際慣例，進出口貿易都必須辦理保險。保險費與商品的成本價和運費一起構成進出口商品價格的三要素。一國出口商品時爭取到岸價格，即由對方負責保險，則可減少保險外匯支出。此外，當一國進入世界保險市場參與再保險業務時，應保持保險外匯收支平衡，力爭保險外匯順差。保險外匯收入是一種無形貿易收入，對於增強國家的國際支付能力起著積極的作用，歷來為世界各國所重視。

(六) 動員國際範圍內的保險基金

保險公司雖是集散風險的仲介，但就單個保險公司而言，其所能集中的風險量 (非壽險公司的承保總金額) 總要受自身承保能力的限制，超過的就要向其他保險人分出 (再保險)，或對巨額危險單位採取共保方式。因此，再保險機制或共保機制就可以把保險市場上彼此獨立的保險基金聯結為一體，共同承保某一特定風險，這種行為一旦超越國界，即可實現國際範圍內的風險分散，從而將國際範圍內的保險基金聯結為一體。國際再保險是動員國際範圍內的保險基金的一種主要形式。

歸納起來，保險在宏觀和微觀經濟活動中的作用有二：①發揮社會穩定器作用，保障社會經濟的安定；②發揮社會助動器的作用，為資本投資、生產和流通保駕護航。這是保險的自然屬性使然，無論是哪一種社會制度下的保險都是如此。

第六節　保險的分類

一、按照經營目的分類

按照經營目的的不同，保險可分為盈利性保險與非盈利性保險。商業保險屬於盈利性保險，社會保險、政策性保險和無助合作保險屬於非盈利性保險。

商業保險是指按商業原則經營，以營利為目的的保險形式，由專門的保險企業經營。所謂商業原則，就是保險公司的經濟補償以投保人交付保險費為前提，具有有償性、公開性和自願性，並力圖在損失補償后有一定的盈餘。

社會保險是指在既定的社會政策的指導下，由國家通過立法手段對公民強制徵收保險費，形成保險基金，用以對其中因年老、疾病、生育、傷殘、死亡和失業而導致喪失勞動能力或失去工作機會的成員提供基本生活保障的一種社會保障制度。社會保險不以營利為目的，運行中若出現赤字，國家財政將會給予支持。兩者比較，社會保

險具有強制性，商業保險具有自願性；社會保險的經辦者以財政支持作為后盾，商業保險的經辦者要進行獨立核算、自主經營、自負盈虧；商業保險保障範圍比社會保險更為廣泛。

政策性保險是為國家推行某種政策而配套的一類保險。例如，國家為鼓勵出口貿易而開設出口信用保險，國家為支持農業發展而開設農業保險，國家為減輕群眾地震災害的損失而開設地震保險，國家為交通事故妥善處理而開設機動車交通事故責任強制保險等。政策性保險業務可以通過建立專門的機構直接辦理，也可以委託商業保險、互助合作保險等機構辦理。

互助合作保險是由民間舉辦的非盈利性保險，這是最古老的保險形式。在各種行業組織、民間團體中存在較多。例如職工互助會、船東互保協會和農產品保險協會。

二、按照實施方式分類

按保險的實施方式分，保險可分為自願保險和強制保險。

自願保險是投保人和保險人在平等互利、等價有償的原則基礎上，通過協商，採取自願方式簽訂保險合同建立的一種保險關係。具體地講，自願原則體現在：投保人可以自行決定是否參加保險、保什麼險、投保金額多少和起保的時間；保險人可以決定是否承保、承保的條件以及保費多少。保險合同成立后，保險雙方應認真履行合同規定的責任和義務。一般情況下，投保人可以中途退保，但另有規定的除外。比如中國《保險法》第三十四條明確規定：「貨物運輸保險合同和運輸工具航程保險合同，保險責任開始后，合同當事人不得解除合同。」但當前世界各國的絕大部分保險業務都採用自願保險方式辦理，中國也不例外。

強制保險又稱法定保險，是指根據國家頒布的有關法律和法規，凡是在規定範圍內的單位或個人，不管願意與否都必須參加的保險。

三、按照保險標的分類

根據保險標的的不同，保險可分為財產保險和人身保險兩大類。

財產保險是指以財產及其相關利益為保險標的的保險，包括財產損失保險、責任保險、信用保險三類。它是以有形或無形財產及其相關利益為保險標的的一類補償性保險。

人身保險是以人的壽命和身體為保險標的的保險。當人們遭受不幸事故或因疾病、年老以致喪失工作能力、傷殘、死亡或年老退休時，根據保險合同的約定，保險人對被保險人或受益人給付保險金或年金，以解決其因病、殘、老、死所造成的經濟困難。這類保險又可以分為人壽保險、人身意外傷害保險和健康保險三類。

四、按照風險轉移方式分類

發生在保險人和投保人間的保險行為，稱之為原保險。發生在保險人與保險人之間的保險行為，稱之為再保險。

再保險是保險人通過訂立合同，將自己已經承保的風險，轉移給另一個或幾個保

險人，以降低自己所面臨的風險的保險行為。簡單地說，再保險即「保險人的保險」。

我們把分出自己直接承保業務的保險人稱為原保險人，接受再保險業務的保險人稱為再保險人。再保險是以原保險為基礎，以原保險人所承擔的風險責任為保險標的的補償性保險。無論原保險是給付性還是補償性，再保險人對原保險人的賠付都只具有補償性。再保險人與原保險合同中的投保人無任何直接法律關係。原保戶無權直接向再保險人提出索賠要求，再保險人也無權向原保戶提出保費要求。另外，原保險人不得以再保險人未支付賠償為理由，拖延或拒付對保戶的賠款；再保險人也不能以原保險人未履行義務為由拒絕承擔賠償責任。

再保險是在保險人系統中分攤風險的一種安排。被保險人和原保險人都將因此在財務上變得更加安全。利用再保險分攤風險的典型例子就是承保衛星發射保險。該風險不能滿足可保風險所要求的一般條件。保險人接受特約承保後，將面臨極大的風險，一旦衛星發射失敗，資本較小的公司極可能因此而破產。最明智的做法是將該風險的一部分轉移給其他保險人，由幾個保險人共同承擔。

五、按照保險保障對象分類

按保險保障的對象分，可以把人身保險分為個人保險和團體保險。

個人保險是為滿足個人和家庭需要，以個人作為承保單位的保險。團體保險一般用於人身保險，它是用一份總的保險合同，向一個團體中的眾多成員提供人身保險保障的保險。在團體保險中，投保人是「團體組織」，如機關、社會團體、企事業單位等獨立核算的單位組織，被保險人是團體中的在職人員。已退休、退職的人員不屬於團體的被保險人。另外，對於臨時工、合同工等非投保單位正式職工，保險人可接受單位對其提出的特約投保。

團體保險包括團體人壽保險、團體年金保險、團體人身意外傷害保險、團體健康保險等，在國外發展很快。特別是由雇主、工會或其他團體為雇員和成員購買的團體年金保險和團體信用人壽保險發展尤為迅速。團體信用人壽保險是團體人壽保險的一種，是指債權人以債務人的生命為保險標的的保險。團體年金保險已成為雇員退休福利計劃的重要內容。近幾年，美國有些雇員福利計劃中還加入了團體財務和責任保險項目，比如團體的私用汽車保險和雇主保險等。中國保險公司也開展了團體壽險、人身意外傷害險、企業補充養老保險和醫療保險等團體保險業務，但險種還不完善。隨著經濟體制改革的不斷深入，商業保險的作用將不斷加強，團體保險應有更大的發展空間。

第七節　保險的原則

一、保險利益原則

(一) 保險利益的含義

從法學的角度看，保險利益作為保險合同的效力要件，投保人或被保險人對保險標的不具有保險利益的，保險合同不具有法律效力。這裡主要有兩層具體含義：①只有對保險標的有保險利益的人才具有投保的資格。②是否具有保險利益是判斷保險合同能否生效的依據。保險利益是指投保人對保險標的具有某種合法的經濟利益，它有兩層含義：①對保險標的有保險利益的人才具有投保人的資格。②保險利益是認定保險合同有效的依據。這就是保險利益原則的內涵。

具體構成需滿足三個條件：

(1) 合法性：具備法律上承認並為法律所保護的利益。只有如此，當該項利益受到侵犯時，權利主體才能依法主張這項利益。合法的利益是依據國家制定的相關法律或法規，如《保險法》《民法》等，以及法律認可的渠道，如有效合同等而獲得的。如果投保人或被保險人以非法利益投保，就不構成保險利益，即使在保險人不知情的情況下簽訂了保險合同，此保險合同也是無效的。如貨主走私的貨物、小偷偷來的贓物、官員受賄所得財物等都不能作為保險標的保家庭財產保險，即使投保人與保險標的之間也具有某種利益，但因這些利益是非法的，所以不能成為保險利益。

(2) 確定性：投保人或被保險人對保險標的所具有利害關係，必須是已經確定或者可以確定的，才能構成具有保險利益。(也可以表現為：必須是經濟上已經確認或能夠確認的利益。) 如投保人或被保險人對保險標的的所有權、經營權和預期利益等。預期利益是指客觀上能夠實現的合法的未來利益，如企業的預期利潤、農民的預期產量。需要注意的是，預期利益必須是基於現有利益可能產生的利益，而不是設想利益，如某人設想5年後他要在市郊擁有一棟豪華別墅，並以此作為保險標的去保險公司投保，保險公司肯定不能接受其投保申請，因為這不是預期利益。

(3) 可計算性：具備可以用貨幣計算和估價的利益。投保人投保的目的是彌補被保險人或受益人因保險標的出險所遭受的經濟損失，如果損失不能用貨幣來計量，那麼，即使保險事故造成了損失，也難以確定應予補償的數額，保險的賠償或給付也無法實現。因此，保險利益必須是可以用貨幣計量的經濟利益。需要注意的是，對於財產保險的保險利益的確定依據是保險標的的實際或預期價值，而由於人身保險的保險標的是人的生命或身體，是無法估計的，由此確切地說人身保險的保險利益無法以貨幣計量，由此在保險實務中，人身保險的保險金額的確定是根據被保險人的需要與支付保險費的能力綜合擬定。通過對保險利益及其構成要件的剖析，衡量投保人或被保險人對保險標的是否具有保險利益的標誌是看投保人或被保險人是否會因保險標的的損毀、傷害而遭受經濟上的損失，如果因此遭受經濟上的損失就存在保險利益，否則

保險利益就不存在。

(二) 保險利益原則的含義

保險利益原則是保險的基本原則，其本質內容是要求投保人必須對投保的標的具有保險利益。如果投保人以不具有保險利益的標的投保，保險人可單方面宣布保險合同無效；保險標的發生保險責任事故，被保險人不得因保險而獲得不屬於保險利益限度內的額外利益。保險利益原則是保險運行中的一項重要原則。保險利益既是訂立保險合同和保險合同生效的先決條件，也是財產保險合同存續期間保持合同效力的前提條件。各國保險法對保險利益原則都非常重視，也都把保險利益作為保險合同生效的要件。中國《保險法》(2003)第十二條也明確規定：「投保人對保險標的不具有保險利益的，保險合同無效。」

(三) 保險利益原則的意義與作用

保險利益原則的確定是為了通過法律防止保險活動成為一些人獲取不正當利益的手段，從而確保保險活動可以發揮分散風險減少損失的作用，因此保險利益原則的重要作用不可偏廢。

(1) 保險利益原則的使用可以有效防止和遏止投機行為的發生。保險合同是投機性合同（射幸合同）當事人義務的履行取決於機會的發生或是不發生，即保險金的給付以保險合同中約定的保險事故的發生為條件，具有一定的投機性，這與賭博相類似。如果允許不具有保險利益的人以他人的生命或是財產作為保險標的，以自己作為收益方進行投保，那麼一旦發生保險事故，他就不承擔任何損失而獲取遠遠超過保險費的保險給付，保險活動就完全成為投機賭博行為，而喪失了具有轉移風險減少損失的作用。受益方是保險賠償金的接受者，對保險合同有直接的利益，如果不規定受益方須有保險利益，必然使得投機性大大增加。

(2) 保險利益原則的適用是防止道德危險的必備要件。道德危險是保險理論中的固有名詞，是指被保險人為了索取保險人賠款而故意促使保險事故的發生或在保險事故發生時，放任損失的擴大。受益方是保險金給付的直接承受者。如果保險合同不以受益方具有保險利益為前提，那麼為了獲取保險賠償，往往會出現故意破壞作為保險標的的人或物的行為，從而導致道德危險。保險利益原則的使用較好地避免了這個問題。

(3) 保險事故發生時，受益方請求的損害賠償額不得超過保險利益的金額或價值，如若不堅持保險利益原則，受益方請求的損害賠償額超過保險利益的金額或價值，也就是說獲得和所受損失不相稱的利益，這將損害保險人的合法利益，更深層次將否認或是減損保險活動的價值。值得一提的是，有人否認保險利益原則在人身保險中的使用，誠然，人身保險中並沒有超額保險或是重複保險，這一切源於人身保險的保險標的具有不可估價性，但是筆者認為，損失補償原則畢竟是保險活動的根基，無論人身保險或是財產保險均受其影響，只是所受影響的程度不同罷了。即使人身保險中也不能大大超過保險利益投保，也應有個額度的限制，此額度的基礎就是保險利益原則的適用。

（四）各類保險利益

由於不同種類保險的保險標的與保險責任不同，決定了保險利益的來源及保險利益原則的應用也具有一定的差異性。

1. 財產保險的保險利益

財產保險的保險標的是物質財產及其相關利益，因此，財產保險的保險利益反應的是投保人或被保險人與保險標的之間的經濟利益關係，體現為對保險標的所擁有的各種權利。具體包括以下幾方面權利：

（1）財產所有權。財產所有人對其所擁有的財產具有保險利益。例如，汽車與房屋的所有人、私營企業的業主、家庭財產的所有者等權利主體都可憑藉其具有的所有權而享有保險利益，投保不同種類的財產保險。

（2）財產經營權、使用權、承運權與保管權。雖然財產經營者不擁有財產所有權，但由於其對財產擁有經營權或使用權而享有由此而產生的利益及承擔相應的責任，所以財產經營者或使用者對其負責經營或使用的財產具有保險利益。如中國國有企業財產所有權屬於國家，但企業擁有經營、使用和在一定範圍的處分權，並享有通過經營國有資產而產生的經濟利益，同時也要對國有資產的安全性和完整性負責，因此代表國家負責經營管理的廠長、經理對其所經營的國有資產具有保險利益。同理，財產的承運人或保管人與其負責運輸或保管的財產也具有法律認可的經濟利益關係，由此也具有保險利益。例如，承運人在為托運人托運貨物時，如果能按照合同約定按時、安全地將貨物運達目的地，就可以收取運費，獲得經濟收益；如果貨物在運輸過程中發生意外造成貨物損失，那麼承運人就必須對托運人進行損失賠償，由此，承運人可以把承運權作為保險利益向保險公司進行投保，將發生損失的風險轉嫁給保險公司。

（3）財產抵押權和留置權。雖然抵押與留置只是債權的一種擔保，在抵押與留置期間債權人並不擁有被抵押與留置財產的所有權，但在債務人不能償還債務時，債權人都有權在債權的範圍內處理抵押與留置的財產，以收回債務。因此，債權人對抵押與留置財產具有相當於未償貸款金額及其利息的保險利益。例如，銀行實行抵押貸款，銀行是抵押權人，對抵押財產具有保險利益，因為抵押財產的損失將會使銀行蒙受損失。但是，應強調的是，抵押權人對抵押財產具有的保險利益，僅限於其所借出款項部分，並且在借款人還款后，銀行對抵押財產的抵押權消失，其對抵押財產具有的保險利益也隨之消失。

2. 人身保險的保險利益

人身保險的保險標的是人的生命或身體。因此，只有當投保人對被保險人的生命或身體具有某種利益關係時，投保人才能對被保險人具有保險利益，即人身保險的保險利益是投保人與被保險人之間的利害關係。在中國通常有三種利害關係。

（1）自身關係。任何人對其自身的生命或身體都具有最大的利害關係，因此投保人對自己的生命或身體具有保險利益，可以以自己的生命或身體作為保險標的進行投保。

（2）親屬血緣關係和合法贍養與收養關係。親屬血緣關係主要是指父母、配偶、

子女、兄弟姐妹、祖父母、孫子女等家庭成員。合法贍養與收養關係是指按照合法程序所形成的既定的贍養與收養法定義務關係。由於家庭成員之間具有婚姻、血緣、撫養和贍養關係，在經濟上具有密切關聯的利害關係，所以彼此之間就具有保險利益。中國《保險法》的第五十三條也做出了明確規定：投保人對其配偶、子女、父母，以及有撫養、贍養或者扶養關係的家庭其他成員和近親屬具有保險利益。

（3）經濟利益關係。經濟利益關係主要包括雇傭與債權債務關係。因企業員工或雇主所雇傭的雇員的健康狀況與生命安危會影響到企業或雇主的經濟利益，所以企業或雇主對其雇員具有保險利益；同理，由於債務人的生死存亡也直接關係到債權人的切身利益，因此債權人對債務人也具有保險利益。需要注意的是，這種利益關係所形成的保險利益是不可逆轉的，如債務人對債權人具有的保險利益，因債權人的生死安危對債務人並無利害關係。另外，在確定人身保險的保險利益方面，各國採取不同方式。英美法系各國通常採取「利益主義原則」，即認為保險利益是關係到人身保險合同能否成立的要件，所以以投保人與被保險人之間是否存在利益關係來確定是否具有保險利益。大陸法系國家大多採取「同意主義原則」，認為人的生命、身體等具有人格，不能未經被保險人同意即作為保險標的，而且經被保險人同意或認可，能有效地防止道德危險。其他還有一些國家採取「法定主義原則」，即通過法律形式規定一定範圍的親屬之間或具有某種法律關係的人之間有保險利益。也有的國家將上述三種方式結合起來，確定人身保險的保險利益。

中國《保險法》第五十三條規定投保人對下列人員具有保險利益：①本人。②配偶、子女、父母。③除第②項以外與投保人有撫養、贍養或者扶養關係的家庭其他成員、近親屬。④除①、②項規定外，被保險人同意投保人為其訂立合同的，視為投保人對被保險人具有保險利益。由此中國人身保險採用的是利益主義和同意主義相結合的原則。

3. 責任保險的保險利益

責任保險是以被保險人依法應負的民事損害引起的經濟賠償責任或經過特別約定的合同責任為保險標的的一種保險。所有這些責任一旦產生，便會給被保險人帶來經濟上的損失，因此被保險人對此具有保險利益。但是，由蓄意犯罪行為所引起的經濟賠償責任不能形成責任保險的保險利益。例如，根據中國《民法》的有關規定，產品製造商、銷售商、修理商等由於產品的缺陷造成消費者的人身傷害或財產損失，應承擔經濟賠償責任。因此，產品製造商、銷售商、修理商等對消費者使用其產品造成的損害賠償責任都具有保險利益。

4. 信用保險和保證保險的保險利益

保證保險和信用保險均以債務履行為保險標的，均以債務人屆期不履行債務為保險事故。當保險事故發生時，會致使債權人遭受經濟損失，由此債權人對保險標的具有保險利益。目前理論界對信用保險的保險利益的認識具有一致性，即認為在信用保險中，投保人是合同的債權人，若債務人不履行合同條件會致使債權人受到經濟損失，因此債權人對於保險標的（債務履行）具有保險利益，可以以投保人的身分進行投保。對於保證保險，由於投保人是合同的債務人，由此在對保證保險的保險利益的確認上

存在較大的分歧：有的學者認為，在保證保險合同中，保險標的是投保人合同債務的履行，這種債務履行顯然與投保人有利害關係，因此，保證保險合同的投保人對保險標的具有保險利益；而另有學者認為債務的履行對合同的債權人有利，對借款合同的債務人不利，且債務不履行是否發生，實際上取決於投保人（債務人）的主觀意願，這不符合保險事故必須是客觀的不確定風險的基本原理。由此，保證保險不符合保險法關於保險標的、保險事故和保險利益的規定。所以，投保人（債務人）對於保險標的（債務履行）不具有保險利益。

（五）保險利益的滅失

保險利益的滅失是指投保人或被保險人失去保險利益，即在保險合同成立後，因為發生某種法律事實而引起投保人或被保險人喪失對保險標的所具有的利害關係。

有的學者認為保險人或被保險人失去保險利益可分為保險利益的轉移和保險利益的滅失兩種形式。保險利益的轉移是指在保險合同有效期內，投保人將保險利益轉讓給受讓人；保險利益的滅失是財產標的的滅失或人身保險的投保人與被保險人之間構成保險利益的各種利害關係的喪失。保險利益的轉移的結果是投保人或被保險人失去保險利益，而保險利益的消滅也是失去保險利益，所以可統稱為「保險利益的滅失」。

保險利益的消滅對於財產保險有相當的影響，而對人身保險則沒有研究和分析的實際意義。只有在人身保險的投保人與被保險人非同一的場合，會發生人身保險的保險利益消滅的問題，即投保人對保險標的所具有的利益，因為投保人的死亡、破產或者投保人的法律行為，有可能轉移由第三人繼承。

財產保險的被保險人死亡的除保險合同另有約定外，保險利益原則上因為繼承而轉移給繼承人，保險合同應當為繼承人的利益而繼續存在。財產保險的被保險人將保險標的轉讓給第三人的，保險利益是否因之而轉移，立法上各國並不完全相同。中國《保險法》第三十三條規定：保險標的的轉讓應當通知保險人，經保險人同意繼續承保後，依法變更合同。但是，貨物運輸保險合同和另有約定的合同除外。依上述規定，只有貨物運輸保險以及合同另有約定的保險，保險利益隨保險標的的轉讓而自動轉移，其他財產保險的標的的轉讓，保險利益並不隨之轉移。保險標的非因保險事故滅失，保險利益歸於消滅，保險合同也隨之消滅。

二、最大誠信原則

誠信原則起源於古羅馬裁判官所採用的一項司法制原則，即在處理民事案件時考慮當事人的主觀狀態和社會所要求的公平正義。目前，誠信原則已成為世界各國立法對民事、商事活動的基本要求。在中國也有相應的規定，如中國《中華人民共和國民法通則》第四條規定：「民事活動應當遵循自願、公平、等價有償、誠實信用的原則。」保險作為一種特殊的民事活動，而且又具有獨特的經營特徵，因此對參與保險活動的雙方主體誠信的要求較一般民事活動更為嚴格，即保險雙方必須履行最大的誠信。由此，最大誠信原則已成為保險的基本原則之一。

（一）最大誠信原則的內容

最大誠信的含義是指當事人真誠地向對方充分而準確的告知有關保險的所有重要

事實，不允許存在任何虛偽、欺瞞、隱瞞行為。而且不僅在保險合同訂立時要遵守此項原則，在整個合同有效期內和履行合同過程中也都要求當事人間具有「最大誠信」。最大誠信原則的含義還可表述為：保險合同當事人訂立合同及合同有效期內，應依法向對方提供足以影響對方做出訂約與履約決定的全部實質性重要事實，同時絕對信守合同訂立地約定與承諾。否則，受到損害的一方，按民事立法規定可以此為由宣布合同無效，或解除合同，或不履行合同約定的義務或責任，甚至對因此受到的損害還可以要求對方予以賠償

最大誠信原則的內容主要包括三方面，即告知、保證及棄權與禁止反言。

1. 告知

（1）告知的含義

告知是指在簽訂合同時，以及合同履行過程中，投保人應將已知和應知有關保險標的的所有重要事實告知保險人；保險人在保險合同簽訂前或簽訂時也應將對投保人有利害關係的重要事實如實向投保人陳述。具體來說，對保險人而言，告知是指保險人應主動向投保人說明保險合同條款內容，如果保險合同中規定有關於保險人責任免除條款的，在訂立保險合同時應當向投保人明確說明。對投保人而言，告知主要是指投保人在訂立保險合同時將與保險標的有關的重要事實如實向保險人陳述，以便讓保險人判斷是否接受承保或以什麼條件承保。

所謂重要事實，是指足以影響一個正常的、謹慎的保險人做出是否接受承保或以什麼條件承保決定的事實。比如，有關投保人和被保險人的情況，有關保險標的的情況，風險因素及以往遭到其他保險人拒保的事實。具體表現為：在投保住房保險時，房屋的結構及用途；投保機動車輛保險時，汽車有無撞車的歷史；船舶保險中船舶的船齡、船級、船籍以及是否有過海損記錄情況；人壽保險中被保險人的年齡、性別、健康狀況、既往病史、家族遺傳病史、居住環境、職業、嗜好等。

（2）告知的形式

告知的表現形式通常分為口頭告知和書面告知。雖然這兩種告知方式具有同等的法律效力，但在保險實踐中為了避免不必要的麻煩，通常採用書面告知形式。告知的立法形式也有兩種，即無限告知與詢問回答告知。其中，無限告知是指，法律或保險人對告知的內容沒有明確具體規定，保險雙方主體必須將所有有關保險標的狀況及重要事實或保險合同條款的含義如實告知對方；詢問回答告知是指，投保人僅就保險人對保險標的或者被保險人的有關情況提出的詢問如實告知，保險人未詢問的，投保人無需告知。

由此可知，詢問回答告知對投保人較為有利。因為投保人只要盡其所知回答保險人的詢問，就算履行了告知義務；對保險人未詢問的事實，即便是重要事實，投保人不僅無義務告知，而且也不構成對告知的違反。而無限告知對投保人的要求比較高，目前僅有法國、比利時以及英美法系國家的保險立法採用無限告知的形式，大多數國家的保險立法採用的是詢問回答告知形式。根據中國《保險法》第十七條的規定：「訂立保險合同，保險人應當向投保人說明保險合同的條款內容，並可以就保險標的或者被保險人的有關情況提出詢問，投保人應當如實告知。」這表明中國採用詢問回答的告

知形式。通常在國際上，只要求保險人做到列明保險的主要內容，而中國為了更好地保護被保險人的利益，則要求保險人做到向投保人明確說明保險的主要條款和責任免除內容。

2. 保證

（1）保證的含義

保證是指保險合同當事人在簽訂保險合同時，以及在保險期間對某種事項的作為或不作為、某種事態的存在或不存在而做出的承諾或確認。具體來說，保證對保險人的要求主要表現為：在保險事故發生或合同約定的條件滿足後，保險人應按合同約定如實履行賠償或給付義務。保證對投保人而言主要是指：按時繳納保費、維護標的物的安全、標的物發生損失時及時進行搶救以及標的物出險後維護現場和配合保險人及有關部門進行調查等。保證的內容屬於保險合同的重要條款。

（2）保證的類型

保證的種類劃分方式通常有兩種：一是按照保證存在的形式；二是按照保證事項是否已存在。

根據保證存在的形式，保證可分為明示保證和默示保證。明示保證是以保證條款形式在保險合同中載明的保證，即以條款形式附加在保險單上的保證。如汽車保險條款訂明：「被保險人或其雇用的司機，對被保險的汽車應當妥善維護，使其經常處於適宜駕駛狀態，以防止發生事故。」又如，在家庭財產保險條款中列有「不準堆放危品」的保證條款；在英國的保險單上則列有「證明我們填報的投保單各項事實屬實，並作為合同的基礎」這樣的保證條款。這些都屬於明示保證。默示保證是指所保證事項不載明於保險合同，也不構成保險合同的條款，但按照法律和慣例保險合同主體應保證的事項。如海上保險的默示保證通常包括三項內容：一是船舶必須具備適航能力；二是遵守既定航道，非因避難不得繞航或改變航程；三是必須經營合法的運輸業務。值得注意的是，儘管默示保證沒有在保險合同中標明，但它卻與明示保證具有同等的效力。

按保證事項是否已存在，保證可分為確認保證和承諾保證。確認保證，是指投保人或被保險人對過去或現在某一特定事實的存在或不存在的保證。確認保證是要求對過去或投保當時的事實做出如實的陳述，而不涉及將來的情況，即不是對該事實以後的發展情況作保證。例如，某投保人在為自己投保人身保險時，做出自己過去與目前身體是健康的保證，這就是確認保證。但這個保證並不是保證他今後的身體也一直健康，如果能保證他也就沒有參加保險的必要了。承諾保證，是指投保人或被保險人對將來某一事項的作為或不作為的保證，即對未來有關事項的保證。例如，投保家庭財產保險時，投保人或被保險人保證在保險期內不改變房屋用途，該保證即是對未來的承諾，為承諾保證。又如，某投保人為其倉庫投保火險，因倉庫裝有自動滅火設備，得以享受優待費率，則投保人須在保險期限內使滅火裝置保持良好可用的狀態，否則就違背了保證。

3. 棄權與禁止反言

（1）棄權

棄權是指保險當事人主動放棄自己在保險合同中可以主張的某種權利。在保險實

踐中，棄權主要是約束保險人。因此，棄權通常是指保險人放棄合同解除權與抗辯權。構成保險人棄權需具備兩個條件：一是保險人必須知道投保人或被保險人有違反告知義務或保證條款的情形，因而按照合同約定或相關法律規定享有合同解除權或抗辯權；二是保險人必須有棄權的意思表示，包括明示表示和默示表示。對於明示表示通常有書面文字證明，比較容易判定；而對於默示表示則可以從保險人的行為加以推斷。一般地，保險人明知被保險人有下列違背約定義務的情形，而依然做出如下行為，通常可視為默示棄權：

第一，保險人或保險代理人明知與投保人訂立的保險合同有違背條件、無效、實效或其他可解除的原因存在，仍然誘導投保人投保，並簽發保險單收取保費後，就視為保險人放棄了只有在該險種規定條件下才可承保的權利。

第二，投保人負有按時繳納保險費的義務，如果投保方未按期繳納保險費，保險人就獲得解除合同的權利。若此時保險人在已知該種情形的情況下卻仍然收受投保人逾期繳納的保險費，則可表明保險人放棄了合同解除權，並有繼續維持合同的意思表示。

第三，在保險合同有效期內，當保險標的所處的危險增加時，保險人有權解除合同或增收保險費。若保險人已經知道該事項的發生，沒有採取任何措施，則視為保險人放棄瞭解除合同或增收保險費的權利。

第四，保險合同規定，被保險人負有防災減損義務，若投保方在保險期內以及保險事故發生時沒有履行防災減損義務，保險人可以解除保險合同。但保險人在明知存在該事實的情況下並沒有解除保險合同，此時視保險人放棄了合同解除權。

第五，在保險事故發生後，投保方應在約定或法定的時間內通知保險人。若投保方無故逾期通知保險人，此時保險人明知有拒絕賠償或給付的抗辯權，卻依然接受投保方的理賠申請及損失證明等材料，可視為保險人放棄了對逾期通知拒絕賠付的抗辯權。

第六，若保險人在得知投保方存在其他違背保險合同約定的義務後仍保持沉默，均視為保險人放棄了相應的權利。

（2）禁止反言

禁止反言是指保險當事人一旦放棄了合同中可以主張的權利，日後不得再重新主張這項權利。與棄權一樣，在保險實踐中，禁止反言也主要是約束保險人的行為。例如，如果保險人在上述情況下放棄了上述所列的各項權利，那麼，在保險事故發生造成損失後，投保方提出索賠時，保險人就不能再以投保方存在這些過錯而拒絕賠付。

（二）最大誠信原則的功能

就本質而言，最大誠信原則是民商法誠實信用原則在保險法中的具體運用和發展。中國學者對誠實信用原則的功能進行了深入的研究。王利明教授認為，誠實信用原則功能有三：

（1）確定誠實守信，依善意方式行使權利和履行義務等行為規則；

（2）平衡當事人之間的各種利益衝突和矛盾；

(3) 解釋法律和合同的作用。

誠信原則是以維持法律關係當事人的利益關係合理公道為宗旨的,其獨特功能表現在能夠協調法律規定的有限性與社會關係無限性的矛盾,法律的相對穩定性與社會生活變動不確定性的矛盾,法律的正義性與法律的具體規定在某些情況下適用的非正義性矛盾。其表現在最大誠信原則在保險合同中的功能,可以演繹為以下幾個方面:

第一,保險當事人應以善意、誠實、守信的態度行使權利、履行義務。具體內容包括三個方面:其一,善意真誠的主觀心理。這是指當事人在訂立保險合同時主觀上不能有損人利己的心理,並且要以應有的注意程度設身處地為他人的利益著想,防止損害他人利益。它要求保險合同當事人懷有善良的合同動機,互利合作的合同目的,忠實的合同心態,不存惡意,沒有欺騙的企圖,排除追求不正當好處的目的。對於超額保險,如被保險人不存在惡意,保險人應按照保險標的的實際價值,根據損失程度予以補償,不得隨意主張合同無效,對投保人多交的保險費應予以退還。同理,如果保險期內未發生保險事故,投保人對約定的保險費也必須如數支付。其二,誠實守信的客觀行為。這是指忠於事實真相,遵守公平交易的商業準則,踐行諾言、一諾千金,以實現相對人的利益。它要求保險合同當事人在進行保險活動時實事求是,對他人以誠相待,不得以鄰為壑、不得有詐欺行為。具體包括:①締約過程中誠實不欺的言行。投保人必須如實告知保險標的的危險狀況,保險人應對保險條款的內容據實說明,以免投保人誤解,更不得為投保人設立陷阱。②履約過程中信守約定,嚴格履行以及相互協力的行為。投保人應按照約定履行繳納保險費的義務、危險增加的通知義務、施救義務等,保險人對被保險人的損失應當及時理賠。③合同變更和解除時依據善意的合作行為。④合同關係終止時,遵守必要的附隨義務的行為。保險人接受投保人的申請是完全信賴投保人能自覺履行合同義務或法定義務,投保人也信賴保險人在危險發生時能夠信守合同。緣於信任而使雙方得以建立起保險關係。其三,公平合理的利益結果。這是指合同當事人通過一切合同行為所追求和達到的互利公道狀況,當事人不得通過詐欺手段獲取利益。如對於重複保險不得取得雙重補償,對於超額保險應按照實際價值予以補償。

第二,平衡保險當事人間的各種利益衝突。因為保險合同雙方當事人不同的交易動機、交易基礎和交易目標,加之保險活動的複雜性、專業性的特性以及保險活動主體判斷能力、預見能力的局限性,當事人在交易中往往不能詳盡、周全地約定各自的權利義務,糾紛的發生也就因此不可避免。如保險合同專業術語的理解、條款的適用、合同違約、合同履約、合同責任等種種衝突與糾紛,若不及時化解,將直接影響到雙方當事人的財產、權利享有及對整個市場的信賴感與安全感,進而影響到某個地區甚至整個國家的保險業發展。每逢此法律真空地帶,保險法的最大誠信原則就能起到平息爭議、補充漏洞的作用。例如某市 1996 年發生了一個案例,投保人投保人壽保險,繳納了首期保險費之後,還沒有來得及體檢,被保險人就死於車禍。對於這類案例的處理,現行保險法上尚無明確的規定,也無保險監管機關的相應規則可循。於此,探析當事人訂立合同的真意,並運用誠實信用原則實事求是地處理就成為唯一選擇。

第三,授予法官自由裁量權,使法官可以根據公平正義的要求進行創造性的司法

活動，以彌補保險立法的缺陷與不足。所謂法官的自由裁量，是法官在誠實信用原則的指引下，遵守立法者本意進行的價值判斷和利益衡量。一方面，在法律規定不明或者沒有規定時，闡明法律意旨，對法律進行漏洞補充；另一方面，在法律規定不符合法律目的，其適用有違正義時，避免機械地適用法律，而追求實現個案正義。通過授予法官自由裁量權，使法官獲得一紙「委任狀」，誠實信用原則成為克服成文法局限的重要工具。有一案例：1998年6月，保險公司業務員王某來到鄰居徐二家推銷保險，基於對保險公司和王的信賴，徐二欣然同意為目不識丁的母親投保了兩全保險。徐母經體檢合格後，投保人繳納了保險費8000元，保險公司出具了保險單，其後各期保險費投保人均按期繳納。根據保險條款規定，被保險人在保險期間死亡，保險公司應向受益人支付保險金30萬。2002年12月，被保險人因車禍遇難，當投保人向保險公司提出索賠時，保險公司對合同進行了挑剔般的審查後發現，被保險人簽字一欄中的簽名並非被保險人親自所為，依《保險法》第五十六條第一款之規定：「以死亡為給付保險金條件的合同，未經被保險人書面同意並認可保險金額的，合同無效。」保險公司因此拒絕向受益人支付保險金。受益人訴至法院，一審、二審法院判決原告敗訴，再審法院改判。此案的準確處理涉及對法律條文如何理解的問題，《保險法》第五十六條的立法本意是保護被保險人的利益，防止投保人或受益人為騙取保險金而陷害被保險人。被保險人目不識丁，要求其必須書面同意是強其所難，體檢本身就證明其同意參加保險。一審、二審法院之所以判決投保人敗訴，主要是法官望文生義地理解法律條文，未能領會立法意旨之所在。

從理論上講，最大誠信原則對保險雙方當事人都具有約束力，但在保險實踐中，由於保險雙方在業務中所處的地位與掌握的信息不同，這一原則主要表現為約束投保人或被保險人了，因為投保人想把風險轉嫁出去，對要投保保險標的的風險情況最清楚，而他可以事先瞭解保險條款和保險單內容，然後決定是否投保；而保險人除了調查所得的情況外，只能根據投保人的陳述來決定是否承保和如何承保，若投保人陳述不實或有意欺騙，保險人是難以及時發現的。因此投保方處於主動地位，但為了保護保險人的權益要求投保人必須遵守最大誠信原則。

（三）最大誠信原則的運用

最大誠信原則貫穿於保險法的全部內容，統帥著保險立法，指導著保險司法，是保險合同當事人和關係人必須遵守的基本行為準則，適用於保險活動的訂立、履行、解除、理賠、條款解釋、爭議處理等各個環節，限於篇幅，本文僅從保險合同當事人權利義務方面予以略論。

1. 投保人對最大誠信原則的遵守

（1）如實告知義務

如實告知義務要求投保人及被保險人就保險標的的危險狀況向保險人予以公正、全面、實事求是地說明。保險合同為轉移風險的合同，風險的大小和性質是決定保險人是否承保、保險費率高低、保險期限長短、保險責任範圍的唯一因素。而保險標的種類繁多、情況複雜，其危險狀況保險人無法瞭解，若對保險人課以信息收集、核實

的義務，不僅費時、費力，增加交易成本，且難保準確。而投保人和被保險人作為保險標的的所有人或管理人或經營人或利害關係人，則常常知曉其全貌，為使保險人能準確評估危險，瞭解危險及合理控製危險，保險法從效率角度出發，課以投保人如實告知義務，以求保險合同的實質平等與自由。

如實告知義務就其本質而言就是向保險人提供準確的危險判斷依據。故告知的範圍應當是保險標的的重要危險情況。所謂重要危險情況，是指足以影響保險人決定是否同意承保或者提高保險費率的情況。保險合同內容不同，重要情況判斷標準有別，法律條文殊難一一列述。是否為重要事項，可從以下幾個方面綜合考慮：①保險標的的質量狀況。如機動車輛保險中車輛的狀況，人身保險中被保險人身體的狀況。質量愈高，抵禦風險的能力愈強，損失概率愈小，則保險人所承擔的損失愈少。②保險利益情況。保險利益是指被保險人對保險標的所具有的經濟利益。它反應了被保險人對保險標的的利害關係，利益薄則愛心薄，繼而保險人所承擔的風險大；利益厚則愛心厚，繼而保險人所負擔的風險小。如人身保險中，親生子女與非親生子女在危險判斷上有天壤之別。③保險標的物環境方面的情況。環境是影響危險的一個重要因素，如船舶航線對保險費的影響甚大。

投保人未盡如實告知義務的情況分為三種：告知不實，謂之誤告，如真實年齡與實際年齡不符；不予告知，謂之隱瞞，如患有重病而謊稱體壯如牛；應告知而未告知，謂之遺漏，如對被保險人的既往病史應說明而疏漏的。投保人違反告知義務，保險人有權解除合同。然而，判斷投保人是否善盡如實告知義務尚須考慮以下幾個因素：一是投保人的認識能力與知識結構，例如，對身體狀況的判斷，醫生與農夫有霄壤之別。二是保險人是否已知或應知，倘若保險人已知或者為公眾所周知的事實，投保人雖未告知，仍不能構成隱瞞。如著名運動員在購買保險時，未能告知其職業，日后保險公司不能以隱瞞重要事實而拒絕賠償。三是是否為保險人棄權的事實，若屬棄權事項則日后不得再行主張，如未體檢而出具保險單的。

（2）履行保證義務

保證是投保人或被保險人向保險人所做出的承諾，依英國 1906 年海上保險法的解釋：即保證作為或不作為某些特定事項，或保證履行某項條件，或肯定或否定某些事實特定狀況的存在，一旦違反，保險人可以據以解除合同。简而言之，保證是被保險人訂立合同所需履行的某種義務。如無此保證，則保險人可以不訂立合同或改變合同的內容。保證重在恪守合同承諾，其目的在於控制危險，確保保險標的處於穩定的、安全的狀態之中。保證必須嚴格遵守。如果被保險人不遵守保證，除保險單另有約定外，保險人可以從被保險人違反保證之時起解除自己的責任。所以，保證對於被保險人的要求極為嚴格，特別是在海上保險中，依照慣例，無論違反保證的事實對危險的發生是否重要，保險人均可宣告保險單無效。

早期的保險法理論和實踐認為，對於保證的事項均假定其為重要的，故在涉訟時，保險人只要證明保證已被破壞，無論是故意還是過失，對合同的影響毫無二致。換而言之，無意的破壞並不構成被保險人抗辯的理由。甚至認為，實際的事項即使較保證的事項更有利於保險人，保險人仍能以破壞保證為理由，訴請法院判決契約失效。因

為依照保險慣例，法庭往往要求被保險人嚴格遵守契約規定的保證事項，而不衡量保證事項對於危險的重要性。此種嚴格的規定，導源於 18 世紀的海上保險，對被保險人甚為不利。時至今日，為保障被保險人利益，各國立法在以下幾個方面對被保險人利益加以補救：①強調保證內容的重要性，以使其真正具有保證的性質，否則，被保險人即使有所違背，也不一定使保險合同失效。②強調對保證採用功能的及公平的解釋，對保證事項均採寬松解釋，尤其當依文字解釋僅能表示其為表面上的破壞，而對危險的影響僅屬暫時的或輕微的時候，即須採用功能的或公平的解釋。例如，某人在購買火災保險單時，保證不在屋內放置危險品，后為慶賀新年，購置大量鞭炮，自然為保單規定的危險品。假設該房屋失火燃燒，並引起鞭炮爆炸，保險公司是否可以被保險人破壞保證為理由拒絕賠償呢？如依文字解釋，自然為對保證的破壞，但此種表面上的破壞，對危險並無重大或永久的影響，尤其當失火原因並非燃放鞭炮的情況下，法庭依公平的解釋，判決保險人仍須賠償被保險人的損失。例如，美國若干州法規定：除非破壞保證增加了損失的危險，或是對保險人承擔的危險發生重大影響，保險人不得據以主張合同失效。

保證與告知的分水嶺在於：告知立足於現在，保證放眼於未來。告知是對過去或現在事實的客觀說明。告知雖非合同的一部分，但可以誘使合同的簽訂，違反告知義務並構成詐欺，合同則自始無效。而保證是對未來而言，並構成合同履行的一部分。違反保證，保險人有權解除合同，但對於解除前所產生的保險費及發生的保險事故對雙方均有約束力。所謂意見或期望的告知，因其著眼於將來，實非屬告知的性質。多數保險合同均有保證內容。例如，財產險一般要求被保險人做出「不堆放危險品和特別危險品的保證」；機動車輛保險的被保險人必須保證保險車輛「保持安全行駛技術狀態」；貨物運輸保險的被保險人必須保證「貨物包裝符合政府有關部門規定的標準」。然而，中國保險法缺乏對保證的相應規定，理論研究有待加強。

（3）防災及施救義務

人們投保后往往以為進了保險箱，而不再去防範風險。例如，有了盜竊保險就會放松警惕，掉以輕心，或者在保險事故發生時會熟視無睹、袖手旁觀，這無異開門揖盜、引狼入室，不僅增大了危險發生的可能性，也加重了保險人的補償責任，其結果，保險制度不但未達防禦災害、增進人類福祉的目的，反而成為災難發生的罪魁禍首。故保險法對被保險人課以維護保險標的安全和施救的義務，以求雙方平衡利益。眾所周知，保險事故發生的概率，既取決於保險標的的固有風險，也取決於人為風險。防災防損、未雨綢繆、防患於未然，對保險人、被保險人和整個社會具有積極的意義。保險事故發生后，對保險人而言，意味著要給付補償金，對被保險人而言，因為有免賠率及間接損失的約定，也未必能得到十足的補償。另外，保險事故發生後還有可能給第三人的人身或財產造成損害。而實踐證明，風險如若進行有效預防是可以避免或減少的。為加強被保險人的責任心和防範意識，從社會整體利益出發，中國《保險法》第三十六條第三款規定，「投保人、被保險人未按照約定履行其對保險標的安全應盡的責任的，保險人有權要求增加保險費或者解除合同。」

保險事故的發生，既是個人財產的損失，也是社會財富的浪費。投保人參加保險

后,風險轉嫁給保險人,而被保險人往往實際控制著保險標的,對危險的防範及施救更為有效。因此,各國保險法均規定,當保險事故發生後,被保險人負有施救義務,以防止損失的擴大和蔓延,但被保險人為防止或者減少保險標的的損失所支付的必要的、合理的費用,保險人應當承擔。

2. 保險人對最大誠信原則的遵守

(1) 保險條款的說明義務

說明義務是指保險人應當就保險合同利害關係條款特別是免責條款向被保險人明確說明。中國保險法規定,訂立保險合同,保險人應當向投保人說明保險合同的條款內容,保險合同中規定保險人責任免除條款的,保險人未明確說明的,該條款不產生效力。保險條款的說明義務是由保險合同的性質決定的。保險合同為附和合同,其內容由保險人單方擬訂,投保人或被保險人幾無參與之機會,只能對保險條款表示同意與不同意,無修改的權利。而保險條款融專業性、技術性及科學性為一體,未經專門之研習,難窺堂奧。合同既然是雙方當事人意思表示一致的結果,如果一方不明白合同內容就作出承諾,應視為合同當事人意思未達成一致,未達成合意的條款不能產生法律效力,如果構成重大誤解或顯失公平,當事人可以請求撤銷合同。

說明的效果在於向投保人提示保險合同的內容,說明的範圍應當包括保險合同的主要內容,特別是不保標的、除外責任、免賠額以及專業術語的內涵,以免投保人發生誤解。說明形式是以書面為之還是以口頭為之,保險法並無明確規定。採用書面形式履行說明義務,既可以避免當事人間舉證的困難,也有利於規範保險人的說明範圍,應予提倡。

(2) 賠償或給付保險金的義務

危險事故發生時,被保險人能盡速領得保險人給付的補償金,是保險的重要宗旨。探險合同不同於其他合同,危險發生後對是否屬於保險事故以及具體損失額的確定,往往需要經過複雜的調查與估算程序,如果保險人已盡力調查與估算,則通常能夠及時賠償,但若保險人故意拖延調查,或因危險事故及損失的確定較為複雜,補償金額懸而未定時,被保險人的利益保護難以兌現。為了防止保險人久拖不賠,各國對保險人的理賠期限均有明確要求。中國《保險法》規定:保險人收到被保險人或者受益人的賠償或支付保險金的請求後,應及時做出核定;對屬於保險責任的,在與被保險人或者受益人達成有關賠償或者給付保險金額的協議後10日內,履行賠償或者給付保險金義務。保險合同對保險金額及賠償或者給付期限有約定的,保險人應當依照保險合同的約定,履行賠償或給付保險金的義務。保險人自收到賠償或者給付保險金的請求和有關證明、資料之日起60日內,對其賠償或者給付保險金的數額不能確定的,應當根據已有證明和資料可以確定的最低數額先予支付。

(3) 保險合同解除權的行使及其限制

按照保險慣例,保險合同成立後,保險人不得隨意解除保險合同,只有依法律規定,投保人或被保險人違反法定或約定的義務,保險人才有權解除合同。但若保險人不及時行使,則視為放棄權利,日後不得再主張此種權利。此即所謂棄權與禁止反言。例如,投保人違反告知義務或未按期繳納保險費,保險人有權解除合同,但未能及時

行使，在保險事故發生時再行主張則不應予以支持。其目的在於督促保險人盡快行使權利，如果允許保險人拖延時間，將使保險合同的效力處於一種不穩定的狀態，而且保險人可能會選擇對自己最有利的時機來決定行使或不行使該解除權，從而損害被保險人的利益。當保險事故發生時主張合同解除權，若保險事故不發生，則主張合同繼續有效進而要求支付保險費，這顯然有悖於最大誠實信用原則。臺灣地區「保險法」第六十四條第三款規定，自保險人知有解除之原因后，經過 1 個月不行使而消滅，或契約訂立后經過 2 年，即使有解除之原因，亦不得解除契約。中國《保險法》第五十四條對棄權與禁止反言也作了規定，但內容過窄，僅適用於年齡不實，且期限不分長短一律規定為 2 年，有偏袒保險人之嫌。《保險法》逆各國保險立法所強調的維護被保險人利益而行，應適時修正之。

（四）最大誠信原則的作用

1. 從保險關係的成立基礎考查

眾所周知，保險是人類抗御自然災害和意外事故的共同行為，體現的是「人人為我，我為人人」的互助協作精神。每一個參加者都由衷地希望和要求其他當事人真誠參與，只有和衷共濟、眾志成城，才能抗御災害，化險為夷。所以，當事人之間的精誠合作是保險關係成立的前提，如果一方缺乏誠意，或故意促使保險事故的發生，或於保險事故發生后拒不履行補償或給付保險金的義務，則無異於詐欺，與保險宗旨背道而馳。當然，任何合同的簽訂，都須以合同當事人的誠實信用為基礎。如果一方以詐欺手段誘騙他方簽訂合同，受詐欺的一方非但可據以解除合同，如有損害，還可要求對方予以賠償。中國《合同法》第五十四條第二款明確規定：「一方以詐欺、脅迫的手段或者乘人之危，使對方在違背真實意思的情況下訂立的合同，受損害方有權請求人民法院或者仲裁機構變更或撤銷。」

然而，就一般合同而言，其所應用的誠信原則是有限的。因為在一般合同中，當事人之間的關係從本質上說是一種利益分配關係。因此，合同當事人往往通過提高自己、貶損對方來達到自己的目的。所以，一般合同的簽訂、履行以「交易者自行當心」為第一要義。依照法律的規定，只有顯失公平或者存在詐欺時，法律才賦予救濟權利，對於一般的不誠實行為法律總是鞭長莫及、無能為力。例如，買賣合同中對於標的物的明顯瑕疵並不要求賣方主動告知，而通常將檢視貨物視為買方的義務。但在保險關係中，保險人與被保險人休戚相關，雙方必須善盡誠實信用，只有少發生保險事故，保險公司的償付能力才有保障，被保險人的損失方能得到充分補償。所以保險人與被保險人之間是利害相通，唇齒相依的關係，容不得爾虞我詐、坑蒙拐騙，而更應崇尚公平交易，強調「最大」誠實信用。

2. 從保險產品的功能進行考查

被保險人參加保險基本上出於三個方面的價值追求。一是安全保障。保險是一種精神產品，能給消費者以安全感。從買賣的角度看，對被保險人來說，投保是支付保險費以換取安全保障。投保人通過與保險人簽訂保險合同，消除了一旦發生危險造成財產損失或人身傷亡而影響生產或生活穩定性的后顧之憂，使被保險人在心理上得到

滿足。二是經濟補償。保險商品的使用價值表現為向被保險人及時提供經濟補償，以求生活的安定。可以說補償是保險的固有職能和基本職能。三是獲得收益。在人壽保險合同中，之所以特許保險利益消失后，保險合同繼續有效，是因為人壽保險寓有投資的意義，合同到期時所領取的保險金，皆為自己所交付保險費的累積或增值。正是基於上述功能，保險已成為經濟生活中重要的一環。

每一投保人通過與其信賴的保險公司簽訂合同，希望將其在生產生活中可能面臨的風險轉嫁出去，從而避免或減少因危險發生而可能造成的損失。而保險人作為產品的銷售者，要想讓自己的保險產品在保險市場上具有競爭力，就必須以誠信為本，塑造良好的形象，樹立全心全意為投保人服務的意識，做到價格公道、服務周到、善盡承諾、及時理賠。事實證明，在競爭如火如荼的保險市場，經營者的產品再優、技術再精、硬件再好、熱情再高、干勁再大，但若誠信不足，則一切都是子虛烏有。所以，維持保險業的良好信譽，遵循最大誠信是保險活動的基本準則。

3. 從保險合同的特徵來考查

保險是轉嫁風險的行業，保險事故是否發生、發生的時間及損失的大小在合同訂立之際是不能預見的，故學術上也稱保險合同為射幸合同。這與強調等價有償的一般民事合同大相徑庭。保險合同成立后，被保險人能否獲得保險補償還應視條款而定。在保險合同有效期內，若不發生保險事故，保險人只收取保險費，而無需承擔補償或給付義務；若發生保險事故，則保險人所支付的保險補償將遠遠大於其所收取的保險費。發生保險事故后，從被保險人的角度看，因其已獲得了經濟補償，而實際毫厘未損；從保險人的角度看，則因履行合同義務而成為損失的實際承受者。基於保險合同這種特殊性質，一方面，保險人希望收取高額保險費而不承擔或少承擔補償義務。當保險事故發生后，保險人會千方百計利用法律和合同條款來推卸或減輕其補償責任；另一方面，投保人則希望以最少的保險費獲得最多的補償。當保險事故發生后，被保險人往往誇大損失，以圖得非分利益。可見，依誠實信用行使權利、履行義務是保險市場的基本要求。

4. 從保險的行業特性來考查

如今，保險在國民經濟中佔有舉足輕重的地位，被譽為社會的穩定器。保險經營的特徵表現為：其一，保險費收取的分散性。保險運作的原理就是各個投保人以繳納保險費的方式來分擔受害的被保險人的損失。投保人越多，收取的保險費越多；保險基金越雄厚，保險經營越安全；保險分攤越合理，保險人盈利的可能性就越大。但若保險人缺乏信用，投保人就會「敬而遠之」，保險公司則門可羅雀，難以維持下去。其二，保險經營的安全性。投保人來自五湖四海，為了一個共同的目標——保險保障。試想，如果保險公司經營不善或破產，其自身難保，何以保人，可能產生的負面的社會影響將不言而喻。故保險人的責任重於泰山，其成長的好壞，不僅與被保險人利害攸關，而且與社會安定息息相關。其三，保險資金的負債性。保險資金屬於保險人對被保險人的負債。特別是投資性質的保險，到期必須按固定金額償付。保險人不得將保險資金作為盈利分配，也不得作為利潤上繳，而只能充分利用，確保增值。所以，保險業要健康發展必須實行科學管理與誠信經營雙管齊下。

5. 從保險業的演進來考查

現代保險源於海上保險，最大誠信原則可以追溯至海上保險初期。由於昔日尚無通信設施，而在保險合同商訂之際，被保險的船貨往往航行於千里之外，保險人是否承保以及保險合同的權利義務如何約定只能依據投保人提供的有關資料進行判斷，若投保人以詐欺手段誘使保險人與其簽訂合同，將使保險方深受其害。同理，若保險事故發生后，保險人推脫責任，也將會影響被保險人的生存和發展。長期以來最大誠信被公認為保險法的基本原則。隨著科學技術的日新月異，現代社會生產規模空前發展，協作範圍更加廣泛，交易標的日益增大，交易風險愈加突出，任何一個環節發生問題都會引起連鎖反應，造成難以估量的損失。適應現代化大生產的需要，當代保險種類繁多，標的複雜，保險期限長，保險金額大，風險範圍廣，保險經營的安全問題日益突出和重要。不言而喻，現代保險對合同當事人的誠實信用提出了更高、更迫切的要求。

綜上所述，保險業從根本上講就是以誠信為本的行業，誠信是保險業的基石。博弈論表明：誠實信用是獲取最大利潤的前提和保證。保險公司作為商事主體，只有多次交易，重複交易，才能實現盈利的願望。為了廣泛收取保險費，保險方都會理性地恪守信用，以期下次繼續合作。失信或弄虛作假只能得益於一時一事，而終將失去客戶、失去市場。毋庸置疑，誠實信用是保險業生命力的源泉。而對於投保人來說，良好的信譽記錄可以使其以較低價格取得高額的保險保障，從這個意義上說，誠信就是金錢。「精誠所至，金石為開」，這一中國古訓仍能給我們今天的保險市場提供啟示：加強誠實信用是保險立法的重中之重，講誠信才能立於不敗之地。背離了最大誠信原則，保險制度將成為無源之水、無本之木。

三、近因原則

保險中的近因原則，起源於海上保險。1906 年英國《海上保險法》第五十五條規定：「除本法或保險契約另有規定外，保險人對於因承保之海難所致之損害，均負賠償責任，對於非因承保之海難所致之損害，均不負賠償責任。」在保險實踐中，並不是保險標的的所有損失保險人都要承擔賠償或給付的責任。保險人對保險標的的損害是否進行賠償取決於損害事故發生的原因是否屬於保險責任。若屬於保險責任，保險人責無旁貸必須承擔賠償損失或給付保險金義務。若是除外責任，保險人就不承擔損失賠付。然而，通常造成保險標的損失的原因不是單一原因，而是多種原因共同作用的結果，且這些原因的作用方式多種多樣，有時是多種原因同時發生，有時是多種原因間斷地發生，有時是多種原因連續發生。那麼，如何來判定保險人是否應當承擔損失賠付呢？這就要根據近因原則來判斷。

（一）近因的含義及判定

1. 近因的含義

近因是指引起損失發生的最直接、最有效、起決定性作用的原因，而不一定是在時間上或空間上與保險損失最近的原因。反之，引起保險標的損失的間接的、不起決

定作用的因素,常稱之為遠因。1907年的英國相關法律規定,近因是指引起一連串事件,並由此導致案件結果的能動的、起決定作用的原因。而后又進一步明確,近因是指處於支配地位或起決定作用的原因,即使在時間上它並不是最近的。由此可以看出,從理解的角度,近因近似於歷史事件中的導火索。

2. 近因的判定

確定近因,就是確定損失與風險因素之間的因果關係。通常有兩種基本方法。

(1) 順序法,即從原因推斷結果。具體來說,是從最初事件出發,按照邏輯推理,分析判斷下一個事件可能是什麼,然后再從下一個事件出發分析判斷再下一個事件可能是什麼,如此下去,直到分析到最終損失為止,那麼最初事件即是損失的近因。例如,某批出口包裝食品投保了水漬險,在運輸途中由於海浪拍打致使海水漬濕了外包裝,最終導致該批食品因潮濕而發生霉變損失。很容易判定出與食品相關的最初發生事件是海水漬濕,正是由於海水漬濕外包裝才使水汽侵入到食品中,又由於長期的潮濕最終使食品霉變損失。因此,最初事件即海水漬濕為霉變損失的近因。

(2) 倒推法,即從結果推斷導致該結果的原因。具體來說,是從損失開始,按照邏輯推理,分析引起損失的原因是不是前一件事件,若是,則繼續再分析導致前一事件發生的原因,直至最初事件為止。那麼,最初事件就是最終損失的近因。如在上述案例中,如果按照倒推法判定近因,就首先以霉變損失為出發點,分析導致引起霉變損失的原因,即水汽侵入,然后再尋找致使水汽侵入的原因。不難發現其原因是海水漬濕,則此時可認定海水漬濕即為霉變損失近因。

(二) 近因原則的含義

保險法上的近因原則的含義為:「保險人對於承保範圍的保險事故作為直接的、最接近的原因所引起的損失,承擔保險責任,而對於承保範圍以外的原因造成的損失,不負賠償責任。」按照該原則,承擔保險責任並不取決於時間上的接近,而是取決於導致保險損失的保險事故是否在承保範圍內,如果存在多個原因導致保險損失,其中所起決定性、最有效的,以及不可避免會產生保險事故作用的原因是近因。由於導致保險損失的原因可能會有多個,而對每一原因都投保於投保人經濟上不利且無此必要,因此,近因原則作為認定保險事故與保險損失之間是否存在因果關係的重要原則,對認定保險人是否應承擔保險責任具有十分重要的意義。中國《保險法》《海商法》只是在相關條文中體現了近因原則的精神而無明文規定,中國司法實務界也注意到這一問題,在最高人民法院《關於審理保險糾紛案件若干問題的解釋(徵求意見稿)》第十九條規定:「(近因)人民法院對保險人提出的其賠償責任限於以承保風險為近因造成損失的主張應當支持。近因是指造成承保損失起決定性、有效性的原因。」

(三) 近因原則的運用

損失與近因存在直接的因果關係,因而,要確定近因,首先要確定損失的因果關係。確定因果關係的基本方法有從原因推斷結果和從結果推斷原因兩種方法。從近因認定和保險責任認定看,可分為下述情況:

1. 損失由單一原因所致

若保險標的損失由單一原因所致,則該原因即為近因。若該原因屬於保險責任事

故，則保險人應負賠償責任；反之，若該原因屬於責任免除項目，則保險人不負賠償責任。例如，某人身意外傷害險被保險人患癲癇病多年，在保險期內一次癲癇病發作時溺水身亡。此時導致被保險人溺水身亡的原因是癲癇病，由此，癲癇病就是被保險人死亡的近因，且該近因不屬於人身意外傷害保險的保險責任，所以保險人不負有賠付責任，應拒賠。

2. 損失由多種原因所致

多種原因同時發生共同致損，是指多種原因之間沒有或者無法區別因果關係，無法區別其在時間上的先后發生順序，且各個原因對損害結果的產生都具有直接、有效、決定性的影響。由此，這多種原因都是損失的近因。此時保險人是否應進行賠付還要進行深入分析。

（1）多種原因同時發生導致損失

多種原因同時發生而無先后之分，且均為保險標的損失的近因，則應區別對待。若同時發生導致損失的多種原因均屬保險責任，則保險人應負責全部損失賠償責任。例如，李某投保了家庭財產保險的房屋及室內財產保險。在保險期內，由於暴風雨惡劣的天氣導致保險房屋倒塌，並損毀部分室內保險財產。被保險人及時通知了保險人，保險人是否應當承擔賠償責任呢？由於導致被保人保險標的發生損失的近因是暴風與暴雨，且均屬於家庭財產保險的保險責任。由此，保險人應根據保險合同履行賠償責任。

若同時發生導致損失的多種原因均屬於責任免除，則保險人不負任何損失賠償責任。例如，王某以其所擁有的私家車為保險標的投保了機動車輛保險。在保險期內，王某酒后駕車行駛過程中與別人賭氣高速賽車不幸發生車毀人傷事故。那麼保險人是否應當對王某的損失進行賠付？由於造成王某車毀人傷損失發生的近因是酒后駕車與高速行駛，均屬於機動車輛保險的除外責任，因此保險人不應當賠付。

若同時發生導致損失的多種原因不全屬保險責任，則應嚴格區分，對能區分保險責任和責任免除的，保險人只負保險責任範圍所致損失的賠償責任；對不能區分保險責任和責任免除的，則不予賠付。如果保險責任與除外責任所造成的損失不能劃分，保險人可以有兩種選擇：一是保險人與被保險人平分損失；二是保險人不承擔任何損失。但在保險實踐中，此時保險人通常會與被保險人協商以尋找一個雙方都能接受的分擔比例。

（2）多種原因連續發生導致損失

如果多種原因連續發生導致損失，前因與后因之間具有因果關係，且各原因之間的因果關係沒有中斷，則最先發生並造成一連串風險事件的原因就是近因。保險人的責任可根據下列情況來確定：

第一，若連續發生導致損失的多種原因均屬保險責任，則保險人應負全部損失的賠償責任。如船舶在運輸途中因遭雷擊而引起火災，火災引起爆炸，由於三者均屬於保險責任，則保險人對一切損失負全部賠償責任。

第二，若連續發生導致損失的多種原因均屬於責任免除範圍，則保險人不負賠償責任。

第三，若連續發生導致損失的多種原因不全屬於保險責任，最先發生的原因屬於保險責任，而近因不屬於責任免除，則近因屬保險責任，保險人負賠償責任。

第四，最先發生的原因屬於責任免除，其後發生的原因屬於保險責任，則近因是責任免除項目，保險人不負賠償責任。

（3）多種原因間斷發生導致損失

致損原因有多個，它們是間斷發生的，在一連串連續發生的原因中，有一種新的獨立的原因介入，使原有的因果關係鏈斷裂，並導致損失，則新介入的獨立原因是近因。近因屬於保險責任範圍的事故，則保險人應負賠償責任；反之，若近因不屬於保險責任範圍，則保險人不負責賠償責任。

四、損失補償原則

經濟補償是保險的基本職能，也是保險產生和發展的最初目的和最終目標。因而損失補償原則也是保險的重要原則。但需要說明的是，損失補償原則只適用於具有補償性的保險合同，如財產保險和人身保險中的醫療費保險，而對於給付性的人身保險則不適用。

（一）損失補償原則的含義

損失補償原則是指保險合同生效后，如果發生保險合同責任範圍內的損失，被保險人有權按照合同的約定，獲得全面、充分的賠償；保險賠償是彌補被保險人由於保險標的遭受損失而失去的經濟利益，被保險人不能因保險賠償而獲得額外的利益。

損失補償原則是財產保險處理賠案時的一項基本原則，充分體現了保險的宗旨。由此在理解損失補償原則時必須從兩個方面把握該原則的內涵：一是有損失才有賠償，即損失補償是以被保險人發生保險責任範圍內的損失為前提條件的；二是損失多少最多賠償多少，保險賠償的目的只是彌補被保險人由於保險標的遭受損失而失去的經濟利益，盡力使被保險人的經濟狀況恢復到事故發生前的狀態。因而不能使被保險人從保險中獲得額外利益，以防止被保險人利用保險從中牟利，進而維護保險雙方的正當權益，保持保險經營的穩定性。

（二）損失補償原則的基本內容

1. 被保險人請求損失賠償的要件

在保險實踐中，保險人並不是對被保險人的所有損失都負有保險賠償責任。只有當被保險人的損失同時具備以下條件時，保險人才給予賠償。

（1）被保險人對保險標的必須具有可保利益。在保險利益原則中，我們已經知道，財產保險對保險利益時效的要求是全過程的，即從合同訂立到保險事故發生，被保險人都必須對保險標的具有保險利益。否則，保險合同無效或失效，保險人不承擔損失賠償責任。再者，如果保險事故發生時被保險人對保險標的不具有保險利益，事故發生並沒有使被保險人遭受經濟損失，根據損失補償原則，保險人也不能對被保險人進行賠償。

（2）被保險人遭受的損失必須是在保險責任範圍之內。構成保險責任範圍內損失

的要件有兩個：一是損失必須發生在保險合同所約定的保險標的；二是保險標的發生的損失必須是由保險責任所引起。只有這兩個條件同時具備，這個損失才是保險責任範圍內的損失，保險人才可能給予保險賠償。

（3）被保險人遭受的損失必須能用貨幣衡量。如果被保險人所遭受的損失不是經濟上的損失，即不能以貨幣計量出該損失多少，那麼保險人就無法核定此損失，更無法履行保險賠款。

2. 保險人履行損失賠償責任的限度

為了保證被保險人既能獲得全面而充分的保險賠償，又不因保險賠償而獲得額外利益，保險人在履行損失補償責任時通常把握以下三個限度：

（1）以實際損失為限。實際損失是指按照保險事故發生時的市場價格計量的保險事故所造成的損失額。按照補償原則，保險人對被保險人蒙受的實際損失進行補償的目的是使他在經濟上恢復到保險事故發生前的狀態，保險人只能以發生損失時的市場價格來確定賠償金額（定值保險與重置價值保險除外），不得超過損失金額。但如果賠償過少，則不能充分補償他所受到的損失；如果賠償過多，又會引起不當獲利。例如，某投保人，以其擁有房產權的住房作為保險標的投保了足額家庭財產保險，保險金額為100萬元。在保險期內發生保險事故造成該住房全損，而由於房價跌落致使保險事故發生時該住房的市場價值僅有90萬元，所以被保險人因保險事故發生造成了90萬元的實際損失，因此保險人只能賠償90萬元。

（2）以保險金額為限。保險金額是保險人承擔賠償責任的最高限度，由此，保險人的賠償金額只能低於或等於而不能高於保險金額。例如，在上例中，若由於市場房價上漲，致使保險事故發生時該住房的市場價值達到了110萬元。那麼，保險人應賠償多少？這時雖然保險事故給被保險人造成了110萬元的實際損失，但由於雙方簽訂的保險合同所約定的保險金額只有100萬元，所以保險人最多也只能按照保險金額這一最高限額進行賠償，賠100萬元。

（3）以可保利益為限。被保險人對所遭受損失的財產具有保險利益是保險人賠償的基礎與前提條件。由此，被保險人所獲得的賠款也不得超過其對被損財產所具有的保險利益。例如，同樣是在上例中，假設該投保人所投保的住房是他與別人按照1∶1出資合夥購買的，且在保險合同中僅有其一人作為被保險人。如果住房價格保持平穩，那麼保險人應當賠償多少呢？此時，由於被保險人對保險標的僅有一半的保險利益，即50萬元，當該保險標的發生全損時，被保險人僅損失50萬元，所以保險人也最多賠償50萬元。值得注意的是：通過對以上保險人履行損失補償責任三個限度的分析，不難發現這三個限度是相互關聯、相互制約的，而且保險人在針對某一具體損失進行賠償時，還要選取實際損失、保險金額和保險利益這三者中的最低標準作為最終賠償限度。

（三）損失補償的方式

保險人對被保險人進行賠償的目的是使被保險人恢復到損失發生前的經濟狀態，至於具體的損失賠償的方式，保險人有權選擇。通常來說，保險人可以選擇的賠償方

式有三種：一是貨幣支付。因為被保險人的損失是以貨幣衡量的，所以保險人可以通過審核被保險人的損失價值，支付相應價值的貨幣。在保險實踐中，這也是最常採取的方式。二是恢復原狀或修理。當被保險人的財產遭受損壞以後，保險人可以出資把損壞的部分修好，使保險標的恢復到損失前的狀態。如中國機動車輛保險理賠中對於部分損失賠償常採用修理的方式。三是置換。在保險損失發生後，保險人可以賠償一個與被損壞財產同等規格、型號、性能的財產。

（四）損失補償的計算方式

1. 第一損失補償方式

所謂第一損失補償，是指保險損失發生後，保險人僅在保險金額限度內按照實際損失予以賠償，而對保險金額之外的損失不予賠償的方式。其計算公式是：

當損失金額 ≤ 保險金額時，賠償金額＝損失金額

當損失金額 ＞ 保險金額時，賠償金額＝保險金額

這種損失補償方式之所以被稱為第一損失補償，是因為在採用這種方式進行賠償數額計算時，保險人實際上是將保險標的的損失人為地分成了兩部分：第一損失是保險金額限度內的損；第二損失是超過保險金額那部分的損失，而保險人僅賠償第一損失。第一損失補償計算方式比較簡便，但不夠準確。在保險實踐中主要適用於家庭財產保險。

2. 比例計算補償方式

所謂比例計算補償方式，就是保險人按照一定的比例對被保險人的保險損失進行計算賠償金額的方式。由於保險合同類型的不同，保險人所採取的比例也具有不同的性質。通常按照定值保險與不定值保險加以區分。

（1）不定值保險時，按保障程度計算賠償金額保障程度，是指保險金額占損失當時保險標的實際價值的比例。保障程度越高，即保險金額越接近保險財產發生損失時的實際價值，賠償金額就越接近損失金額。

（2）定值保險時，按損失程度計算損失賠償金額損失程度，是指保險標的的受損價值與損失當時保險標的實際價值的比例。

3. 限額賠償方式

（1）固定責任賠償方式。固定責任賠償方式，是指保險人在訂立保險合同時，規定保險保障的標準限額，保險人只對實際價值低於標準保障限額之差予以賠償的方式。

（2）免賠限度賠償方式。免賠限度賠償方式，是指保險人事先規定一個免賠限度，只有當損失超過該限度時才予以賠償的一種方式。按免賠方式又可以分為兩種，即絕對免賠與相對免賠。絕對免賠，是指只有當保險標的的損失程度超過規定免賠限度時，保險人才只對超過限度的那部分損失予以賠償的方式。相對免賠，是指只有當保險標的的損失程度超過或達到規定的免賠限度時，保險人才按全部損失予以賠償的方式。目前在海運貨物保險、機動車輛保險中經常採用這種賠償方式。

五、代位追償原則

在保險損失發生後，被保險人可以依據保險合同獲得充分的損失補償。其實在現

實生活中，當保險標的發生損失后，除了保險人的補償外，被保險人還可能擁有從第三方獲得補償的權利。在這種情況下，被保險人就可能最終獲得多於實際損失的補償，即獲得額外利益。這既違背了保險的宗旨又有悖於損失補償原則的規定，由此在損失補償原則之下又派生出了保險的另一重要原則——代位追償原則，且其適用範圍與損失補償原則是一致的。

(一) 代位追償原則的含義

代位追償原則是指在財產保險中，保險標的發生保險事故造成推定全損，或者保險標的由於第三者責任導致保險損失，保險人按照合同的約定履行賠償責任后，依法取得對保險標的的所有權或對保險標的損失負有責任的第三者的追償權。

其中，所謂推定全損，是指保險標的遭受保險事故雖尚未達到完全損毀或完全滅失的狀態，但實際全損已不可避免；或者修復和施救費用將超過保險價值；或者失蹤達到法定時間，按照全損處理的一種推定性損失。

(二) 代位追償原則的意義

代位追償原則的規定在保險實務中具有重要的意義，主要體現在以下三個方面：

首先，可以防止被保險人由於保險事故發生而獲得超額賠償。當保險標的發生的保險損失是由第三者責任造成時，被保險人即有權依法向造成損害的第三者請求賠償，又有權依據保險合同向保險人請求賠償。如果被保險人同時行使這兩項損害賠償請求權，就使其就同一損失獲得了多於實際損失甚至雙重的賠償，也就違背了損失補償的原則。

其次，可以維護社會公共利益，保障公民、法人的合法權益不受侵害。社會公共利益要求肇事者必須對因其疏忽或過失所造成的損害負有責任。如果致害人因受害人享受保險賠償而免除賠償責任，不但違背了社會公平的原則，而且也會損害保險人的利益，同時還會促使道德危險的發生。

最後，有利於被保險人及時獲得經濟補償。現實中，由第三者賠償往往使被保險人得不到及時補償，而保險人對被保險人的賠償時限在法律上則有明確的規定。如中國《保險法》第二十四條規定：「保險人收到被保險人或者受益人的賠償或者給付保險金的請求后，應當及時作出核定，並將核定結果通知被保險人或者受益人；對屬於保險責任的，在與被保險人或者受益人達成有關賠償或者給付保險金額的協議后 10 日內，履行賠償或者給付保險金義務。保險合同對保險金額及賠償或者給付期限有約定的，保險人應當依照保險合同的約定，履行賠償或者給付保險金義務。」

(三) 代位追償原則的主要內容

1. 權利代位

權利代位即追償權的代位，是指在財產保險中，保險標的由於第三者責任導致保險損失，保險人向被保險人支付保險賠款后，依法取得對第三者的索賠權。

(1) 權利代位產生的條件

權利代位的產生必須同時具備兩個條件。

第一，被保險人對保險人和第三者必須同時具有損失賠償請求權。也就是說，首

先損失必須是保險損失，而且是由第三者責任引起。也即是受損的財產必須是保險合同約定的標的，而且損失是由保險責任事故引起的。只有保險責任範圍內的事故造成保險標的的損失，保險人才負責損失賠償，否則，保險人沒有賠償責任。同時，保險事故又是由第三方的責任引起，只有保險事故的發生是由於第三者行為所致，才存在被保險人對第三者的損失賠償請求權。其次，被保險人不能豁免第三者的賠償責任。如果被保險人豁免了第三者的賠償責任，那麼被保險人就失去了賠償請求權，保險人也就無法代位行使被保險人已經放棄的權利，此時保險人不履行損失賠償責任。

第二，保險人必須按保險合同約定履行賠償之後才能取得代位追償權。因代位追償權實質是債權的轉移，即將被保險人對第三者的債權轉移給保險人。在這種債權轉移之前，只存在於被保險人與第三者之間。所以，只有保險人按照保險合同約定向被保險人履行保險賠償後，才能獲得代位追償權，即所謂的「先賠后追」。

（2）權利代位的取得方式

一般的，保險人可以通過兩種方式取得代位追償權：一是法定取得，即權益的取得無須經過任何人的確認，按照相關法律而獲得；二是約定取得，即權益的取得必須經過當事人的確認。由中國《保險法》第四十五條「保險人自向被保險人賠償保險金之日起，在賠償金額範圍內代位行使被保險人對第三者請求賠償的權利」的規定，可以認定，中國保險人代位追償權的取得方式是法定取得。

（3）權利代位的權益範圍

由於代位追償權只是債權的轉移，因此保險人只能在賠償金額限度內行使代位求償權。如中國《保險法》第四十五條第一款規定：「因第三者對保險標的的損害而造成保險事故的，保險人自向被保險人賠償保險金之日起，在賠償金額範圍內代位行使被保險人對第三者請求賠償的權利。」具體來說，如果保險人追償的款項的追回金額大於賠付金額，則超出部分應償還給被保險人；若追償到的金額若小於或等於賠付金額，全歸保險人。例如，居民李某以價值30萬元的自有住房為保險標的向某保險公司投保了住房保險。在保險期內，該住房被附近建築物在實行爆破工程時震裂，居民立即向所投保的保險公司索賠。保險評估人估損為8萬元，保險公司按照合同約定責任賠償8萬元后，在行使代位追償權時卻從爆破工程處追得10萬元。那麼，按照權利代位的權益範圍規定，保險人只能在賠償金額限度內行使代位求償權，即保險人只能獲得8萬元的代位追償權。而此時，保險人卻從第三者即爆破工程處追回了10萬元，超過了保險人對被保險人的損失賠償款。如果這10萬元全部歸屬保險人，那麼保險人就會從保險賠償中獲得了額外利益，違背了保險的宗旨。因此，保險人只能在代位追償權限內獲得8萬元，多餘的2萬元歸被保險人所有，以彌補被保險人未獲得的損失賠償。

需要注意的是，保險人向第三者行使請求賠償的權利，不影響被保險人就未取得賠償的部分向第三者請求賠償的權利。

2. 物上代位

物上代位是指保險標的遭受保險責任範圍內的損失，保險人按保險金額全數賠付后，依法取得該項標的的所有權。物上代位也是代位原則的重要方面。在理解物上代位時應把握以下幾個方面的內容：

（1）物上代位產生的基礎

物上代位通常產生於對保險標的作推定全損的處理。因為推定全損只是一種推定性的損失，並不是保險標的真的完全滅失或損毀，所以還會存有一定的殘值，或者失蹤后復而得之。為了避免保險人對被保險人按照保險金額賠償後，被保險人再獲得額外利益，各國通常通過物上代位的規定以維護保險雙方的利益關係。如中國《保險法》第四十四條規定：「保險事故發生后，保險人已支付了全部保險金額，並且保險金額相等於保險價值的，受損保險標的的全部權利歸於保險人；保險金額低於保險價值的，保險人按照保險金額與保險價值的比例取得受損保險標的的部分權利。」

（2）物上代位的權益取得方式

物上代位權益的取得要通過委付。所謂委付，是指被保險人在發生保險事故造成保險標的推定全損時，將保險標的的物的一切權利連同義務移轉給保險人而請求保險人賠償全部保險金額的法律行為。在保險實踐中，委付的成立必須具備以下要件：

第一，委付必須以保險標的推定全損為條件。由委付的定義可知，委付包含有兩方面的內容，即全額賠償和保險標的權益的轉讓。只有推定全損才能滿足於這兩項內容。

第二，委付必須由被保險人向保險人提出。當保險事故發生推定全損時，如果被保險人要求保險人按照保險金額履行全部損失賠償，就應在規定時間內向保險人提出委付請求。委付書是被保險人向保險人作推定全損索賠之前必須提交的文件。如果被保險人不提出委付，保險人對受損保險標的只能按部分損失處理。

第三，委付應就保險標的的整體提出要求。通常來說，保險標的具有不可分割性，若對不可分的標的僅進行部分委付，極易產生糾紛。為了盡量減少不必要的事端，一般要求委付保險標的的全部。但如果保險單上的標的是由獨立可分的部分組成時，只有一部分發生了委付原因，此時也可僅就該部分保險標的請求委付。

第四，委付不得附加條件。為了避免保險合同雙方關係的複雜化，減少保險人與被保險人之間的糾紛，國際慣例要求委付必須是無條件委付。中國《海商法》在第二百四十九條對此也作了明確的規定。

第五，委付必須經保險人同意。被保險人提出委付請求后，保險人可以接受委付，也可以不接受委付。因為委付一旦成立，轉移給保險人的不僅是保險標的的一切權利，而且也將被保險人對保險標的的一切義務轉移給了保險人。由此，保險人在接受委付之前必須慎重考慮。但是，無論保險人是否接受委付，都應當在合理的時間內將決定通知被保險人。如果保險人超過合理時限仍未做出決定通知，視作不接受委付。如果保險人同意了被保險人的委付請求，委付即告成立，此時便對保險人和被保險人產生法律約束力：一方面，被保險人在委付成立時，有權要求保險人按照保險合同約定的保險金額向其全額賠償；另一方面，被保險人必須在委付原因產生之日將保險標的的一切權利和義務轉移歸保險人。

（3）物上代位的權益範圍

根據中國《保險法》第四十四條的規定，即「保險事故發生后，保險人已支付了全部保險金額，並且保險金額相等於保險價值的，受損保險標的的全部權利歸於保險

人；保險金額低於保險價值的，保險人按照保險金額與保險價值的比例取得受損保險標的的部分權利」。可以將物上代位的權益範圍作如下總結：在足額保險時，保險人支付全部保險金額後，受損標的的全部權益歸保險人。即使出現保險標的的處理所得或對第三者損害賠償請求所得超過了保險人對被保險人的賠償金額，超過部分仍歸保險人所有，因這部分所得是由保險人對標的的權益所得。在不足額保險時，保險人按照保險金額賠償後，保險人只能按照保險金額與損失發生時保險標的價值的比例取得受損標的的部分權益。在這種情況下，由於保險標的的不可分性，在保險實務中，保險人通常將其應得的部分權益作價折給被保險人，並在保險賠償款中作相應地扣除。

六、重複保險分攤原則

根據損失補償原則，當保險標的發生損失後，被保險人有權根據合同約定獲得損失的充分補償，而不能因此獲得超出其損失的額外利益。但在現實中，被保險人可能擁有多份承保同一損失的保險合同，即存在著重複保險，此時被保險人就可能會獲得超出其實際損失的賠償，從而獲得額外利益。此時，如果保險標的發生損失，就應將這一損失在各個保險人間進行分攤，以免被保險人獲得額外利益。這既是重複保險分攤原則，也是損失補償原則的另一派生原則。

（一）重複保險分攤原則的含義

重複保險的分攤原則是指在重複保險的情況下，當保險事故發生時，各保險人應採取適當的分攤方法分配賠償責任，使被保險人既能得到充分的補償，又不會超過其實際損失而獲得額外的利益。由此可知，重複保險分攤原則主要適用客觀上存在重複保險的情況。雖然很多國家都不允許重複保險，但在保險實踐中這種現象又常常存在。在重複保險的情況下，如果發生保險事故造成了保險損失，被保險人可以依據不同的保險合同向不同的保險人就同一損失進行索賠，那麼被保險人就可能會獲得超額損失賠償，同時也違背了損失補償原則。而如果遵循重複保險的分攤原則，就可以維護損失補償原則，防止被保險人利用重複保險獲得超額賠款，進而維護社會公平原則。

（二）重複保險分攤原則的構成條件

重複保險分攤原則是指在重複保險的情況下，當保險事故發生時，各保險人應採取適當的分攤方法分配賠償責任，使被保險人既能得到充分的補償，又不會超過實際損失而獲得額外的利益。重複保險必須具備的條件：

（1）不同保險合同均以同一保險標的、同一可保利益投保。如果保險標的不同，肯定構不成重複保險，即使保險標的是同一個，不同的權利人分別以自己的保險利益投保也不構成重複保險。例如，某人以按揭方式購買一所住房，並以該住房為保險標的投保了火災保險。同時，他所貸款的銀行也以該住房為保險標的投保了火災保險。雖然這兩份保險合同都是以同一住房為保險標的投保的，但由於他們具有不同的保險利益，保險合同的被保險人也就不同，由此也不可能存在重複保險。

（2）不同保險合同具有同一保險期間。這裡的同一保險期間不是指不同保險合同的整個保險期間都是重複的，而是指部分期間重複，尤其是指保險事故發生時都在保

險期間內。

（3）不同保險合同承保同一保險危險。如果以同一保險標的、同一保險利益，同時投保不同的風險，也構成不了重複保險。比如，如果某居民以其私有住房為保險標的，在甲保險公司投保了足額火災保險，同時又在乙公司投保了足額盜竊險。這同樣不構成重複保險，因為如果發生了火災只有甲保險公司賠償，而如果發生了盜竊只有乙保險公司賠償。

（4）必須是與數個保險人訂立數個保險合同，且保險金額總和超過保險標的的價值。如果投保人只是與一家保險公司簽訂保險合同，即使保險金額總和超過保險標的的價值，也不稱為重複保險，只能稱為超額保險；如果投保人與多家保險公司簽訂合同，保險金額總和不超過保險價值，此時只能是共同保險。所以，只有這兩個條件同時具備才有可能成為重複保險。在判定是重複保險時，必須上述四個條件同時具備。

（三）重複保險的分攤方式

（1）比例責任分攤方式。各保險人按其所承保的保險金額與總保險金額的比例分攤保險賠償責任。

（2）限額責任分攤方式。在沒有重複保險的情況下，各保險人依其承保的保險金額而應付的賠償限額與各保險人應負賠償限額總和的比例承擔損失賠償責任。

（3）順序責任分攤方式。這是指由先出單的保險人首先負責賠償，后出單的保險人只有在承保的標的損失超過前一保險人承保的保額時，才依次承擔超出的部分。

本章小結：

1. 從保險起源與發展的歷程看，保險是人類同風險長期鬥爭中的一種必然選擇手段。保險業從無到有，是人類社會發展的必然產物，是保證人類社會發展的一種機制。人類社會自從產生就不可避免地遇到各種自然界的風險及意外事故的發生。面對風險帶來的嚴重后果，幾千年以前的人類就萌生了對付風險的保險思想。中國作為有幾千年文明歷史的國家，也是世界上最早產生保險思想的國家之一。外國最早產生保險思想的國家是處在東西方貿易要道上的文明古國，如古埃及、古巴比倫和歐洲的古希臘和古羅馬等國家。

2. 從保險思想的產生到現代保險的出現是一個漫長的過程，各種現代保險險種的產生都有其不同的經濟背景，說明保險隨著社會經濟的發展而發展，必將會有更多的新險種出現。海上保險是一種最古老的保險，近代保險也是從海上保險發展而來的。火災保險是財產保險的前身，人壽保險起源於歐洲中世紀的基爾特制度，責任保險是以被保險人的民事賠償責任為標的，它的產生是社會文明進步尤其是法制完善的結果。

3. 中國古代保險思想產生的歷史雖然悠久，但具有現代意義的保險業卻發展得較晚，中國近代保險業的發展經歷了較曲折的過程。

4. 從經濟上看，保險是一種經濟行為；從法律上看，保險又是一種合同行為；從社會功能角度，保險還是一種危險轉移機制。從傳統意義上定義，保險是集合具有同

類危險的眾多經濟單位或個人，建立基金，為少數成員因該危險事故所致經濟損失提供經濟保障的一種危險轉移機制。

5. 理想的可保風險要滿足以下條件：可保風險必須是純粹風險，而不是投機性風險；可保風險必須是大量的、相似的風險單位都面臨的風險；損失的發生具有偶然性和意外性；損失是可以確定的；可保風險造成的損失必須是適度的；可保風險造成的損失的概率分佈是可以被確定的。

6. 保險的功能主要有經濟補償功能、資金融通功能、社會管理功能。

7. 保險在微觀上的作用有：一是有利於安定人民的生活；二是有利於受災企業及時恢復生產；三是有利於企業加強經濟核算；四是有利於加強風險管理；五是有利於民事賠償責任的履行。

8. 保險在宏觀上的作用有：一是保障社會再生產的正常進行；二是推動商品的流通和消費；三是推動科學技術向現實生產力轉化；四是有利於財政和信貸收支平衡的順利實現；五是增加外匯收入，增強國際支付能力；六是動員國際範圍內的保險基金。

9. 保險依照經營目的分類，可分為商業保險、社會保險、政策性保險、互助合作保險；依照實施方式分類，可以分為自願保險和強制保險；依照保險標的分類，可以分為財產保險和人身保險；依照風險轉移方式分類，可以分原保險和再保險；依照保險的對象分類，可以分個體保險和團體保險。

10. 保險的原則有：保險利益原則，最大誠信原則，近因原則，損失補償原則，代位追償原則，重複保險分攤原則。

復習思考題：

1. 你如何理解保險的概念？
2. 世界保險業是如何發展的？
3. 保險的原則有哪些？
4. 保險是如何分類的？

第五章
保險合同

學習要點：
◇ 理解保險合同的概念及其法律特徵
◇ 瞭解保險合同的分類
◇ 掌握保險合同的要素

第一節　保險合同的概述

一、保險合同的概念

保險合同是投保人與保險人之間設立、變更、終止保險法律關係的協議。依照保險合同，投保人承擔向保險人繳納保險費的義務，保險人對保險標的可能遭受的危險承擔提供保障的義務。在保險事故發生后，保險人根據合同約定的範圍向被保險人或受益人給付保險金，或者在合同約定期限屆滿時向投保人或受益人給付保險金。保險合同一般包括投保單和保險單，二者構成要約和承諾，附加包含一般約定的保險條款共同構成。有時候保險單會用其簡化方式「保險憑證」替換。在特殊情形下，比如無標準化條款時，保險合同可以是當事雙方簽訂的書面協議；無法當時出具保險單時，保險合同可以是暫保單。一般，標準化的保險條款中會規定，保險合同由投保單、保險單、保險條款、批註、附貼批單、其他相關的投保文件、雙方的聲明、其他書面協議共同構成。

可見，保險合同是實現社會公眾尋求保險保障目的的法律手段。因為，在市場經濟條件下社會公眾存在的保險保障需求，與保險人專門供應的保險產品之間，僅僅是物質上的商品供求關係。它雖然是客觀存在的，產生於社會經濟生產和生活之中，但只是驅動供需雙方建立保險商品交換關係的物質前提，其本身並不具備強制性質來約束供需雙方的行為。所以，要保證這一保險供需關係實現，就必須採取相應的法律形式，即簽訂保險合同。保險合同作為合同的一種，具有法律約束力。當事人應當依法

簽訂和履行，不得任意變更和解除，更不得拒不履行所應承擔的義務。這意味著借助保險合同的法律強制力，可以實現當事人追求保險商品交換的目的。所以說，保險商品交換是內容，而保險合同則是其得以實現的法律手段。

二、保險合同的特徵

保險合同具備一般合同的共性，如保險合同須涉及雙方當事人，當事人的法律地位平等，當事人意思表示一致，且不得違反國家法律和政策規定，不得損害社會公共利益等。但是，保險合同作為一種有著特定的、具體的法律內容的合同，又有其自身的法律特徵。

（一）投保人必須對保險標的具有保險利益

在保險合同中，投保人、被保險人如果沒有保險利益，保險合同將是非法的，保險合同無效。保險利益必須是受到法律保護的，同時保險利益是可以用貨幣計算與估價的。

在財產保險合同中，保險利益應該是：

（1）必須是合法利益。這種利益對於投保人來說，不是違背法律或社會善良風俗而取得的，如以盜竊所得贓物投保是無效的。

（2）財產保險的主要目的是賠償損失，如果損失不能以金錢計量，就無法賠償，所以如收藏物、家養的花草等，雖然對被保險人來說具有相當的利益，但難以用金錢計算，因而不能成為財產保險的標的。

（3）必須是確定的利益。無論是現有利益或預期利益，在保險事故發生前或發生時必須能夠確定，否則保險人難以確定是否賠償，或賠償多少。

在人身保險合同中，根據法律和保險業的慣例，投保人與被保險人只有存在如下關係時，才具有保險利益：

（1）婚姻關係。如丈夫可為妻子投保。

（2）血緣關係。如子女可為父母投保，父母亦可為子女投保，除此之外，對於家庭其他成員或近親屬，投保人則必須與之有撫養、贍養和扶養的關係，才具有保險利益。

（3）撫養、贍養和扶養關係。

（4）債權債務關係。債務人若在償債期間死亡，債權人將面臨難以收回債權的危險，故此債權人對債務人具有保險利益。

（5）勞動關係或某種合作關係。如用人單位或雇主，對於職工或雇員的生老病死負有法定的經濟責任，自然就具有保險利益；合夥企業的合夥人之間，一旦某一合夥人死亡，可能導致合夥事業難以為繼，當然互相之間具有保險利益。

（6）本人。投保人對於自身的生老病死具有切身經濟利益，投保人可以為自己投保，成為被保險人。

（二）訂立合同必須先履行告知義務

告知是保險人確定是否承保、怎樣確定保險費率以及投保人是否投保、投保金額

大小的重要依據，投保人在訂立保險合同時，通常應告知下列重要事實：

（1）投保人保險史，如果投保人曾經被另外一個保險人就同一險種拒絕承保，無論是什麼理由都是重要事實。

（2）投保人的品行，特別是關於詐欺方面的犯罪，都是必須告知的重要事實。

中國《保險法》還規定，投保人故意不履行如實告知義務，保險人不承擔賠償或給付保險金的責任，並不退還保險費，但因過失而未履行義務，保險人員不承擔賠償或給付保險金的責任，但還可以退還保險費。顯而易見，如實告知義務對保險合同雙方當事人來說都是十分重要的。

（三）保險合同是雙務有償合同

雙務合同是指合同當事人雙方互負給付義務的合同，有償合同是指享有權利的一方必須償付相應代價的合同。中國《保險法》第十四條規定：「保險合同成立后，投保人按照約定交付保險費，保險人按照約定的時間開始承擔保險責任。」即投保人按照約定向保險人支付保險費作為換取保險人承擔保險責任的代價；保險人在享受收取投保人的保險費的權利的同時，承擔相應的保險責任。可見，保險合同為雙務有償合同。在一般買賣行為中，一方不支付代價的無償合同，如贈與，也同樣受法律保護。但保險單的贈與則不同，如果合同無保險費的約定，合同則被視為無效。在目前的保險實務中，一些保險公司為增強廣告效應，有時向一些社會名人和一些參與特定活動的人提供免費保險，嚴格意義上是不合法的行為。特別要說明的是，有時就某一保險合同而言，雙方當事人所承擔的義務似乎並不等價。換句話說，被保險人所得到賠付的保險金與其所支付的保險費不等額，但就保險合同的總體而言，由於保險費率是根據風險的概率和大數法則科學厘定的，保險費總額與保險人的賠付金總額及保險經營費用之和大致平衡。

（四）保險合同是非要式合同

保險合同的非要式性是相對於要式合同而言的。非要式合同是指合同的成立無須採用特定的形式和履行一定的手續，只需當事人意思表示一致即可成立。保險合同是非要式合同，原因是：①從中國現行保險法律規定來看，保險合同在雙方當事人意思表示一致時即成立，出具保險單只是保險人的法定義務，可作為保險合同的證明，但不能作為保險合同的成立要件。保險合同應遵循一般民商事合同成立原則，即當事人一方發出要約，另一方做出承諾，合同即告成立。更何況，保險合同的內容在合同訂立之前都已由保險人事先擬定作為依據，當事人另一方難以改變，這使得保險合同的要式性實際已無存在的必要。②從保險實踐來看，由於保險人簽發保險單通常必須經過相關程序，需要一定的時日。在實踐中，有時雙方當事人就合同內容已經達成協議，並且已經交付保險費后，但保險人不能及時簽發保險單。如果在這段時間內發生了合同約定的保險事故，由於不具備法律規定的合同生效的形式要件，被保險人或受益人就無法得到保險保障。保險實踐中確實存在一些道德危險，如保險人故意延遲保險單的簽發與交付的情形時有發生。顯然，這不利於保護被保險人的利益，有悖於中國保險立法的原則。

（五）保險合同是射幸合同

民法中的射幸合同是與交換合同相對應而言。交換合同是指一方當事人的給付與所得利益相當。射幸合同則是指當事人義務履行取決於機會或不確定事件的發生或不發生。當事人一方的付出，可能會得到大大超過所付代價的利益，也可能一無所獲。保險合同在訂立時，投保人繳付保險費，對未來保險事故是否發生無法確定。是否可以得到保險金，取決於合同約定的保險事故是否發生。如果保險事故在保險期限內發生，投保人就可以得到一定數額的保險金，該數額也許大大超過投保人所付出的保險費；如果保險事故在保險期限內沒有發生，投保人將無法得到保險金。而就保險人而言，如果保險事故發生，保險人將要付出的可能大大超過所收取的保險費的代價，如果保險事故沒有發生，保險人則可以得到投保人支付的保險費而無須負擔給付保險金的責任。可見，保險合同當事人一方或雙方獲利與否均取決於保險事故的偶然性。因此，保險合同是射幸合同，保險合同的射幸性是基於保險事故的偶然性、不確定性。

（六）保險合同是格式合同

格式合同，又稱附合合同，是指由當事人一方與不特定多數人訂約而預先擬定，並且不允許相對人對其內容進行變更的合同，亦即一方當事人要麼從整體上接受合同條件，要麼不訂立合同。由於保險經營本身有較高的技術性、科學性，保險合同中的主要條款（如保險標的、保險責任、保險期限以及保險費率的確定）都是建立在科學計算的基礎上，一般的投保人對此不易掌握，尤其是保險業務發展迅速，要求保險合同訂立手續快捷而簡便。因此，保險合同的主要條款往往是由保險人事先擬定，並且印製成格式化、標準化的保險單，投保人一般只能就這些條款表示願意接受與否，而沒有擬定和充分磋商保險條款的自由。顯然，保險合同的格式性表現出合同雙方的不平等交易。為了彌補這一缺陷，保護投保人的利益，各國保險法一般都要求，如果雙方當事人對保險條款存在疑義時，應作有利於被保險人和受益人的解釋。對此中國《保險法》也做出了相關規定。同時，《保險法》不僅明確規定了保險人對保險條款應負說明、解釋義務，而且還明確了保險監督管理機構對關係社會公眾利益的保險險種、依法實行強制保險的險種和新開發的人壽保險險種等的保險條款和保險費率負有審批的權責，以保護投保人、被保險人和受益人的利益。

（七）保險合同是最大誠信合同

誠實信用是社會成員在市場經濟活動中都應遵循的基本原則。任何合同的訂立都要基於合同當事人的誠信。中國《合同法》規定，採取詐欺、脅迫等手段所訂立的合同，法律不承認其法律效力。保險合同是射幸合同，保險危險具有不確定性。一般情況下，保險人與投保人或被保險人在保險標的危險狀況等有關信息的瞭解上是不對等的，保險人決定是否承保、保險費率高低、保險費的多少等均以投保人的告知和保證為依據，投保人的任何不實之舉，都有可能使保險人上當受騙。同時，由於保險經營具有很強的技術性、專業性，這就需要保險人在訂立保險合同時應向投保人說明保險合同的內容，特別是與投保人有利害關係的重要內容要向投保人如實陳述。因此，在保險合同的訂立和履行中，對當事人的誠信程度要求更高，正是從這個意義上說，保

險合同是最大誠信合同。

三、保險合同的分類

保險合同按照不同的標準分成不同的種類，主要有以下幾種：

（一）按保險合同的標的劃分

保險合同可以分為財產保險合同和人身保險合同。這是中國保險法對保險合同的分類，也是基本的、常見的分類方法。

財產保險合同的保險標的是財產及其有關利益，是以補償被保險人的財產利益的損失為目的的補償合同。該財產利益損失不僅可因被保險人的財物或無形利益直接受到損害而發生，也可因被保險人對第三人負有的損害賠償責任而發生。財產保險的目的在於滿足被保險人因損害發生而產生的需要，所以也被稱為「損害保險」或「損失補償性保險」。它可分為財產損失保險合同、責任保險合同、信用保險合同。

人身保險合同的保險標的是人的壽命和身體，是在被保險人生命、身體的完整性受到侵害或損失時，對其損失以金錢方式予以彌補的給付性合同。基於生命、身體的無價性，除醫療費用保險及喪葬費用保險等就具體性損失投保的保險合同外，絕大多數人身保險合同的當事人可自由約定保險金額，在保險事故發生時，直接以保險合同約定的金額作為賠償額加以支付。因此，人身保險合同又被稱為「定額保險」或「定額給付性保險」。它可分為人壽保險合同、健康保險合同和意外傷害保險合同等。

（二）按保險合同所負責任的順序劃分

保險合同分為原保險合同和再保險合同。

原保險合同是指保險人對被保險人因保險事故所遭受的損失給予原始賠償的合同；再保險合同是指保險人以其承保的危險責任，再向其他保險人投保而簽訂的保險合同。原保險又稱為第一次保險，一般的保險都是原保險合同。再保險又稱為第二次保險，再保險不利於提高保險人的承保能力和賠償能力。原保險合同就是投保人與保險人訂立的保險合同。它是針對再保險合同而言的，因而原保險合同的稱謂只有在再保險合同出現后才能出現。通常所說的主保險合同，就是指原保險合同。再保險合同是指原保險人與再保險人訂立的保險合同，即原保險人直接承保了業務后，為把自己承擔的保險責任的一部分轉讓給再保險人承擔而與其訂立的保險合同。原保險合同與再保險合同是兩個相互獨立的合同，原保險合同的被保險人、受益人對再保險人無索賠請求權；再保險人無權向原保險合同的投保人請求保險費的給付；原保險人不得以再保險人不履行保險金額給付義務為理由，拒絕履行或延遲履行對被保險人的賠償或給付保險金的義務。

（三）按每份合同的被保險人人數分類

對於人身保險合同，依據每份合同承保的被保險人人數的不同，可以分為個人保險合同和團體保險合同兩大類。財產保險合同不以人為保險標的，所以不存在個人保險合同和團體保險合同的分類。

對於人身保險合同，如果一份合同只承保一名被保險人，應屬於個人保險合同。

對於個人保險合同，保險人要對被保險人一一進行風險選擇，根據被保險人的年齡、職業、健康狀況、經濟狀況、社會關係等決定是否承保，考慮保險金額是否適當，是否存在應當增加保險費的因素等，必要時還要進行身體檢查。

如果一份人身保險合同以一個機關、企業、事業單位的大多數成員作為被保險人，就屬於團體保險合同。一份團體保險合同中被保險人所在的單位，必須是在訂立合同時即已存在的組織，而不是為投保人身保險而成立的組織。一個單位的成員投保同一種人身保險的人數必須占大多數，而且絕對數要達到一定人數。

對於團體保險合同，保險人不對被保險人一一進行風險選擇，而是對被保險人所在單位從總體上進行風險選擇。根據該單位所屬的行業、工業性質、被保險人的年齡結構等決定是否承保以及適用何種保險費，一般不對被保險人進行身體檢查。

（四）按保險合同標的的保險劃分

保險合同分為定值保險合同和不定值保險合同。這種劃分只適宜財產保險合同，人身保險合同的標的是無價的。

定值保險是指保險人和被保險人在保險合同中確定保險價值，依照保險價值確定保險金額，保險人以此收取保險費和計算賠償金額的依據。當事人訂立定值保險合同的，當保險事故發生導致保險利益的損失時，保險人只需根據保險利益的實際損失情況，在保險金額內按合同載明的保險價值全額賠償即可，不需在保險事故發生時再對保險標的價值進行評估。定值保險能夠使保險人及時履行義務，減少糾紛，但它也容易使投保人故意抬高保險利益的價值，進行保險詐欺，所以其使用範圍受到一定的限制。一般情況下，海洋貨物運輸保險大多採用定值保險合同。

不定值保險合同是指保險人與被保險人在保險合同中不確定保險標的的價值，而將保險金額作為損失賠償的最高金額。該保險合同中僅僅對保險金額加以規定，保險賠償以保險金額為最高限額。保險事故發生後，保險合同的當事人首先需要對保險利益的損失進行核定，然后決定賠償保險金的數額，但保險賠償額最高不能超過保險金額。例如房屋火災保險合同中未約定保險價值，僅約定保險金額為 20 萬元，當保險事故發生時，經評估確定房屋所有權的實際價值僅有 15 萬元，即使房屋遭受全部損失，保險人僅需向被保險人支付保險金 15 萬元。相反，如果房屋所有權的實際價值為 25 萬元，則保險人以約定保險金額 20 萬元為最高賠償額。

第二節　保險合同要素

任何法律關係都包括主體、客體和內容三個不可缺少的要素，保險合同的法律關係也是由這三個要素組成的。保險合同的主體為保險合同當事人和關係人。保險合同客體為可保利益，保險合同內容為保險合同當事人和關係人的權利義務的關係。

一、保險合同主體

保險合同的主體是指保險合同法律關係的參加者，是保險合同得以構成的首要條

件。無保險合同主體，則無保險合同。依據保險合同主體在保險合同法律關係中的地位、作用的不同，可分為保險合同當事人和保險合同關係人。保險合同的當事人是投保人和保險人。現實中大多數的保險合同是為自己的利益而訂立，而有些保險合同則是為第三人利益而訂立，被保險人和受益人就成為與保險合同利害關係的合同關係人。需要說明的是，保險代理人、保險經紀人、保險公證人和體檢醫師等，因與保險合同無直接利益關係，即不享受權利和承擔義務，因而不是保險合同主體，但合同的訂立和履行又離不開他們的輔助作用，故而將其稱為保險合同的輔助人。

（一）保險合同當事人

（1）保險人也稱承保人，是指經營保險業務，與投保人訂立保險合同，收取保費，組織保險基金，並在保險事故發生或者保險合同屆滿后，對被保險人賠償損失或給付保險金的保險公司。保險人具有以下特徵：①保險人僅指從事保險業務的保險公司，其資格的取得只能是符合法律的嚴格規定；②保險人有權收取保險費；③保險人有履行承擔保險責任或給付保險金的義務。

（2）投保人也稱「要保人」，是指與保險人訂立保險合同，並按照合同約定負有支付保險費義務的人。在人身保險合同中，投保人對被保險人必須具有保險利益；在財產保險合同中，投保人對保險標的要具有保險利益。投保人必須具備以下兩個條件：①具備民事權利能力和民事行為能力；②承擔支付保險費的義務。

（二）保險合同關係人

（1）被保險人。被保險人俗稱「保戶」，是指受保險合同保障並享有保險金請求權的人。被保險人具有以下特徵：①被保險人是保險事故發生時遭受損失的人。在人身保險中，被保險人是其生命或健康由於危險事故的發生而遭受直接損失的人；在財產保險中，被保險人必須是財產的所有人或其他權利人。②被保險人是享有保險金請求權的人。③被保險人的資格一般不受限制，被保險人可以是投保人自己，也可以使投保人以外的第三人；也可以是無民事行為能力人，但是在人身保險中，只有父母才可以為無民事行為能力人投保以被保險人死亡為給付保險金條件的保險。

（2）受益人。受益人是指在人身保險合同中有被保險人或者投保人指定的享有保險金請求權的人，投保人、被保險人或者第三人都可以成為受益人。受益人具有以下特徵：①受益人享有保險金請求權；②受益人由被保險人或者投保人指定；③受益人的資格一般沒有資格限制，受益人無需受民事行為能力或保險利益的限制，但是若投保者為與其由勞動關係的人投保人身保險時，不得指定被保險人及其近親屬以外的人為受益人。

（三）保險合同輔助人

1. 保險代理人

保險代理人即保險人的代理人，指依保險代理合同或授權書向保險人收取報酬並在規定範圍內，以保險人名義獨立經營保險業務的人。保險代理是一種特殊的代理制度，表現在：

（1）保險代理人與保險人在法律上視為一人；

（2）保險代理人所知道的事情，都假定為保險人所知的；

（3）保險代理必須採用書面形式。保險代理人既可以是單位也可以是個人，但須經國家主管機關核准具有代理人資格。

2. 保險經紀人

保險經紀人是基於投保人的利益，為投保人和保險人訂立合同提供仲介服務，收取勞務報酬的人。

3. 保險公估人

保險公估人是指接受保險當事人委託，專門從事保險標的的評估、勘驗、鑒定、估損理算等業務的單位。

二、保險合同客體

（一）保險合同客體的含義

保險合同的客體是指保險法律關係的客體，即保險合同當事人權利義務所指向的對象。由於保險合同保障的對象不是保險標的本身，而是被保險人對其財產或者生命、健康所享有的利益，即保險利益，所以保險利益是保險合同當事人的權利義務所指向的對象，是保險合同的客體。保險標的是保險合同所要保障的對象。

（二）保險利益的含義

保險利益，即可保利益，是指投保人對保險標的具有的法律上承認的利益。在財產保險合同中，保險利益表現為投保人或被保險人對保險標的所具有的某種經濟上的利益。投保人或被保險人因保險事故發生、保險標的不安全而受到損害，或因保險事故不發生、保險標的安全而免受損害，都說明他對保險標的具有保險利益。對財產合同的保險標的具有保險利益的人，包括享有財產所有權益以及其他合法利益的人，如財產所有權人和財產使用權人。在人身保險合同中，表現為投保人對被保險人的生命和身體所具有的利害關係。

法律上確認保險利益的必備條件，主要有以下三點：

（1）必須是合法利益。保險利益必須是符合法律要求，並為法律所承認和受法律保護的利益。因此，將非法所得作為保險標的而進行投保，無論是善意還是惡意，這樣的保險合同一概無效。如盜竊者以贓物投保財產險、貨主以違禁品投保水漬險等，這些不法利益均不能作為財產保險的保險利益。

（2）必須是能夠確定的利益。被保險人或投保人對保險標的現有利益或因現有利益而產生的期待利益是可確定的，才可構成保險利益。如財產所有人對財產的所有權就是現有利益；對貸款利息、待銷貨物、尚未收穫的農作物所具有的利益則為期待利益。投保人可以為其已經確定的現有利益投保，也可以為其將來可以確定的期待利益投保。但是，人身保險合同的投保人對被保險人的生命或者身體所具有的保險利益，必須是現有利益，即投保人或被保險人之間在訂立保險合同時已經確定的既存的利害關係，如親屬關係等。

（3）必須具有經濟上的利益。保險利益可以用貨幣來計算。財產保險是補償性的

保險，如果損失無法用貨幣來估價，保險人則無法補償。因此，在保險實務中，財產保險的保險標的必須在保險事故發生前或發生時能夠確定它的價值。之所以將珠寶、字畫、文物、帳簿和相冊等列為非保險標的，就是因為無法確定這些財產的經濟價值。人身保險是以人的身體、生命和健康為保險標的的，雖然其價值無法確定，但人的生死殘傷會給其親屬帶來經濟上的影響，也是可以用貨幣來計算的。給付性的人身保險，其保險價值以投保時所確定的保險金額為準。

（三）保險標的

保險標的是一個與保險利益相類似而容易混淆的概念。保險標的是指作為保險對象的財產及其有關利益或者人的壽命和身體。可見，保險標的與保險利益是有很大區別的，但二者之間又有緊密聯繫。它們這種特殊的關係具體表現在以下兩個方面：

（1）保險標的是保險利益的載體。保險標的是具體的，保險利益是抽象的。如投保人投保家庭財產險是為了彌補由於保險事故發生使被保險人房屋、家具等保險標的受損而遭受的利益損失，其保險利益是通過房屋、家具等具體的家庭財產體現出來的。因此，保險利益因保險標的而產生，沒有具體的保險標的，保險利益將無從依附。

（2）保險標的是保險合同權利與義務直接指向的對象。在財產保險中，保險標的是進行保險估價和確定保險金額的依據，這些都必須在合同中載明。可見，保險標的是保險合同的內容之一，但它並不影響保險合同成立與否，而保險利益則是保險合同成立的要件。因此，一個保險利益可以涉及數個保險標的，但只能訂立一個保險合同；而一個保險標的可以存在數個保險利益，不同利害關係的人可訂立數個保險合同。如國內甲公司購進國外乙公司的貨物，雙方約定以 FOB（離岸價格）委託丙船運公司運輸。甲以貨物與運輸的損失之間的利害關係投保貨物運輸險；乙以貨物與貨款回收之間有利害關係投保信用保險；丙因對貨物運輸負有責任而投保責任保險。

三、保險合同內容

保險合同既然反應了保險當事人和關係人之間的一種權利與義務關係，那麼，對於保險合同關係中的任意一方來說，都必須清楚地瞭解保險合同的主要條款、保險合同的形式、自己的權利和義務、合同生效及無效的條件，以便充分利用保險的功能，防止法律糾紛的出現。

保險合同雙方當事人就保險的權利和義務關係達成的協議內容，是通過合同條款來表現的。保險合同的條款是用以固定和表現保險權利和義務關係的法律形式。鑒於保險合同的格式化特點，這些條款都由保險人為了重複使用而在設計各個險種、險別時事先予以擬訂的，供雙方當事人在訂立保險合同時進行協商。它主要分為法定的基本條款和自行約定的特約條款。

1. 保險合同的基本條款

投保人與保險人之間簽訂的保險合同的主要內容，主要包括投保人的有關保險標的的情況、保險價值與保險金額、保險風險、保險費率、保險期限違約責任與爭議處理以及雙方當事人的應盡義務與享受的權利。

（1）投保人的姓名與住所。明確投保人姓名與住所，是簽訂保險合同的前提。這裡需說明幾點：被保險人不是一人時，需在保險合同中一一列明，經保險人核定承保后簽發保險單。保險合同中除載明投保人外，若另有被保險人或受益人，還需要加以說明；在貨物運輸保險中，有特別約定：貨物運輸保險合同有指示式和不記名兩種。在指示式合同中，除記載投保人的姓名外，還有「其他指定人」字樣，則可由投保人背書而轉讓第三人，在無記名式保險合同中，無須記明投保人的姓名，而隨保險標的物的轉移而同時轉讓第三人。

（2）保險標的。保險標的是保險合同當事人雙方權利與義務所指的對象，是保險作用的對象，也是可保利益的物質形式。只有在保險合同中載明保險標的，才能夠根據已確定保險的種類和保險的範圍，認定投保人是否具有保險利益以及保險利益的大小，並由此決定保險金額及保險價值的多少。財產保險合同中的保險標的是被保險的財產及其有關利益；人身保險合同中的保險標的是人的身體、生命等。在保險合同中，應載明保險標的的名稱、數量、坐落地點和投保時標的的具體狀況等有關保險標的的詳盡情況。

（3）保險風險及責任免除。保險人對投保人承擔損失賠償責任或保險金給付的風險因素，也必須在合同中一一列明。在保險合同中，保險責任條款又稱「保險危險條款」，具體分為基本保險責任和特約保險責任。責任免除又稱除外責任，是指保險合同的保險人不應承擔的賠付責任的範圍。通過對保險責任的限制性規定，可以進一步明確保險人的責任範圍，避免由於保險責任和除外責任相混淆引起保險爭議。

（4）保險價值與保險金額。保險價值是指投保人在投保時保險標的用貨幣計量的實際價值。保險價值條款是確定保險責任大小和保險金額多少的依據。由於人身保險合同標的的價值無法用金錢來衡量，因此，人身保險合同中不存在保險價值條款。保險價值的確定通常有三種方法：①由當事人雙方在合同中約定。如果在保險期限內發生保險事故，保險人無須再對保險標的重新估價，可直接根據合同約定的保險標的的價值額計算賠款。②由市場價格決定。即在訂立合同時不確定保險標的的價值，只約定一個保險金額作為保險人賠償的最高額度，保險價值按事故發生后保險標的的市場價值來確定，以此計算賠償額。③依照法律規定。某些保險由法律規定保險價值的計算標準，如中國《海商法》中就有計算船舶保險和海上運輸保險價值的規定。

保險金額是指保險人對投保標的的承保金額或訂入保險合同中的保險價值，是保險人計算保險費的依據和承擔補償或給付責任的最大限額。保險金額不僅限定了合同當事人權利和義務的範圍，同時也為計算保險費提供了依據。因此，保險金額是雙方當事人權利義務的焦點，過高或不足都會影響雙方當事人享受權利和履行義務。不同的保險合同，其保險金額的確定有所不同。在財產保險合同中，保險金額的確定要以保險標的的實際價值為標準，一般要等值。如果保險金額超過保險標的實際價值（超額保險），超過部分無效。在人身保險合同中，由於人的身體和生命無法用金錢來衡量，因此，不存在保險標的的價值問題，其保險金額由合同當事人根據保險需求和保險費繳付能力協商確定並在合同中載明。

（5）保險費及支付方法。保險費簡稱保費，是投保人按照合同約定向保險人繳付

的費用，是投保人為獲得保險保障而付出的相應的經濟代價。支付保險費是投保人的基本義務，也是保險合同生效的條件。所以，在保險合同中必須明確規定保險費及其支付辦法。投保人繳納保險費的多少，取決於保險金額、保險期限和保險費率等因素。保險合同當事人不僅要在合同中約定保險費的數額，而且還要明確約定交付保險費的辦法和時間。投保人可以一次性交付，也可以分期分批交付。如果保險合同中沒有約定保險費的交付辦法和時間，則投保人應在保險合同成立時一次性交清。

（6）保險賠款或保險金的給付。保險金是指保險合同約定的保險事故發生而致使被保險人遭受損失時或保險期限屆滿時，保險人所應當賠償或給付的款項。保險金的賠償或給付是保險人履行保險合同義務，承擔保險責任的基本方式，也是投保人和被保險人實現其保險保障權利的具體體現。所以，必須在保險合同中確定保險金數額的計算、支付方式和支付時間等事項。不同的保險合同種類，保險金的賠償或給付辦法有所區別。在財產保險合同中按規定的賠償方式計算賠償金額。人身保險合同中應按合同約定的定額給付保險金。保險金原則上應以貨幣形式賠償或給付，但在財產保險的個別險種中，如汽車保險，也可採用修復、換置零部件等代替貨幣賠付。

（7）保險期限及責任開始時間。保險期間即保險合同的有效期限，是指保險人根據合同規定為被保險人提供保險保障的起訖期限。保險期間是保險合同當事人履行義務的重要依據，同時也是計算保險費的依據。保險期限由當事人在合同中約定，長短不一。一般採用兩種計算方法：①以年、月、日計算。②以某一事件或業務過程的起止計算，如海洋貨物運輸保險，以一個航程起止期限計算。不同的保險合同，保險期限不同，如財產保險合同一般為 1 年，期滿后可續保；人身保險合同的保險期限一般較長，有 5 年、10 年、20 年等。保險責任開始時間即保險人開始承擔保險責任的時間，一般由當事人約定並在合同中載明。在保險實務中，雙方通常約定以起保日的零時為保險責任開始時間，以合同期滿日的 24 時為保險責任終止時間。

（8）違約責任與爭議處理。違約責任是指保險合同當事人因其過錯致使保險合同不能完全履行，或違反保險合同規定的義務而需承擔的法律責任。規定違約責任，可以保證保險合同的順利履行，保障合同當事人權利的實現。爭議處理是保險合同履行過程中發生爭議時的解決方式和途徑，保險合同條款在履行過程中，由於當事人看法不同，可能會出現某些爭議。如何解決這些爭議，往往與合同當事人的權益緊密相關。所以，雙方應在保險合同中約定解決爭議的方式和程序、解決爭議的機關等事項。

（9）訂立合同的時間。在保險合同中必須明確訂立合同的具體年、月、日，這在法律上具有重要的意義：①為判定保險利益是否存在提供時間標準。如果投保人對保險標的不具有保險利益，保險合同則無效。②為判定保險事故是否已經發生提供時間標準。如果在保險合同訂立之前，保險標的已經因發生保險事故而遭受損失，則保險人不負賠償責任。③為確定保險責任開始時間提供依據。因此，訂立合同的年、月、日也是保險合同的必備條款。

2. 特約條款

保險合同條款不限於法定的基本條款，當事人可自願協商約定履行特別義務的條款。凡是經保險合同當事人依其意願和實際需要而擬訂的合同的條款，稱為特約條款。

在保險實踐中，投保人與保險人就有關保險的其他事項做出約定，諸如保險金額限制條款、免賠額條款、保證條款、退保條款、危險增加條款、通知條款及索賠期限條款等。特約條款作為保險合同的條款，其內容和範圍應符合訂立保險合同的原則，並不得與現行的保險法及其他法律、法規相抵觸，不得違背社會公共利益。儘管特約條款的內容和範圍有別於基本條款，但在法律效力上二者並無不同，保險合同當事人若違反了特約條款，也會發生相應的法律後果。

四、保險合同形式

保險合同的形式，是保險合同雙方當事人洽談有關保險事宜及意思表示一致的書面表現形式，能夠起到證明的作用。保險合同採用保險單和保險憑證的形式簽訂。合同訂明的附件，以及當事人協商同意的有關修改合同的文書、電報和圖表，也是合同的組成部分。保險合同是要式合同，但保險單僅為保險合同的書面證明，並非保險合同的成立要件。通常，保險合同由投保單、保險單（或暫保單、保險憑證）及其他有關文件和附件共同組成。其中以投保單、暫保單、保險單、保險憑證最為重要。

（一）投保單

投保單又稱要保書，是投保人向保險人遞交的書面要約，投保單經保險人承諾，即成為保險合同的組成部分之一。投保單一般由保險人事先按統一的格式印製而成，投保人在投保書上所應填具的事項一般包括：①投保人姓名（或單位名稱）及地址；②投保的保險標的名稱和存在地點；③投保險別；④保險價值或確定方法及保險金額；⑤保險期限；⑥投保日期和簽名等。在保險實踐中，有些險種，保險人為簡化手續，方便投保，投保人可不填具投保單，只以口頭形式提出要約，提供有關單據或憑證，保險人可當即簽發保險單或保險憑證，這時，保險合同即告成立。投保人應按保險單的各項要求如實填寫，如有不實填寫，在保險單上又未加修改，則保險人可依此解除保險合同。

投保人必須如實填寫投保單，否則將影響保險合同的效力。投保單上如果有記載，即使正式保險單上遺漏，也不影響保險合同的效力；如果投保人在投保單中告知不實，在保險單上又不改正，保險人可以以投保人違背合同的誠信原則為由而解除合同。投保單作為訂立保險合同的書面形式的一部分，具有以下法律意義：①投保單是投保人提出的書面要約，對投保人具有約束力。②經保險人承諾，投保單即成為保險合同一部分，其真實與否直接影響保險合同效力。

（二）暫保單

暫保單是保險人在簽發正式保險單之前的一種臨時保險憑證。暫保單上載明了保險合同的主要內容，如被保險人姓名、保險標的、保險責任範圍、保險金額、保險費率、保險責任起訖時間等。在正式的保險單作成交付之前，暫保單與保險單具有同等效力；正式保險單簽發后，其內容歸並於保險單，暫保單失去效力。如果保險單簽發之前保險事故就已發生，暫保單所未載明的事項，應以事前由當事人商定的某一保險單的內容為準。使用暫保單的情況大致有三種：一是保險代理人或保險經紀人所發出

的暫保單。保險代理人在爭取到保險業務而尚未向保險人辦妥保險單之前，可以簽發暫保單作為保險合同的憑證。保險經紀人與保險人就保險合同的主要內容經協商已達成協議后，也可向投保人簽發暫保單，但這種暫保單對保險人不發生約束力，如果因保險經紀人的過錯而使被保險人遭受損害的，被保險人有權向該保險經紀人請求賠償。二是保險公司的分支機構對某些需要總公司批准的業務，在承保后，總公司批准前而簽發的暫保單。三是保險合同雙方當事人在訂立保險合同時，就合同的主要條款已達成協議，但有些條件尚須進一步協商；或保險人對承保危險需要進一步權衡；或正式保險單需由微機統一處理，而投保人又急需保險憑證等。在這種情況下，保險人在保險單作成交付前先簽發暫保單，作為保險合同的憑證。暫保單的法律意義在於：在正式保險單簽發前，為被保險人提供保障。在暫保單出立後，如遇到保險事故發生，保險人應當承擔保險責任。

（三）保險單

保險單簡稱保單，是保險合同成立后由保險人向投保人簽發的保險合同的正式書面憑證，它是保險合同的法定形式。保險單應該將保險合同的內容全部詳盡列說。儘管各類保險合同因保險標的及危險事故不同，因而保險單在具體內容上以及長短繁簡程度上亦有所不同，但在明確當事人權利義務方面，則是一致的。保險單並不等於保險合同，僅為合同當事人經口頭或書面協商一致而訂立的保險合同的正式憑證而已。只要保險合同雙方當事人意思表示一致，保險合同即告成立，即使保險事故發生於保險單簽發之前，保險人亦應承擔保險給付的義務。如果保險雙方當事人未形成合意，即使保險單已簽發，保險合同也不能成立。但在保險實踐中，保險單與保險合同相互通用。保險單的作成交付是完成保險合同的最后手續，保險人一經簽發保險單，則先前當事人議定的事項及暫保單的內容盡歸並其中，除非有詐欺或其他違法事情存在，保險合同的內容以保險單所載為準，投保人接受保險單后，推定其對保險單所載內容已完全同意。保險單除作為保險合同的證明文件外，在財產保險中，於特定形式及條件下，保險單具有類似「證券」的效用，可作成指示或無記名式，隨同保險標的轉讓。在人身保險中，投保人還可憑保險單抵借款項。

保險單作為保險合同的正式書面憑證，它的法律意義如下：

（1）證明保險合同的成立。保險單是在保險合同成立后簽發的，它不是保險合同成立的要件，但可作為保險合同成立的憑據。

（2）確認保險合同內容。中國《保險法》明文規定保險單應載明合同內容，故保險單所載明事項即為保險合同內容。

（3）是當事人雙方履行保險合同的依據。保險單中載明了當事人雙方的權利、義務和責任，因此，當事人雙方均以保險單所載事項為履行保險合同的依據。

（4）具有有價證券的作用。在某些特定情況下，保險單具有證券作用。如在海上貨物運輸保險、成品質量保險等財產保險中，保險單通常為指示式或無記名式，隨保險標的的轉移而轉移。

（四）保險憑證

保險憑證是保險合同的一種證明，實際上是簡化了的保險單，所以又稱之為小保

單。保險憑證與保險單具有同等的法律效力。凡保險憑證中沒有列明的事項，則以同種類的正式保險單所載內容為準，如果正式保險單與保險憑證的內容有抵觸或保險憑證另有特訂條款時，則以保險憑證為準。目前，中國在國內貨物運輸保險中普遍使用保險憑證，此外，汽車保險也可以使用保險憑證。在團體保險中也常有應用，一般是在主保險單之外，對參加團體保險的個人再分別簽發保險憑證。保險憑證的法律意義是：既具有保險單的法律效力，又簡化了單證手續。

（五）其他書面形式的保險合同

經投保人與保險人協商同意，保險合同也可採用保險單或其他保險憑證以外的書面形式，如批單、保險協議書等。批單是在保險合同有效期內變更保險合同條款時，當事人根據投保人或被保險人的要求，並經雙方協商同意後，由保險人簽發的，確認雙方當事人所變更的保險合同內容的法律文件。一般情況下，保險人可在原保險單或保險憑證上批註，也可以由保險人另行出立一張格式性批單，附貼在保險單或保險憑證上。保險協議書是指投保人與保險人約定保險權利義務關係的書面協議。它通常是針對特定的保險事項而訂立的，所以應包括合同的全部內容。

本章小結：

1. 保險合同是指投保人與保險人約定關於保險的權利義務關係的協議。具有以下法律特徵：①保險合同是雙務有償合同。②保險合同是非要式合同。③保險合同是射幸合同。④保險合同是格式合同。⑤保險合同是最大誠信合同。

2. 保險合同的法律關係由主體、客體和內容三個要素構成。

3. 保險合同主體包括當事人和關係人，投保人和保險人是保險合同的當事人，被保險人和受益人是保險合同關係人。保險合同客體為可保利益，保險合同內容是保險合同當事人和關係人的權利義務，一般通過保險合同的條款表現出來。

4. 保險合同的形式主要表現為投保單、保險單、暫保單和保險憑證等保險單證。

5. 保險合同的成立是指投保人與保險人就保險合同條款達成協議，保險合同生效是指已經成立的保險合同在主體之間產生法律約束力，保險合同成立是保險合同生效的邏輯前提。

5. 保險合同的履行是合同當事人依照合同約定全面履行義務，從而實現權利的法律行為。

6. 保險合同的變更是指保險合同依法成立後，在沒有履行或沒有完全履行前，當事人依照法定的條件和程序，在協商一致的基礎上，對原合同的某些條款進行修改和補充。主要包括保險合同主體的變更、內容的變更和效力的變更。

7. 保險合同的終止是指保險合同當事人之間權利義務關係歸於消滅。保險合同爭議是在保險合同訂立後，保險合同主體就保險合同內容及履行時的具體做法產生的分歧或糾紛。其解決方式主要有協商、調解、仲裁、訴訟。

復習思考題：

1. 如何理解投保人、被保險人和受益人之間的關係？
2. 保險合同投保人和保險人各自履行哪些義務？若不履行保險合同義務，會產生什麼法律后果？
3. 為什麼許多合同不適用「成立即生效」的原則？
4. 保險合同有哪些法定條款？
5. 保險利益和保險標的有何區別和聯繫？

第六章
財產損失風險與保險

學習要點：
◇ 瞭解財產風險與保險的概念、種類
◇ 理解火災保險、機動車輛保險、貨物運輸保險、工程保險、企業財產保險、家庭財產保險的概念和內容
◇ 掌握火災保險、機動車輛保險、貨物運輸保險、工程保險、企業財產保險、家庭財產保險的承保方式及免責範圍

第一節 財產風險與保險概述

一、財產風險概述

（一）財產風險種類

致使財產遭受損失的風險很多，從引起財產風險的要素的角度，可以將財產風險分為自然風險、社會風險、經濟風險、法律風險四類。下面將詳細介紹前三類財產風險。

1. 自然風險

自然風險是指因自然因素造成財產損失的風險。自然因素主要是指由於自然力的作用而造成的災難，包括人力不可抗拒的、突然的、偶發的和具有破壞力的自然現象，如洪水、地震、泥石流、滑坡、崩塌、地面下沉、火山、風暴潮、海嘯和臺風等。

2. 社會風險

社會風險是指個人或集團的社會行為導致財產損失的風險。它主要來自幾個方面，一是道德風險，是指人為地、有意識地製造的風險，如縱火、偷竊、搶劫、瀆職、貪污、洩密和挪用公款等。這些風險給企業造成的損失是不可預見的、很難控製的。二是政治風險，如罷工、暴亂造成財產遭受損毀。政治事件對國際工程、出境旅遊的影響尤為重要，如旅遊目的國發生戰爭、革命和政變等政治事件，造成的財產損失。三是法律風險，是指風險主體在生產生活中不符合法律規定或者外部法律事件導致風險

損失的可能性。如法律重新修訂，違反合同等。

3. 經濟風險

在市場經濟中，經濟風險一般含義是指在商品生產及交換過程中，由於經營管理不善、價格增減變動或消費要求變化等各種有關因素造成的，致使各經濟主體的實際收益與預期收益相背離，產生超出預期經濟損失或收益的可能性。簡言之，經濟風險是指在市場經濟中，經濟行為主體的預期收益與實際收益的偏差。要理解這一概念，還必須從以下三個方面來把握：

一是要明確經濟風險是市場經濟特有的一種普遍的經濟現象。因為在原始社會、奴隸社會、封建社會，社會經濟的運行機制是自給自足，生產和消費的全過程中除某些自然因素無從預測外，所有社會聯繫中幾乎沒有不確定性因素。而未來的共產主義社會是產品經濟，雖有市場經濟的成分，但並不占主導地位。因此，經濟活動中雖存在著經濟風險因素，但並不能成為一種獨立的經濟現象。只有在資本主義社會和社會主義初級階段，經濟運行的主導機制是市場機制，生產社會化的程度不斷提高，生產、交換、消費各個環節上的不確定因素越來越多，經濟風險這才成為一種不可忽視的獨立的經濟現象。

二是承擔經濟風險的各市場主體目的相同。現代市場經濟中，個人、家庭、企業、政府等各類經濟行為主體儘管在社會經濟中的作用各不相同，承擔風險的能力和方式也不一樣，但它們在進行各種經濟活動時，在受市場經濟規律支配的同時，又都採取種種不同的經濟行為來達到同一目的，即以最小的經濟代價獲取最大的經濟利益，其經濟行為的性質及風險效應相似。

三是經濟風險這種經濟收益上的偏差是一個預期性概念，而不是實際發生的結果。正是這種預期性，使得研究經濟風險問題顯得非常必要，對經濟行為的預期風險性瞭解越全面，分析越透澈，研究越深刻，就越能最大限度地減小風險，增加收益。

（二）財產風險導致的損失後果

一般情況下，財產遭受風險事件後，既會引起直接損失，又可能產生一些間接的損失後果。

直接損失是由風險事件直接引起的物體價值降低或損失，主要包括財產遭受破壞、損毀或者被徵收而導致的損失；企業因承擔法律責任被訴訟而應支付的法律費用等。

間接損失是直接損失的後果，包括遭受災害事故後導致的後續支出及相關利益輸入的減少。例如一場暴風雨摧毀了房屋，房東必須支付修理費，還需承擔由此產生的更新費用或者暫住費用。

二、財產保險概述

（一）財產保險的概念

財產保險是指以各種物質財產及有關利益、責任和信用為保險標的的保險。它是現代保險業的兩大種類之一。對財產保險概念的界定，不同學者有著不同的闡述。一般而言，人們大多根據財產保險經營業務的範圍，將其分為廣義財產保險與狹義財產

保險。其中：廣義財產保險是指包括財產損失保險、責任保險、信用保險和保證保險等業務在內的一切非人身保險業務；而狹義財產保險則僅指財產損失保險，它強調保險標的是具體的物資財產。可見，狹義財產保險是廣義財產保險中的一個重要組成部分。也有學者根據財產保險承保標的的實虛，將其分為有形財產保險和無形財產保險。其中：有形財產保險是指以各種具備實體的財產物資為保險標的的財產保險，它在內容上與狹義財產保險業務基本一致；無形財產保險則是指以各種沒有實體但屬於投保人或被保險人的合法利益為保險標的的保險，如責任保險、信用保險、利潤損失保險等。在上述四個概念中，廣義財產保險是最高層次的概念，狹義財產保險則是廣義財產保險的有機組成部分，而有形財產保險和無形財產保險的相加也等於廣義財產保險。國際上，通常不是將保險業劃分為財產保險與人身保險，而是根據各種保險業務的性質和經營規則，將整個保險業劃分為非壽險和壽險。其中，非壽險是壽險之外的一切保險業務的總稱。中國《保險法》將保險業直接劃分為財產保險與人身保險兩大類，顯然與國際流行的劃分即壽險與非壽險兩大類存在著差異。不過，這種差異主要表現在業務經營範圍的大小方面，而不會造成對財產保險性質等方面的認識偏差。況且，中國境內的財產保險公司業務的經營範圍實際上也可以包括短期性人身保險業務在內，如總部設在上海的天安保險公司，即開辦了有關短期人身保險的業務。

（二） 財產保險的重要性

財產保險不僅在保險標的方面與人身保險不同，而且在財產保險業務方面有其自身的特點。

1. 保險標的為各種財產物資及有關責任

財產保險業務的承保範圍，覆蓋著除自然人的身體與生命之外的一切風險保險業務，它不僅包含著各種差異極大的財產物資，而且包含著各種民事法律風險和商業信用風險等。大到航天工業、核電工程、海洋石油開發，小到家庭或個人財產等，無一不可以從財產保險中獲得相應的風險保障。財產保險業務承保範圍的廣泛性，決定了財產保險的具體對象必然存在著較大的差異性，也決定了財產保險公司對業務的經營方向具有更多的選擇性。與此同時，財產保險的保險標的無論歸法人所有還是歸自然人所有，均有客觀而具體的價值標準，均可以用貨幣來衡量其價值，保險客戶可以通過財產保險來獲得充分補償。而人身保險的保險標的僅限於自然人的身體與生命，且無法用貨幣來計價。保險標的形態與保險標的價值規範的差異，構成了財產保險與人身保險的分野，同時也是財產保險的重要特徵。

2. 業務性質是組織經濟補償

保險人經營各種類別的財產保險業務，意味著承擔起對保險客戶保險利益損失的賠償責任。儘管在具體的財產保險經營實踐中，有許多保險客戶因未發生保險事故或保險損失而得不到賠償，但從理論上講，保險人的經營是建立在補償保險客戶的保險利益損失基礎之上的。因此，財產保險費率的制定，需要以投保財產或有關利益的損失率為計算依據；財產保險基金的籌集與累積，也需要以能夠補償所有保險客戶的保險利益損失為前提。當保險事件發生后，財產保險講求損失補償原則。它強調保險人

必須按照保險合同規定履行賠償義務，同時也不允許被保險人通過保險獲得額外利益，從而不僅適用權益轉讓原則，而且適用重複保險損失分攤和損余折抵賠款等原則。而在人身保險中，因人的身體與生命無法用貨幣來衡量，則只能講被保險人依法受益，除醫藥費重複給付或賠償不被允許外，並不限制被保險人獲得多份合法的賠償金，既不存在多家保險公司分攤給付保險金的問題，也不存在第三者致被保險人傷殘、死亡而向第三者代位追償的問題。財產保險的這種補償性，正是其成為獨立的新興產業並與人身保險業務相區別的又一重要特徵。

3. 經營內容具有複雜性

無論是從財產保險經營內容的整體出發，還是從某一具體的財產保險業務經營內容出發，其複雜性的特徵均十分明顯。它主要表現在以下四個方面：

（1）投保對象與承保標的複雜。一方面，財產保險的投保人既有法人團體，又有居民家庭和個人投保，既可能只涉及單個法人團體或單個保險客戶，也可能同一保險合同涉及多個法人團體或多個保險客戶。如合夥企業或者多個保險客戶共同所有、佔有或據有的財產等，在投保時就存在著如何處理其相互關係的問題；另一方面，財產保險的承保標的，包括從普通的財產物資到高科技產品或大型土木工程，從有實體的各種物資到無實體的法律、信用責任乃至政治、軍事風險等，不同的標的往往具有不同的形態與不同的風險。而人身保險的投保對象與保險標的顯然不具有這種複雜性。

（2）承保過程與承保技術複雜。在財產保險業務經營中，既須強調承保前風險檢查、承保時嚴格核保，又須重視保險期間的防災防損和保險事故發生后的理賠勘查等。承保過程程序多、環節多。在經營過程中，要求保險人熟悉與各種類型投保標的相關的技術知識。例如，要想獲得經營責任保險業務的成功，就必須以熟悉各種民事法律、法規及相應的訴訟知識和技能為前提；再如，保險人在經營汽車保險業務時，就必須同時具備保險經營能力和汽車方面的專業知識，如果對汽車技術知識缺乏必要的瞭解，汽車保險的經營將陷入被動或盲目狀態，該業務的經營也難以保持穩定等。

（3）風險管理複雜。在風險管理方面，財產保險主要強調對物質及有關利益的管理，保險對象的危險集中，保險人通常要採用分保或再保險的方式來進一步分散危險；而人身保險一般只強調被保險人身體健康，因每個自然人的投保金額均可以控製，保險金額相對要小得多，對保險人的業務經營及財務穩定不構成威脅，從而無需以再保險為接受業務的條件。例如，每一筆衛星保險業務都是風險高度集中，其保險金額往往以數億元計，任何一家保險公司要想獨立承保此類業務都意味著巨大的風險，一旦發生保險事故，就會給承保人造成重大的打擊；再如飛機保險、船舶保險、各種工程保險、地震保險等，均需要通過再保險才能使風險在更大範圍內得以分散，進而維護保險人業務經營和財務狀況的穩定。與人身保險業務經營相比，財產保險公司的風險主要直接來自保險經營，即直接保險業務的風險決定著財產保險公司的財務狀況。而人身保險公司的風險卻更多地來自投資風險，投資的失敗通常導致公司的失敗。因此，財產保險公司特別強調對承保環節的風險控製，而人身保險公司則更注重對投資環節的風險控製。

（4）單個保險關係具有不等性。財產保險遵循等價交換、自願成交的商業法則。

保險人根據大數法則與損失概率來確定各種財產保險的費率（價格），從而在理論上決定了保險人從保戶那裡所籌集的保險基金與所承擔的風險責任是相適應的，保險人與被保險人的關係是等價關係。然而，就單個保險關係而言，保險雙方卻又明顯地存在著交易雙方在實際支付的經濟價值上的不平等現象。一方面，保險人承保每一筆業務都是按確定費率標準計算並收取保險費，其收取的保險費通常是投保人投保標的實際價值的千分之幾或百分之幾，而一旦被保險人發生保險損失，保險人往往要付出高於保險費若干倍的保險賠款，在這種情形下，保險人付出的代價巨大，而被保險人恰恰收益巨大；另一方面，在所有承保業務中，發生保險事故或保險損失的保戶畢竟只有少數甚至於極少數，對多數保戶而言，保險人即使收取了保險費，也不存在經濟賠償的問題，交易雙方同樣是不等的。可見，保險人在經營每一筆財產保險業務時，收取的保險費與支付的保險賠款事實上並非是等價的。而在人壽保險中，被保險人的收益總是與其投保人的交費聯繫在一起，絕大多數保險關係是一種相互對應的經濟關係。正是這種單個保險關係在經濟價值支付上的不等性，構成了財產保險總量關係等價性的現實基礎和前提條件。財產保險關係的建立，即是保險人與保險客戶經過相互協商、相互選擇並對上述經濟價值不等關係認同的結果。

第二節 火災保險

一、火災保險的概念和特點

火災保險簡稱「火險」，是指以存放在固定場所共處於相對靜止狀態的財產物資為保險標的的一種財產保險。作為財產保險中最常見的一種業務來源，火災保險的產生要晚於海上保險，早於工業保險與汽車保險等。需要指出的是，火災保險只是歷史遺留下來的一種險別名稱，它在產生之初，因只承保陸上財產的火災危險而得名，但後來卻發展到了承保各種自然災害與意外事故，因此，就保險責任而言，火災保險早已超出了當初火災保險的範圍。不過，保險界仍然保留著對此類業務的傳統叫法。

火災保險是一種傳統的、獨立的保險業務，其獨立存在並發展至今的事實，即是該業務具有不同於其他保險業務的特點，並無法用其他保險險種來替代的具體體現。

根據火災保險的實踐，可以總結出火災保險的如下特徵：

（1）火災保險的保險標的，是陸上處於相對靜止狀態條件下的各種財產物資，動態條件下或處於運輸中的財產物資，不能作為火災保險的投保標的投保。

（2）火災保險承保財產的存放地址是固定的，被保險人不得隨意變動。如果被保險人隨意變動被保險財產的存放地址或處所，將直接損害保險合同的效力。

（3）火災保險危險相當廣泛，不僅包括各種自然災害與多種意外事故，還可以附加有關責任保險或信用保險，企業還可以投保附加利潤損失保險，或附加盜竊危險保險等。可見，火災保險的承保危險通過與附加險的組合，實際上可以覆蓋絕大部分可保危險。

二、火災保險的適用範圍

從保險業務來源角度看，火災保險是適用範圍最廣泛的一種保險業務，各種企業、團體及機關單位均可以投保團體火災保險；所有的城鄉居民家庭和個人均可投保家庭財產保險。

就保險標的範圍而言，火災保險的可保財產包括：房屋及其他建築物和附屬裝修設備；各種機器設備，工具、儀器及生產用具；管理用具及低值易耗品、原材料、半成品、在產品、產成品或庫存商品和特種儲備商品；各種生活消費資料等。對於某些市場價格變化大、保險金額難以確定、風險較特別的財產物資，如古物、藝術品等，則需要經過特別約定的程序才能承保。

三、火災保險的組成

火災保險分主險和附加險兩大塊。

（一）火災保險的主險

主險的責任範圍包括任何一個投保人都必須面對的雷電、失火等引起的火災以及延燒或因施救、搶救而造成的財產損失或支付的合理費用。投保人投保火災險時根據本身財產的危險程度，繳納相應的保費。火災保險費一般相當於相應危險程度傳統財產保費的 60%~70%。

（二）火災保險的附加險

投保火災保險主險以後，可根據本身財產面臨的客觀危險，自由選擇投保附加險。火災保險共設八個附加險：

（1）水災險。承保由於暴雨、洪水、消防裝置失靈、水管爆裂造成的財產損失。

（2）風災險。承保 8 級以上的風，如臺風、颶風、龍捲風等造成的財產損失。

（3）爆炸險。承保因核子以外的爆炸事故造成的財產損失。

（4）碰撞險。承保因飛機、飛機部件或飛行物體的墜落以及外來機動車輛、輪船碰撞所致的財產損失。

（5）地震、地陷、火山爆發險。承保地震、地陷、火山爆發造成的財產損失。

（6）岸崩、冰凌、泥石流險。承保岸崩、冰凌、泥石流造成的財產損失。

（7）外來惡意行為險。承保非被保險人及其雇員的搶劫、盜竊攻擊、打砸暴力等行為造成的財產損失。

（8）罷工、暴動、民眾騷亂險。承保因罷工、集合遊行以及治安當局為防止上述行為而採取的行動所造成的財產損失。

每個附加險的保費相當於傳統財產險保費的 5%~20%，投保人可根據實際情況，選擇適當的附加險，既可避免不必要的經濟支出，又可獲得充分的經濟保障。

四、火災保險的主要險種

（一）財產保險基本險

財產保險基本險，是以企事業單位、機關團體等的財產物資為保險標的，由保險

人承擔被保險人財產所面臨的基本風險責任的財產保險，它是團體火災保險的主要險種之一。

根據中國財產保險基本險條款，該險種承擔的保險責任包括：①火災；②雷擊；③爆炸；④飛行物體和空中運行物體的墜落；⑤被保險人擁有財產所有權的自用的供電、供水、供氣設備因保險事故遭受破壞，引起停電、停水、停氣以及造成保險標的的直接損失，保險人亦予以負責；⑥必要且合理的施救費用。

（二）財產保險綜合險

財產保險綜合險也是團體火災保險業務的主要險種之一，它在適用範圍、保險對象、保險金額的確定和保險賠償處理等內容上，與財產保險基本險相同，不同的只是保險責任較財產保險基本險有擴展。

根據財產保險綜合險條款規定，保險人承保該種業務時所承擔的責任包括：①火災、爆炸、雷擊；②暴雨；③洪水；④臺風；⑤暴風；⑥龍捲風；⑦雪災；⑧雹災；⑨冰凌；⑩泥石流；⑪崖崩；⑫突發性滑坡；⑬地面突然塌陷；⑭飛行物體及其他空中運行物體墜落。

（三）團體火災保險

團體火災保險，是以企業及其他法人團體為保險對象的火災保險。它是火災保險的主要業務來源。在國外，通常直接用火災保險的名稱。在國內的各種保險學書籍中，通常用以往的企業財產保險來取代火災保險的名稱。然而，企業財產保險從理論上似乎不能包括非企業法人的財產保險在內，加之企業財產保險這一險種在中國已經成為歷史，而被財產保險基本險、財產保險綜合險所替代，因此，本書採用團體火災保險的名稱。在團體火災保險經營實踐中，工商企業構成了主要的保險客戶群體。凡是領有工商營業執照、有健全的會計帳冊、財務獨立核算的各類企業都可以投保企業財產保險，其他法人團體（如黨政機關、工會、共青團、婦聯、科研機構、學校、醫院、圖書館、博物館、電影院、劇場以及文化藝術團體等）亦可投保團體火災保險。至於個體工商戶，包括小商小販、夫妻店、貨郎擔、家庭手工業等個體經營戶，不屬於團體火災保險範疇，他們只能以家庭財產的投保人身分投保。因此，團體火災保險強調的是保險客戶的法人資格。

（四）家庭財產保險

家庭財產保險是面向城鄉居民家庭或個人的火災保險。家財險的特點在於投保人是以家庭或個人為單位，業務分散，額小量大，風險結構以火災、盜竊等風險為主。主要險種：普通家庭財產保險、家庭財產兩全保險、房屋及室內財產保險、安居類綜合保險、投資保障型家庭財產保險、專項家庭財產保險。

五、團體火災保險的基本內容

（一）可保標的與不保標的

團體火災保險的保險標的是各種財產物資，但也並非一切財產物資均可以成為團體火災保險的保險標的。保險人的承保範圍可以通過劃分可保財產、特約可保財產和

不保財產來加以體現。

1. 可保財產

凡是為被保險人自有或與他人共有而由被保險人負責的財產、由被保險人經營管理或替他人保管的財產以及具有其他法律上承認的與被保險人有經濟利害關係的財產，而且是坐落、存放於保險單所載明地址的下列家庭財產，都屬可保財產：①房屋及其附屬設備（含租賃）和室內裝修材料，包括正在使用、未使用或出租、承租的房屋以及房屋以外的各種建築物，如船塢、車庫等。②機器及設備，包括各種機床、電爐、鑄造機械、傳導設備以及其他各種工作機器、設備等。③工具、儀器及生產用具，如切削工具、模壓工具、檢驗、實驗和測量用儀器及達到固定資產標準的包裝容器等。④管理用具及低值易耗品，即辦公、計量、消防用具及其他經營管理用的器具設備、工具、玻璃器皿以及在生產過程中使用的包裝容器等不能作為固定資產的各種低值易耗品。⑤原材料、半成品、在產品、產成品或庫存商品、特種儲備商品，如各種原料、材料、備品備件、物料用品、副產品、殘次商品、樣品、展品、包裝物等。⑥帳外及已攤銷的財產，如簡易倉棚、邊角、不入帳的自製設備、無償轉移的財產、帳上已攤銷而尚在使用的「低值易耗品」等。此外，建造中的房屋、建築物和建築材料等也屬於團體火災保險的可保財產。

2. 特約可保財產

特約可保財產是指必須經過保險雙方的特別約定，並在保險單上載明才能成為保險標的的財產。這種特別約定包含兩層含義：一是取消保險單中對該特約可保財產的除外不保；二是將該項目納入可保財產範圍。團體火災保險中的特約可保財產包括：①市場價格變化大、保險金額難以確定的財產，如金銀、珠寶、玉器、首飾、古玩、郵票、藝術品等。②價值高、風險較特別的財產，如堤堰、水閘、鐵路、道路、橋樑、碼頭等，這些財產雖不易遭受火災並導致損失，但有洪水、地震等風險卻往往造成巨額損失。③風險大，需要提高費率的財產，如礦井、礦坑內的設備和物資等。

3. 不保財產

不保財產是保險人不予承保或不能在火災保險項下承保的財產。它包括如下幾項：①土地、礦藏、森林、水產資源等。②貨幣、有價證券、票證、文件、帳冊、技術資料、圖表等難以鑒定其價值的財產。③違章建築、非法佔有的財產，以及正處於緊急狀態的財產。④未經收割的農作物及家禽、家畜及其他家養動物。

(二) 保險金額的確定

法人團體投保標的的保險金額，一般都以帳面為基礎確定，但因財產種類不同，其計算方式也有所不同。在實務中按固定資產與流動資產分別確定。

1. 固定資產的保險金額

固定資產是法人單位尤其是企業生產經營的物質基礎，也是團體火災保險中的主要內容。團體火災保險中保險金額的確定，可採取如下三種不同方式進行確定：①按帳面原值投保，即固定資產的帳面原值就是該固定資產的保險金額。②按重置重建價值投保，即按照投保時重新購建同樣的財產所需支出確定保險金額。③按投保時實際

價值協議投保，即根據投保時投保標的所具有的實際價值由保險雙方協商確定保險金額。保險客戶可以任意選擇上面一種方式確定保險金額。

2. 流動資產的保險金額

一般而言，法人團體的流動資產通常分為物化流動資產與貨幣形態的流動資產。前者表現為原材料、在產品、半成品、產成品及庫存商品等；后者表現為現金、銀行存款等，保險人通常只負責物化流動資產的保險，對非物化流動資產是不承擔保險責任的。因此，在承保時還需要區分流動資產的結構與形態。然而，法人團體的流動資產在結構與形態方面是處於經常變動之中的，任何一個時點上的物化流動資產均不一定等於出險時的物化流動資產。對此，保險人通常確定兩種保險金額確定方式，則被保險人選擇：①被保險人物化流動資產最近12個月的平均帳面余額投保。②被保險人物化流動資產最近帳面余額投保。對於已經攤銷或未列入帳面的財產，可以由被保險人與保險人協商按實際價值投保，以此實際價值作為保險金額。

3. 保險費率的厘定

團體火災保險的費率，主要根據不同保險財產的種類、占用性質，按危險性的大小、損失率的高低和經營費用等因素制定。中國現行的團體火災保險費率採用的是分類級差費率制，具體包括工業險費率、倉儲險費率、普通險費率三大類。

4. 保險責任範圍的確定

在團體火災保險經營實務中，不同險種的保險責任範圍是不同的，如財產保險綜合險承擔的責任較寬，財產保險基本險承擔的保險責任範圍較窄。概括起來，團體火災保險的可保責任仍可分為如下五大類。

（1）列明的自然災害。如雷擊、暴風、龍捲風、暴雨、洪水、地陷、崖崩、突發性滑坡、雪災、冰凌、泥石流等。

（2）列明的意外事故。如火災、爆炸、空中運行物體墜落等。

（3）特別損失承擔的責任。如被保險人自有的供電、供水、供氣設備因前述列明的保險責任遭受損害，引起停電、停水、停氣以致造成保險標的的直接損失等。保險人在承擔該項責任時，要求必須同時具備下列三個條件：①必須是被保險人同時擁有全部或部分所有權和使用權的供電、供水、供氣設備，包括企業自有設備和與其他單位共有的設備，這些設備包括發電機、變壓器、配電間、水塔、管道線路等供應設施。②這種損失僅限於保險單列明的保險責任範圍內的意外危險和自然災害所造成的，由規定的保險責任以外的危險、災害或其他原因引起的「三停」事故對於保險標的的造成的損失，保險人不承擔賠償責任。③這種損失的對象必須是需要通過供電、供水和供氣設備的正常運轉，才能保證財產正常存在的保險標的，如熔煉、冷凝、發酵、烘烤、蒸發等需要通過「三供」設備進行操作的保險標的。

（4）在發生保險事故時，為搶救財產或防止災害蔓延，採取合理的、必要的措施而造成保險標的的損失。保險人在承擔該項責任時，通常要求必須是在保險單列明的保險責任發生時，為了搶救保險標的或防止災害的蔓延而造成的保險標的的損失，對於在搶救保險標的或防止災害的蔓延時造成非保險標的的損失，則不予賠償。

（5）在發生保險事故時，為了減少保險標的的損失，被保險人對於保險標的採取

施救、保護、整理措施而支出的合理費用。保險人在承擔該項責任時，只對保險標的的施救費用負責，如果施救的財產中包括了非保險標的，或者保險標的與非保險標的無法分清時，保險人可以按照被施救的保險標的占全部被施救的實際的比例承擔施救費用。

5. 賠償計算方法

團體火災保險的賠償採取分項計賠、比例賠償的辦法，即按照保險財產的不同種類及其投保時確定保險金額的方法不同而所採取的賠償計算方式也不同。

（1）固定資產的賠償計算方法。如果發生保險責任範圍內的損失屬於全部損失，無論被保險人以何種方式投保，都按保險金額予以賠償。但倘若受損財產的保險金額高於重置重建價值時，其賠償金額以不超過重置價值為限。如果固定資產的損失是部分損失，其賠償方式為：如果受損保險財產的保險金額相當於或高於重置價值，按實際損失計算賠償金額；如果受損財產的保險金額低於重置價值，應根據保險金額按財產損失程度或修復費用占重置價值的比例計算賠償金額。

（2）流動資產的賠償計算方法。流動資產的賠償計算方法有如下兩種：①按最近12個月帳面平均余額投保的財產發生全部損失，按出險當時的帳面余額計算賠償金額；發生部分損失，按實際損失計算賠償金額。②按最近帳面余額投保的財產發生全部損失，按保險金額賠償，如果受損財產的實際損失金額低於保險金額，以不超過實際損失為限；發生部分損失，在保險金額額度內按實際損失計算賠償金額，如果受損財產的保險金額低於出險當時的帳面余額時，應當按比例賠償。對已經攤銷或不列入帳面財產投保的財產損失，其賠償計算方法為：若全部損失按保險金額賠償，受損財產的保險金額高於實際價值時，其賠償金額以不超過實際損失金額為限；如若部分損失，則按實際損失計算賠償金額，但以不超過保險金額為限。

第三節　機動車輛保險

一、機動車輛保險概述

（一）機動車輛保險的概念

機動車輛保險是以機動車輛本身及其第三者責任等為保險標的的一種運輸工具保險。其保險客戶主要是擁有各種機動交通工具的法人團體和個人。其保險標的主要是各種類型的汽車，但也包括電車、電瓶車等專用車輛及摩托車等。機動車輛是指汽車、電車、電瓶車、摩托車、拖拉機、各種專用機械車、特種車。2012年3月份，中國保監會先後發布了《關於加強機動車輛商業保險條款費率管理的通知》和《機動車輛商業保險示範條款》，推動了車輛保險的改革。

機動車輛保險的主要特點：機動車輛保險屬於不定值保險；機動車輛保險的賠償方式主要是修復；機動車輛保險賠償中採用絕對免賠方式；機動車輛保險採用無賠款優待方式；機動車輛保險中的第三者責任保險一般採用強制保險的方式。

(二) 機動車輛保險的分類

按照保險標的分類，可以分為車輛損失保險和車輛責任保險兩個大類。車輛損失保險除主險車輛損失險外，還包括全車盜搶險、玻璃單獨破碎、自然損失險、新增設備損失險、車輛停駛損失險六個附加險種。車輛責任險除主險第三者責任險外，還包括車上責任險、車載貨物掉落責任險、無過失責任險等附加險種。

按照實施的形式可以分為自願保險和強制保險。自願保險是指投保人和保險人在自願、平等、互利的基礎上，經協商一致而訂立的機動車輛保險合同。強制保險是依據國家的法律規定發生效力或者必須投保的保險。強制保險基於法律的特別規定而開辦，是針對機動車輛第三者責任的基本保障，投保人有投保的義務，保險人有接受投保的義務。

按照機動車輛的常見類型可以分為汽車保險、摩托車保險和拖拉機保險等。

按照保險期限可以分為一年期保險和短期保險。中國機動車輛保險一般都是一年期的保險，但是為適應特殊需求也可以開辦短期保險，執行相應的短期費率或條款，提車險就是短期保險。

按照承保條件可以分為基本險和附加險。未投基本險，不得投保相應的附加險；基本險的保險責任終止時，相應的附加險的保險責任同時終止；附加條款解釋與基本險條款解釋相抵觸時，以附加條款解釋為準；未盡之處，以基本險條款解釋為準。機動車輛保險基本險一般分為車輛損失險和第三者責任險。其中，車輛損失險是指保險車輛遭受保險責任範圍內的自然災害或意外事故，造成保險車輛本身損失，保險人依照保險合同的規定給予賠償；第三者責任險是指保險車輛因意外事故，致使他人遭受人身傷亡或財產的直接損失，保險人依照保險合同的規定給予賠償。

二、車輛損失基本險

(一) 車輛損失險

在機動車輛保險中，車輛損失保險與第三者責任保險構成了其主幹險種，並在若干附加險的配合下，共同為保險客戶提供多方面的危險保障服務。

1. 保險標的

車輛損失險的保險標的是各種機動車輛的車身及其零部件、設備等。當保險車輛遭受保險責任範圍的自然災害或意外事故，造成保險車輛本身損失時，保險人應當依照保險合同的規定給予賠償。

2. 保險責任

車輛損失保險的保險責任，包括碰撞責任、傾覆責任與非碰撞責任。其中碰撞是指被保險車輛與外界物體的意外接觸，如車輛與車輛、車輛與建築物、車輛與電線杆或樹木、車輛與行人、車輛與動物等碰撞，均屬於碰撞責任範圍之列；傾覆責任指保險車輛由於自然災害或意外事故，造成本車翻倒，車體觸地，使其失去正常狀態和行駛能力，不經施救不能恢復行駛。非碰撞責任，則可以分為以下幾類：

(1) 保險單上列明的各種自然災害，如洪水、暴風、雷擊、泥石流、地震等。

（2）保險單上列明的各種意外事故，如火災、爆炸、空中運行物體的墜落等。

（3）其他意外事故，如傾覆、冰陷、載運被保險車輛的渡船發生意外等。

機動車輛損失險的責任免除包括風險免除（損失原因的免除）和損失免除（保險人不賠償的損失）。風險免除主要包括：地震、戰爭、軍事衝突、恐怖活動、暴亂、扣押、罰沒、政府徵用；競賽、測試、在營業性維修場所修理、養護期間；利用保險車輛從事違法活動；駕駛人員飲酒、吸食或注射毒品、被藥品麻醉后使用保險車輛；駕駛人員無駕駛證或駕駛車輛與駕駛證準駕車型不相符；非被保險人直接允許的駕駛人員使用保險車輛；保險車輛不具備有效行駛證件。

損失免除主要包括自然磨損、銹蝕、故障，市場價格變動造成的貶值等。需要指出的是，機動車輛保險的保險責任範圍由保險合同規定，且並非是一成不變的，如中國以往均將失竊列為基本責任，后來卻將其列為附加責任，即被保險人若不加保便不可能得到該項危險的保障。

3. 保險金額詳細算法

（1）按投保時被保險機動車的新車購置價確定。投保時的新車購置價根據投保時保險合同簽訂的同類型新車的市場銷售價格（含車輛購置稅）確定，並在保險單中載明，無同類型新車市場銷售價格的，由投保人與保險人協商確定。

（2）按投保時被保險機動車的實際價值確定。投保時被保險機動車的實際價值根據投保時的新車購置價減去折舊金額后的價格確定。被保險機動車的折舊按月計算，不足一個月的部分，不計折舊。例如9座以下客車月折舊率為0.6%，10座以上客車月折舊率為0.9%，最高折舊金額不超過投保時被保險機動車新車購置價的80%。

折舊金額=投保時的新車購置價×被保險機動車已使用月數×月折舊率

（3）在投保時被保險機動車的新車購置價內協商確定。此外，車損險是費率浮動的險種，車主在續保時保險公司會根據出險和理賠的情況進行動態的調整。比如某保險公司設定了12個車險費率調整等級，等級最高的為十二等級，其保險費將調整為200%；等級最低的為一等級，其保險費將調整為50%。

4. 保險金額或賠償限額的調整

被保險人調整保險金額或賠償限額必須履行批改手續。在保險合同有效期內，被保險人要求調整保險金額或賠償限額，應向保險人書面申請辦理批改。在保險人簽發批單后，申請調整的保險金額或賠償限額才有效。對於車輛損失險，調整的原因一般有：車輛增添或減少設備；車輛經修復后有明顯增值；車輛改變用途；車輛牌價上漲或下跌幅度較大。

（二）第三者責任保險

機動車輛第三者責任險，是承保被保險人或其允許的合格駕駛人員在使用被保險車輛時、因發生意外事故而導致的第三者的損害索賠危險的一種保險。由於第三者責任保險的主要目的在於維護公眾的安全與利益，因此，在實踐中通常作為法定保險並強制實施。

機動車輛第三者責任保險的保險責任，即是被保險人或其允許的合格駕駛員在使

用被保險車輛過程中發生意外事故而致使第三者人身或財產受到直接損毀時，被保險人依法應當支付的賠償金額。此保險的責任核定，應當注意兩點：

（1）直接損毀，實際上是指現場財產損失和人身傷害，各種間接損失不在保險人負責的範圍內。

（2）被保險人依法應當支付的賠償金額，保險人依照保險合同的規定進行補償。

這兩個概念是不同的，即被保險人的補償金額並不一定等於保險人的賠償金額，因為保險人的賠償必須扣除除外不保的責任或除外不保的損失。例如，被保險人所有或代管的財產，私有車輛的被保險人及其家庭成員以及他們所有或代管的財產，本車的駕駛人員及本車上的一切人員和財產在交通事故中的損失，不在第三者責任保險負責賠償之列；被保險人的故意行為，駕駛員酒后或無有效駕駛證開車等行為導致的第三者責任損失，保險人也不負責賠償。

第三者責任險的每次事故最高賠償限額應根據不同車輛種類選擇確定：①對摩托車、拖拉機第三者責任險的賠償限額分為4個檔次：2萬元、5萬元、10萬元、20萬元。但因不同區域其選擇原則是不同的，與《機動車輛保險費率規章》有關摩托車定額保單銷售區域的劃分相一致。②對摩托車、拖拉機以外的機動車輛第三者責任險的賠償限額分為6個檔次：5萬元、10萬元、20萬元、50萬元、100萬元、100萬元以上1000萬元以內。③掛車投保后與主車視為一體。發生保險事故時，掛車引起的賠償責任視同主車引起的賠償責任。保險人對掛車賠償責任與主車賠償責任所負賠償金額之和，以主車賠償限額為限。投保人和保險人在投保時可以根據不同車輛的類型自行協商選擇確定第三者責任險按每次事故最高賠償限額。

（三）基本險的責任免除

下列原因造成保險車輛的損失或第三者的賠償責任，保險人均不負賠償。①戰爭、軍事衝突、暴亂、扣押、罰沒、政府徵用。②非被保險人或非被保險人允許的駕駛員使用保險車輛。③被保險人或其允許的合格駕駛員的故意行為。④競賽、測試、在營業性修理場所修理期間。⑤車輛所載貨物掉落、泄漏。⑥機動車輛拖帶車輛（含掛車）或其他拖帶物，二者當中至少有一個未投保第三者責任險。⑦駕駛員飲酒、吸毒、被藥物麻醉。⑧保險車輛肇事逃逸。⑨駕駛員有下列情形之一者：沒有駕駛證，駕駛與駕駛證準駕車型不相符合的車輛，持軍隊或武警部隊駕駛證駕駛地方車輛，持地方駕駛證駕駛軍隊或武警部隊車輛，持學習駕駛證學習駕車時無教練員隨車指導，或不按指定時間、路線學習駕車，實習期駕駛大型客車、電車、起重車和帶掛車的汽車時，無正式駕駛員並坐監督指導，實習期駕駛執行任務的警車、消防車、工程救險車、救護車和載運危險品的車輛，持學習駕駛證及實習期在高速公路上駕車，駕駛員持審驗不合格的駕駛證，或未經公安交通管理部門同意，持未審驗的駕駛證駕車，使用各種專用機械車、特種車的人員無國家有關部門核發的有效操作證，公安交通管理部門規定的其他屬於無有效駕駛證的情況。⑩保險事故發生前，未按書面約定履行繳納保險費義務。除本保險合同另有書面約定外，發生保險事故時保險車輛沒有公安交通管理部門核發的行駛證和號牌，或未按規定檢驗或檢驗不合格。

下列損失和費用，保險人也不負責賠償。①保險車輛發生意外事故，致使被保險人或第三者停業、停駛、停電、停水、停氣、停產、中斷通信以及其他各種間接損失。②因保險事故引起的任何有關精神損害賠償。③因污染引起的任何補償和賠償。④直接或間接由於計算機2000年問題引起的損失。⑤保險車輛全車被盜竊、被搶劫、被搶奪，以及在此期間受到損壞或車上零部件、附屬設備丟失，以及第三者人員傷亡或財產損失。⑥其他不屬於保險責任範圍內的損失和費用。

三、機動車輛保險的附加險

機動車輛的附加險是機動車輛保險的重要組成部分。從中國現行的機動車輛保險條款看，主要有附加盜竊險、附加自燃損失險、附加涉水行駛損失險、附加新增加設備損失險、附加不計免賠特約險、附加駕駛員意外傷害險、附加指定專修險等，保險客戶可根據自己的需要選擇加保。

（一）全車盜搶險的保險責任

它包括：①保險車輛（含投保的掛車）全車被盜竊、被搶劫、被搶奪，經縣級以上公安刑偵部門立案證實，滿3個月未查明下落。②保險車輛全車被盜竊、被搶劫、被搶奪後受到損壞或車上零部件、附屬設備丟失需要修復的合理費用。

（二）車上責任險的保險責任

它包括：投保了該保險的機動車輛在使用過程中，發生意外事故，致使保險車輛上所載貨物遭受直接毀損和車上人員的人身傷亡，依法應由被保險人承擔的經濟賠償責任，以及被保險人為減少損失而支付的必要合理的施救、保護費用，保險人在保險單所載明的該保險賠償限額內計算賠償。該保險為機動車輛第三者責任險的附加險。

（三）無過失責任險的保險責任

它包括：投保了本附加險的機動車輛在使用過程中，因與非機動車輛、行人發生交通事故，造成對方人員傷亡和財產直接毀損，保險車輛一方無過失，且被保險人拒絕賠償未果。對被保險人已經支付給對方而無法追回的費用，保險人按《道路交通事故處理辦法》和出險當地的道路交通事故處理規定標準在保險單所載明的本保險賠償限額內計算賠償。

（四）車載貨物掉落責任險的保險責任

它包括：投保了本保險的機動車輛在使用過程中，所載貨物從車上掉下致使第三者遭受人身傷亡或財產的直接毀損，依法應由被保險人承擔的經濟賠償責任，保險人在保險單所載明的賠償限額內計算賠償。

（五）玻璃單獨破碎險的保險責任

它包括：投保了本保險的機動車輛在使用過程中，發生本車玻璃單獨破碎，保險人按實際損失計算賠償。投保人在與保險人協商的基礎上，自願按進口風擋玻璃或國產風擋玻璃選擇投保，保險人根據其選擇承擔相應保險責任。

（六）車輛停駛損失險的保險責任

它包括：投保了本保險的機動車輛在使用過程中，因發生基本險第一條所列的保

險事故，造成車身損毀，致使車輛停駛，保險人按以下規定承擔賠償責任：①部分損失的，保險人在雙方約定的修復時間內按保險單約定的日賠償金額乘以從送修之日起至修復竣工之日止的實際天數計算賠償。②全車損毀的，按保險單約定的賠償限額計算賠償。③在保險期限內，上述賠款累計計算，最高以保險單約定的賠償天數為限。

（七）自燃損失險的保險責任

它包括：投保了本保險的機動車輛在使用過程中，因本車電器、線路、供油系統發生故障及運載貨物自身原因起火燃燒，造成保險車輛的損失，以及被保險人在發生本保險事故時，為減少保險車輛損失所支出的必要合理的施救費用，保險人在保險單該項目所載明的保險金額內，按保險車輛的實際損失計算賠償；發生全部損失的按出險時保險車輛實際價值在保險單該項目所載明的保險金額內計算賠償。

（八）新增加設備損失險的保險責任

它包括：投保了本保險的機動車輛在使用過程中，發生基本險第一條所列的保險事故，造成車上新增加設備的直接損毀，保險人在保險單該項目所載明的保險金額內，按實際損失計算賠償。

（九）不計免賠特約險的保險責任

它包括：只有在同時投保了車輛損失險和第三者責任險的基礎上方可投保本附加險。當車輛損失險和第三者責任險中任一險別的保險責任終止時，本附加險的保險責任同時終止。

四、機動車輛保險的賠償處理

（一）理賠流程

得到出險通知、登記立案、查抄單底、現場查勘、確定責任、協商定損、計算賠款、繕制賠款計算書、復核審批、分理單據、結案登記、案卷歸檔。其賠款金額經保險合同雙方確認后，保險人在10天內一次性賠償結案。

（二）免賠的規定

中國機動車輛保險條款規定了機動車輛保險每次保險事故的賠款計算應按責任免賠比例的原則。根據保險車輛駕駛員在事故中所負責任，車輛損失險和第三者責任險在符合賠償規定的金額內實行絕對免賠率：負全部責任的免賠20%；負主要責任的免賠15%，負同等責任的免賠10%；負次要責任的免賠5%；單方肇事事故的絕對免賠率為20%。

（三）理賠計算

車輛肇事后，經現場查勘或事後瞭解情況，並由被保險人提供保險單、事故證明、事故責任認定書、事故調解書、判決書、損失清單和有關費用單據，經審核無誤后，業務經辦人員應按車輛損失險、施救費、第三者責任險分別計算賠款金額。保險人依據保險車輛駕駛員在事故中所負責任比例，相應承擔賠償責任。

保險車輛因保險事故受損或致使第三者財產損壞，應當盡量修復。修理前被保險人須會同保險人檢驗，確定修理項目、方式和費用，否則，保險人有權重新核定或拒

絕賠償。在機動車輛保險合同有效期內，保險車輛發生保險事故而遭受的損失或費用支出，保險人按以下規定賠償。

1. 車輛損失險賠償計算

（1）全部損失。全部損失是指保險標的整體損毀或保險標的受損嚴重，失去修復價值，或保險車輛的修復費用達到或超過出險當時的實際價值，保險人推定全損。全部損失時按保險金額計算賠償，但保險金額高於實際價值時，以不超過出險當時的實際價值計算賠償。當足額或不足額保險時，保險車輛發生全部損失後，如果保險金額等於或低於出險當時的實際價值，則按保險金額計算賠償。當超額保險時，保險車輛發生全部損失後，如果保險金額高於出險當時的實際價值，按出險當時的實際價值計算賠償。出險當時的實際價值可按以下方式確定：按出險時的同類型車輛市場新車購置價減去該車已使用年限折舊金額後的價值合理確定；按照出險當時同類車型、相似使用時間、相似使用狀況的車輛在市場上的交易價格確定。折舊按每滿 1 年扣除 1 年計算，不足 1 年的部分，不計折舊。折舊率按國家有關規定執行，但最高折舊金額不超過新車購置價的 80%。如果加保了盜搶險，車輛被竊 3 個月後無法尋回，應按全損賠付，已尋回原車而車主因車損壞而要求賠償，則以修復方式賠償；如果車主不肯領回原車，則按全損賠償，原車歸保險公司處理。

（2）部分損失。部分損失是指保險車輛受損後未達到「整體損毀」或「推定全損」程度的局部損失。其賠款計算的基本方法有以下三種：

第一，保險車輛的保險金額是按投保時新車購置價確定的，無論保險金額是否低於出險當時的新車購置價，發生部分損失均按照實際修復費用賠償。

第二，保險車輛的保險金額低於投保時的新車購置價，發生部分損失按照保險金額與投保時的新車購置價比例計算賠償修復費用。

保險車輛損失最高賠款金額及施救費分別以保險金額為限。保險車輛按全部損失計算賠償或部分損失一次賠款加免賠金額之和達到保險金額時，車輛損失險的保險責任即行終止。但保險車輛在保險期限內，不論發生一次或多次保險責任範圍內的部分損失或費用支出，只要每次賠款加免賠金額之和未達到保險金額，其保險責任仍然有效。

第三，施救費僅限於對保險車輛的必要、合理的施救支出。如果施救財產中含有保險車輛以外的財產，則應按保險車輛的實際價值占施救總財產的實際價值的比例分攤施救費用。

2. 第三者責任保險的賠償

保險車輛發生第三者責任事故時，按中國《道路交通事故處理辦法》（1991 年 9 月 22 日）中賠償範圍、項目和標準以及保險合同的規定，在保險單載明的賠償限額內核定賠償數額。對被保險人自行承諾或支付的賠償金額，保險人有權重新核定或拒絕賠償。其基本原則如下：

（1）保險車輛發生第三者責任事故時，應當按《道路交通事故處理辦法》規定的賠償範圍、項目和標準以及保險合同的規定處理。

（2）根據保險單載明的賠償限額核定賠償數額，當被保險人按事故責任比例應支

付的賠償金額超過賠償限額時：賠款＝賠償限額×（1－免賠率）；當被保險人按事故責任比例應支付的賠償金額低於賠償限額時：賠款＝應負賠償金額×（1－免賠率）。

（3）自行承諾或支付的賠償金額不符合《道路交通事故處理辦法》和有關法律、法規等規定，且事先未徵得保險人同意，被保險人擅自同意承擔或支付的賠款，保險人拒賠。機動車輛保險採用一次性賠償結案的原則，保險人對第三者責任險保險事故賠償結案后，對受害人追加被保險人的任何賠償費用不再負責。第三者責任險的保險責任為連續責任。保險車輛發生第三者責任保險事故，保險人賠償后，每次事故無論賠款是否達到保險賠償限額，在保險期限內，第三者責任險的保險責任仍然有效，直至保險期滿。保險車輛、第三者的財產遭受損失后的殘余部分，可協商作價折歸被保險人，並在賠款中扣除。

3. 代位求償

由於第三方的過失造成保險事故，則經被保險人要求，保險人先予賠償后，取得向第三方追償的權利。

五、購買汽車保險的六大原則

原則一：優先購買足額的第三者責任保險。

所有的汽車保險險種第三者最為重要。畢竟，汽車毀了可以不開車，但是，他人的賠償是免除不了的，購買汽車保險時應該將保持賠償他人損失的能力放在第一位。否則，唯一可做的就是在事故出現后，先把房子賣掉，或者離婚保全財產，你願意嗎？上述鑽空子的前提是對方沒有對你的資產申請財產保全。所以，為了避免類似麻煩，還是把第三者險保足額。

原則二：第三者險的保險金額要參考所在地的賠償標準。

全國各個地方的賠償標準是不一樣的，據汽車保險賠償的最高標準計算，如果死亡1人，深圳地區最高賠償可達到150萬元，北京地區最高可能也要80萬元。舉例來說：如果2008年交通事故負全部責任，死亡一人，死者30歲，北京城市戶口，賠償計算如下，估計需要60萬元。

死亡賠償金約40萬元。（計算方法：死亡賠償金按照受訴法院所在地上一年度城鎮居民人均可支配收入或者農村居民人均純收入標準，按20年計算。2007年北京城市居民人均年可支配收入達到19,978元；農村居民人均純收入8620元。死亡補償金為19,978×20≈400,000元）

如果有小孩1歲，撫養費支付到18歲。

如果有需要贍養的老人，需要支付贍養費。

上述三項加起來可能超過60萬元。如果是北京車主，建議看看自己的老保險單，如果是保險金額不足的，建議至少投保20萬元以上，有條件的投保50萬元，不要去節省第三者責任保險的錢。有的保險公司在投保超過50萬元，還拒絕保險。從這個角度看，就應該知道第三者責任險的要害了。

原則三：買足車上人員險后，再購買車損險。

開車的人是你，建議如果沒有其他意外保險和醫療保險的車主，給自己上個10萬

元的司機險，作為醫療費用，算是對家人負責。乘客險，如果乘客乘坐機率多，可以投保金額多些，5萬~10萬元/座，算是對家人和乘客負責。如果乘客乘坐機率少，每座保1萬元就比較經濟。

原則四：購買車損險后再買其他險種。

交通事故往往伴隨汽車損壞，這裡不用多說了。

原則五：購買三者險、司機乘客座位責任險、車損險的免賠險。

多花一點錢，就讓保險公司賠償的時候不扣這扣那。

原則六：其他險種（盜搶險、玻璃、自燃、劃痕險）結合自己的需求購買。

比如盜搶險、玻璃、自燃、劃痕險等其他險種，在汽車風險中，相對於上述1~5的風險，不會對家庭幸福和財務導致嚴重的影響。因此，建議根據需求來購買。

第四節 貨物運輸保險

一、貨物運輸保險概述

（一）貨物運輸保險的含義

貨物運輸保險是以運輸途中的貨物作為保險標的，保險人對由自然災害和意外事故造成的貨物損失負責賠償責任的保險。在中國，進出口貨物運輸最常用的保險條款是C.I.C.保險條款（中國保險條款），該條款是由中國人民保險公司制定，中國人民銀行及中國保險監督委員會審批頒布。C.I.C.保險條款按運輸方式來分，有海洋、陸上、航空和郵包運輸保險條款四大類；對某些特殊商品，還配備有海運冷藏貨物、陸運冷藏貨物、海運散裝桐油及活牲畜、家禽的海陸空運輸保險條款，以上八種條款，投保人可按需選擇投保。

（二）貨物運輸保險的特點

被保險人的多變性。承保的運輸貨物在運送保險期限內可能會經過多次轉賣，因此最終保險合同保障受益人不是保險單註明的被保險人，而是保單持有人。

保險利益的轉移性。保險標的轉移時，保險利益也隨之轉移。

保險標的的流動性。貨物運輸保險所承保的標的，通常是具有商品性質的動產。

承保風險的廣泛性。貨物運輸保險承保的風險，包括海上、陸上和空中風險，自然災害和意外事故風險，動態和靜態風險等。

承保價值的定值性。承保貨物在各個不同地點可能出現的價格有差異，因此貨物的保險金額可由保險雙方按約定的保險價值來確定。

保險合同的可轉讓性。貨物運輸保險的保險合同通常隨著保險標的、保險利益的轉移而轉移，無須通知保險人，也無須徵得保險人的同意。保險單可以用背書或其他習慣方式加以轉讓。

保險利益的特殊性。貨物運輸的特殊性決定在貨運險通常採用「不論滅失與否條款」，即投保人事先不知情，也沒有任何隱瞞，即使在保險合同訂立之前或訂立之時，

保險標的已經滅失，事後發現承保風險造成保險標的滅失，保險人也同樣給予賠償。

合同解除的嚴格性。貨物運輸保險屬於航次保險，中國《保險法》《海商法》規定，貨物運輸保險從保險責任開始後，合同當事人不得解除合同。

二、貨物運輸保險的主要內容

（一）平安險

保險人主要負責下列保險事故造成保險貨物的損失、責任和費用：

因惡劣氣候、雷電、海嘯、地震、洪水自然災害造成整批貨物的全部損失；

由於運輸工具遭受擱淺、觸礁、沉沒、互撞、與流冰或其他物體碰撞、失火、爆炸意外事故造成貨物的損失；

在運輸工具遭受意外事故的情況下，貨物在此前後又在海上遭受自然災害所造成的損失；

在裝卸、轉運時由於一件或數件整件貨物落海造成的損失；

被保險人對遭受承保責任範圍內危險的貨物採取搶救、防止或減少貨損的措施而支付的合理費用；

運輸工具遭遇海難後，在避難港由於卸貨所引起的損失以及在中途港、避難港由於卸貨、存倉以及運送貨物所產生的特別費用；

共同海損的犧牲、分攤和救助費用；

運輸契約訂有「船舶互撞責任」條款，根據該條款規定應由貨方償還船方的損失。

（二）水漬險

除包括上列平安險各項責任外，還負責被保險貨物因自然災害所造成的部分損失。

（三）一切險

除包括上列平安險、水漬險的各項責任外，還負責被保險貨物在運輸途中由於外來原因所致損失。

三、貨物運輸險涉及的損失

海上貨物運輸的損失又稱海損，指貨物在海運過程中由於海上風險而造成的損失，海損也包括與海運相連的陸運和內河運輸過程中的貨物損失。海上損失按損失的程度可以分成全部損失和部分損失。

（一）全部損失

全部損失又稱全損，指被保險貨物的全部遭受損失，有實際全損和推定全損之分。實際全損是指貨物全部滅失或全部變質而不再有任何商業價值。推定全損是指貨物遭受風險後受損，儘管未達實際全損的程度，但實際全損已不可避免，或者為避免實際全損所支付的費用和繼續將貨物運抵目的地的費用之和超過了保險價值。推定全損需經保險人核查後認定。

（二）部分損失

不屬於實際全損和推定全損的損失，為部分損失。按照造成損失的原因可分為共

同海損和單獨海損。

在海洋運輸途中，船舶、貨物或其他財產遭遇共同危險，為了解除共同危險，有意採取合理的救難措施所直接造成的特殊犧牲和支付的特殊費用，稱為共同海損。在船舶發生共同海損后，凡屬共同海損範圍內的犧牲和費用，均可通過共同海損理算，由有關獲救受益方（船方、貨方和運費收入方）根據獲救價值按比例分攤，然后再向各自的保險人索賠。共同海損分攤涉及的因素比較複雜，一般均由專門的海損理算機構進行理算

不具有共同海損性質未達到全損程度的損失，稱為單獨海損。該損失僅涉及船舶或貨物所有人單方面的利益損失。

按照貨物險保險條例，不論擔保何種貨運險險種，由於海上風險而造成的全部損失和共同海損均屬保險人的承保範圍。對於推定全損的情況，由於貨物並未全部滅失，被保險人可以選擇按全損或按部分損失索賠。倘若按全損處理，則被保險人應向保險人提交「委付通知」。把殘余標的物的所有權交付保險人，經保險人接受后，可按全損得到賠償。

海上風險還會造成費用支出，主要有施救費用和救助費用。所謂施救費用，是指被保險貨物在遭受承保責任範圍內的災害事故時，被保險人或其代理人或保險單受讓人，為了避免或減少損失，採取各種措施而支出的合理費用。所謂救助費用，是指保險人或被保險人以外的第三者採取了有效的救助措施之后，由被救方付給的報酬。保險人對上述費用都負責賠償，但以總和不超過貨物險保險金額為限。

四、貨物運輸險的免責及終止

（一）貨物運輸保險的免責及條件

（1）被保險人的故意行為或過失所造成的損失；

（2）屬於發貨人責任所引起的損失；

（3）在保險責任開始前，被保險貨物已存在的品質不良或數量短差所造成的損失；

（4）被保險貨物的自然損耗、本質缺陷、特性以及市價跌落、運輸延遲所引起的損失或費用。

（二）貨物運輸保險的終止

1. 對出口貨運險

下述兩個條件以先滿足為準。

條件一：自被保險貨物運離保險單所載明的起運地倉庫或儲存處所開始運輸時生效，直至該貨物到達保險單所載明的目的地收貨人的最后倉庫或儲存處所時終止。

條件二：被保險貨物在最后卸載港全部卸離海輪后滿 60 天。

2. 對進口貨運險

根據國際保險慣例，保險責任自被保險貨物運上運輸工具（越過船舷）起開始生效，直至該貨物到達保險單所載明的目的地收貨人的最后倉庫或儲存處所時終止（散裝貨物一般以到達保單載明的目的港倉庫或儲存場地時終止）。

五、國際貨物運輸險程序

在國際貨物買賣過程中，由哪一方負責辦理投保海洋運輸保險，應根據買賣雙方商訂的價格條件來確定。例如按 F.O.B.（船上交貨）條件和 C.F.R.（成本加運費）條件成交，保險即應由買方辦理國際運輸保險；如按 C.I.F.（成本加保險費加運費）條件成交，就應由賣方辦理國際運輸保險。辦理國際貿易運輸保險的一般程序是：

（一）確定投保國際運輸保險的金額

投保金額是諸保險費的依據，又是貨物發生損失后計算賠償的依據。按照國際慣例，投保金額應按發票上的 C.I.F. 的預期利潤計算。但是，各國市場情況不盡相同，對進出口貿易的管理辦法也各有差異。向中國平安保險公司辦理進出口貨物運輸保險，有兩種辦法：一種是逐筆投保；另一種是按簽訂預約保險總合同辦理。

（二）填寫國際運輸保險投保單

保險單是投保人向保險人提出投保的書面申請，其主要內容括被保險人的姓名、被保險貨物的品名、標記、數量及包裝、保險金額、運輸工具名稱、開航日期及起訖地點、投保險別、投保日期及簽章等。

（三）支付保險費，取得保險單

保險費按投保險別的保險費率計算。保險費率是根據不同的險別、不同的商品、不同的運輸方式、不同的目的地，並參照國際上的費率水平而制訂的。它分為「一般貨物費率」和「指明貨物加費費率」兩種。前者是一般商品的費率，後者系指特別列明的貨物（如某些易碎、易損商品）在一般費率的基礎上另行加收的費率。交付保險費后，投保人即可取得保險單。保險單實際上已構成保險人與被保險人之間的保險契約，是保險人與被保險人的承保證明。在發生保險範圍內的損失或滅失時，投保人可憑保險單要求賠償。

（四）提出索賠手續

當被保險的貨物發生屬於保險責任範圍內的損失時，投保人可以向保險人提出賠償要求。按［INCOTERNS 1990］E 組、F 組、C 組包含的 8 種價格條件成交的合同，一般應由買方辦理索賠。按［INCOTERNS 1990］D 組包含的 5 種價格條件成交的合同，則視情況由買方或賣方辦理索賠。

第五節　工程保險

一、工程保險概述

（一）工程保險的含義

工程保險是指對進行中的建築工程項目、安裝工程項目及工程運行中的機器設備等面臨的風險提供經濟保障的一種保險。工程保險在性質上屬於綜合保險，既有財產風險的保障，又有責任風險的保障。傳統的工程保險僅指建築、安裝工程以及船舶工

程項目的保險。進入 20 世紀以後，許多科技工程活動迅速地發展，又逐漸形成了科技工程保險。

工程保險起源於 19 世紀的英國，是隨工業革命應運而生的，在第二次世界大戰結束后的歐洲大規模重建中得以迅速發展。工程保險體系與制度的建立和發展，減少了工程風險的不確定性，保障工程項目的財務穩定性，並通過保險公司的介入提供專業風險管理服務而消除一直困擾工程建設的工程質量、工期保證、支付信用等諸多問題，對規範和約束建築市場主體行為，自覺維護建築市場秩序，按市場經濟規律、規則辦事均起到了不可替代的作用。20 世紀 80 年代初在利用世界銀行貸款和「三資」建設項目中，工程保險作為工程建設項目管理的國際慣例之一被引入中國，工程保險在中國得以認同和發展。

工程保險作為一個相對獨立的險種起源於 19 世紀初，第一張工程保險保險單是 1929 年在英國簽發的承保泰晤士河上的拉姆貝斯大橋建築工程的。

所以，工程保險的歷史相對於財產保險中的火災保險來講要短得多，可以說是財產保險家族中的新成員。但是，由於工程保險針對的是具有規模宏大、技術複雜、造價昂貴和風險期限較長特點的現代工程，其風險從根本上有別於普通財產保險標的的風險。所以，工程保險是在傳統財產保險的基礎上有針對性地設計風險保障方案，並逐步發展形成自己獨立的體系。

（二）工程保險的特點

工程保險雖然承保了火災保險和責任保險的部分風險，但與傳統的財產保險相比較，與普通財產保險相比，工程保險的特點在於：

工程保險承保的風險是一種綜合性風險，表現為風險承擔者的綜合性、保險項目的綜合性和風險範圍的綜合性。

風險承擔者的綜合性。在工程保險中，由於同一個工程項目涉及多個具有經濟利害關係的人，如工程所有人、工程承包人、各種技術顧問及其他有關利益方（如貸款銀行等），均對該工程項目承擔不同程度的風險，所以，凡對於工程保險標的具有保險利益者，均具備對該工程項目進行投保的投保人資格，並且均能成為該工程保險中的被保險人，受保險合同及交叉責任條款的規範和制約。

保險項目的綜合性。在建築工程保險中，通常包含著安裝項目，如房屋建築中的供電、供水設備安裝等，而在安裝工程保險中一般又包含著建築工程項目，如安裝大型機器設備就需要進行土木建築（如打好座基等）；在船舶建造保險中，本身就是建築、安裝工程的高度融合。因此，這類業務雖有險種差異，相互獨立，但內容多有交叉，經營上也有相通性。

風險範圍的綜合性。工程保險的許多險種對除條款列明的責任免除外，保險人對保險期間工程項目因一切突然和不可預料的外來原因所造成的財產損失、費用，均予賠償；現代工程項目集中了先進的工藝、精密的設計和科學的施工方法，使工程造價猛增，造成工程項目本身就是高價值、高技術的集合體，使風險越來越集中，從而使工程保險承保承擔巨額風險。

工程保險承保的風險是一種高科技風險。現代工程項目的技術含量很高，專業性極強，而且可能涉及多種專業學科或尖端科學技術，如興建核電站、大規模的水利工程和現代化工廠等。因此，從承保的角度分析，工程保險對於保險的承保技術、承保手段和承保能力較之其他財產保險提出了更高的要求。

(三) 工程保險的保險金額及賠償限額

工程保險與普通財產保險不同的另一個特點是：財產保險的保險金額在保險期限內是相對固定不變的。但是，工程保險的保險金額在保險期限內是隨著工程建設的進度不斷增長的。所以，在保險期限內的不同時點，保險金額是不同的。

(四) 工程保險的保險期限及賠償處理

普通財產保險的保險期限是相對固定的，通常是 1 年。而工程保險的保險期限一般是根據工期確定的，往往是幾年，甚至十幾年。與普通財產保險不同的是，工程保險保險期限的起止點也不是確定的具體日期，而是根據保險單的規定和工程的具體情況確定的。為此，工程保險採用的是工期費率，而不是年度費率。

二、工程保險的責任範圍

工程保險的責任範圍由兩部分組成，第一部分主要是針對工程項下的物質損失部分，包括工程標的有形財產的損失和相關費用的損失；第二部分主要是針對被保險人在施工過程中因可能產生的第三者責任而承擔經濟賠償責任導致的損失。

(一) 關於責任範圍的限定

首先，工程保險的物質損失部分屬於財產保險的一種，它主要是針對被保險財產的直接物質損壞或滅失。通常對因此產生的各種費用和其他損失不承擔賠償責任。

造成損失的原因是除外責任以外的任何自然災害和意外事故，「除外責任以外」的措辭使其成為「一切險」保單，儘管措辭是「任何自然災害和意外事故」，但在之後的「定義」對自然災害和意外事故的概念又做了限定。

關於「在本保險期限內」，工程保險的保險期限的確定不同於其他財產保險，普通財產保險的保險期限是在保單上列明的具體日期，一般是一個確定的時間點。工程保險儘管在保單上也有一個列明的保險期限，但保險人實際承擔保險責任的起止點往往要根據保險工程的具體情況確定，是一個事先難以確定的時間點。如工程項目所用的尚未進入工地範圍內的材料、工程項目中已交付的部分項目發生保險責任範圍內的損失，儘管發生損失的時間是在保單列明的保險期限內，但保險人對上述損失不承擔賠償責任。

關於「在列明的工地範圍內」，工程保險對於保險標的的地理位置限定於工地範圍內，即被保險財產只有在工地範圍內發生保險責任範圍內的損失，保險人才負責賠償。若在工地範圍之外發生保險責任範圍內的損失，保險人不承擔賠償責任。被保險人若因施工的需要，必須將被保險財產存放在施工工地以外的地方時，應在確定保險方案時就予以考慮。解決的辦法有兩種：一是如果這種工地外存放的地點相對集中、固定，可以在保單明細表上的「工程地址」欄進行說明和明確；二是如果這種工地外存放的地點相對分散，且投保時尚無法確定，可以採用擴展「工地外儲存」條款，對這類風

險進行擴展承保。

責任範圍除了對承保的風險進行「定性」的限制外，同時對保險人承擔賠償責任進行「定量」的限制。在進行定量限制中採用的是分項限制和總限制相結合。分項限制主要是三類：一是保險單明細表的對應分項限額，如場地清理費用；二是特別條款中明確的賠償限額；三是批單中規定的賠償限額。總限額是對整個保險單的賠償限額進行總體的限制，即在任何情況下保險人承擔賠償責任的最高數額。

(二) 關於風險事件的定義

風險事件是指造成生命和財產損失的偶發事件，是造成損失的直接原因或外在原因，是損失的媒介物，即風險只有通過風險事件的發生，才能導致損失。

工程保險中的風險事件主要是指自然災害或意外事故。

為了明確責任範圍，工程保險的保單中採用了「定義」的形式對關鍵性的名詞進行了明確的界定。

1. 自然災害的定義

自然災害：指地震、海嘯、雷電、颶風、臺風、龍捲風、風暴、暴雨、洪水、水災、凍災、冰雹、地崩、山崩、雪崩、火山爆發、地面下陷下沉及其他人力不可抗拒的破壞力強大的自然現象。

從上述定義可以看出工程保險對於「自然災害」的概念性定義是「人力不可抗拒的破壞力強大的自然現象」，凡是符合這一條件的均為「自然災害」。同時，為了明確起見，保單羅列了常見的自然災害現象。但由於這些自然災害現象的程度可能存在巨大的不同，可能造成損失的情況也有很大的差異，所以，在保險實踐中往往需要對這些現象做進一步的規定和明確，以免發生爭議。一般是通過國家的保險監管機關，如中國保險監督管理委員會或以前的中國人民銀行頒發的具有法律效力的條款解釋來實現的。

2. 意外事故的定義

意外事故指不可預料的以及被保險人無法控製並造成物質損失或人身傷亡的突發性事件，包括火災和爆炸。

從上述定義可以看出工程保險對於「意外事故」的概念性定義是「不可預料的以及被保險人無法控製並造成物質損失或人身傷亡的突發性事件」，凡是符合這一條件的均為「意外事故」。定義的關鍵詞為：「不可預料」「無法控製」和「突發性」。工程保險將火災和爆炸歸入「意外事故」。

三、工程保險的主要險種

工程保險的主要險種包括建築工程保險、安裝工程保險、科技工程保險。

(一) 建築工程保險

1. 建築工程保險的主要內容

略。

2. 建築工程保險的適用範圍

建築工程保險承保的是各類建築工程，即適用於各種民用、工業用和公共事業用

的建築工程,如房屋、道路、橋樑、港口、機場、水壩、道路、娛樂場所、管道以及各種市政工程項目等,均可以投保建築工程保險。

建築工程保險的被保險人大致包括以下幾個方面:

一是工程所有人,即建築工程的最後所有者;

二是工程承包人,即負責建築工程項目施工的單位,它又可以分為主承包人和分承包人;

三是技術顧問,即由工程所有人聘請的建築師、設計師、工程師和其他專業技術顧問等。

當存在多個被保險人時,一般由一方出面投保,並負責支付保險費,申報保險期間的風險變化情況,提出原始索賠等。在實務中,由於建築工程的承包方式不同,所以其投保人也就各異。主要有以下四種情況:

(1) 全部承包方式。所有人將工程全部承包給某一施工單位,該施工單位作為承包人(或主承包人)負責設計、供料、施工等全部工程環節,最後以鑰匙交貨方式將完工的建築物交給所有人。在此方式中,由於承包人承擔了工程的主要風險責任,故而一般由承包人作為投保人。

(2) 部分承包方式。所有人負責設計並提供部分建築材料,施工單位負責施工並提供部分建築材料,雙方各承擔部分風險責任,此時可由雙方協商,推舉一方為投保人,並在合同中寫明。

(3) 分段承包方式。所有人將一項工程分成幾個階段或幾部分分別向外發包,承包人之間是相互獨立的,沒有契約關係。此時,為避免分別投保造成的時間差和責任差,應由所有人出面投保建築工程險。

(4) 施工單位只提供服務的承包方式。所有人負責設計、供料和工程技術指導;施工單位只提供勞務,進行施工,不承擔工程的風險責任。此時應由工程所有人投保。由於建築工程保險的被保險人有時不止一個,而且每個被保險人各有其本身的權益和責任需要向保險人投保,為避免有關各方相互之間的追償責任,大部分建築工程保險單附加交叉責任條款,其基本內容就是:各個被保險人之間發生的相互責任事故造成的損失,均可由保險人負責賠償,無須根據各自的責任相互進行追償。

3. 保險標的和保險金額

建築工程保險的保險標的範圍廣泛,既有物質財產部分,也有第三者責任部分。為方便確定保險金額,在建築工程保險單明細表中列出的保險項目通常包括如下幾個部分:

(1) 物質損失部分。建築工程險的物質損失可以分為以下七項:

一是建築工程。它包括永久性和臨時性工程及工地上的物料。

二是工程所有人提供的物料和項目。這是指未包括在上述建築工程合同金額中的所有人提供的物料及負責建築的項目。該項保險金額應按這一部分的重置價值確定。

三是安裝工程項目。這是指未包括在承包工程合同金額內的機器設備安裝工程項目,如辦公大樓內發電取暖、空調等機器設備的安裝工程。這些設備安裝工程已包括在承包工程合同內,則無須另行投保,但應在保單中說明。該項目的保險金額按重置

價值計算，應不超過整個工程項目保險金額的20%。若超過20%，則按安裝工程保險費率計收保費；超過50%的，則應單獨投保安裝工程保險。

四是建築用機器、裝置及設備。這是指施工用的各種機器設備，如起重機、打樁機、鏟車、推土機、鑽機、供電供水設備、水泥攪拌機、腳手架、傳動裝置、臨時鐵路等機器設備。該類財產一般為承包人所有，不包括在建築工程合同價格之內，因而應作為專項承保。其保險金額按重置價值確定，即重置同原來相同或相近的機器設備的價格，包括出廠價、運費、保險費、關稅、安裝費及其他必要的費用。

五是工地內現成的建築物。這是指不在承保工程範圍內的，歸所有人或承包人所有的或其保管的工地內已有的建築物或財產。

六是場地清理費。這是指發生保險責任範圍內的風險所致損失后為清理工地現場所支付的費用。

七是所有人或承包人在工地上的其他財產。這是指不能包括在以上六項範圍內的其他可保財產。如需投保，應列明名稱或附清單於保單上。其保險金額可參照以上六項項目標準由保險雙方協商確定。

以上七項之和，構成建築工程險物質損失項目的總保險金額。

（2）特種風險賠償。特種風險是指保單明細表中列明的地震、海嘯、洪水、暴雨和風暴。特種風險賠償則是對保單中列明的上述特種風險造成的各項物質損失的賠償。為控製巨額損失，保險人對保單中列明的特種風險必須規定賠償限額。凡保單中列明的特種風險造成的物質損失，無論發生一次或多次保險事故，其賠款均不得超過該限額。其具體限額主要根據工地的自然地理條件、以往發生該類損失記錄、工程期限的長短以及工程本身的抗災能力等因素來確定。

（3）第三者責任。建築工程險的第三者責任，是指被保險人在工程保險期內因意外事故造成工地及工地附近的第三者人身傷亡或財產損失依法應負的賠償責任。第三者責任採用賠償限額，賠償限額由保險雙方當事人根據工程責任風險的大小商定，並在保險單內列明。

4. 建築工程保險的保險責任範圍

（1）保險責任。建築工程保險的保險責任可以分為物質部分的保險責任和第三者責任兩大部分。其中物質部分的保險責任主要有保險單上列明的各種自然災害和意外事故，具體有自然災害、意外事故、人為災害三大類：

第一類：列明的自然災害。自然災害是指地震、海嘯、雷電、颶風、臺風、龍捲風、風暴、暴雨、洪水、水災、凍災、冰雹、地崩、山崩、雪崩、火山爆發、地面下沉下陷及其他人力不可抗拒的破壞力強大的自然現象。建築工程保險所承保的自然災害有洪水、潮水、水災、地震、海嘯、暴雨、風暴、雪崩、地陷、山崩、凍災、冰雹及其他自然災害（如泥石流、龍捲風、臺風等）。

第二類：列明的意外事故。建築工程保險承保的意外事故有：雷電、火災、爆炸、飛機墜毀、飛機部件或物體墜落，原材料缺陷或工藝不善所引起的事故，責任免除以外的其他不可預料的和突然的事故以及在發生保險責任範圍的事故后，現場的必要清除費用，在保險金額內，保險人可予賠償。原材料缺陷是指所用的建築材料未達到既

定標準，在一定程度上屬於製造商或供貨商的責任。其中原材料缺陷或工藝不善所引起的損失是指由於原材料缺陷或工藝不善造成的其他保險財產的損失，對原材料本身損失不予賠償。

　　第三類：人為風險。建築工程保險承保的人為風險有盜竊、工人或技術人員缺乏經驗、疏忽、過失、惡意行為。其中，工人、技術人員惡意行為造成的損失必須是非被保險人或其代表授意、縱容或默許的，否則，便是被保險人的故意行為，不予賠償。

　　建築工程第三者責任險的保險責任包括：在保險期間因建築工地發生意外事故造成工地及鄰近地區的第三者人身傷亡和財產損失，且依法應由被保險人承擔的賠償責任，以及事先經保險人書面同意的被保險人因此而支付的訴訟費用和其他費用，但不包括任何罰款。其中，建築工程第三者責任險的第三者是除所有被保險人及其與工程有關的雇員以外的自然人和法人。賠償責任不得超過保險單中規定的每次事故賠償限額或保單有效期內累計賠償限額。若一項工程中有兩個以上被保險人，為避免被保險人之間相互追究第三者責任，則由被保險人申請，經保險人同意，可加保交叉責任條款。該條款規定，除所有被保險人的雇員及可在工程保險單中承保的物質標的外，保險人對保險單所載每一個被保險人均視為單獨承保的被保險人，對他們的相互責任而引起的索賠，保險人均視為第三者責任賠償，不得向負有賠償責任的被保險人追償。

　　（2）責任免除。物質損失部分的一般責任免除。主要包括下列七項：①錯誤設計引起的損失、費用或責任。建築工程的設計通常是由被保險人自己或其委託的設計師進行的，因此，設計錯誤引起的損失、費用等被視為被保險人的責任，故保險人不予負責。同時設計師的責任可通過相應的職業責任險提供保障。②換置、修理或矯正標的本身原材料的缺陷或工藝不善所支付的費用。③非外力引起的機械或電器裝置的損壞或建築用機器、設備裝置失靈。④全部停工或部分停工引起的損失、費用或責任。⑤保單中規定應由被保險人自行負擔的免賠額。⑥領有公共運輸用執照的車輛、船舶、飛機的損失。⑦建築工程保險的第三者責任險條款規定的責任範圍和責任免除。由於保險標的不同，其遭受的風險各異，因而對一些特殊的保險標的除上述責任免除外，保險人還有必要規定特別責任免除，以限制其責任。常用的物質部分特別責任免除條款主要有隧道工程特別責任免除條款和大壩水庫工程特別責任免除條款。

　　第三者責任險的責任免除。它包括下列五項：①明細表中列明的應由被保險人自行承擔的第三者物質損失的免賠額，但對第三者人身傷亡不規定免賠額。②領有公共運輸用執照的車輛、船舶、飛機造成的事故。③被保險人或其他承包人在現場從事有關工作的職工的人身傷亡和疾病；被保險人及其他承包人或他們的職工所有或由其照管、控制的財產損失。因為這些人均不屬於建築工程保險中的第三者範圍。④由於震動、移動或減弱支撐而造成的其他財產、土地、房屋的損失或由於上述原因造成的人身傷亡或財產損失。但若被保險人對該類責任有特別要求，則可作為特約責任加保。⑤被保險人根據與他人的協議支付的賠償或其他款項。

　　5. 建築工程保險的費率

　　（1）釐定建築工程保險費率的依據。主要根據以下因素確定：保險責任範圍的大小；工程本身的危險程度；承包人及其他工程關係方的資信、經營管理水平及經驗等條件；

保險人本身以往承保同類工程的損失記錄；工程免賠額的高低及第三者責任和特種風險的賠償限額。

（2）建築工程險費率的組成。建築工程險的費率一般由以下幾個方面組成：①建築工程所有人提供的物料及項目、安裝工程項目、場地清理費、工地內已有的建築物、所有人或承包人在工地的其他財產等，為一個總的費率，整個工期實行一次性費率。②建築用機器、裝置及設備為單獨的年度費率，如保期不足一年，按短期費率計收保費。③保證期費率，實行整個保證期的一次性費率。④各種附加保險增收費率，實行整個工期一次性費率。⑤第三者責任險，實行整個工期一次性費率。對於一般性的工程項目，為方便起見，在費率構成考慮了以上因素的情況下，可以只規定整個工期的平均一次性費率。但在任何情況下，建築用施工機器裝置及設備必須單獨以年費率為基礎開價承保，不得與總的平均一次性費率混在一起。

6. 建工險的保險期限與保證期

（1）保險責任的開始時間。建築工程保險的保險期限開始有兩種情況，自工程破土動工之日或自被保險項目原材料等卸至工地時起，兩者以先發生者為準。動工日包括打地基在內，若經被保險人要求也可從打完地基開始，但應在保單中註明。

（2）保險責任的終止時間。保險責任的終止有以下幾種情況，以先發生者為準：保單規定的終止日期；工程所有人對部分或全部工作簽發完工驗收證書或驗收合格時；所有人開始使用時，若部分使用，則該部分責任終止。

（3）保證期。工程完畢後，一般還有一個保證期，在保證期間如發現工程質量有缺陷甚至造成損失，根據承包合同承包人須負賠償責任，這是保證期責任。保證期責任加保與否，由投保人自行決定，但加保則要加交相應的保費。

（4）保險期限的擴展時間。在保單規定的保險期限內，若工程不能按期完工，則由投保人提出申請並加繳規定保費後，保險人可簽發批單，以延長保險期限。其保費按原費率以日計收，也可根據當地情況或風險大小增收適當的百分比。

7. 建築工程保險承保與理賠

（1）建築工程保險承保。對建築工程保險的承保，關鍵是要進行承保前的風險調查、現場查勘、劃分危險單位、確定賠償限額和免賠額。

（2）建築工程保險的理賠。建築工程保險的理賠基本程序包括：出險通知、現場查勘、責任審核、核定損失、損余處理、計算賠款、賠付結案。即被保險人在發生保險責任範圍內的事故后，應及時通知保險人；保險人應盡快趕到事故現場予以查勘定損，根據事故發生的時間、地點及原因來審核是否屬於保險人應承擔的保險責任；如果屬於保險事故的損失，則應按保險單賠付。對各承保項目的損失，按發生損失的帳面金額或實際損失賠付；對於第三者責任事故造成他人的財產損失和人身傷亡，分別按保險單規定的賠償限額予以賠付；對於施救、保護、清理費用，應與保險項目和第三者責任保險分別計算，且以保險項目發生損失當天的帳面金額為限。同時，保險人支付賠款時要扣除有關財產物質的殘值。

與一般財產保險不同的是，建築工程保險採用的是工期保單，即保險責任的起訖通常以建築工程的開工到竣工為期。保險人承擔的賠償責任則根據受損項目分項處

理，並適用於各項目的保險金額或賠償限額。如保險損失為第三者引起，適用於權益轉讓原則，保險人可依法行使代位追償權。

（二）安裝工程保險

1. 安裝工程保險的特點

安裝工程保險簡稱安工險，與建築工程險同屬綜合性的工程保險業務，但與建築工程險又有區別。

以安裝項目為主要承保對象的工程保險，安裝項目為主體的工程項目為承保對象。雖然大型機器設備的安裝需要進行一定範圍及一定程度的土木建築，但安裝工程保險承保的安裝項目始終在投保工程建設中占主體地位，其價值不僅大大超過與之配套的建築工程，而且建築工程的本身亦僅僅是為安裝工程服務的。

安裝工程在試車、考核和保證階段風險最大。在建築工程保險中，保險風險責任一般貫穿於施工過程中的每一環節。而在安裝工程保險中，機器設備只要未正式運轉，許多風險就不易發生。雖然風險事件的發生與整個安裝過程有關，但只有到安裝完畢后的試車、考核和保證階段，各種問題及施工中的缺陷才會充分暴露出來。

保險風險主要是人為風險。各種機器設備本身是技術產物，承包人對其進行安裝和試車更是專業技術性很強的工作，在安裝工程施工過程中，機器設備本身的質量如何，安裝者的技術狀況、責任心，安裝中的電、水、氣供應以及施工設備、施工方式方法等均是導致風險發生的主要因素。因此，安裝工程保險雖然也承保著多項自然風險，但人為風險卻是該險種中的主要風險。

2. 安裝工程保險的適用範圍

安裝工程保險的承保項目，主要是指安裝的機器設備及其安裝費，凡屬安裝工程合同內要安裝的機器、設備、裝置、物料、基礎工程（如地基、座基等）以及為安裝工程所需的各種臨時設施（如臨時供水、供電、通信設備等）均包括在內。此外，為完成安裝工程而使用的機器、設備等，以及為工程服務的土木建築工程、工地上的其他財物、保險事故后的場地清理費等，均可作為附加項目予以承保。安裝工程保險的第三者責任保險與建築工程保險的第三者責任保險相似，既可以作為基本保險責任，亦可作為附加或擴展保險責任。同建築工程險一樣，所有對安裝工程保險標的具有保險利益的人均可成為被保險人，均可投保安裝工程險。安裝工程險中可作為被保險人的與建築工程保險的相同，也分為七類。

3. 保險標的和保險金額

安裝工程保險的標的範圍很廣，但與建築工程險一樣，也可分為物質財產本身和第三者責任兩類。其中，物質財產本身包括安裝項目、土木建築工程項目、場地清理費、所有人或承包人在工地上的其他財產；第三者責任則是指在保險有效期內，因在工地發生意外事故造成工地及鄰近地區的第三者人身傷亡或財產損失，依法應由被保險人承擔的賠償責任和因此而支付的訴訟費及經保險人書面同意的其他費用。為了確定保險金額的方便，安裝工程險保單明細表中列出的保險項目通常也包括物質損失、特種風險賠償、第三者責任三個部分。其中，后兩項的內容和賠償限額的規定均與建

築工程險相同，故不再贅述。安裝工程險的物質損失部分包括以下幾項：

（1）安裝項目。這是安裝工程險的主要保險標的，包括被安裝的機器設備、裝置、物料、基礎工程（地基、機座）以及安裝工程所需的各種臨時設施，如水、電、照明、通信等設施。安裝項目保險金額的確定與承包方式有關。若採用完全承包方式，則為該項目的承包合同價；若由所有人投保引進設備，保險金額應包括設備的購貨合同價加上國外運費和保險費（FOB 價格合同）、國內運費和保險費（CIF 價格合同），以及關稅和安裝費（包括人工費、材料費）。安裝項目的保險金額，一般按安裝合同總金額確定，待工程完畢後再根據完畢時的實際價值調整。

（2）土木建築工程項目。這是指新建、擴建廠礦必須有的工程項目，如廠房、倉庫、道路、水塔、辦公樓、宿舍、碼頭、橋樑等。土木建築工程項目的保險金額應為該項工程項目建成的價格。這些項目一般不在安裝工程內，但可在安裝工程內附帶投保，其保險金額不得超過整個安裝工程保額的 20%。超過 20% 時，則按建築工程險費率收保費；超過 50%，則需單獨投保建築工程險。

（3）場地清理費。保險金額由投保人自定，並在安裝工程合同價外單獨投保。對於大工程，一般不得超過工程總價值的 5%；對於小工程，一般不得超過工程總價值的 10%。

（4）為安裝工程施工用的承包人的機器設備。其保險金額按重置價值計算。

（5）所有人或承包人在工地上的其他財產。指上述三項以外的保險標的，大致包括安裝施工用機具設備、工地內現成財產等。保額按重置價值計算。

上述五項保險金額之和即構成物質損失部分的總保險金額。

4. 保險責任和責任免除

（1）保險責任。安裝工程險在保險責任規定方面與建築工程險略有區別。安裝工程險物質部分的保險責任除與建築工程險的部分相同外，一般還有以下幾項內容：安裝工程出現的超負荷、超電壓、碰線、電弧、走電、短路、大氣放電及其他電氣引起的事故。安裝技術不善引起的事故。除安裝工程保險有關物質部分的基本保險責任外，有時因投保人的某種特別要求，加保附加險。安裝工程第三者責任險的保險責任與建築工程第三者責任險的相同。若一項工程中有兩個以上被保險人，為了避免被保險人之間相互追究第三者責任，由被保險人申請，經保險人同意，可加保交叉責任險。

（2）責任免除。安裝工程險物質部分的責任免除，多數與建築工程險相同。所不同的是：建築工程險將設計錯誤造成的損失一概除外；而安裝工程險對設計錯誤本身的損失除外，對由此引起的其他保險財產的損失予以負責。

（三）科技工程保險

（1）海洋石油開發保險。海洋石油開發保險面向的是現代海洋石油工業，它承保從勘探到建成、生產整個開發過程中的風險，海洋石油開發工程的所有人或承包人均可投保該險種。

該險種一般被劃分為四個階段：普查勘探階段，鑽探階段，建設階段，生產階段。每一階段均有若干具體的險種供投保人選擇投保。每一階段均以工期為保險責任起訖

期。當前一階段完成，並證明有石油或有開採價值時，后一階段才得以延續，被保險人亦需要投保后一階段保險。因此，海洋石油開發保險作為一項工程保險業務，是分階段進行的。

其主要的險種有勘探作業工具保險、鑽探設備保險、費用保險、責任保險、建築安裝工程保險。在承保、防損和理賠方面，均與其他工程保險業務具有相通性。

（2）衛星保險。衛星保險是以衛星為保險標的的科技工程保險，它屬於航天工程保險範疇，包括發射前保險、發射保險和壽命保險，主要業務是衛星發射保險，即保險人承保衛星發射階段的各種風險。衛星保險的投保與承保手續與其他工程保險並無區別。

（3）核電站保險。核電站保險以核電站及其責任風險為保險對象，是核能民用工業發展的必要風險保障措施，也是對其他各種保險均將核子風險除外不保的一種補充。核電站保險的險種主要有財產損毀保險、核電站安裝工程保險、核責任保險和核原料運輸保險等，其中財產損毀保險與核責任保險是主要業務。在保險經營方面，保險人一般按照核電站的選址勘測、建設、生產等不同階段提供相應的保險，從而在總體上仍然具有工期性。當核電站正常運轉后，則可以採用定期保險單承保。

第六節　企業財產保險

一、企業財產保險概述

（一）企業財產保險的概念

企業財產保險是一切工商、建築、交通運輸、飲食服務行業、國家機關、社會團體等，對因火災及保險單中列明的各種自然災害和意外事故引起的保險標的的直接損失、從屬損失和與之相關聯的費用損失提供經濟補償的財產保險。

企業財產綜合保險是中國財產保險的主要險種，它是以企業的固定資產和流動資產為保險標的，以企業存放在固定地點的財產為對象的保險業務，即保險財產的存放地點相對固定且處於相對靜止的狀態。企業財產保險具有一般財產保險的性質，許多適用於其他財產保險的原則同樣適用於企業財產保險。

投保的企業應根據保險合同向保險人支付相應的保險費。保險人對於保險合同中約定的可能發生的事故因其發生而給被保險人所造成的損失，予以承擔賠償責任。

（二）企業財產保險的作用

企業財產綜合保險是中國財產保險的主要險種，是以各類企業及其他經濟組織存放在相對固定地點，且處於相對靜止狀態的企業固定資產、流動資產和其他與企業經濟利益有關的財產為主要保險對象的一種保險。它是在過去火災保險的基礎上，不斷擴大保險責任、充實保險內容而逐漸發展起來的，使被保險企業及其他經濟組織在遭受到保險責任範圍內的自然災害或意外事故時，能夠及時得到經濟補償，保障企業正常生產和經營，同時還配合企業開展防災防損工作，保護社會財產安全。企業財產保

險的具體作用有以下三個方面：

1. 為企業分擔風險，提供經濟補償

我們知道，各種自然災害和意外事故，如火災、爆炸、洪水、雷擊、風災等，是不可避免的，如果某個企業遇到了災害事故，輕則影響生產，重則中斷生產經營，甚至破產。因此，災害事故就成了企業管理中一種不可預料的風險。保險是一種分擔風險的方法，是建立在災害事故的偶然性和必然性這種矛盾對立統一基礎上，對個別投保企業來說是偶然和不確定的，但對所有投保企業來說卻是必然和確定的。

參加保險就是以繳付一定的保險費用支出，把風險轉嫁給保險公司，一旦發生災害事故的損失，能夠及時得到經濟補償，從而保證企業生產、經營的正常進行和經濟效益的實現。保險組織通過向眾多的投保企業收取保險費來分攤其中少數企業遭受的損失，保險對象的大多數一般不可能同時遭受損失，但如洪水、暴風、暴雨及地震等自然災害，經常造成巨災損失，保險公司則運用累積的保險基金，在全國範圍內調劑，及時提供經濟補償。

2. 為社會加強防災工作，保護財產安全

開展防災防損工作是由保險經營的特點決定的。首先，在日常業務的承保、計算費率及理賠工作中，都涉及災害事故，掌握了財產的設置，分佈各種災害事故損失的統計資料，對災害事故的原因也進行分析和研究，累積了一定的防災防損經驗，具有積極參與公安消防、防汛和防洪等社會職能部門搞這項工作的社會責任。其次是在保險經營中，使業務、理賠與防災緊密結合，保險賠償只是分攤災害事故損失，但整個社會仍受到危害，因此保險既管「賠」又抓「防」，花費一定資金向社會宣傳防災防損、為專職部門增添設備，加強防災工作。最后是通過業務經營，促使投保企業重視防災防損工作，對保險財產安全情況進行檢查，發現不安全因素及時向企業提出改進建議，並督促落實措施，消除不安全因素。此外，還在保險費率上鼓勵投保企業加強防災防損，按規定享受費率減成優惠。

3. 為國家提供資金，支援四化建設

保險的目的是為遭受災害事故的企業單位提供經濟補償，同時也為國家累積大量的建設資金，保險公司將按當年保險費收入扣除保險責任準備金、賠款和經營費用後的剩餘，大部分上繳給國家，其中中央與地方財政各50%。保險公司積聚的資金也大部分存入銀行，成為銀行信貸資金來源之一，支援了四化建設。保險公司還在中國人民銀行核定的放款額度內，從經濟上幫助保險企業解憂排難，解決在資金運用上的暫時困難，有利於企業生產的發展。

二、企業財產保險的內容

（一）保險標的

團體火災保險的保險標的是各種財產物資，但也並非一切財產物資均可以成為團體火災保險的保險標的。保險人的承保範圍可以通過劃分為可保財產、特約可保財產和不保財產來加以體現。

凡是為被保險人自有或與他人共有而由被保險人負責的財產、由被保險人經營管理或替他人保管的財產以及具有其他法律上承認的與被保險人有經濟利害關係的財產，而且是坐落、存放於保險單所載明地址的下列家庭財產，都屬可保財產：可保財產按企業財產項目類別分類，包括房屋、建築物及附屬裝修設備，機器及設備，工具、儀器及生產用具，交通運輸工具及設備，管理用具及低值易耗品，原材料、半成品、在產品、產成品或庫存商品、特種儲備商品，建造中的房屋、建築物和建築材料，帳外或已攤銷的財產，代保管財產等。

特約可保財產（簡稱特保財產）是指經保險雙方特別約定后，在保險單中載明的保險財產。特保財產又分為不提高費率的特保財產和需要提高費率的特保財產。不提高費率的特保財產是指市場價格變化較大或無固定價格的財產。如金銀、珠寶、玉器、首飾、古玩、古畫、郵票、藝術品、稀有金屬和其他珍貴財物；堤堰、水閘、鐵路、涵洞、橋樑、碼頭等。需提高費率或需附貼保險特約條款的財產一般包括礦井、礦坑的地下建築物、設備和礦下物資等。

不保財產包括：土地、礦藏、礦井、礦坑、森林、水產資源以及未經收割或收割后尚未入庫的農作物；貨幣、票證、有價證券、文件、帳冊、圖表、技術資料以及無法鑒定價值的財產；違章建築、危險建築、非法占用的財產；在運輸過程中的物資等。

（二）企業投保和索賠流程

1. 企業財產投保流程，如圖6-1所示：

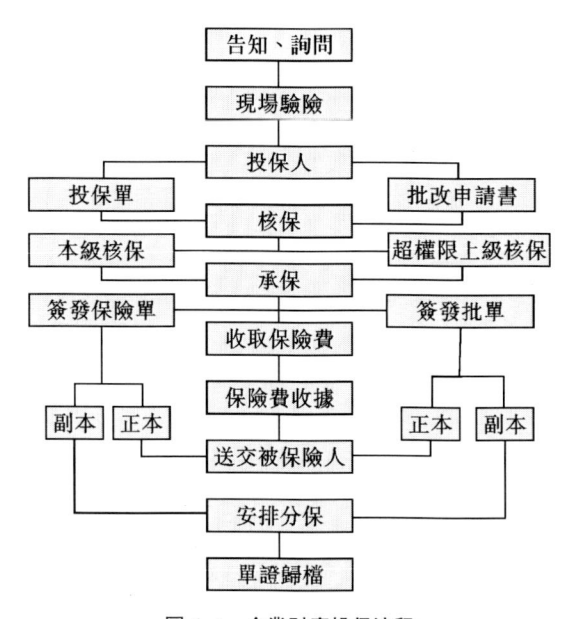

圖6-1　企業財產投保流程

申報材料：投保單、財產風險調查表、投保財產清單，根據保險標的、保險責任和風險級別等不同情況索要或要求投保人填寫的其他材料。

2. 索賠流程。企業財產保險索賠流程，如圖6-2所示：

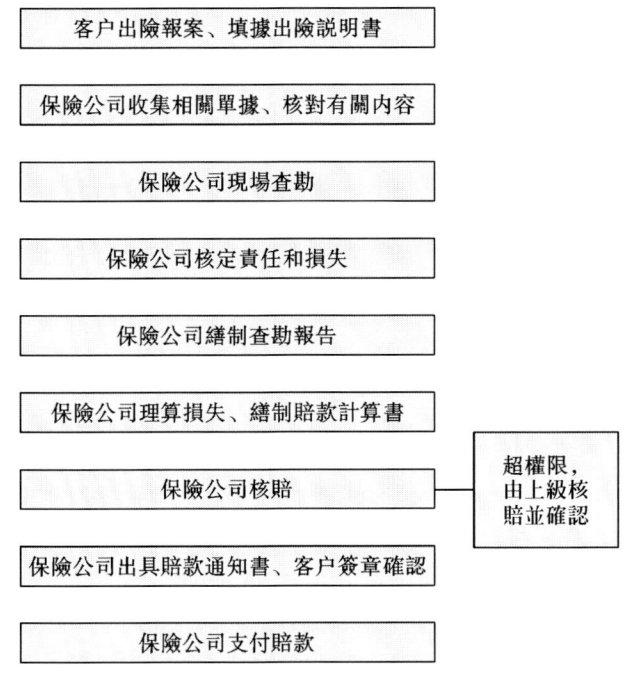

```
┌─────────────────────────────┐
│ 客戶出險報案、填據出險說明書 │
└──────────────┬──────────────┘
┌──────────────┴──────────────┐
│ 保險公司收集相關單據、核對有關內容 │
└──────────────┬──────────────┘
┌──────────────┴──────────────┐
│       保險公司現場查勘       │
└──────────────┬──────────────┘
┌──────────────┴──────────────┐
│     保險公司核定責任和損失   │
└──────────────┬──────────────┘
┌──────────────┴──────────────┐
│      保險公司繕制查勘報告    │
└──────────────┬──────────────┘
┌──────────────┴──────────────┐
│ 保險公司理算損失、繕制賠款計算書 │
└──────────────┬──────────────┘
┌──────────────┴──────────────┐         ┌──────────────┐
│        保險公司核賠          │─────────│ 超權限，     │
└──────────────┬──────────────┘         │ 由上級核     │
                                         │ 賠並確認     │
                                         └──────────────┘
┌──────────────┴──────────────────────┐
│ 保險公司出具賠款通知書、客戶簽章確認 │
└──────────────┬──────────────────────┘
┌──────────────┴──────────────┐
│       保險公司支付賠款       │
└─────────────────────────────┘
```

圖 6-2　企業財產保險索賠流程

申報材料：

（1）出險通知書、索賠申請書、保險單、損失清單及其所列物品的原始發票或其複印件（加蓋財務章）、修理預（決）算書、重置或修理受損財產的原始發票或其複印件、施救費用發票（加蓋財務章）。

（2）有關帳冊：當受損標的為固定資產的，應提供有關月份資產負債表、資產變動表、固定資產明細帳、入帳憑證；當受損標的為流動資產或遞延資產的，應提供有關月份資產負債表、遞延資產明細帳複印件、倉庫保管帳、盤點表、出入庫單、明細帳、入帳憑證。

（3）第三方提出的索賠函、與第三方簽署的索賠協議（適用於責任險）；相關部門出具的傷殘證明、死亡證明（發生傷殘、死亡時）；醫療費單證；權益轉讓書；訴訟材料（訴訟發生時）；法院裁決的受益人證明（造成第三者傷亡時）；現場照片（在未進行現場查勘時）；根據不同的保險事故提供相關部門（如公安、消防、氣象、檢驗、海關、港務等）的技術鑒定證明、事故報告書；公估公司出具的損失理算報告（聘請公估公司時）；權益轉讓書及相關追償文件（損失涉及其他責任方時）；開戶銀行及帳號；其他材料。

三、企業財產保險的類別

企業財產綜合保險主要有財產基本險和綜合險兩大類，以及若干附加險，主要承保那些可用會計科目來反應，又可用企業財產項目類別來反應的財產，如固定資產、

流動資產、帳外資產、房屋、建築物、機器設備、材料和商品物資等。財產基本險和綜合險的主要區別在於綜合險的保險責任比基本險的範圍要廣一些。

1. 基本險保險責任

（1）因火災、爆炸、雷擊、飛行物體及其他空中運行物體墜落所致損失。

（2）被保險人擁有財產所有權的自用供電、供水、供氣設備因保險事故遭受損壞，引起停電、停水、停氣以致造成保險標的的直接損失。

（3）發生保險事故時，為了搶救保險標的或防止災害蔓延，採取合理必要的措施而造成保險財產的損失。

（4）在發生保險事故時，為了搶救、減少保險財產損失，被保險人對保險財產採取施救、保護措施而支出的必要、合理費用。

2. 綜合險保險責任

（1）因火災、爆炸、雷擊、暴雨、洪水、臺風、暴風、龍捲風、雪災、雹災、冰凌、泥石流、崖崩、突發性滑坡、地面下陷下沉。

（2）飛行物體及其他空中運行物體墜落。

（3）被保險人擁有財產所有權的自用供電、供水、供氣設備因保險事故遭受損壞，引起停電、停水、停氣以致造成保險標的的直接損失。保險人在承擔該項責任時，要求必須同時具備下列三個條件：一是必須是被保險人同時擁有全部或部分所有權和使用權的供電、供水、供氣設備，包括企業自有設備和與其他單位共有的設備，這些設備包括發電機、變壓器、配電間、水塔、管道線路等供應設施。二是這種損失僅限於保險單列明的保險責任範圍內的意外危險和自然災害所造成的，由規定的保險責任以外的危險、災害或其他原因引起的「三停」事故對於保險標的造成的損失，保險人不承擔賠償責任。三是這種損失的對象必須是需要通過供電、供水和供氣設備的正常運轉，才能保證財產正常存在的保險標的，如熔煉、冷凝、發酵、烘烤、蒸發等需要通過「三供」設備進行操作的保險標的。

（4）發生保險事故時，為了搶救財產或防止災害蔓延，採取合理必要的措施而造成保險財產的損失。保險人在承擔該項責任時，通常要求必須是在保險單列明的保險責任發生時，為了搶救保險標的或防止災害的蔓延而造成的保險標的的損失，對於在搶救保險標的或防止災害的蔓延時造成非保險標的的損失，則不予賠償。

（5）在發生保險事故時，為了搶救、減少保險財產損失，被保險人對保險財產採取施救、保護措施而支出的必要、合理費用。

四、保險金額與保險期限

（一）保險金額

企業財產綜合保險金額是根據被保險財產的性質確定的。固定資產保險金額的確定方法主要有三種：①按帳面原值投保，即固定資產的帳面原值就是該固定資產的保險金額。②按重置重建價值投保，即按照投保時重新購建同樣的財產所需支出確定保險金額。③按投保時實際價值協議投保，即根據投保時投保標的所具有的實際價值由

保險雙方協商確定保險金額。保險客戶可以任意選擇上面一種方式確定保險金額。

一般而言，法人團體的流動資產通常分為物化流動資產與貨幣形態的流動資產。前者表現為原材料、在產品、半成品、產成品及庫存商品等；后者表現為現金、銀行存款等，保險人通常只負責物化流動資產的保險，對非物化流動資產是不承擔保險責任的。因此，在承保時還需要區分流動資產的結構與形態。然而，法人團體的流動資產在結構與形態方面是處於經常變動之中的，任何一個時點上的物化流動資產均不一定等於出險時的物化流動資產。流動資產保險金額的確定方法有兩種：按最近帳面余額確定保險金額和按最近1年帳面平均余額確定保險金額。專項資產可以按照最近帳面余額確定保險金額，也可以按計劃數確定保險金額。代保管財產由於保管人對其負有經濟安全責任的，可以投保。如有代保管帳登記的財產，可以根據帳面反應的價值確定保險金額；如帳上不反應的財產，可由投保人估價投保。

在企業財產保險經營中，保險人必須對同類財產在總的平均費率基礎上，按照被保險財產的種類，分別制定級差費率。一般而言，影響企業財產保險級差費率的主要因素有：房屋的建築結構、占用性質、危險種類、安全設施、防火設備等。企業財產保險的現行費率就是在考慮上述因素的條件下制訂的，並分為基本保險費率和附加險費率兩部分。基本保險費率又分為工業險、倉儲險和普通險三類，每類均按占用性質確定不同的級差費率。附加險費率指企業財產保險的附加險（特約保險）的費率，一般由各地根據調查資料統計的損失率為基礎進行厘定。此外，還有企業財產保險的短期費率，適用於保險期不滿1年的業務。對統保單位或防災設施良好的投保人，保險人還可以採用優惠費率。

（二）保險期限

企業財產保險的保險期限指保險責任的開始至保險責任終止的保險有效期限；是保險人對保險財產在發生保險責任範圍內的自然災害或意外事故所遭受的損失，承擔賠償責任的期限，也就是保險事故只有發生在保險期限內，保險人才承擔賠償責任。

企業財產保險的保險期限，應從保險合同雙方當事人約定的起保日的零時開始生效，至期滿日的24時止。因此不能認為被保險人已將投保單送達保險人，保險責任就已開始。無特殊情況保險人一般不在被保險人投保的當時開始起保，如被保險人堅持要求投保時立即起保的，應認真瞭解情況，並在投保單與保險單上批明×年×月×日時起保，以明責任。

企業財產保險的保險期限一般為1年期，也可以投保多年期（如保險期限定為3年，保險費可以保險財產帳面金額按年或按季分期結算），如有特殊情況，如倉儲物資也可投保短期保險，但應按短期費率計收保費，不滿一個月的按一個月計算。

保險期限一經確定，無特殊原因，一般不予以隨意變更，但是保險人和被保險人可以根據保險條款規定或實際情況的變更，提出改變或終止保險責任期限，如被保險人因單位撤消而申請中途退保，又如被保險人不履行保險條款規定的應盡各項義務，保險人從收到通知日起終止保險責任。

五、賠償金額的計算

（一）固定資產的賠償金額的計算

1. 全部損失

按保險金額賠償，如果受損財產的保險金額高於重置重建價值時，其賠償金額以不超過重置重建價值為限。但倘若受損財產的保險金額高於重置重建價值時，其賠償金額以不超過重置價值為限。

2. 部分損失

一是按帳面原值投保的財產，如果受損財產的保險金額低於重置重建價值，應根據保險金額按財產損失程度或修復費用與重置重建價值的比例計算賠償金額；如果受損保險財產的保險金額相當於或高於重置重建價值，按實際損失計算賠償金額。

二是按帳面原值加成數或按重置重建價值投保的財產，按實際損失計算賠償金額。

以上固定資產賠款應根據明細帳、卡分項計算，其中每項固定資產的最高賠償金額分別不得超過其投保時確定的保險金額。

（二）流動資產的賠償金額的計算

按最近12個月帳面平均餘額投保的財產發生全部損失，按出險當時的帳面餘額計算賠償金額；發生部分損失，按實際損失計算賠償金額。

以上流動資產選擇部分科目投保的，其最高賠償金額分別不得超過出險當時該項科目的帳面餘額。

按最近帳面餘額投保的財產發生全部損失，按保險金額賠償，如果受損財產的實際損失金額低於保險金額，以不超過實際損失為限；發生部分損失，在保險金額額度內按實際損失計算賠償金額，如果受損財產的保險金額低於出險當時的帳面餘額時，應當比例計算賠償金額。

以上流動資產選擇部分科目投保的，其最高賠償金額分別不得超過其投保時約定的該項科目的保險金額。

六、利潤損失保險

利潤損失保險又稱為營業中斷保險，它賠償企業遭受災害事故並導致正常生產或營業中斷造成的利潤損失，是依附於財產保險上的一種擴大的保險。一般的財產保險只對各種財產的直接損失負責，不負責因財產損毀所造成的利潤損失。利潤損失保險則是對於工商企業特別提供的一種保險。它承保的是被保險人受災後停業或停工的一段時期內（估計企業財產受損后恢復營業達到原有水平所需的時間）的可預期的利潤損失，或是仍需開支的費用。如企業被焚毀不能營業而引起的利潤損失，或是企業在停工、停業期間仍需支付的各項經營開支，如工資、房租、水電費等。在國際保險市場上，利潤損失保險既有使用單獨保單承保的（如英國），又有作為前述團體火災保險的附屬保單承保的（如美國）。中國保險人一般將利潤損失保險作為財產保險的一項附加險承保。

（一）利潤損失保險的保險責任

利潤損失保險以附加險種的形式出現，只有保險損失的原因與基本險種的承保風

險一致，保險公司才負責賠償因此引起的營業中斷損失。利潤損失保險主要承保保險責任事故引起的利潤損失及營業中斷期間仍需支付的必要費用等間接損失，從而打破了財產保險只承保直接損失責任的傳統做法。其保險責任可以擴展到因其他相關單位（如供應商、銷售商等）遭受同樣風險使被保險人停業、停產造成的利潤損失。

（二）利潤損失保險的賠償期限

在利潤損失保險經營實務中，保險人應當充分注意其保險賠償期限與保險期限的區別。保險期限是指保險單的起訖期限，保險人負責承保保險有效期內發生的災害事故。保險賠償期限則是指在保險期限內發生了災害事故後到恢復正常生產經營的一段時間。利潤損失保險只負責保險賠償期內所遭受的損失，即由保險雙方當事人，事先估計企業財產受損後要恢復原有的生產經營狀況所需要的時間（如從財產受災之日起，3個月、半年或1年等），商定賠償期限。

（三）利潤損失保險的保險金額

利潤損失保險的保險金額一般按本年度預期毛利潤額確定，即根據企業上年度帳冊中的銷售額或營業額、本年度業務發展趨勢及通貨膨脹等因素估計得出。如果賠償期限為1年之內，保額為本年度預期毛利潤額；若賠償期限在1年以上，則保額按比例增加。例如，規定賠償期限為15個月，保險金額就是本年度預期毛利潤額的125%。利潤損失保險的保險費率一般以承保的財產保險的費率為基礎費率，然後根據不同性質的企業標準費率及其他影響損失的因素大小進行增減。

（四）利潤損失保險的賠償計算

利潤損失保險既賠償毛利潤損失，又承擔營業中斷期間支付的必要費用。具體而言，包括營業額減少所致的毛利潤損失、營業費用增加所致的毛利潤損失和佣金損失三個方面。毛利潤損失用公式表示為：

毛利潤＝營業額＋年終庫存－生產費用＋固定費用

其中：標準營業額是指上年度同期的可比營業額；實際賠償期內的營業額是指從損失發生之日起到安全恢復生產經營為止的營業額，實際賠償期以保險賠償期限為限；標準營業額與實際賠償期內的營業額之差額，即為賠償期限內由於損失所造成的營業額低於標準營業額的差額。毛利潤率是指上年度的毛利潤額與營業額之比。保險人賠償毛利潤損失時，一般按以上公式計算，必要時應根據營業趨勢及情況的變化，或損失發生前後業務受影響情況，或如未發生損失原會影響業務的其他情況予以調整，使調整的數額盡可能合理地接近在出險後有關期間如未發生損失原可取得的經營結果。營業中斷期間支付的必要費用，主要是指企業為減少營業中斷損失而支付的合理費用。如商場遭火災後繼續營業而租用他人房屋的租金；為加快修建被焚毀的廠房，要求建築工人加班工作而支付的加班費。這類費用為營業費用增加所致的毛利潤損失。此外，限於被保險人因保險項目下的索賠，保險人為了自身的需要而提供及證明其帳冊或其他營業帳冊或文件的任何細節或細目或其他證明、證據或情況所付給其會計師或審計師的合理佣金費用，往往也屬於在營業中斷期間支付的必要費用。但營業費用的增加額不能超過若不支出該費用而造成的毛利潤損失額。此外，利潤損失保險一般規定了

免賠額,由被保險人自己承擔一部分損失。

(五) 利潤損失保險的除外責任

利潤損失保險對因下列原因所造成的滅失或損失不予賠償:①被保險人或其代表的故意行為或實際過失。②戰爭、類似戰爭行動、敵對行為、武裝衝突、沒收或徵用。③核反應、核輻射或核污染。④其他不屬於保險單及保險公司簽發的機器損壞險保單所承保的任何原因或風險。

第七節　家庭財產保險

一、家庭財產保險概述

(一) 家庭財產保險的基本介紹

家庭財產保險簡稱家財險,是個人和家庭投保的最主要險種。凡存放、坐落在保險單列明的地址,屬於被保險人自有的家庭財產,都可以向保險人投保家庭財產保險。家庭財產保險為居民或家庭遭受的財產損失提供及時的經濟補償,有利於居民生活,保障社會穩定。中國目前開辦的家庭財產保險主要有普通家庭財產險和家庭財產兩全險。有些地區還有城鎮居民安全用電保險、家用電器超電壓責任特約險、家庭財產附加柴草火災險等險種。在家庭財產保險業務經營中,其保險標的、承保地址、保險責任等與企業財產保險均具有相似性:一是保險標的都屬於具有實體的財產物資;二是都要求存放在固定的處所;三是保險人承保的風險均包括若干自然災害與意外事故,可以附加承保盜竊風險等。

(二) 家庭財產保險的特點

財產保險作為與團體火災保險相對應的另一類火災保險業務,在經營實踐中有以下特徵:

(1) 業務分散,額小量大。即城鄉居民均是以家庭或個人為單位的,不僅居住分散,而且物質財產的累積有限,每一戶城鄉居民家庭都是保險人的一個展業對象和一個潛在的保險客戶來源。因此,家庭財產保險業務是一種分散性業務,其單個保單的承保額不高,但業務量卻很大。

(2) 風險結構有特色。家庭財產面臨的風險一般主要是火災、盜竊等風險,這種風險結構與團體火災保險有著巨大的差異。因此,保險人需要有針對性地做好風險選擇與防損工作。

(3) 保險賠償有特色。一方面,家庭財產保險的賠案大多表現為小額、零星賠案,需要投保人投入較多的人力來處理;另一方面,保險人對家庭財產保險中理賠一般採取有利於被保險人的第一危險賠償方式。

(4) 設計更具靈活性。家庭財產保險業務面向普通的城鄉居民,為滿足他們的不同需要並使險種真正具有吸引力,保險人不僅提供普通家庭財產保險,往往還推出具有還本性質的家庭財產兩全保險及家庭財產長效還本保險,以及綜合承保財產損失與

有關責任的保險等。因此，城鄉居民的投保選擇機會較多。

（三）家庭財產保險的適用範圍

家財險適用於中國城鄉居民家庭或個人以及外國駐華者個人及其家庭成員。凡屬於城鄉居民家庭或個人、外國駐華者個人及其家庭的自有財產、代他人保管財產或與他人共有的財產，都可以投保家財險。在開展家財險業務時，應當注意如下兩點。

（1）家財險可以接受個人投保，承保個人財產，如現行家庭財產公證制，將一個家庭內部（主要是夫妻雙方）成員的財產具體到個人，這樣既可以以個人名義投保，也可以以家庭名義投保。

（2）對於個體工商業者及合作經營組織，包括個體勞動者、手工業者、小商小販、合夥經營等生產、經營用的廠房、工具、器具、原材料、商品等，即使是屬於城鄉居民家庭或個人所有，也一般不投保家財險，而是另行投保個體工商戶和合作經營組織財產保險。

（四）家庭財產保險的基本分類

根據家財險承保業務的獨立與否，它可以分為家財險基本險和附加險兩類。其中，基本險是以保險合同為依據的承保業務，一般表現出獨立性、綜合性特徵；而附加險卻只能依附於主險之上，它不能獨立承保，且一般屬於主險不保的某一項除外風險或不保財產。在家財險經營實務中，主險是為了滿足大眾化的風險轉嫁需求，而附加險種則是為了滿足保險客戶的特別需求，它們共同構成家財險系列，供投保人自主選擇。

根據家財險承保的責任範圍不同，可以分為綜合家財險和單一家財險兩類。其中，單一家財險是指由保險人在一張保險單中承保被保險人某一種（類）財產或某一種風險責任的保險，如液化氣罐保險、自行車專項保險、家用電器專項保險等；綜合家財險是指由保險人在一張保險單中承保被保險人多項保險標的、多種風險責任的保險，如保險市場上流行的普通家財險、還本家財保險、利率聯動型家庭財產保險等險種。

1. 普通家庭財產保險

普通家庭財產保險是採取繳納保險費的方式，保險期限為一年，從保險人簽發保單零時起，到保險期滿24小時止。沒有特殊原因，中途不得退保。保險期滿后，所繳納的保險費不退還，繼續保險需要重新辦理保險手續。

普通家庭財產保險的保險金額由投保人根據家庭財產保險標的的實際價值自行確定。家庭財產保險業務的保險金額的確定有下列兩種方式。

（1）單一總保險金額制。保險單只列明保險財產的總保險金額。採取單一總保險金額制時，保險人只要求投保人根據投保財產的實際價值確定投保的保險金額，不確定不同類別的財產的保險金額。

（2）分項總保險金額制。保險單列明的總保險金額為各項保險金額之和。家庭財產保險業務採取分項總保險金額制時，有兩種操作方法：一種是投保人按照保險人提供的投保單所列明的投保財產的類別，分項列明保險金額或者列明投保財產的名稱及其保險金額，然後將各個類別的保險金額之和作為總保險金額；另一種是根據家庭財產的不同種類標明各種類別的家庭財產所適用的保險費率，然後按照這個保險費率分

別計算不同類別的家庭財產的保險金額，最后計算保險單的總保額。中國保險公司對於家庭財產保險業務採取第一危險賠償方式，凡是屬於保險責任範圍內的損失都可以在保險金額限度內獲得賠償。

2. 投資保障型家庭財產保險

投資保障型家庭財產保險不僅具有保障功能，還具有投資功能。投保人所交付的是保險投資資金，按規定，保險投資資金必須按份購買。例如，每份保險金額需繳納保險投資資金2000元，則被保險人不但可得到保險金額為10,000元的保險保障，而且在保險期滿后，無論是否獲得過保險賠償，均可以領取保險投資資金本金2000元和一定的投資收益。具體有以下兩種險種：

（1）到期還本型家財產保險。它的承保範圍和保險責任與普通家財險相同。到期還本型家庭財產保險具有災害補償和儲蓄的雙重性質。投保時，投保人繳納固定的保險儲金，儲金的利息轉作保費，保險期滿時，無論在保險期內是否發生賠付，保險儲金均返還投保人。

（2）利率聯動型家庭財產保險。隨著物價指數的上漲和央行不斷升息，人們對保險保障提出了更高的要求。利率聯動型家庭財產保險應運而生。投保此類險種除擁有相應的保障責任外，如遇銀行利率調整，隨一年期銀行存款利率同步、同幅調整，分段計息，無論是否發生保險賠償，期滿均可獲得本金和收益。

二、保險的標的範圍

（一）可保財產

在家財險的經營實務中，凡是坐落在保險單所載明的固定地點，屬於被保險人自有或代保管或負有安全管理責任的財產，都可以投保家財險。它們的共同特點是處於被保險人的直接控制之下。具體而言，家財險的可保財產有：房屋及其附屬設備；生活資料；農民的農具、工具和已經收穫的農副產品（拖拉機、農業機械等需要另外投保專項險種）；與他人共有的前述財產；代保管財產；租用的財產等。

在投資保障型家庭財產保險中，其一般可保財產範圍除上述財產之外，還包括現金、金銀、珠寶、玉器、鑽石及製品、首飾等貴重物品。

（二）特保財產

特約可保財產（簡稱特保財產）是指經保險雙方特別約定后，在保險單中載明的保險財產。特保財產又分為不提高費率的特保財產和需要提高費率的特保財產。不提高費率的特保財產是指市場價格變化較大或無固定價格的財產。需提高費率或需附貼保險特約條款的財產。特保財產主要包括：農村家庭存放在院內的非動力農機具、農用工具和已收穫的農副產品、個體勞動者存放在室內的營業器具、工具、原材料和商品，代他人保管的財產或與他人共有的財產，須與保險人特別約定才能投保的財產。

（三）不保財產

普通家庭財產保險一般不予承保的有：個體工商戶和合作經營組織的營業器具、工具和原材料等保險人通常將其作為單獨承保的內容；正處於危險狀態的財產；價值

高、物品小、出險后難以核實的財產或無法鑒定價值，以及無市場價值的財產。亦將上述項目中的有些內容納入保險標的的範圍。如：生長期的農作物、機動車輛、運輸中的貨物等；金銀、珠寶、首飾、古玩、貨幣、古書、字畫等珍貴財物（價值太大或無固定價值），貨幣、儲蓄存折、有價證券、票證、文件、帳冊、圖表、技術資料等（不是實際物資），違章建築、危險房屋以及其他處於危險狀態的財產，摩托車、拖拉機或汽車等機動車輛，尋呼機、手機等無線通信設備和家禽家畜（其他財產保險範圍），食品、菸酒、藥品、化妝品，以及花、鳥、魚、蟲、樹、盆景等（無法鑒定價值）。有的保險公司為了滿足保險客戶的需要，如中國太平洋保險公司的家居綜合保險，就可以承保金銀珠寶等物品。

三、家庭財產保險的責任範圍

（一）保險責任

家庭財產保險的基本責任範圍與團體火災保險綜合險的保險責任範圍相似。保險財產由於下列原因造成的損失，負責賠償：火災、爆炸；雷擊、冰雹、雪災、洪水、崖崩、龍捲風、冰凌、泥石流和自然災害引起地陷或下沉；空中運行物體墜落、外界物體倒塌；暴風或暴雨使房屋主要結構（外牆、屋頂、屋架）倒塌；存放於室內的保險財產，因遭受外來的、有明顯痕跡的盜竊、搶劫。其他列明的自然災害：龍捲風、洪水、海嘯、地面突然塌陷、崖崩、泥石流、突發性滑坡、雪災、雹災、冰凌、外界建築倒塌（保險建築自行倒塌不賠）、暴風、暴雨造成房屋主要結構倒塌施救所致的損失和費用。

（二）除外責任

保險財產由於下列原因造成的損失，不負賠償責任：地震、海嘯；戰爭、軍事行動、暴動、罷工、沒收、徵用；核反應、核輻射或放射性污染；被保險人或其家庭成員的故意行為或重大過失；保險財產本身缺陷、保管不善、變質、霉爛、受潮、蟲咬、自然磨損。需指出的是，在國內現行的家庭保險條款中，房屋及其附屬設備通常被列為除外不保的範圍，這主要是因為房屋與其他生活資料等存在著性質差異，但並不意味著房屋即是不保財產，而是需要專門的房屋保險加以承保，或者開發出更加綜合的保險單來承保。因此，此處未將房屋及其附屬設備列入。

（三）責任期限

家庭財產保險的保險責任期限，採用定期保險方式，但按期限的長短又可以分為兩類。①與團體火災保險等財產保險業務一樣，為1年期保險業務，即從約定起保日期的零時起至期滿日期的24時止，到期可以續保、另行辦理投保手續。②多年期保險業務，即保險人可以同時規定幾個保險期限，由被保險人加以選擇確定，如2年期、3年期、5年期，甚至某些公司經營的還本家庭財產保險責任期限可達8年期，表現出了經營的靈活性與選擇性。除還本家庭財險外，普通普通家庭財產保險一般不允許被保險人退保。

四、保險金額與保險費率

（一）保險金額

普通家庭財產保險保險金額的確定一般有兩種方式：一是由投保人根據其財產的實際價值自行估價確定；二是保險人提供以千元為單位設計保險金額檔次，投保人可以根據自己的需要自主選擇，多投多保、少投少保，如 5000 元、10,000 元、50,000 元等。

（二）保險費率

普通家庭財產保險的保險費率，是計算並收取家財險保險費的直接依據，而它又是依據家財險損失率等因素釐定的。在家財險實務中，保險費率的確定通常要考慮房屋建築物結構與等級、家庭財產的結構及其本身的危險、社會治安狀態等因素。由於不同地區的家財險風險不一，保險費率在各地區之間也存在著較大的差異。一般而言，家財險保險費率通常按房屋結構等級分為不同的檔次。如果將盜竊風險列入基本保險責任範圍，保險費率從 3‰~5‰不等；如果將盜竊風險作為附加責任，則基本險的保險費率還會降低。但若被保險人加保盜竊風險，則還要再加上盜竊責任的附加費率。

五、家庭財產保險的賠償處理

被保險人索賠時，應當向保險公司提供保險單、損失清單和其他必要的單證。

保險財產遭受保險責任範圍內的損失時，保險公司按照出險當時保險財產的實際價值計算賠償，但最高不超過保險單分項列明的保險金額。

保險財產遭受部分損失經保險公司賠償後，保險合同繼續有效，但其保險金額相應減少。減少金額由保險公司出具批單批註。

發生保險責任範圍內的損失後，應由第三者賠償的，被保險人可以向保險公司或第三者索賠。被保險人如向保險公司索賠，應自收到賠款之日起，向保險公司轉移向第三者代位索賠的權利。在保險公司行使代位索賠權利時，被保險人應積極協助，並向保險公司提供必要的文件及有關情況。

保險事故發生時，如另有其他保險對同一保險財產承保同一責任，不論該保險是否由被保險人或他人投保，保險公司僅按比例負責賠償。

被保險人的索賠期限，自其知道保險事故發生之日起，不得超過兩年。

六、被保險人義務

被保險人應依照保險人規定的家庭財產收費標準在起保日前一次繳清保險費或保險儲金。

被保險人如在保險期內要求退還保險儲金，保險人按照家庭財產保險規定的費率計收當年保險費，保險費從退還的保險儲金中扣除。

在保險期限內，保險財產存放地點發生變更，或保險財產所有權轉移，被保險人應及時向保險人申請辦理批改手續。

被保險人應當維護保險財產的安全，按照有關部門的要求做好防災、防損的工作。

保險財產發生保險責任範圍內的災害或事故時，被保險人應當盡力救護並保存現

場，在 24 小時內通知保險人，同時向當地公安或有關部門報告，以便及時查勘處理。

被保險人在向保險人申請賠償時，應當提供保險單、保險財產損失清單、救護費用單據以及所在單位、街道、鄉（鎮）和有關職能部門（如公安、氣象等部門）。

保險財產發生保險責任範圍內的損失，應當由第三方負責賠償的，被保險人應當向第三方索賠。如果被保險人向保險人提出賠償請求時，保險人可以按照本條款有關規定先予賠償，但被保險人必須將向第三方追償的權利轉讓給保險人，並協助保險人向第三方追償。

被保險人如果不履行本條款規定的各項義務，或有虛報損失等欺騙行為，保險人有權拒絕賠償，追回已經支付的賠款，或者終止保險合同。

七、投保家庭財產保險的注意事項

家財險適用於中國城鄉居民家庭或個人，以及外國駐華者個人及其家庭成員。凡屬於城鄉居民家庭或個人、外國駐華者個人及其家庭的自有財產、代他人保管財產或與他人共有的財產，都可以投保家財險。為了保證家庭財產安全，消費者應投保家庭財產保險，在投保時消費者應細讀保險責任，注意以下幾個方面：

第一，不是所有家庭財產都可以投保。保險專家說，家財險的保障範圍涵蓋房屋、房屋附屬物、房屋裝修及服裝、家具、家用電器、文化娛樂用品等。

第二，家財險「按需投保」最經濟。消費者在投保家財險時應事先和保險公司溝通，不要超額投保和重複投保，最好的投保方法就是「按需投保」。

第三，保險標的發生變化應及時告知保險公司。「對於家財險，保險合同內容的變更，投保人必須得到保險公司的審核同意，簽發批單或對原保單進行批註后才產生法律效力。」

第四，家財險可以接受個人投保，承保個人財產，如現行家庭財產公證制，將一個家庭內部（主要是夫妻雙方）成員的財產具體到個人，這樣既可以以個人名義投保，也可以以家庭名義投保。

第五，對於個體工商業者及合作經營組織，包括個體勞動者、手工業者、小商小販、合夥經營等生產、經營用的廠房、工具、器具、原材料、商品等，即使是屬於城鄉居民家庭或個人所有，也一般不投保家財險，而是另行投保個體工商戶和合作經營組織財產保險。

本章小結：

1. 財產保險是指以各種物質財產及有關利益、責任和信用為保險標的的保險。它是現代保險業的兩大種類之一。

2. 火災保險是財產保險中最常見也是最重要的一種保險，是指以存放在固定場所並處於相對靜止狀態的財產物資為保險標的的一種財產保險。火災保險是一種傳統的、獨立的保險業務，其獨立存在並發展至今的事實表明該業務具有不同於其他保險業務的特點，並無法用其他保險險種來替代。運輸保險是財產保險的重要支柱。傳統的財

產保險只對保險標的物質損失提供保障，而對保險風險所造成被保險人停產、減產和營業中斷等間接損失不負責任。

3. 利潤損失保險則專門提供這方面的保障，實質上是財產保險責任的擴展和補充。

4. 工程保險是 20 世紀 30 年代以后才出現的又一類有形財產保險。工程保險是對建築工程，安裝工程以及各種機器設備因自然災害和意外事故造成物質財產損失和第三者責任進行補償的保險。

復習思考題：

1. 請具體分析自己家庭面臨著哪些財產風險，並找出相應的風險因素。
2. 分析汽車保險在現代生活中的重要性。
3. 分析什麼是定值保險。

第七章
責任風險與保險

學習要點：
◇ 掌握責任保險的概念和特點
◇ 理解責任保險的概念，承包方式和責任範圍
◇ 瞭解責任保險的種類

第一節 責任風險與保險概述

一、責任風險

隨著科學進步、社會發展和法律制度的成熟，責任風險在四大風險中凸顯出來，引起社會各方廣泛的重視，並因中國法律制度建設的日趨完善而被人們所知。責任風險和事故無處不在：1994年新疆克拉瑪依一家劇院所發生的公共場所火災造成群死群傷；一些產品，如熱水器漏電、瓦斯爆炸以及啤酒瓶爆炸造成的消費者傷亡事件；各類醫療事故引發的曠日持久的官司大戰；人們就餐時食物中毒等惡劣事件頻繁發生。而相關法律法規的完善，包括消費者保護法、醫療事故處理條例、產品質量法、食品安全法、註冊會計法等法律法規的出抬，進一步明確了相應的民事損害賠償責任，加大了賠償力度，越來越體現出對人的合法權益的尊重和保護，同時也使各行各業的企業，個人不得不正視面臨著的各種責任風險。

與財產風險比較，責任風險具有更大的不確定性。例如，大型客機由於技術和天氣的原因墜落，其機身損失可能達到數千萬美元，而其可能造成的乘客及他人人身傷害和財產損失的賠償可能更加巨大。國際上因產品事故、交通、醫療事故等引起的索賠中，責任者被法庭判處巨額賠償的情況司空見慣，在美國著名的「石棉」產品責任中，法院判處責任者幾億美元的賠款。

從責任風險發生的總趨勢和對企業以及個人帶來的損失程度來看，責任風險越來越受到人們的重視。①法律建設日趨成熟，入世後的中國以前所未有的速度完善著法

律法規的建設，更注重與尊重每一個人的合法權益，各種法律責任風險隨之而產生；②公眾法治思想增強，索賠意識不斷增強，人們懂得在遭受他人侵權損害時如何借助法律手段保護自己，使責任方承擔對損害的賠償；③現代工業、科學技術日新月異的進步，在給人們物質生活帶來巨大變化的同時，也給人們的生活帶來更加巨大、潛在的風險，給新技術、新材料、新工藝的使用者、製造商帶來了巨大的潛在責任風險；④人們生活水平的提高以及物價指數的上升也導致了對物質損失、人身傷害和由此失去勞動能力的經濟賠償日趨升高，如新的《醫療事故處理條例》就大幅度提高了對患者的賠償額度。

責任風險從其發生的因素來看，一般可歸納為以下三種：①直接責任風險。主要是企業和個人由於自身的行為或財產所有權或代別人保管財產而產生的經濟索賠。②轉嫁的責任風險。它是指非直接肇事但因為直接肇事者承擔風險。③合同責任風險。根據書面合同或口頭協議，同意承擔另一方的法律責任。

由於人類的社會進步、科學技術的發展和法治觀念的強化，責任風險引起了人們越來越多的重視。為生產經營的穩定，日常生活的安定，正確地預見、克服、處理好責任風險具有極為重要的意義。責任保險就是這樣的背景下，順應社會需求產生、發展起來的。

二、責任保險概念與類型

(一) 責任保險的概念

責任保險屬於廣義的財產保險範疇。由於責任保險的經營範圍涉及專業服務、生產、經營、銷售等各個經濟社會領域，覆蓋面廣，保障範圍寬，並具有很強的公眾性和社會管理功能，因此，目前已經形成一類獨具特色的保險業務體系。

責任保險，是指以保險客戶的法律賠償風險為承保對象的一類保險，它屬於廣義財產保險範疇，適用於廣義財產保險的一般經營理論，但又具有自己的獨特內容和經營特點，從而是一類可以自成體系的保險業務。對於責任保險的理解，對於責任保險，應從其內涵所具有的以下三方面的特徵加以理解和把握。

首先，責任保險與一般財產保險具有共同的性質，即都屬於賠償性保險。在責任保險中，被保險人轉嫁的是責任風險，因此，保險人所承保的保險標的是沒有實體的賠償責任風險，即是被保險人致他人損害而依法應當承擔的損害賠償責任風險。這不但與一般財產保險承保的有實體的各種財產物資標的表現形式不同，而且在客觀上也是有所不同的，因一般財產保險承保的標的在投保時就已經客觀存在了，而責任保險所承保的標的在投保時是不存在的，如果已經存在，那麼保險公司就不可能承保。

其次，責任保險承保的風險是被保險人的法律風險。責任保險的保險人為被保險人承擔的僅僅是具有財產責任性質的民事賠償責任，即當被保險人的過失行為侵害了他人的財產權利或人身權利而造成經濟損失，且依照相關法律法規被保險人應負有賠償責任時，保險人才替被保險人承擔這種賠償責任。這就表明，責任保險的賠償責任具有民事賠償性，而對於那些由被保險人某些重大過失觸犯法律所引起的刑事責任，

以及產生的無直接財產內容的人身權利（如肖像權、榮譽權等）的侵害所需承擔的非財產的民事責任，如賠禮道歉，保險人則不承擔。

再次，責任保險以被保險人在保險期內可能造成他人的利益損失為承保基礎。責任保險的保險人支付的損失賠償金僅限於被保險人因過失行為造成第三者的經濟損失。也就是說，保險人只就第三者向被保人的索賠進行代位賠償，而對於被保險人自身所遭受的生命、身體或財產的損失則不予賠償。由此也可以看出，責任保險從某種程度上是以保護第三者受害方的利益為目的的。

根據業務內容的不同，責任保險可以分為公眾責任保險、產品責任保險、雇主責任保險、職業責任保險和第三者責任保險五類業務，其中每一類業務又由若干具體的險種構成。

(二) 責任保險的具體特徵

責任保險與一般財產保險相比較，其共同點是均以大數法則為數理基礎，經營原則一致，經營方式相近（除部分法定險種外），均是對被保險人經濟利益損失進行補償。

1. 責任保險產生與發展基礎的特徵

責任保險產生與發展的基礎不僅是各種民事法律風險的客觀存在和社會生產力達到了一定的階段，而且是由於人類社會的進步帶來了法律制度的不斷完善，其中法制的健全與完善是責任保險產生與發展的最為直接的基礎。

2. 責任保險補償對象的特徵

儘管責任保險中承保人的賠款是支付給被保險人，但這種賠款實質上是對被保險人之外的受害方即第三者的補償，從而是直接保障被保險人利益、間接保障受害人利益的一種雙重保障機制。

3. 責任保險承保標的的特徵

責任保險承保的卻是各種民事法律風險，是沒有實體的標的。保險人在承保責任保險時，通常對每一種責任保險業務要規定若干等級的賠償限額，由被保險人自己選擇，被保險人選定的賠償限額便是保險人承擔賠償責任的最高限額，超過限額的經濟賠償責任只能由被保險人自行承擔。

4. 責任保險承保方式的特徵

責任保險的承保方式具有多樣化的特徵。在獨立承保方式下，保險人簽發專門的責任保險單，它與特定的物沒有保險意義上的直接聯繫，而是完全獨立操作的保險業務。在附加承保方式下，保險人簽發責任保險單的前提是被保險人必須參加了一般的財產保險，即一般財產保險是主險，責任保險則是沒有獨立地位的附加險。在組合承保方式下，責任保險的內容既不必簽訂單獨的責任保險合同，也無需簽發附加或特約條款，只需要參加該財產保險便使相應的責任風險得到了保險保障。

5. 責任保險賠償處理中的特徵

責任保險的賠案，均以被保險人對第三方的損害並依法應承擔經濟賠償責任為前提條件，必然要涉及受害的第三者，而一般財產保險或人身保險賠案只是保險雙方的

事情。

責任保險賠案的處理也以法院的判決或執法部門的裁決為依據，從而需要更全面地運用法律制度。

責任保險中因是保險人代替致害人承擔對受害人的賠償責任，被保險人對各種責任事故處理的態度往往關係到保險人的利益，從而使保險人具有參與處理責任事故的權力。

責任保險賠款最后並非歸被保險人所有，而是實質上付給了受害方。

(三) 責任保險的發展

責任保險作為一種保險業務，產生於19世紀的歐美國家，20世紀70年代以後在工業化國家迅速得到發展。1880年，英國頒布《雇主責任法》，當年即有專門的雇主責任保險公司成立，承保雇主在經營過程中因過錯致使雇員受到人身傷害或財產損失時應負的法律賠償責任；1886年，英國在美國開設雇主責任保險分公司，而美國自己的雇主責任保險公司則到1889年才出現。

絕大多數國家均採取強制手段並以法定方式承保的汽車責任保險，始於19世紀末，並與工業保險一起成為近代保險與現代保險分界的重要標誌。當時的英國「法律意外保險公司」最為活躍，它簽發的汽車保險單僅承保汽車對第三者的人身傷害責任，保險費每輛汽車按10~100英鎊不等收取，火險則列為可以加保的附加險；到1901年，美國才開始有現代意義的汽車第三者責任險——承保人身傷害和財產損失法律賠償責任的保險。進入20世紀70年代以後，責任保險的發展在工業化國家進入了黃金時期。在這個時期，首先是各種運輸工具的第三者責任保險得到了迅速發展；其次是雇主責任保險成了普及化的責任保險險種。隨著商品經濟的發展，各種民事活動急遽增加，法律制度不斷健全，人們的索賠意識不斷增強，各種民事賠償事故層出不窮，終於使責任保險在20世紀70年代以後的工業化國家得到了全面的、迅速的發展。在20世紀70年代末，美國的各種責任保險業務保費收入就占整個非壽險業務收入的45%~50%左右，歐洲一些國家的責任保險業務收入占整個非壽險業務收入的30%以上，日本等國的責任保險業務收入也占其非壽險業務收入的25%~30%，進入20世紀90年代以后，許多發展中國家也日益重視發展責任保險業務。

西方保險界認為，保險業的發展可以劃分為三個大的發展階段：第一階段是傳統的海上保險和火災保險（后來擴展到一切財產保險）；第二階段是人壽保險；第三階段是責任保險。

保險業由承保物質利益風險，擴展到承保人身風險后，必然會擴展到承保各種法律風險，這是被西方保險業發展證明了的客觀規律。同時我們還知道，責任保險在保險業中的地位是很高的，它既是法律制度走向完善的結果，又是保險業直接介入社會發展進步的具體表現。

三、責任保險的基本內容

(一) 適用範圍

責任保險的適用範圍非常廣泛，適用於一切可能造成他人財產損失與人身傷亡的

各種單位、家庭或個人。具體來說，責任保險的適用範圍主要包括如下六個方面：

（1）各種公眾活動場所的所有者、經營管理者，如商場、市政機關、城市各種公用設施等，均有可能導致公眾的人身或財產損害，由此該場所的所有者或經營管理者就負有相應的法定賠償責任，從而需要且可以通過責任保險的方式向保險公司轉嫁風險。

（2）各種產品的生產者、銷售者、維修者。

（3）各種運輸工具的所有者、經營管理者或駕駛員。

（4）各種需要雇用員工的法人或個人。

（5）各種提供職業技術服務的單位。

（6）城鄉居民家庭或個人。

此外，在各種工程項目的建設過程中，也存在著民事責任事故危險，建設工程的所有者、承包者等，亦對相關責任事故危險具有保險利益；各單位場所（即非公眾活動場所）也存在著一定的公眾責任危險，企業等單位亦有投保公眾責任保險的必要性。可見，責任保險的適用範圍幾乎覆蓋了所有的團體組織和所有的社會成員。

（二）保險責任範圍

責任保險的保險責任和民事損害賠償責任這二者既有聯繫又有區別，是不能完全等同的。

一方面，責任保險承保的責任主要是被保險人的過失行為所致的責任事故風險，即被保險人的故意行為通常是絕對除外不保的風險責任，這一經營特點決定了責任保險承保的責任範圍明顯地小於民事損害賠償責任的範圍；

另一方面，在被保險人的要求下並經過保險人的同意，責任保險又可以承保著超越民事損害賠償責任範圍的風險。這種無過錯責任即超出了一般民事損害賠償責任的範圍，但保險人通常將其納入承保責任範圍。

責任保險的保險責任，一般包括兩項內容：①被保險人依法對造成他人財產損失或人身傷亡應承擔的經濟賠償責任；②因賠償糾紛引起的由被保險人支付的訴訟、律師費用及其他事先經過保險人同意支付的費用。

另外，保險人在列明承擔保險賠償責任範圍的同時，也通常在責任保險合同中規定若干除外責任。儘管不同的責任保險合同中所規定的除外責任可能有所不同，但主要的除外責任一般包括：①被保險人故意行為所致的各種損害后果。②戰爭、軍事行動及罷工等政治事件造成的損害后果。③核事故危險導致的損害后果，但在核事故保險或核責任保險中例外。④被保險人家屬、雇員的人身傷害或財產損失，但在雇主責任保險中卻承保雇主對雇員的損害賠償責任。⑤被保險人所有、佔有、使用或租賃的財產，或由被保險人照顧、看管或控制的財產損失。⑥被保險人的合同責任，但經過特別約定者除外。所列這些除外責任，是責任保險的通常除外責任，但個別危險經過特別約定后也可以承保。

（三）責任保險的賠償

由於責任保險承保的是被保險人的賠償責任風險，而不像狹義的財產保險是有固

定價值的標的,且賠償責任又因損害責任事故大小而異,簽訂保險合同時很難準確預計。因此,不論何種責任保險,均無保險金額的規定,而是採用在承保時由保險雙方約定賠償限額的方式,來確定保險人承擔的責任限額,也是保險人的賠償限額,凡超過賠償限額的索賠仍須由被保險人自行承擔。

從責任保險的發展實踐來看,賠償限額作為保險人承擔賠償責任的最高限額,通常有以下三種類型:

(1)每次責任事故或同一原因引起的一系列責任事故的賠償限額,它又可以分為財產損失賠償限額和人身傷亡賠償限額兩項。

(2)保險期內累計的賠償限額,它也可以分為累計的財產損失賠償限額和累計的人身傷害賠償限額。

(3)在某些情況下,保險人也將財產損失和人身傷亡兩者合成一個限額,或者只規定每次事故和同一原因引起的一系列責任事故的賠償限額而不規定累計賠償限額。

在責任保險經營實踐中,保險人除通過確定賠償限額來明確自己的承保責任外,還通常有免賠額的規定,以此達到促使被保險人小心謹慎、防止發生事故和減少小額、零星賠款支出的目的。責任保險的免賠額,通常採取絕對免賠額,即無論受害人的財產是否全部損失,免賠額內的損失均由被保險人自己負責。

賠償金額的確定,一般以具體數字表示,也可以規定賠償限額或賠償金額的一定比例。因此,責任保險人承擔的賠償責任,一般是超過免賠額之上又在賠償限額之內的賠償金額。

(四)保險費率

責任保險費率的制定依據與其他險種類似,通常根據各種責任保險的危險大小及損失率的高低來確定。雖然不同的責任保險種類,在制定費率時所考慮的具體因素存在著差異,但從總體上看,保險人在厘定責任保險費率時應考慮以下六個因素:①被保險人的業務性質、種類和產品等產生意外損害賠償責任可能性大小;②法律對損害賠償的規定;③賠償限額及免賠額的高低;④承保區域的大小;⑤同類業務歷史損失資料;⑥保險人的業務水平和每筆責任保險業務的總量。

第二節　公眾責任保險

一、公眾責任保險概念

公眾責任險是指對投保人在公共場合發生的意外事故進行保障的險種,如在營業期間的運動場所、娛樂場所,在施工期間的建築、安裝工程,在生產過程中的各種企業等,都可能因意外事故造成他人的人身傷亡或財產損失,因而產生投保空間。公眾責任保險是責任保險中獨立的、適用範圍最為廣泛的保險類別。凡依法設立的企事業單位、社會團體、個體工商戶、其他經濟組織及自然人,均可以以場所的所有者、經營管理者等身分作為被保險人,為與其有利益關係的工廠、旅館、商店、醫院、學校、

影劇院、歌舞廳等各種公眾活動場所投保公眾責任保險來轉嫁責任風險。在歐美發達地區，公眾責任險已成為機關、企業、團體及各種遊樂、公共場所的必須保障。

公眾責任險包括餐飲業綜合保險、火災公眾責任保險、物業責任保險等等。如果消費者在商場或餐館等場所發生了意外事故，且責任在商場或餐館，投保了公眾責任險的商場或餐館就可以先賠錢給消費者，再找保險公司索賠。

這類險種的最終目的是使第三方受害人獲得及時有效的經濟補償，因此具有很強的公益性。如旅行社等投保了相關責任保險后，旅客在旅途中發生人傷物損的，即可獲得保險公司的賠償。

在發達國家，責任保險在財險業中所占的比重目前高達30%以上，如美國為45%。而現時中國僅為4%左右。隨著各項保護公民生命財產權益不受侵犯的法律責任制度的健全完善，以及公民維權意識的不斷增強，中國責任保險已具備了大力發展的條件。

保監會人士表示，在煤炭開採等行業推行強制責任保險試點，取得經驗后逐步在高危行業、公眾聚集場所、境內外旅遊等方面推廣。也就是說，今后國家將通過立法的形式，商場、旅遊公司、娛樂場所都要購買強制的公眾責任險，一旦發生意外事故，將由保險公司向受害者進行賠償。

二、公眾責任保險的責任範圍

公眾責任險主要承保被保險人在其經營的地域範圍內從事生產、經營或其他活動時，因發生意外事故而造成他人（第三者）人身傷亡和財產損失，依法應由被保險人承擔的經濟賠償責任。公眾責任險正是為適應上述風險的需要而產生的。公眾責任險可適用於企事業單位、社會團體、個體工商戶、其他經濟組織及自然人均可為其經營的工廠、辦公樓、旅館、住宅、商店、醫院、學校、影劇院、展覽館等各種公眾活動的場所投保該險種。

（一）公眾責任保險的保險責任

在保險有效期內，被保險人在保險單明細表列明的範圍內，因經營業務發生意外事故，造成第三者的人身傷亡和財產損失，依法應由被保險人承擔的經濟賠償責任，保險人負責賠償。

被保險人因上述原因而支付的訴訟費用和發生保險責任事故後，被保險人為縮小或減少對第三者人身傷亡或財產損失的賠償責任所支付的必要的、合理的費用，以及事先經保險公司書面同意而支付的其他費用。

（二）公眾責任保險的除外責任

被保險人故意行為引起的損害事故。

戰爭、暴動、騷亂、罷工或封閉工廠引起的損害事故。

地震、洪水、海嘯、臺風、龍捲風、火山噴發等不可控自然災害引起的損失。

任何與保險人一起居住的親屬引起的損害。

有缺陷的衛生裝置以及其他不潔或有害物引起的損失。

由於地震、移動或減弱支撐引起的任何土地、財產或房屋的損失責任。

需要說明的是，對於某些除外責任，也可經保險雙方約定作為特別條款予以承保。

三、公眾責任保險的賠償限額

公眾責任保險的賠償限額的確定，通常也有兩種方式：一是只規定每次事故賠償限額，即僅規定每次公眾責任事故的混合賠償限額。在這種情況下，保單中沒有人身傷亡和財產損失的分項限額，而且通常又無保險期內的累計限額，只能制約每次事故的賠償責任，對整個保險期內的總的賠償責任不起作用。二是不但規定每次事故賠償限額，而且也規定保險期限內的累計賠償限額。

四、公眾責任保險的費率與保險費

保險人在經營公眾責任保險業務時，一般不像其他保險業務那樣有預先確定的保險費率表，而通常視被保險人的風險情況、每次事故或累計賠償限額及經營性質等因素逐筆議定費率，以便確保保險人承擔的風險責任與所收取的保險費相適應。公眾責任保險費的計算方式通常也有兩種：一是以每次事故或累計賠償限額乘以適用費率；二是按照場所面積乘以適用費率收取。

第三節　雇主責任保險

一、雇主責任保險概念

雇主責任保險，是以被保險人即雇主的雇員在受雇期間從事業務時因遭受意外導致傷、殘、死亡或患有與職業有關的職業性疾病而依法或根據雇傭合同應由被保險人承擔的經濟賠償責任為承保風險的一種責任保險。

在理解雇主責任保險的含義時，應當注意的是雇主責任保險所承保的雇主責任與雇主對雇員的責任是有所不同的。這是因為雇主對雇員的責任不僅包括雇主過失行為和無過失行為所致的雇員人身傷害賠償責任，而且還包括雇主的故意行為所致的雇員人身傷害賠償責任。然而保險人所承擔的責任風險將被保險人（雇主）的故意行為列為除外責任，主要承保被保險人（雇主）的過失行為所致的損害賠償，或者將無過失風險一起納入保險責任範圍。構成雇主責任的前提條件是雇主與雇員之間存在著直接的雇傭合同關係。

以下情況通常被視為雇主的過失或疏忽責任：

雇主提供危險的工作地點、機器工具或工作程序；

雇主提供的是不稱職的管理人員；

雇主本人直接的疏忽或過失行為，如對有害工種未提供相應的合格的勞動保護用品等即為過失。

凡屬於這些情形且不存在故意意圖的均屬於雇主的過失責任，由此而造成的雇員人身傷害，雇主應負經濟賠償責任。目前，在許多國家，雇主責任保險都是一種普遍

性的強制保險業務，普及程度極高；也有一些國家將類似業務納入社會保險範圍，即以工傷社會保險取代雇主責任保險；還有一些國家是將工傷社會保險與雇主責任保險並存，但工傷保險僅負責基本的保障，而雇主責任保險負責超額的保障。

二、雇主責任保險的責任範圍

雇主責任保險的保險責任，包括在責任事故中雇主對雇員依法應負的經濟賠償責任和有關法律費用等，導致這種賠償的原因主要是各種意外的工傷事故和職業病。具體有以下兩個方面：

被保險人所雇用的員工（包括短期工、臨時工、季節工和徒工），在本保險有效期內，在受雇過程中，從事本保險單所載明的被保險人的業務與有關工作時，遭受意外而致受傷、死亡或患與業務有關的職業性疾病，所致傷殘或死亡，被保險人根據雇用合同和相關法律法規規定，須承擔的醫藥費及經濟賠償責任。

被保險人因解決該賠償案件責任而支付的訴訟費、仲裁費以及其他必要的、合理的費用。保險人應依據保險單的規定，在約定的賠償限額內予以賠付。

但下列原因導致的責任事故通常除外不保：一是戰爭、暴動、罷工、核風險等引起雇員的人身傷害；二是被保險人的故意行為或重大過失；三是被保險人對其承包人的雇員所負的經濟賠償責任；四是被保險人的合同項下的責任；五是被保險人的雇員因自己的故意行為導致的傷害；六是被保險人的雇員由於疾病、傳染病、分娩、流產以及由此而施行的內外科手術所致的傷害等。

三、雇主責任保險的賠償

在處理雇主責任保險索賠時，保險人必須首先確立受害人與致害人之間是否存在雇傭關係。根據國際上流行的做法，確定雇傭關係的標準包括：一是雇主具有選擇受雇人的權利；二是由雇主支付工資或其他報酬；三是雇主掌握工作方法的控製權；四是雇主具有中止或解雇受雇人的權利。

如果保險責任事故是第三者造成的，保險人在賠償時仍然適用權益轉讓原則，即在賠償後可以代位追償。

雇主責任保險的賠付限額通常是規定若干個月的工資收入，即以每一雇員若干個月的工資收入作為其發生雇主責任保險時的保險賠付額度，而且通常還分為死亡賠付限額和傷殘賠付限額。由此可以看出，不同的員工所適用的賠付限額是有所不同的。

在保險實務中，通常又將傷殘分為三種：一是永久喪失全部工作能力。此時按照最高賠付限額賠付；二是永久喪失部分工作能力。此時根據受傷部位及程度，並參照保單所附賠付金額表規定的百分率賠付；三是暫時喪失工作能力，此時保險公司將負責補償雇員在此期間的工資收入損失。在一些國家的雇主責任保險界，保險人對雇員的死亡賠償額度與永久完全殘疾賠償額度是有區別的，後者往往比前者的標準要高。但對於部分殘疾或一般性傷害，則嚴格按照事先規定的賠償額度表進行計算。其計算公式為：

$$賠償金額 = 該雇員的賠償限額 \times 適用的賠償額度比例$$

四、雇主責任保險的費率與保險費

雇主責任保險的保險費率一般是按照行業或工種釐定，並根據賠付限額的高低進行調整。如在中國人民財產保險股份有限公司開辦的涉外雇主責任保險中，旅館業內勤人員、電梯司機和鍋爐工的保險費率分別釐定為 1.2%～2.4%、1.6%～3.2% 和 2.4%～4.8%。雇主責任保險的保險費是根據被保險人在保險期內支付的雇員工資或薪金、加班費、獎金及其他津貼的總數與適用費率的乘積計算保險費。計算公式如下：

應收保險費＝A 工種年工資總額×適用費率＋B 工種工資總額×適用費率＋…

在保險實務中，保險人通常根據被保險人估計的保險期限內付給其雇用人員工資/薪金、加班費、獎金及其他津貼的總數，計算預付保險費。在保險單到期後的一個月內，被保險人再提供保險單有效期間實際付出的。

五、雇主責任保險的附加險

（一） 附加第三責任險

該項附加險承保被保險人（雇主）因其疏忽或過失行為導致雇員以外的他人人身傷害或財產損失的法律賠償責任，它實質上屬於公眾責任保險範圍，但如果雇主在投保雇主責任保險時要求加保，保險人可以擴展承保。

（二） 附加雇員第三者責任保險

該項附加保險承保雇員在執行公務時因其過失或疏忽行為造成的對第三者的傷害且依法應由雇主承擔的經濟賠償責任。

（三） 附加醫藥費保險

該項附加險種承保被保險人的雇員在保險期限內，因患有疾病等所需的醫療費用的保險，它實質上屬於普通人身保險或健康醫療保險的範疇。

此外，雇主責任保險還可以附加戰爭等危險的保險和附加疾病引起的雇員人身傷亡的保險。

第四節　產品責任保險

一、產品責任與產品責任保險

產品責任是指產品使用過程中因其自身缺陷而造成用戶、消費者或公眾人身傷亡或財產損失時，依法應當由產品供給方（包括製造者、銷售者、修理者等）承擔的民事損害賠償責任。如某廠生產銷售的高壓鍋，消費者在正常使用過程中發生了爆炸，並造成一定的財產損失，此時就出現了產品責任事故，那麼該高壓鍋的生產者就應依法承擔相應的產品責任。

產品責任保險，是指以產品製造者、銷售者、維修者等的產品責任為承保風險的一種責任保險，而產品責任又以各國的產品責任法律制度為基礎。所謂產品責任，是

指產品在使用過程中因其缺陷而造成用戶、消費者或公眾的人身傷亡或財產損失時，依法應當由產品供給方（包括製造者、銷售者、修理者等）承擔的民事損害賠償責任。

產品的製造者包括產品生產者、加工者、裝配者；產品修理者指被損壞產品或陳舊產品或有缺陷的產品的修理者；產品銷售者包括批發商、零售商、出口商、進口商等各種商業機構，如批發站、商店、進出口公司等。此外，承運人如果在運輸過程中損壞了產品並因此導致產品責任事故時，亦應當承擔起相應的產品責任。

由此可見，產品責任保險承保的產品責任，是以產品為具體指向物，以產品可能造成的對他人的財產損害或人身傷害為具體承保風險，以製造或能夠影響產品責任事故發生的有關各方為被保險人的一種責任保險。在中國，產品責任保險並不是法律規定必須購買的保險，然而卻是進入美國主流銷售市場必不可少的一個條件。大多數的美國公司都將是否具備產品責任保險作為跟你做生意的一個必要條件。

二、產品責任保險的責任範圍

保險人承保的產品責任風險，是承保產品造成的對消費者或用戶及其他任何人的財產損失、人身傷亡所導致的經濟賠償責任，以及由此而導致的有關法律費用等。

（一）保險責任

產品責任保險的保險責任一般包括兩項內容：①被保險人生產、銷售、分配或修理的產品發生事故，造成用戶、消費者或其他任何人的人身傷害或財產損失，依法應由被保險人承擔的損害賠償責任，保險人在保險單規定的賠償限額內予以賠償。②被保險人為產品責任事故支付的法律費用及其他經保險人事先同意支付的合理費用，保險人也負賠償責任。

（二）除外責任

產品責任保險的除外責任一般包括：①被保險人承擔的違約責任，除非經過特別約定。②被保險人根據勞工法或雇傭合同對其雇員及有關人員應承擔的損害賠償責任，這種責任應由勞工保險或雇主責任保險承保。③被保險人所有或照管或控制的財產損失。這種損失應由財產保險承保。④產品或商品仍在製造或銷售場所，其所有權尚未轉移至用戶或消費者之前的責任事故損失。這種損失應由公眾責任保險承保。⑤被保險人故意違法生產、銷售的產品發生的事故責任損失。⑥被保險產品或商品本身的損失及被保險人因收回有缺陷產品造成的費用及損失。這種損失應由產品保證保險承保。⑦不按照被保險產品說明書要求運安裝使用或在非正常狀態下使用造成的責任事故損失。⑧由於戰爭及類似戰爭行為、敵對行為、武裝衝突、恐怖活動、謀反、政變等直接或間接引起的任何后果所致責任。⑨由於核風險所引起的直接或間接的責任。⑩罰款、罰金、懲罰性賠款；另外，還包括保單中規定的免賠額等項。

三、產品責任保險的賠償

在產品責任保險的理賠過程中，保險人的責任通常以產品在保險期限內發生事故為基礎，而不論產品是否在保險期內生產或銷售。

賠償標準以保險雙方在簽訂保險合同時確定的賠償限額為最高額度，它既可以每次事故賠償限額為標準，也可以累計的賠償限額為標準。在此，生產、銷售、分配的同批產品由於同樣原因造成多人的人身傷害、疾病、死亡或多人的財產損失均被視為一次事故造成的損失，並且適用於每次事故的賠償限額。限額由投保人根據自己的需要向保險人提出，經保險人審核同意後在保險單中訂明。保險單賠償限額的高低通常由產品責任風險的大小以及產品銷往國別的不同等因素決定。如藥物的產品責任風險通常大於服裝的產品責任風險，所以藥物的賠償限額要高於服裝；銷往歐美地區的產品賠償限額要高於銷往亞非國家的產品賠償限額。

四、產品責任保險的費率與保險費

產品責任保險費率的厘定，主要考慮如下因素：

產品的特點和可能對人體或財產造成損害的危險大小。如藥品、菸花、爆竹等產品的責任事故風險就比一般產品的責任事故風險要大得多，所以對這類高危險產品的承保費率也會遠遠高於一般產品的承保費率。

承保的區域範圍。如出口產品，尤其是出口到歐美國家的產品責任事故風險要高於國內銷售的產品的責任事故風險。

產品製造者的技術水平和質量管理情況。如生產廠家生產技術水平越高、質量管理越嚴格，產品的責任事故風險就會越低，由此費率也會相對較低。

賠償限額的高低。賠償限額越高，保險人賠償的責任越大，所以承保時的費率就會越高。在保險實踐中，保險人承保時要綜合考慮上述因素，並按照風險大小將不同產品劃分為若干類型，如一般風險產品、中等風險產品和特別風險產品等，並以此作為確定投保產品的具體費率依據。

產品責任保險的保險期限多為 3~5 年。保險費通常是按照被保險人年計劃銷售額乘以責任期限（通常為 1 年），到期可以續保。對於適用年限較長的產品或商品，也可以投保 3 年、5 年期的產品責任保險，但保險費仍逐年結算。產品責任保險的索賠有效期限應按保險單規定或當地有關法律規定的時間區間為準，如中國按法律規定為 1 年，有的國家或地區規定的為 3 年。

五、產品責任保險和產品質量保險的區別

在一些場合，人們極易將產品責任與產品質量違約責任相混淆。其實，儘管這兩者都與產品直接相關，其風險都存在於產品本身且均需要產品的製造者、銷售者、修理者承擔相應的法律責任，但作為兩類不同性質的保險業務，它們仍然有本質的區別。

第一，風險性質不同。產品責任保險承保的是被保險人的侵權行為，且不以被保險人是否與受害人之間訂有合同為條件。它以各國的民事民法制度為法律依據。而產品質量保證保險承保的是被保險人的違約行為，並以合同法供給方和產品的消費方簽訂合同為必要條件。它以經濟合同法規制度為法律依據。

第二，處理原則不同。產品責任事故的處理原則，在許多國家採用嚴格責任的原則。即只要不是受害人處於故意或自傷所致，便能夠從產品的製造者或銷售者、修理

者等處獲得經濟賠償，並受到法律的保護。而產品質量保險的違約責任只能採取過錯責任的原則進行處理。即產品的製造者、銷售者、修理者等存在過錯是其承擔責任的前提條件。可見，嚴格責任原則與過錯責任原則是有很大區別的，其對產品責任保險和產品質量保險的影響也具有很大的直接意義。

第三，自然承擔者與受損方的情況不同。從責任承擔方的角度看，在產品責任保險中，責任承擔者可能是產品的製造者、修理者、消費者，也可能是產品的銷售者甚至是承運者。其中製造者與銷售者負連帶責任。受損方可以任擇其一提出賠償損失的要求，也可以同時向多方提出賠償請求，在產品質量保證保險中，責任承擔者僅限於提供不合格產品的一方，受損人只能向他提出請求。從受損方的角度看，產品責任保險的受損方可以是產品的直接消費者或用戶，也可以是與產品沒有任何關係的其他法人或者自然人，即只要因產品造成了財產或人身損害，就有向責任承擔者取得經濟賠償的法定權益。而在產品質量保險中，受損方只能是產品的消費者。

第四，承擔責任的方式與標準不同。產品責任事故的責任承擔方式，通常只能採取賠償損失的方式，即在產品責任保險中，保險人承擔的是經濟賠償責任，這種經濟賠償的標準不受產品本身的實際價值的制約。而在產品質量保險中，保險公司承擔的責任一般不會超過產品本身的實際價值。

第五，訴訟的管轄權不同。產品責任保險所承保的是產品責任事故，因此產品責任提起訴訟案件應由被告所在地或侵權行為發生地法院管轄，產品質量保險違約責任的案件有合同簽訂地和履行地的法院管轄。

第六，保險的內容性質不同。產品責任保險提供的是代替責任方承擔的經濟賠償責任，屬於責任保險。產品質量保險提供的是帶有擔保性質的保險，屬於保證保險的範疇。

由於這兩者的本質差異，保險公司在經營這兩類保險業務時，必須嚴格區分。以避免因顧客的不瞭解而產生不必要的糾紛。不過，在歐美國家的產品保險市場上，被保險人一般同時承擔產品責任保險和質量保險，以此達到控制風險和避免糾紛的目的。

第五節　職業責任保險

一、職業責任保險概述

職業責任保險，是以各種專業技術人員在從事職業技術工作時因疏忽或過失造成合同對方或他人的人身傷害或財產損失所導致的經濟賠償責任為承保風險的責任保險。職業責任保險所承保的職業責任風險，是從事各種專業技術工作的單位或個人因工作上的失誤導致的損害賠償責任風險，它是職業責任保險存在和發展的基礎。

職業責任的特點在於：一是它屬於技術性較強的工作導致的責任事故；二是不僅與人的因素有關，同時也與知識、技術水平及原材料等的欠缺有關。

它限於技術工作者從事本職工作中出現的責任事故。

二、職業責任保險的承保方式

（一）以索賠為基礎的承保方式

所謂以索賠為基礎的承保方式，是保險人僅對在保險期內受害人向被保險人提出的有效索賠負賠償責任，而不論導致該索賠案的事故是否發生在保險有效期內。這種承保方式實質上是使保險時間前置了，從而使職業責任保險的風險較其他責任保險的風險更大。採用上述方式承保，可使保險人能夠確切地把握該保險單項下應支付的賠款，即使賠款數額在當年不能準確確定，至少可以使保險人瞭解全部索賠的情況，對自己應承擔的風險責任或可能支付的賠款數額作出較切合實際的估計。同時，為了控制保險人承擔的風險責任無限地前置，各國保險人在經營實踐中，又通常規定一個責任追溯日期作為限制性條款。保險人僅對追溯日以後、保險期限滿日前所發生的職業責任事故，且在保險有效期內提出索賠的法律賠償責任承擔賠償義務。

（二）以事故發生為基礎的承保方式

該承保方式是保險人僅對在保險有效期內發生的職業責任事故而引起的索賠負責，而不論受害方是否在保險有效期內提出索賠，它實質上是將保險責任期限延長了。

它的優點在於保險人支付的賠款與其保險期內實際承擔的風險責任相適應，缺點是保險人在該保險單項下承擔的賠償責任往往要經過很長時間才能確定，而且由於貨幣貶值等因素，受害方最終索賠的金額可能大大超過職業責任保險事故發生當時的水平或標準。在這種情況下，保險人通常規定賠償責任限額，同時明確一個后延截止日期。

從一些國家經營職業保險業務的慣例來看，採用以索賠為基礎的承保方式的職業責任保險業務較多些，採用以事故發生為基礎的承保方式的職業責任保險業務要少些。在保險實務中，採用第一種即以期內索賠為基礎的承保方式較為多見。而且按照慣例，保險人規定的追溯日期或后延日期一般以 3 年為限。

三、職業責任保險的保險責任和除外責任

職業責任保險的責任範圍因職業間的差異而有較大的不同，但歸結起來，職業責任保險的保險人主要負責以下兩個方面的賠償：一是賠償金指專業人員由於職業上的疏忽、錯誤或失職造成的損失的賠償金，且無論損失是否發生在保險合同的有效期內，只要受有損害的第三人在合同有效期內提起索賠的應由被保險人承擔的賠償金都在此列；二是費用指事先經保險人同意支付的各項費用，一般包括訴訟費用及律師費用等。

需要特別注意的是，職業責任保險在保險責任範圍內的具體賠償項是與其他責任保險有所不同，主要體現在應承擔的事故自身所致的賠償責任。即職業責任保險的保險責任不僅包括被保險人及其雇員因職業事故應承擔的賠償責任，而且還包括被保險人的前任與雇員的前任因職業事故應承擔的賠償責任，這是由職業技術服務和保險服務的連續性所決定的。

職業責任保險中保險人的除外責任根據所承保職業的類別的不同存在較大的差異，

除了責任保險的一般除外責任外，通常規定保險人對下列事項不負責賠償：一是被保險人與未取得相關專業技術任職資格的人員發生的業務往來導致的損失；二是超越代理權的行為導致的損失；三是洩露個人隱私或商業秘密等造成的損失等不負責任；四是被保險人在保險期間不如實向保險人報告危險增加而引起的民事賠償責任。

四、職業責任保險的費率

由於職業種類繁多，而且不同的職業具有不同的特定風險，由此也就需要制定不同的保險費率。從總體而言，在厘定職業責任保險的費率時需要著重考慮以下幾個因素：職業種類；被保險人及其雇員的專業技術水平和責任心；單位的管理水平；工作單位的性質；被保險人職業責任事故的歷史損失資料以及同類業務的職業責任事故情況；賠償限額、免賠額和其他承保條款。

五、職業責任保險的主要分類

（一）醫療職業責任保險

醫療職業責任保險也叫醫生失職保險，它承保醫務人員或其前任由於醫療責任事故而致病人死亡或傷殘、病情加劇、痛苦增加等，受害者或其家屬要求賠償且依法應當由醫療方負責的經濟賠償責任。醫療職業責任保險以醫院為投保對象，以有固定場所的醫療機構及經國家有關部門認定合格的醫務人員作為被保險人，普遍採用以索賠為基礎的承保方式。

中國平安保險公司於1999年10月在國內首創醫療責任保險，2002年初中國人民保險公司雲南分公司、中國太平洋保險公司昆明分公司在全國率先聯合開辦了「醫療職業責任綜合險」。隨著2002年9月1日《醫療事故處理條例》正式施行后，醫療責任保險的發展進入了一個新階段。目前中國人民財產保險公司、太平洋保險公司、平安保險公司等多家保險公司均在全國範圍內開展了醫療責任保險，而且雲南、上海、北京已經在當地政府的推動下實行了地區統保。

（二）律師責任保險

律師責任保險承保被保險人或其前任，作為一個律師在自己的能力範圍內在職業服務中發生的一切疏忽行為、錯誤或遺漏過失行為所導致的法律賠償責任，包括一切侮辱、誹謗，以及賠償被保險人在工作中發生的或造成的對第三者的人身傷害或財產損失。律師責任保險的承保基礎可以以事故發生或索賠為依據確定，它通常採用主保單——法律過失責任保險和額外責任保險單——擴展限額相結合的承保辦法。此外，還有免賠額的規定，其除外責任一般包括被保險人的不誠實、詐欺犯罪、居心不良等行為責任。

在中國最早開辦律師責任保險的是友邦保險公司。早在1994年友邦保險公司就與上海建設律師事務所簽訂了律師執業失誤保險，並約定每個案件的賠償額不超過律師代理費的10倍，總賠償額不超過500萬元。隨后中國平安保險公司、中國太平洋保險公司等保險公司陸續開展了律師責任保險。由於中國《律師法》第四十九條規定，律

師違法執業或因過錯給當事人造成損失的，由其所在的律師事務所承擔賠償責任。由此，一般律師事務所作為律師責任保險的被保險人，但在實踐中也有時是律協代表當地律師事務所統一與保險公司簽訂保險合同。

(三) 會計師責任保險

會計師責任保險承保被保險人或其前任在約定的追溯期或保險期限內，在從事業務過程中，因過失行為未盡其在業務上應盡之責任及義務，造成委託人及其利害關係人的直接經濟損失，委託人及其利害關係人在保險期限內向被保險人提出索賠的，依法應由被保險人承擔的賠償責任。需要注意的是，會計師責任保險所承擔的賠償責任不包括身體傷害、死亡及實質財產的損毀。

中國的會計師責任保險，是由中國平安保險公司於 2000 年 7 月首次開辦。緊隨其后，平安保險公司也正式開辦了此險種。目前該險種在深圳、廣州、北京、上海等大城市開展得比較好，如深圳 60 多家會計師事務所購買會計責任保險的比例達到 80%。但就全國範圍內來說，會計責任保險的開展狀況並不十分理想。

(四) 建築、工程技術人員責任保險

建築、工程技術人員責任保險承保因建築師、工程技術人員的過失而造成合同對方或他人的財產損失與人身傷害並由此導致經濟賠償責任的職業技術風險。建築、安裝以及其他工種技術人員、檢驗員、工程管理人員等均可以投保該險種。

在中國，建築工程設計責任保險的被保險人是指經國家建設行政主管部門批准，取得相應資質證書並經工商行政管理部門註冊登記，依法成立的建設工程設計單位及與被保險建設工程設計單位簽訂勞動合同的設計人員。

(五) 董事及高級職員責任保險

董事及高級職員責任保險是承保被保險董事及高級職員在約定的追溯期或保險期限內，在執行職務過程中，由於單獨或共同的過錯行為導致第三者遭受經濟損失，依法應由被保險董事及高級職員承擔的賠償責任。其中的過錯行為包括違反義務的行為、過失行為、與事實不符的陳述、誤導股東的陳述、應作為而不作為或其他過錯行為。公司董事及高級職員責任保險的主要保障對象包括：公司董事、其他單位派駐的獨立董事、公司高級職員、可擴展承保公司外兼董事和高級職員（指被保險公司派遣到其他公司的董事和高級職員）。

雖然在國際上董事及高級職員責任保險已得到廣泛推廣，但在中國該險種起步較晚。直到 2002 年 1 月 23 日，平安保險公司才與萬科企業股份有限公司簽訂了中國首份公司董事及高級職員責任保險保單，這將有利於為國內公司的董事及高級職員提供任職風險的配套轉移機制，增強公司董事、尤其是獨立董事及高級管理人員的責任心，進一步加強鼓勵他們更好地行使職能，保護公司和股東的利益，完善上市公司治理，並為中國證券市場的穩步發展提供保障。

(六) 其他險種

此外，還有美容師責任保險、保險經紀人和保險代理人責任保險、情報處理者責任保險等多種職業責任保險業務，它們在發達的保險市場上同樣是受到歡迎的險種。

本章小結：

　　1. 責任保險屬於廣義的財產保險範疇，它是隨著法律的發展和完善而逐漸興起的險種，是以被保險人依法應負的民事損害賠償責任為保障內容。在保障被保險人的同時，也有效地保護了保險合同之外的受害者即第三者的利益。由於責任保險承保的是被保險人的賠償責任風險，該風險及其發生損害賠償責任都具有很強的不確定性，因此，責任保險的突出特徵是不規定保險金額，只在承保時由保險雙方約定賠償限額，以此確定保險人承擔的責任限額，凡超過賠償限額的賠償責任仍須由被保險人自行承擔。

　　2. 目前，在保險實踐中，責任保險主要有產品責任保險、公眾責任保險、雇主責任保險和職業責任保險等類別。其中，產品責任保險是以產品製造者、銷售者和維修者等的產品責任為承保風險的一種責任保險；公眾責任險是承保被保險人在經營場所進行生產、經營或其他活動時，因發生意外事故而造成的他人人身傷亡和財產損失，依法應由被保險人承擔的經濟賠償責任；雇主責任保險是承保被保險人即雇主由於其雇員在受雇期間，從事業務過程中因發生意外或因職業病而造成人身傷殘或死亡，根據《勞動法》或《勞動合同法》等規定應由被保險人承擔的經濟賠償責任的一種保險；職業責任保險是承保各種專業技術人員在從事職業技術工作時因疏忽或過失致使他人遭受人身傷害或財產損失，依法應負有的經濟賠償責任的一種保險。

復習思考題：

　　1. 責任保險主要有哪些特徵？
　　2. 為什麼責任保險只規定賠償限額而不確定保險金額？
　　3. 產品責任保險、公眾責任保險、雇主責任保險和職業責任保險的保險責任分別是如何界定的？

第八章
信用保證風險與保險

學習要點：
　　◇ 理解信用保險、保證保險的定義與特點
　　◇ 瞭解信用保險、保證保險的種類

第一節　信用風險

一、信用風險簡介

　　信用風險又稱違約風險，是指交易對手未能履行約定契約中的義務而造成經濟損失的風險，即受信人不能履行還本付息的責任而使授信人的預期收益與實際收益發生偏離的可能性，它是金融風險的主要類型。在過去的數年中，利用新的金融工具管理信用風險的信用衍生工具發展迅速。適當利用信用衍生工具可以減少投資者的信用風險。業內人士估計，信用衍生市場發展不過數年，在1995年全球就有了200億美元的交易量。

二、信用風險的特徵

（一）風險的潛在性

　　很多逃廢銀行債務的企業，明知還不起也要借，例如，許多國有企業決定從銀行借款時就沒有打算要償還。據調查，目前國有企業平均資產負債率高達80%左右，其中有70%以上是銀行貸款。這種高負債造成了企業的低效益，潛在的風險也就與日俱增。

（二）風險的長期性

　　觀念的轉變是一個長期的、潛移默化的過程，尤其在當前中國從計劃經濟向市場經濟轉變的這一過程將是長久的陣痛。切實培養銀行與企業之間的「契約」意識，建立有效的信用體系，需要幾代人付出努力。

(三) 風險的破壞性

思想道德敗壞了，事態就會越變越糟。不良資產形成以後，如果企業本著合作的態度，雙方的損失將會減少到最低限度；但許多企業在此情況下，往往會選擇不聞不問、能躲則躲的方式，使銀行耗費大量的人力、物力、財力，也不能彌補所受的損失。

(四) 控製的艱鉅性

當前銀行的不良資產處理措施，都具有滯后性，這與銀行不良資產的界定有關，同時還與銀行信貸風險預測機制、轉移機制、控製機制沒有完全統一有關。不良資產出現后再採取種種補救措施，結果往往於事無補。

三、信用風險的后果影響

信用風險對形成債務雙方都有影響，主要對債券的發行者、投資者和各類商業銀行和投資銀行有重要作用。

(一) 對債券發行者的影響

由於債券發行者的借款成本與信用風險直接相聯繫，債券發行者受信用風險影響極大。計劃發行債券的公司會由於種種不可預料的風險因素而大大增加融資成本。例如，平均違約率升高的消息會使銀行增加對違約的擔心，從而提高了對貸款的要求，使公司融資成本增加。即使沒有什麼對公司有影響的特殊事件，經濟萎縮也可能增加債券的發行成本。

(二) 對債券投資者的影響

對於某種證券來說，投資者是風險承受者，隨著債券信用等級的降低，則應增加相應的風險貼水，即意味著債券價值的降低。同樣，共同基金持有的債券組合會受到風險貼水波動的影響。風險貼水的增加將減少基金的價值並影響到平均收益率。

(三) 對商業銀行的影響

當借款人對銀行貸款違約時，商業銀行是信用風險的承受者。銀行由於兩個原因會受到相對較高的信用風險。首先，銀行的放款通常在地域上和行業上較為集中，這就限制了通過分散貸款而降低信用風險的方法的使用。其次，信用風險是貸款中的主要風險。隨著無風險利率的變化，大多數商業貸款都設計成浮動利率。這樣，無違約利率變動對商業銀行基本上沒有什麼風險。而當貸款合約簽訂后，信用風險貼水則是固定的。如果信用風險貼水升高，則銀行就會因為貸款收益不能彌補較高的風險而受到損失。

第二節　信用保險

一、信用保險的內容

信用保險是指權利人向保險人投保債務人的信用風險的一種保險，是一項企業用於風險管理的保險產品。其主要功能是保障企業應收帳款的安全。其原理是把債務人

的保證責任轉移給保險人，當債務人不能履行其義務時，由保險人承擔賠償責任。通常情況下，信用保險會在投保企業的欠款遭到延付的情況下，按照事先與企業約定好的賠付比例賠款給企業。引發這種拖延欠款的行為可能是政治風險（包括債務人所在國發生匯兌限制、徵收、戰爭及暴亂等）或者商業風險（包括拖欠、拒收貨物、無力償付債務、破產等）。在實際操作中，投保企業需要為其買家向保險公司申請限額，限額規定了投保企業在一定時期內向該買家賒銷，能夠獲保的最高金額。限額體現了保險公司對於與該買家進行交易的潛在風險的認定。投保信用保險需要支付一定比率的保費。通常保費的比率（費率）較低，由債務人所在國風險以及債務人自身風險等標準釐定。信用保險的一般條件除與其他財產保險一樣之外，還有以下限制：①放款賒銷，以對經常有清償能力而且信用好的人或企業為限；②被保險人應視為共保人，或規定損失超過一定百分比時，始由保險人就約定保險金額內負責。

二、信用保險的作用

（一）有利於保證企業生產經營活動的穩定開展

銀行向企業發放貸款必然要考慮貸款的安全性，即能否按期收回貸款的問題。企業投保了信用保險以後，就可以通過將保單作為一種保證手段抵押給貸款銀行，通過向貸款銀行轉讓保險賠款，要求保險人向貸款銀行出具擔保等方式，使銀行得到收回貸款的可靠保證，解除銀行發放貸款的后顧之憂。可見，信用保險的介入，使企業較容易得到銀行貸款，這對於緩解企業資金短缺，促進生產經營的開展均有保障作用。

（二）有利於促進商品交易的健康發展

在商品交易中，當事人能否按時履行供貨合同，銷售貨款能否按期收回，一般受到多種因素的影響。而商品的轉移又與生產者、批發商、零售商及消費者有著連鎖關係。一旦商品交易中的一道環節出現信用危機，不僅會造成債權人自身的損失，而且常常會引起連鎖反應，使商品交易關係中斷，最終阻礙商品經濟的健康發展。有了信用保險，無論在何種交易中出現信用危機，均有保險人提供風險保障。因此，即使一道環節出了問題，也能及時得到彌補。

（三）有利於促進出口創匯

外貿出口面向的是國際市場。風險大，競爭激烈，一旦出現信用危機，出口企業就會陷入困境，進而影響市場開拓和國際競爭力。如果企業投保了出口信用保險，在當被保險人因商業風險或政治風險不能從買方收回貨款或合同無法執行時，他就可以從保險人那裡得到賠償。因此，出口信用保險有利於出口企業的經濟核算和開拓國際市場，最終促使其為國家創造更多的外匯收入。

三、信用保險的分類

（一）商業信用保險

商業信用保險主要是針對企業在商品交易過程中所產生的風險。在商品交換過程中，交易的一方以信用關係規定的將來償還的方式獲得另一方財物或服務，但不能履

行給付承諾而給對方造成損失的可能性隨時存在。比如買方拖欠賣方貨款，對賣方來說就是應收款項可能面臨的壞帳損失。有些人會認為提取壞帳準備金已經是一種自行保險了，參加這種商業保險不僅要支付保費增加企業的成本費用，而且保險公司參與監督企業的經營活動會損害公司管理的獨立性，然而情況並非如此。對於小公司來說，可用於週轉的資金量較小，一筆應收款項成為壞帳就可能使整個企業陷於癱瘓狀態，所提取的壞帳準備於事無補，發生這類情況的例子舉不勝舉；對於規模較大的公司來說，一般不會因少數幾筆壞帳就出現資金週轉困難，但從中國這些年發生的「三角債」拖垮企業的眾多事例中，可以看出信用保險是一項能避免信用風險、維持企業正常經營的有效措施。

(二) 出口信用保險

出口信用保險，也叫出口信貸保險，是各國政府為提高本國產品的國際競爭力，推動本國的出口貿易，保障出口商的收匯安全和銀行的信貸安全，促進經濟發展，以國家財政為后盾，為企業在出口貿易、對外投資和對外工程承包等經濟活動中提供風險保障的一項政策性支持措施，屬於非營利性的保險業務，是政府對市場經濟的一種間接調控手段和補充。是世界貿易組織（WTO）補貼和反補貼協議原則上允許的支持出口的政策手段。目前，全球貿易額的 12%～15% 是在出口信用保險的支持下實現的，有的國家的出口信用保險機構提供的各種出口信用保險保額甚至超過其本國當年出口總額的 1/3。

1. 中國出口信用保險

信用保險是國際通行的貿易促進手段，但在中國起步較晚。中國信保自成立以來，一面快速學習國際同業先進經驗，一面結合國情，「摸着石頭過河」，使中國信用保險業呈現超常規、跨越式增長態勢。10 年間，中國信保積極推進產品服務創新。中國信保成立之初，中國信用保險產品單一，只有短期出口信用保險、中長期出口信用保險和海外投資保險三種產品。10 年來，為適應中國出口、投資和消費需求的發展變化，中國信保不斷創新完善保險產品，改進保險服務，目前已經擁有由 43 種產品、26 種承保模式組成的項目險、貿易險等業務板塊以及包括資信評估、應收帳款管理在內的完整的信用風險管理服務體系，建立了與客戶無縫對接的「信保通」客戶服務系統。中國信保專業、完善的產品服務體系，能夠為中國進出口貿易、海外投資、國內貿易等經濟活動提供完整的信用風險保障。

2. 短期出口信用保險

保單規定，凡是在中華人民共和國境內註冊的，有外貿經營權的經濟實體，採用付款交單（D/P），承兌交單（D/A），賒帳（OA）等一切以商業信用付款條件產品全部或部分在中國製造（軍品除外），信用期不超過 180 天的出口，均可投保短期出口信用保險。經保險公司書面同意，也可以是適用於下述合同：規定以銀行或其他金融機構開具的信用證付款的合同；由中國轉口的在中國以外地區生產或製造但已向中國政府申報進口的貨物的合同；信用期限超過 180 天的合同；信用證方式改為非信用證方式，付款交單（D/P）方式改為承兌交單（D/A）方式或賒帳（OA）方式的合同；延

展付款期限超過六十天的合同。短期出口信用的投保範圍不包括出口貨物的性質或數量或付款條件或付款貨幣未定的合同。

(三) 投資保險

投資保險又稱政治風險保險，承保投資者的投資和已賺取的收益因承保的政治風險而遭受的損失。投資保險的投保人和被保險人是海外投資者。開展投資保險的主要目的是鼓勵資本輸出。作為一種新型的保險業務，投資保險於20世紀60年代在歐美國家出現以來，現已成為海外投資者進行投資活動的前提條件。

第三節　保證保險

一、保證保險的內容

從廣義上說，就是保險人為被保證人向權利人提供擔保的保險。它包括兩類保險：一類是狹義的保證保險，另一類是信用保險。它們的保險標的都是被保證人的信用風險，當被保證人的作為或不作為致使權利人遭受經濟損失時，保險人負經濟賠償責任。因此保證保險實際上是一種擔保業務。

保證保險雖具擔保性質，但對狹義的保證保險和信用保險而言，擔保的對象卻不同，兩者是有區別的。凡被保證人根據權利人的要求，要求保險人承擔自己（被保險人）信用的保險，屬狹義的保證保險；凡權利人要求保險人擔保對方（被保證人）信用的保險，屬信用保險，權利人也即被保險人。保證保險是指在約定的保險事故發生時，被保險人需在約定的條件和程序成就時方能獲得賠償的一種保險方式，其主體包括投保人、被保險人和保險人。投保人和被保險人就是貸款合同的借款方和貸款方，保險人是依據保險法取得經營保證保險業務的商業保險公司，保證保險常見的有誠實保證保險和消費貸款保證保險。保證保險的內容主要由投保人繳納保險費的義務和保險人承擔保險責任構成。保證保險的性質屬於保險，而不是保證。在保證保險中，保險責任是保險人的主要責任，只要發生了合同約定的保險事由，保險人即應承擔保險責任，這種責任因在合同有效期未發生保險事由而消滅。

二、保證保險的功能和範圍

保證保險的功能在於轉嫁被保險人的風險，作為一種保險手段，是分散風險、消化損失的一種經濟補償制度。因為保證保險不是保證，所以保險人不能享有保證所產生的先訴抗辯權或物保優於人保的抗辯權，一旦發生保險事故，保險人就應當按照保證保險合同的約定向被保險人支付保險金。在消費貸款保證保險中，投保人即貸款合同中的債務人未能按貸款合同約定的期限歸還欠款，視為保險事故發生，保險人應當承擔保險責任。保證保險的範圍表現為，保險人承擔的保證保險責任僅限於保證保險合同約定的保險金額限度內的貸款本金，對於違約金、利息、罰息等均不屬於賠償範圍。

保證保險的權利義務及法律依據保證保險合同是與主合同（消費貸款合同）處於並存關係，屬於雙方有償合同，一經成立便產生獨立的權利義務關係。保險人履行保險責任是以收取保險費為前提，而被保險人應承擔一定的義務，保險人在履行賠償義務時，可按保險條款免責和享有一定比例的免賠。保證保險作為一種保險形式，處理其糾紛的法律依據是保險法和相應的保險條款約定。保證保險的適用及程序保證保險是一種財產保險，是當事人之間的一種商品交換關係，保險人通過開展保險業務化解和分散商業風險，換取商業利潤，而被保險人要求保險人支付保險賠償金時，必須按保證保險合同條款約定的程序向保險人求償，保險人應當依保險條款支付保險金。

三、保證風險的分類

保證保險主要分為三類：合同保證保險、忠實保證保險、商業信用保險和保證保險。以保險標的為標準劃分，財產保險可以分為財產損失保險、財產責任保險、信用保險和保證保險等。投保人與保險人之間簽訂的以各種財產及其有關利益為保險標的的保險合同則分別為財產損失保險合同、責任保險合同、信用保險合同和保證保險合同。

（一）合同保證保險

合同保證保險專門承保經濟合同中因一方不履行經濟合同所負的經濟責任。合同保證保險實質上起著金融直轄市的作用，首先它涉及保證人、被保證人、權利人三方，而不像一般保險合同那樣只有兩方；其次，合同保證保險的保險費是一種服務費而不是用於支付賠款的責任準備。合同保證保險的歷史不長，傳統上是由銀行出具信用證來擔保涉外經濟合同的履行。由於出立銀行信用證條件較為苛刻，手續比較繁瑣，就導致了對合同保證保險需求的增加，從而促進了保證保險業務的發展。從法律意義上講，保證人只有在被保證人無力支付時才有義務支付賠款，而保證人只對權利人有賠償義務。在承保合同保證保險時，保證人既要考慮違約的風險，同時還要考慮匯率風險、政治風險，並考慮到各國政治制度、法律制度、風俗習慣的判別。在確定風險程度時，被保證人的財務狀況是一個決定性因素。在承保前，保證人往往要對被保證人的財務狀況、資信度進行調查。調查的主要內容包括：①有關被保證人基本情況的記錄，包括被保證人的歷史、在社會上的影響等；②最近財務年度的財務由冊及有關材料；③合同業務的進展狀況；④反擔保人的財務狀況；⑤與銀行的往來信函；⑥企業的組織、經營狀況、信貸情況、財務審計及記帳方法，附屬企業的情況。

（二）忠實保證保險

忠實保證保險通常承保雇主因其雇員的不誠實行為而遭受的損失。涉外忠實保證保險一般承保在中國境內的外資企業或合資企業因其雇員的不誠實行為而遭受的經濟損失，也可承保中國勞務出口中，因勞務人員的不誠實行為給當地企業主造成的損失。

忠實保證保險與合同保證保險的區別在於：①忠實保證涉及的是雇主與雇員之間的關係，而合同保證並不涉及這種關係；②忠實保證的承保危險是雇員的不誠實或詐欺，而合同保證承保的危險主要是被保證人的違約行為；③忠實保證可由被保證人購買，也可由權利人購買，而合同保證保險必須由被保證人購買。

（三）商業信用保險和保證保險

商業信用保險和保證保險是由權利人投保他人的信用，如他人不守信用而使權利人遭受損失，則由保證人負責賠償。在中國商業信用保險和保證保險主要是出口信用保險。

出口信用保險是以鼓勵該國出口商擴大出口貿易為出發點，給該國出口商提供出口貿易收匯風險保障的一項特種業務，即由國家設立專門機構對該國出口商或商業銀行向外國進口商或銀行提供的信貸進行擔保，當外國債務人拒絕付款時，這個機構負責支付遭拒付款部分的全部或部分損失。現在各工業發達國家、一些東歐國家，以及不少發展中國家都開辦了此類業務。

辦理出口信用保險一方面解除了出口企業收匯風險的后顧之憂，提高了出口企業在國際市場上的競爭能力，保證了出口企業的正常經濟核算；另一方面幫助出口企業解決資金需要，擴大了出口企業的經營能力。因此，出口信用保險受到許多出口企業的歡迎。隨著外貿體制的改革，出口信用險的需求在今后一段時間內還會有進一步的擴大。從保險人的角度來看，如何在保證基本的收支平衡基礎上，提供更全面、更有效的信用保證，也是一個亟須解決的重大課題。

四、保證保險與保證的異同

通過對保證保險與保證的特點進行比較分析，可以進一步加深對保證保險與保證法律性質的認識，從而得出正確的結論。

（一）保證保險與保證相同性之分析

根據中國《擔保法》第六條給保證所下的定義，保證以擔保債權為目的，為確債權之效力所設之制度。而根據《保險法》第二條對保險的定義，保證保險屬於保險的一種，也具有保障作為消費借貸（或買賣）合同債權人債權實現的功能，當債務人不能按約定向債權人履行其債務時，保險人則應向債權人承擔賠償責任，兩者在目的上存在相似性。

1. 保障功能相同

保證是保證人以其資信能力為債務人的債務提供擔保，以保證債權人的債權得以實現。保證保險是保險人以其資信能力向債權人作保，當債務人不履行債務時，則由保險人依約履行保險責任來保護債權人所享有債權的實現。

2. 履行的或然性相同

被保證人和被保險人是否履行債務都具有不確定性，只有當保證合同的主債務人未履行債務或者保證保險合同所涉及的消費借貸（或買賣）合同的債務人未履行債務時，保證人或者保險人才需要向被保證人或者被擔保的債權人履行保證責任或保險責任。

3. 債務人履行債務結果相同

被保證人債務履行完畢，被保證債務消滅，保證責任隨之消滅，保證人的保證責任免除。被保險人債務履行完畢，被保險標的不存在，保險人保險責任免除。

4. 免責事由相同

保證人免責的事由一般為不可抗力和債權人的過錯，如債權人與債務人惡意串通，騙取保證人為債務人提供保證的，應認定擔保無效，保證人負責。在不可抗力或債權人過錯的情形下，保險人不承擔保險責任。

5. 使用的「保證」之名相同

保證是中國《擔保法》明文確認的一種擔保方法，即由保證人以其資信能力向主債權人作保，擔保主債務人履行債務，以保護主債權人所享有的主債權的實現。而保證保險名稱中之所以使用「保證」一詞，則源於保證保險業務所包含的確保相關消費借貸（買賣）合同履行的保證功能。

（二）保證保險與保證相異性之分析

雖然保證保險與保證存在上述諸多相似之處，但二者之間卻存在本質的區別。

1. 主體資格不同

保險人為特殊主體，保險人是經過保險監管機關批准享有保證保險經營權的商業保險公司。保證人為一般主體，除了《擔保法》規定禁止作保證人以外的一切自然人、法人或其他組織均可作為保證人。

2. 合同目的不同

保證保險合同作為一種保險手段，雖具有保障債權實現的功能，但其是以降低違約風險和分散風險為主要目的。而保證合同是以擔保債權的實現為目的。

3. 合同內容不同

保證保險合同是雙向性的有償合同，其內容主要是由投保人繳納保費的義務和保險人承擔保險責任構成。而保證合同通常是單向無償合同，其內容由債權人的擔保權利和保證人的保證義務構成。

4. 責任性質不同

在保證保險合同中，保險責任是保險人的主要責任，只要發生了合同約定的保險事由，保險人即應承擔保險責任，這種責任在合同有效期未發生保險事由而消滅。在保證合同中，保證人承擔的是保證責任，保證人履行了保證責任標誌著合同目的的實現，若債務人履行債務，則保證責任消滅。

5. 債產生的原因不同

保證保險合同為依據的保險之債不是原來已存在的債的一部分，而是獨立於原債的一個新債。而以保證合同而形成的保證之債是原債的一部分，是作為主債的從債。

6. 抗辯權利不同

保證保險合同作為財產保險合同的一種，既適用《保險法》的一般規定，也適用財產保險合同的有關規定，保險人擁有廣泛的抗辯權。而除一般保證的保證人享有先訴抗辯權外，連帶保證的保證人的抗辯權受到很大的限制。

7. 運行方式不同

保證合同以擔保主債為目的，其內容體現的是依附被擔保的主債，而不追求任何經濟利益為目的。保證保險合同是一種財產保險合同，是當事人之間的一種商品交換

關係，保險人通過開展保險業務化解和分散商業風險，換取商業利潤。

8. 合同對價不同

保證保險以投保人支付相當的保險費為條件，保險費率的確定由保險人根據社會公眾購買保證保險的需求情況和降低自身經營風險的需要以及保證保險的成本來確定，體現了商品交換中的經濟法則。保證一般是無償的，即使有對價存在，也是由保證人確定一個具體的數額，而且並不以追求經濟利益為目的。

9. 責任承擔的前提不同

一般保證人承擔責任的前提是債權人經判決或仲裁並就債務人的財產依法強制執行仍不能清償，其本質是一種補充賠償責任；保險責任則以保險事故的發生為充分必要條件，只要雙方約定的保險事故已確定發生，保險公司就應當承擔保險責任。

10. 合同的地位不同

保險合同是獨立存在的合同，它不是依附其他合同的從合同；而保證合同是主合同的從合同，不能脫離主合同而獨立存在。

11. 承擔責任的財產來源不同

保險人承擔責任的財產是投保人的保費所形成的保險基金而不是保險人自己的財產，保險人只是保險基金的管理者，保險人不用自己的財產承擔保險責任；而保證人承擔保險責任的財產是自己所有的財產。

從上述分析可知，保證保險與保證雖有許多相同之處，但兩者的差異是明顯的，即相同之處是次要的，非本質的；而不同之處才是主要的，本質的。保證保險是中國保險業務創新出來的一個新品種，不同於單純的保證合同，其本質上是一種保險。儘管保證保險也是對投保人信用和履約情況向第三人做出的一種保障承諾，但它是將投保人違約情形的出現確定為一種保險事故，通過對保險條件的確定、對保險事故和免責範圍的限制以及對保險責任承擔方式的約定來實現對第三人的保障的。因此，保證保險是獨立於保證擔保之外的另一種市場保障方式，是保險公司利用本身信用優勢進行產品創新的自然結果，具有本身的獨立性、科學性，不能將其簡單歸入舊的保證擔保體系。

本章小結：

1. 信用保險和保證保險是隨著商業信用和銀行信用的普遍化逐漸形成，並在近幾年得到快速發展的現代保險業務。與責任保險一樣，信用保險和保證保險也屬於廣義的財產保險範疇。

2. 信用保險和保證保險是一種以經濟合同所約定的有形財產或預期應得的經濟利益為保險標的的一種保險。它以信用風險為承保風險，是一種具有擔保性質的保險。

3. 在保險實務中，常常根據擔保對象的不同，將信用保險和保證保險可分為信用保險和保證保險。

4. 所謂信用保險，是權利人要求保險人擔保義務人（被保證人）的信用的一種保險；保證保險，是義務人（被保證人）根據權利人的要求，要求保險人向權利人擔保

義務人自己信用的保險。信用保險和保證保險種類很多，但由於起步較晚，目前在保險實務中開展的還不是很多。常見的業務種類主要包括出口信用保險、國內信用保險、投資保險、產品質量保證保險、忠誠保證保險和合同保證保險等險種。

復習思考題：

1. 信用風險如何產生的？
2. 保證保險的本質是什麼？

第九章
人身風險與保險

學習要點：
◇ 理解人身保險的概念、特徵、主要類型
◇ 掌握人壽保險的概念、特徵、主要類型
◇ 掌握意外傷害保險的概念、類型、內容
◇ 掌握健康保險的種類、主要條款、主要種類

第一節　人身風險與保險概述

一、人身風險概述

人身風險是指導致人的傷殘、死亡、喪失勞動能力以及增加費用支出的風險。人身風險包括生命風險和健康程度的風險。需要說明的是，死亡是人的生命中的必然發生的事，並無不確定可言，但死亡發生的時間卻是不確定的，而健康風險則具有明顯的不確定性，如傷殘是否發生，疾病是否發生，其損害健康的程度大小等，均是不確定的。人身風險所致的損失一般有兩種：一種是收入能力損失；另一種是額外費用損失。

二、人身保險的概述

人身保險是以人的壽命和身體為保險標的的一種保險。當人們遭受不幸事故或因疾病、年老以致喪失工作能力、傷殘、死亡或年老退休時，根據保險合同條款的規定，保險人對被保險人或受益人給付預定的保險金或年金，以解決病、殘、老、死所造成的經濟困難，是對社會保障不足的一種補充。

（一）人身保險的特徵

定額給付性質的保險合同。大多數財產保險是補償性合同，當財產遭受損失時，保險人按其實際損失進行補償。大多數人身保險，不是補償性合同，而是定額給付性

質的合同，只能按事先約定金額給付保險金。健康保險中有一部分是補償性質，如醫療保險。在財產保險方面，大多數財產可參考其當時市價或重置價、折舊來確定保險金額，而在人身保險方面，生命價值就難有客觀標準。保險公司在審核人身保險的保險金額時，大致上是根據投保人自報的金額，並參照投保人的經濟情況、工作地位、生活標準、繳付保險費的能力和需要等因素來加以確定。

長期性保險合同。人身保險的特點之一就是其保險期限長。個別人身保險險種期限較短，有幾天，甚至幾分鐘的，如旅客意外傷害保險和高空滑車保險，則另當別論。投保人身保險的人不願將保險期限定得過短的一個原因是，人們對人身保險保障的需求具有長期性；另一個原因是，人身保險所需要的保險金額較高，一般要在長期內以分期繳付保險費方式才能取得。

保險期限的長期性使人身保險的經營會受到外界因素的影響。一是利率因素的影響。人身保險合同的投保人繳納保費的時間與保險人支付保險金的時間之間有很長的距離，保險人應對投保人繳納的保費負有保值增值的責任，因此在人身保險的長期合同中都有預定利率假設，即保險公司承諾給投保人的利率保證。這種預定利率與銀行利率的變動有著直接的關係。一年期業務和短期業務往往可以忽略利率因素的影響，但對於長期合同利率因素則會產生很大的影響，時間越長，利率的影響作用越大。二是通貨膨脹的影響。通貨膨脹是經濟發展過程中難以避免的一種經濟規律。傳統壽險的最主要特徵是固定利率和固定給付，即保險合同規定的預定利率和約定的保險金額不會因為通貨膨脹的存在而改變，因此持續的通貨膨脹會導致人身保險實際保障水平的下降。通脹問題一直是人身保險經營的重大困難之一，許多國家保險業務都經歷了相當長的困難時期，同時也在不斷尋找克服通貨膨脹影響的途徑。最主要的辦法是進行險種的不斷變革。目前世界上比較流行的利率敏感性險種，主要包括萬能壽險、變額壽險、變額萬能壽險、變額年金等，這些險種都可以在一定程度上克服通貨膨脹對人身保險的影響。三是預測因素的偏差。人身保險合同的長期性使保險公司對未來因素的預測變得十分困難，例如死亡率因素、利率因素、費用因素等。特別是利率因素永遠是動態的，它不可能長期穩定於某個固定值，而壽險業務又是長期合同，因此對於利率因素可能發生的變動及其對壽險業務的影響必須進行非常謹慎的預測。國際上通行的分紅保單和利率敏感性保單都在一定程度上克服了利率波動對壽險的影響。目前中國開辦這些險種的內外部環境都不成熟，因此各個公司相繼推出利差返還保單，以期能抵銷利率波動產生的影響。對於死亡率因素、費用因素等都有類似的問題。一般而言，保險公司對於長期因素的預定是十分保守的，當保險公司經營較好的時候則通過險種本身的特點或者分紅的方法返還給保單持有人，以實現保險的公平性原則。

儲蓄性保險。人身保險不僅能提供經濟保障，而且大多數人身保險還兼有儲蓄性質。作為長期的人身保險，其純保險費中大部是用來提存準備金，這種準備金是保險人的負債，可用於投資取得利息收入，以其用於將來的保險金給付。正因為大多數人身保險含有儲蓄性質，所以投保人或被保險人享有保單質押貸款、退保和選擇保險金給付方式等權利。財產保險的被保險人沒有這些權利。

不存在超額投保、重複保險和代位求償權問題。由於人身保險的保險利益難以用

貨幣衡量，所以人身保險一般不存在超額投保和重複保險問題。但保險公司可以根據被保險人的需要和收入水平加以控製，使保險金額不高得過分。同樣代位求償權原則也不適用於人身保險。如果被保險人的傷害是由第三者造成的、被保險人或其受益人既能從保險公司取得保險金，又能向肇事方提出損害照償要求，保險公司不能行使代位求償權。

生命風險的相對穩定性。以生命風險作為保險事件的人壽保險，其主要風險因素是死亡率。死亡率的規律直接影響人壽保險的經營成本。對於死亡保險而言，死亡率越高，則費率越高。死亡率因素受很多因素的影響，如年齡、性別、職業等。同時，其死亡率隨著經濟的發展、醫療衛生水平和生活水平的提高而不斷降低，因此可以說死亡率是變動的。但是根據許多專業機構對死亡率經驗的研究結論，死亡率因素比其他非壽險風險發生的概率的波動穩定，所以在壽險經營中的巨災風險較少，穩定性較好；與此相適應，在壽險經營中對於再保險手段的運用相對較少，保險公司只是對於大額的次標準體保險進行再保險安排。

(二) 人身保險作用

隨著人們生活水平的提高，風險意識的增強，居安思危不僅體現在對物質補償的需求上，而且發展到越來越多的人尋求養老的保障、死亡的撫恤、傷殘的給付等。中國經濟體制改革以來，個體經濟、集體經濟的發展，醫療、待業、住房、分配制度的改革等，都使人們對人身保險有了進一步的需求。

開展人身保險是對國家社會保障措施的必要補充。根據實際需要設計不同形式的人身保險，可以滿足人民的需求，促進社會安定。

俗話說得好，人有旦夕禍福。人的一生中無法避免疾病、年邁和死亡，人身保險可以起到有備無患的作用，無論對家庭還是個人，都可以提供各種保障，解決經濟上的困難，解除後顧之憂，使人民安居樂業。

中國是世界上人口最多的國家，人身保險的潛力很大，將分散的、小額的保險費積少成多，並利用壽險資金長期性的特點加以充分運用，使一部分消費基金轉化為生產基金，從而促進國民經濟的發展。同時也為被保險人提供了可靠保障。因為通過資金運用，進一步壯大了保險基金。

三、人身保險的分類

(一) 按照保障範圍的不同

人身保險包括人壽保險、健康保險和人身意外傷害險。人壽保險，簡稱壽險，是一種以人的生死為保險對象的保險，是被保險人在保險責任期內生存或死亡，由保險人根據契約規定給付保險金的一種保險。在全部人身保險業務中，人壽保險占絕大部分，因而人壽保險是人身保險的主要的和基本的種類；健康保險，是以非意外傷害而由被保險人本身疾病導致的傷殘、死亡為保險條件的保險；人身意外傷害保險，是以人的身體遭受意外傷害為保險條件的保險。其中人壽保險的業務範圍包括生存保險、死亡保險、兩全保險。

1. 死亡保險

定期死亡保險習慣上亦稱為定期壽險，是一種以被保險人在規定期間內發生死亡事故而由保險人負責給付保險金的保險合同。此險為期不長，有時短於 1 年，大都是保障被保險人短期內擔任一項有可能危及生命的臨時工作，或一定時期內因被保險人的生命安全而影響投保人的利益。由於定期保險在保險期滿前未發生保險事故，保險費就不再退還，而且定期保險費不包含儲蓄因素，因而定期保險的保險費低於任何一種人壽保險，從而使投保人只要花費極為低廉的保險費就可以得到較大的保險保障，因而這種保險對負擔能力較低而又需要保障的人最為適宜。

由於有以上特點，目前定期死亡保險已被廣泛運用，此險還可以與其他各類人壽保險混合，共同組合成為各種類型的新險種來滿足多層次的需求。終身保險是指一種不定期的死亡保險，亦是一種不附生存條件的生存保險，保險人要一直負責到被保險人死亡時為止。終身保險的費率要高於定期保險而低於兩全保險，事實上，終身保險接近於最長期的兩全保險費率，它們的費率構成中含有儲蓄因素。

2. 生存保險

生存保險是以被保險人在規定期間內生存作為給付保險金的條件，亦就是指被保險人自下而上到約定期限時，給付保險金，如在此期間被保險人死亡，則所繳保險費也不退還，將充作所有生存到期滿日為止的人的保險金。這裡包含死亡者已繳而未償還的保險費。

生存保險主要是為了使被保險人到了一定期限後，可以領取一筆保險金以滿足其生活上的需要，一般生存保險大都與其他險種結合辦理，例如生存保險與年金保險結合成為現行的養老保險，生存保險與死亡保險結合成為兩全保險。由於這種結合使人壽保險能滿足多方面的需要，有助於壽險業務的普及和發展。

3. 兩全保險

兩全是指被保險人不論在保險期內死亡，或生存到保險期滿時，均可領取約定保險金的一種保險。這種保險由生存保險同死亡保險合併而成，所以又稱兩全保險。兩全保險並不是將生存保險附保於死亡保險，而是兩者合一，合併考慮生存與死亡因素。因此，兩全保險無論在保險金額中或保險費中，這兩方面因素都在相互消長。第一是兩全保險的純保險費中包含著危險保險費與儲蓄保險費，其中危險保險費相對地說在逐年上升。第二是由於儲蓄保險費的逐年上升使保險費轉為責任準備金的積存部分年年上升，而相對使保險金額中的危險保險金逐年下降，最終到保險期屆滿時危險保險金額達到零。

通常在兩全保險中，儲蓄因素遠遠超過危險保險費因素，於是保險人在設計壽險新險種時，為了增加危險保障的比重，就有一種多倍保障養老保險，使死亡給付的保險金可以 10 倍或多倍於滿期生存給付的保險金，它既保障了人們的害怕早期死亡的危險後果，也保障了老人們擔心晚年生活。所以兩全保險是人壽保險中最受歡迎的一個險種。

（二）按照保險期限長短的不同

人身保險可以分為長期業務、一年期業務和短期業務。長期業務是保險期限超過

一年的人身保險業務，人壽保險大多為長期業務，健康保險也可以是長期業務；一年期業務是保險期限為一年的人身保險業務，一年期業務中以人身意外傷害保險居多，健康保險也可以是一年期業務；短期業務是保險期限不足一年的人身保險業務，人身意外傷害保險中的許多為短期業務，如只保一次航程、一次旅程的旅客或公共場所遊客意外傷害保險。

（三）按照實施方式的不同

人身保險可以分為自願保險和強制保險。強制保險是根據法律的規定而自動生效，不管被保險人是否願意投保或保險人是否願意承保，都得依法確立保險關係，所以強制保險也叫法定保險；自願保險是保險雙方當事人在公平自願的基礎上，通過訂立契約而形成的保險關係。人身保險中的絕大多數業務都屬於自願保險，只有旅客意外傷害保險等少數險種屬於強制保險。

（四）按照投保方式的不同

人身保險可以分為個人保險和團體保險。個人保險是指一張保險單只為一個人提供保障的保險；團體保險是指一張總的保險單為某一團體單位的所有成員或其中的大多數員工（一般要求至少為總人數的75%）提供保險保障的保險。

（五）按照保單是否分紅

人身保險可以分為分紅保險和不分紅保險。分紅保險是指被保險人可以每期以紅利的形式分享保險人盈利的保險；不分紅保險是指被保險人不分享保險人盈利的保險。

第二節　人壽保險

人壽保險起源於海上保險。15世紀末，奴隸販子將奴隸作為貨物投保海上保險，當時雖不以人壽保險命名，但實質上是最早將人的生命作為保險標的而投保的一種標誌。17世紀中葉，義大利銀行家洛倫佐·佟蒂設計了「聯合養老保險法」，也稱「佟蒂法」，其實是一種類似於養老年金的保險制度，是養老年金的一種起源。1693年，英國人埃德蒙·哈雷用數學方法編製了世界上第一張生命表（哈雷生命表），奠定了現代人壽保險的數理基礎。1762年，世界上第一家人壽保險公司——英國人壽及遺囑公平保險社，首次依據生命表計收保費，這標誌著現代人壽保險的開始。英國形成的人身保險制度先傳入德國和法國，后又傳入美國，在美國得到長足發展。第二次世界大戰后，日本的壽險業務也迅速崛起。1987年，世界壽險保費收入總量首次超過非壽險業務保費收入，這種情況延續至今。

一、人壽保險的概念

人壽保險亦稱「生命保險」，屬「人身保險」範疇，是以人的生命為保險對象的保險。投保人或被保險人向保險人繳納約定的保險費后，當被保險人於保險期內死亡或生存至一定年齡時，履行給付保險金。

人壽保險一詞在使用時有廣義和狹義之分。廣義的人壽保險就是人身保險，狹義的人壽保險是人身保險的一種，但不包括意外傷害保險和健康保險，僅是以人的生死為保險事件，保險人根據合同的規定負責對被保險人在保險期限內死亡或生存至一定年齡時給付保險金。人壽保險從保險意義上講，有補償性、給付性和儲蓄性。儲蓄性本身不是保險的範疇，只是平準保費的副產品。保險業務向銀行業務的拓展豐富了人壽保險儲蓄性功能。人壽保險的給付性往往被認為是人壽保險區別於財產保險的主要特徵。其實，財產保險補償性與人壽保險給付性沒有本質上的差別。從倫理上看對人的壽命來說是不可能補償的。難道對物品就可以補償嗎？實則不然，除了時間不可重複外，人與物的情感也是不可重建的。如果不可重置物品就談不上嚴格意義上的補償。人壽保險認識到了人的生命的不可重置性，為了區別補償而提出了給付的概念。從這個意義上說，財產保險補償性與人壽保險給付性只是術語差別。人壽保險的補償是絕對的，給付是相對的。如果脫離了補償的給付約定將悖於保險的真正意義。但人壽保險在理賠時不能像財產保險行使代位追償。這正是給付性所決定的。其根本原因是生命價值度量的不精確性。

二、人壽保險的特點

（一）人壽保險的保險標的是人的生命

以人的生命作為保險標的，是人壽保險的獨特性所在，與財產保險相比有著本質的區別。主要體現在以下四個方面。

1. 職能不同

人壽保險的基本職能是保險金給付，而財產保險的基本職能是損失補償。在財產保險中，保險標的是被保險人的財產及相關利益、責任和信用等，保險金額的確定以保險標的的價值為依據，發生保險事故後，保險人按實際損失額和投保方式就其損失進行補償，適用的是補償原則，賠償額以保險金額為限，且不得超過保險價值。而人壽保險的保險標的是人的生命，是無價的，人的死亡給家人帶來的損失無法用貨幣衡量。因此，在人壽保險中，保險金額不是以保險標的的價值來確定，而是根據被保險人對保險的需求程度及投保人的經濟能力來確定，並明確記載於保險合同中，當保險事故發生時，保險人按合同約定的保險金額給付，此為約定給付或定額給付。

2. 適用的原則不同

財產保險以損失補償為其最基本的原則之一，並基於該原則而派生出重複保險分攤和代位求償權等制度。為了貫徹損害補償原則，在財產保險中，保險金額超過可保利益或財產價值造成超額投保，超過部分無效；在重複保險的情況下，各保險人按照其保險金額與保險金額總和的比例承擔賠償責任，賠償金額的總和不得超過保險價值；因第三者對保險標的的損害而造成保險事故的，保險人自向被保險人賠償保險金之日起，在賠償金額範圍內代位行使被保險人對第三者請求賠償的權利。財產保險的補償原則並不適用人壽保險，由於人壽保險的可保利益無法用貨幣精確衡量，故人壽保險不存在超額投保和重複保險的問題。投保人可以同時為被保險人投保幾種人壽保險或

取得多份保險單；同樣的道理，代位求償原則亦不適用於人壽保險。如果被保險人死亡是由第三者造成的，受益人既能從保險公司取得保險金，又能同時向加害方提出損害賠償要求，即便保險人給付了保險金，也無權取得並行使代位求償權。

3. 保險事故發生的特點不同

人壽保險事故的發生具有必然性和穩定性。人壽保險承保的保險事故是被保險人的生存或死亡，其發生具有必然性（非生即死）。應該注意的是，人的生或死是必然的，但何時生存或何時死亡是不確定的，因此，這仍屬於風險定義的範疇。單純以生存或死亡為保險事故，保險人可能給付也可能不給付，但在現實生活中，大部分人壽保險是終身壽險或兩全保險，因此人壽保險給付率很高，大大超過財產保險賠款率，壽險費率自然也就高於財產險費率。人壽保險事故的發生按照人的生命規律，具有分散性，一般不會發生眾多被保險人同時死亡的情況（大型災害除外）。此外，死亡事故的發生概率雖然隨被保險人年齡增長而增大，但波動較小，具有相對穩定性。相比而言財產保險事故發生具有更強的不確定性和波動性。

4. 保險利益產生的依據不同

財產保險中保險利益產生的依據是被保險人對物享有的權利、利益或對他人承擔的義務或責任，而人壽保險中保險利益產生的依據是投保人與被保險人之間的關係。根據中國《保險法》第五十二條的規定：「投保人對下列人員具有保險利益：本人、配偶、子女、父母，除前項以外與投保人有撫養、贍養或者扶養關係的家庭其他成員、近親屬。除前款規定外，被保險人同意投保人為其訂立合同的，視為投保人對被保險人具有保險利益。」該規定表明，人身保險利益產生的依據，既強調「利益主義原則」，也在某些情況下實行利益與同意的適當結合。

(二) 人壽保險的保險期限具有長期性

人壽保險的保險期限往往持續幾年、十幾年、幾十年，而且繳費期也長達幾年、十幾年或幾十年，因此壽險的這一特點使得人壽保險又具有別於其他保險的特徵。

1. 人壽保險通常按照年度均衡保費率計收保險費

人壽保險大多是長期性業務，死亡事故發生的概率隨被保險人年齡的增長而增大。如果按自然費率即當年死亡率為計收保費依據，就容易出現年輕的投保人繳費負擔輕而年老的投保人繳費負擔過重的情況。那麼，投保人到年老時往往因收入少、保費負擔重而中途放棄保險，這給投保人和保險人都帶來不必要的損失。因此，人壽保險採用年度均衡費率來計收保險費。具體做法是：投保人每年向保險人繳納相同數量的保險費，費率在整個保險繳費期間保持不變。在繳費早期，均衡費率高於自然費率；在繳費后期，均衡費率低於自然費率。投保人早期多繳的保費用來彌補后期保費的不足。通過這種方法，人壽保險解決了由於其長期性和死亡率隨年齡增長而增大所帶來的矛盾。

2. 保險人對每份人壽保險單逐年提取準備金

在財產保險中，保險人不需對每份保單都進行責任準備金的計提。在人壽保險中，保險人在前期多收的超額保費是投保人預先支付給保險人的用以履行未來賠償義務的

部分，因此它是保險人對被保險人的負債，保險人必須計提保險準備金。由於每份保單的具體情況（如保險責任、保險期限、繳費方式等）不同，故每年的責任準備金也不同。通常，保險人在保單確立時就計算出了保險期間每年的準備金數額。

3. 人壽保險具有儲蓄性

鑒於人壽保險長期性的特徵，保險人採取年度均衡收取保費，可獲得長期穩定的保費來源。而在保險前期多收的保費，經過很長時間才被用於支付。因此，這筆資金可用於各種投資，以獲取收益。正因為人壽保險的這種儲蓄性質，保單所有人才可享有保單質押權、退保金、選擇保險金給付方式等權利。而財產保險的保險期限通常為一年，不存在均衡繳費和多年後保費才用於支付的問題。

4. 人壽保險經營管理具有連續性、專業性和高難度性

這些特點是由人壽保險業務的長期性特點決定的。在較長的保險期內，不可避免地出現保戶要求增減保額、退保或發生遷移等情況，這就要求保險人對被保險人的變化及時記錄、查閱、核算和處理，即要建立嚴格的經營管理制度。另外，在相當長的保險期限內，保險合同訂立之初確定的保費和保額，可能不再適應新的形勢變化，如對原保單進行調整，可能會對投保人和保險人雙方產生重大影響。因此，面對諸如通貨膨脹、利率變化、投資收益變化等問題時，如何設計靈活的人壽保險產品，如何在壽險經營管理中處理好各種變化，如何使壽險產品同其他金融產品競爭時佔有優勢，是壽險經營管理中面臨的高難度問題。

三、人壽保險的作用

人壽保險使「老有所養」。中國社會制度的轉型，使傳統的完全依賴國家、單位的養老制度逐漸發生深刻變化，國家對職工生老病死的「大包大攬」已成為過去，人們已意識到真正保障自己將來生活的只能是自己。所以人們在年輕時早準備早投入，年老時就可以有充足的生活保障，從而度過一個「夕陽無限好」的晚年。投保養老保險可以說既是老人為子女分擔一份憂愁，也是晚輩獻給長輩的一片孝心。

（1）人壽保險使「病有所醫」。俗話說，「食五穀，得百病」，尤其現代社會，生活節奏加快，競爭日趨激烈，小病小災的，人們還可以抵抗過去，一旦大病臨頭，許多人縱使債臺高築，家徒四壁，也無力負擔高昂的醫療費用；有的家道富殷，也會因一場大病，耗盡積蓄。據《上海保險》1997年第6期登載，在對上海市民的一次社會調查中發現，醫療與養老是壽險市場的最大需求，而在這二者之間，醫療保險的比例又占主要地位，因為現在許多壽險險種中，住院醫療和意外傷害，不能單獨承保，只能作為主險後面的附加險投保。於是，市民為了得到一份附加險，就順便買了份主險。可見人們已意識到投保壽險，可以使自己病有所醫，康復有望。

（2）人壽保險使「幼有所依」。「子女在父母面前永遠是需要保護的孩子」，這種觀念使中國父母對子女有更多的經濟義務，父輩與子女的經濟聯繫往往持續到子女就業、婚嫁、生育之后。中國的計劃生育政策使小型的核心家庭增多，子女從教育費用到婚嫁費用，負擔很沉重，如果家庭收入水平都不高，承擔這些費用將是很困難的。所以許多適合少兒的險種無疑為望子成龍、望女成鳳的父母送去了及時雨。

（3）人壽保險有利於自身發展。在計劃經濟體制下，一個人只要有一個工作單位，那麼便「大樹底下好乘涼」，生、老、病、殘、死等人身風險都可以依靠單位來解決。隨著市場經濟體制的逐步確立，政府和企事業單位的職能轉變，尤其是用工制度和社會保障制度的改革，個人日益成為風險的主要承擔者。只要有合適的商業保險做後盾，獲得更多的安全感，許多人就可以義無反顧地自由選擇適合自己的職業，把握每一個可以發展自己才能的機會，盡情展現自己的才華。

（4）人壽保險是一種投資。隨著中國金融市場的完善，人們收入水平的提高，購買壽險、股票、債券、國庫券、商品房等也成為人們將貨幣保值增值的選擇。人壽保險費一般有三部分組成：意外事故保險費、疾病死亡保險費和增值保險費。前兩者保費的主要功能是保障被保險人因意外、疾病等事故致殘或身故而造成的損失，可以看成一種消費；增值部分保費作用主要在於能按照保單預定利率增值，滿足收益人的養老、升學等需求，具有投資功能。中國保險市場的人壽保險險種，功能齊全，大部分屬於綜合性險種，從風險性、保障性、可靠性和收益性角度來考慮，具有投資功能。而且參加個人保險還將享受一定的優惠政策，如免稅等，與其他投資手段相比，這一點也是相當優越的。

四、人壽保險的分類

在人壽保險實務上，人壽保險分為普通人壽保險和特種人壽保險。

（一）普通人壽保險

總體上看，普通人壽保險一直處於壽險業務核心位置。普通人壽保險具有三種基本形式，即定期人壽保險、終身壽險和生死合險（又稱兩全保險）。在這三種基本形式基礎上，可將其進行不同的組合。

1. 定期人壽保險

（1）定期人壽保險是提供特定期限內死亡或生存的經濟保障的人壽保險，分為定期死亡保險和定期生存保險。

定期死亡保險。定期死亡保險，簡稱定期壽險。它是指被保險人在保險期限內死亡，保險人一次性給付保險金的壽險。如果被保險人期滿生存，保險人無給付保險金的責任。因此定期壽險與其他壽險相比，在性質上更接近財產保險。定期死亡保險通常可分為以下五種類型。一是普通定期壽險。該險種的效力至保險期滿自動終止，保險期限可為1年或數年，通常為5年、10年或20年。在保險期限內，保費採用平準計算法。二是可續保（更新）定期壽險。此種保險產品基於定期壽險的可續保性而得名。保單包括了保單所有人的續保選擇權。在保險期間屆滿時，被保險人不必提供可保性證明即可要求續保，以延長保險期限。定期壽險的費率在一定時期內不變，但每次更新續保時要根據被保險人續保時的年齡來增加保費。這項選擇權是為了保護被保險人利益，但容易產生逆選擇，因此保險人通常限制可續保的最高年齡。三是可變換定期壽險。大多數定期壽險具有可變換的特性。此種保單在保險期限屆滿前，保單所有人有把定期壽險變換為終身壽險或生死合險的選擇權而不需提供可保性證明。此種變換

選擇權增加了定期壽險的彈性。在定期壽險合同訂立之時，保單所有人可能無法確定最需要的保單或因當時經濟條件的限制而選擇了定期壽險，經過一段時間後，客觀條件可能發生改變，保單所有人想利用保險作為累積資金的工具而不僅僅是死亡的保障。因此，變換選擇權的存在可以滿足保單所有人的這一需要。四是保額遞減定期壽險。該險種主要是為了配合個人需要而設計的，通常體現在信用人壽保險或抵押貸款保障保險以及家庭收入保險中。此種保單的保險金額在一定期限內逐年減少，雖然應繳保費保持不變，但被保險人所需保障在逐漸縮小。例如，在信用人壽保險和抵押保障保險中，隨著被保險人所欠債務逐年清償或家庭收入逐年減少，所需保險金額亦隨之減少。因此，該險種的費率很低。五是保額遞增定期壽險。保額遞增一般通過附約的形式來實現。如在《美國生活費用調整附約》中規定，隨消費物價指數的上升而自動增加保單的死亡給付。消費者物價指數下降並不使保額減少，只將上一年度的保額轉移到當年度。

（2）定期生存保險。定期生存保險是以被保險人在保險期限屆滿時仍生存為給付條件，由保險人按合同約定一次性給付保險金的一種人壽保險。這裡說的定期生存保險指的是單純的生存保險。它具有以下特點：與定期死亡保險相反，若被保險人在保險期間內死亡，保險人不負保險責任，並且不退還保費。生存者所得到的保險金除本人所繳保費外，還包括死亡者已繳付、但保險人未返還的保險費，有較高的儲蓄性，這是生存保險最突出的特點；由於定期生存保險是保障被保險人今後的生活，以被保險人的生存為給付保險金的條件，因此，投保人放棄現實的消費而為被保險人購買此類保險，為被保險人將來的生活提供經濟來源；定期生存保險的目的是為一定時間後被保險人可獲得滿足生活需要的保險金，如子女教育保險；保障功能不強。根據該險種的特點，由於被保險人在保險期限內死亡，保險人不承擔給付保險金的責任，所以，很少有人冒保險期間內死亡而喪失所有保費的風險，故一般很少作為獨立的保險險種出售。

2. 終身壽險

與定期壽險相比，終身壽險是一種不定期的死亡保險，即自合同生效后，被保險人不論何時死亡，保險人均要給付保險金。由於終身壽險大多數都基於假設被保險人在 100 歲之前死亡的生命表，若保險人生存到 100 歲，則認為保單到期，保險人要給付保險金。因此，終身壽險也可看做是到 100 歲的定期壽險。保險費的繳付一般有終身繳費和限期繳費兩種方式。根據終身壽險在繳費方式、保單選擇權的不同，可以將其分成普通終身壽險、特種終身壽險、保費不確定的終身壽險、利率敏感型終身壽險和變額終身壽險等不同的種類。

（1）普通終身壽險。普通終身壽險又稱終身繳費的終身壽險。它是指投保人自保險合同生效之日起必須按期繳納均衡保險費，直至被保險人死亡，即繳費期等於保險期。其每期繳納的保費相對較低，適於中等收入的人購買。在普通終身壽險上可附加「低附加費，高保額」的定期壽險。

（2）特種終身壽險。特種終身壽險又稱為限期繳費的終身壽險。該險種被保險人仍享受終身保障，只是繳費方式是限期而非終身，故其保險費比普通終身壽險費高。

關於該險種的繳費方式，具體又可分為限期繳費終身壽險和躉繳終身壽險。前者是指投保人的繳費期限並非終身，而是限定在一定時期內，例如 5 年、10 年或 20 年等。由於繳費期限相對較短，其年均衡保費大於終身繳費的年均衡保費，所以適於短期內有較高收入的人購買。保險費繳納的期間越短，每期所繳保費越多，現金價值的累積越迅速；后者是指投保人投保時一次繳清全部保費，因此保單一開始就具有現金價值。該險種可被看做是限期繳費終身壽險的一種極端形式，由於一次繳納金額過高，故很少被人採用。

(3) 保費不確定的終身壽險。為了增加不分紅保險的有效競爭能力，有些保險公司提出保費不定的終身壽險，保險公司設定保費的最高限額。投保人每年應付保費根據保險人的業務經營狀況調整，但要低於最高的保費限額。

(4) 利率敏感終身壽險。利率敏感終身壽險，即當期假設終身壽險。它是指使用目前的投資收益率和當期死亡成本來決定現金價值，進而調整投保人所需繳納的保費或死亡給付金額來體現利率變化的一種終身壽險。若新假設與簽發保單條件相同時，保費與死亡給付金額不變。若假設改變，新訂立的保費可能高於或低於先前的保費。若新保費低於先前的保費，保單所有人有如下選擇：按新的保費支付，原來約定的死亡給付即保險金額不變；按原有標準支付保費，並提供可保性證明，保費差費用於支付增加的死亡給付保費；按原有標準支付保費，且保險金額不變，將此兩種保費的差額加入累積資金中。若新保費高於先前的保費，保單所有人有如下選擇：按新保費支付保險金額不變；按原有標準支付保費，死亡給付額減少到保費所能維持的保額；按原有標準支付保費，但用保單的現金價值彌補保費差額以維持先前的給付金額。

(5) 變額終身壽險。變額終身壽險的保費固定而保險金額隨分立帳戶中投資基金的投資績效不同而變化。該險種可抵制因通貨膨脹導致的死亡給付不足。其特點表現在：保費固定，死亡金額可變動，但有一個最低給付金額；開設分立帳戶。保險公司對變額壽險實行單獨帳戶管理，同其他壽險分開，資金主要用於投資。保險人可根據資產運用狀況，對投資分立帳戶的資產組合不斷進行調整。保單所有人也可以在各種投資產品中自由選擇投資組合。保險人將投資風險全部轉移給保單所有人，只承擔死亡率和費用變動的風險；現金價值隨著所選擇的投資組合中投資業績的狀況變化而變動。投資分立帳戶的投資收益高則保單的現金價值高，保額也高。反之亦然。某一時刻保單的現金價值取決於該時刻其投資組合中分立帳戶的市場價值。

(6) 聯合人壽保險。人壽保險大多以一人為被保險人，這種保單為個人壽險保單。當一份人壽保險單承保兩個或兩個以上人的生命時，就稱為聯合人壽保險。聯合人壽保險一般是以其中一人的死亡為給付保險金條件，只要其中有任何一個被保險人死亡，保險人即需給付保險金，保險合同即告終止。此種保單最適用於夫婦兩人購買，一方死亡，另一方可獲得保險金，以保證經濟生活的安定。同時也適用於合夥組織的合夥人以及股票不得轉讓公司的股票持有人等。此外，還有一種與聯合壽險保單性質相近的保單，即最后生存者保險單，它是以兩個被保險人中最后一人死亡為給付條件，保險人將保額給付給受益人。該保單的被保險人通常為夫婦，受益人為其子女。

3. 生死合險

生死合險又稱兩全保險或混合保險。它是死亡保險和生存保險的結合，不論被保險人在保險有效期內死亡還是生存至保險期滿，保險人都要依合同約定給付保險金。因此，生死保險的保險金給付是必然的，故其保險費是生存保險與死亡保險保費的總和，比終身壽險或定期壽險都高。生死合險是由純粹生存保險和定期壽險混合而成的，因此生死合險既有生存保險的儲蓄因素，又有死亡保險的保障因素。兩者在保險金額中所占比例隨時間的增長互為消長，即保障因素遞減而儲蓄因素遞增。若被保險人生存至保險期滿，保險金額可全部看做是被保險人的儲蓄。生死合險的儲蓄性使保單與終身壽險一樣具有現金價值，保單所有人享有由現金價值帶來的權益。此外，若被保險人生存至保單期滿，即可領到相當於銀行儲蓄的保險金，以保障退休后的生活，這一特點是終身壽險所不具備的。生死合險有多種形式，包括：普通兩全保險，不論被保險人在保險期間內死亡還是生存至保險期滿，保險人都給付同樣數目的保險金；期滿雙（多）賠兩全保險，生存保險金是死亡保險金的2（多）倍；聯合兩全保險，在保險期內，聯合被保險人中的任何一人死亡，保險人給付全部保險金，保單效力終止。若無一人死亡，保險期滿時保險金由全體被保險人共同領取。

（二）特種人壽保險

1. 年金保險

年金保險是生存保險的特殊形態，是指在被保險人達到一定年齡后的約定生存期間，保險人每年給付一定金額保險金的生存保險。年金保險可以滿足被保險人老年時的經濟需求。按照不同的分類標準，年金保險可以劃分為不同的種類。

按繳費方式劃分，年金保險分為躉繳年金和年繳年金。躉繳年金是指年金保險費由投保人一次繳清后，於約定時間開始，由年金受領人按期領取年金；年繳年金是指年金保險費由投保人採用分年繳付的方式，然后於約定年金給付開始日期起由年金受領人按期領取年金。

按被保險人數劃分，年金保險分為個人年金、聯合年金、聯合及生存者年金。個人年金是以一個被保險人生存作為年金給付條件的年金；聯合年金是以兩個或兩個以上的被保險人均生存作為年金給付條件的年金。在這種年金中，當數個被保險人中第一個人死亡時即停止其給付；聯合及生存者年金是以兩個或兩個以上的被保險人中至少有一個人生存作為年金給付條件的年金。這種年金的給付持續到最后一個生存者死亡時為止。

按照給付額是否變動劃分，年金保險分為定額年金和變額年金。定額年金是每次按固定數額給付的年金；變額年金是指年金給付額按貨幣購買力的變化予以調整，這種年金可以克服定額年金在通貨膨脹下的缺點。

按照給付開始日期劃分，年金保險分為即期年金和延期年金。即期年金是指合同成立后保險人即行按期給付的年金；延期年金是指合同成立后，經過一定時期或達到一定年齡后才開始給付的年金。

按給付期間劃分，年金保險分為終身年金和短期年金。終身年金的受領人在有生

之年可以一直領取約定金額的年金，直到死亡為止。終身年金通常附有最低保證。最低保證的形式有兩種：一種是期間保證，即規定了一個最低保證領取年數，在規定期間內無論被保險人生存與否均可得到年金給付；另一種是金額保證，即當年金受領人死亡時其年金領取總額低於年金購買價格時，保險人以現金方式一次或分期退還其差額。短期年金是以被保險人在規定的時間內生存為給付條件的年金。年金的給付以一定的年數為限，若被保險人一直生存，則給付到期滿。若被保險人在規定的期限內死亡，則年金給付立即停止。

2. 簡易人壽保險

簡易人壽保險是指用簡易的方法經營的一種人壽保險。它是一種小額的、免體檢的、適應低工資收入職工需要的兩全性壽險。簡易人壽保險的繳費週期較短，通常是按月、半月或周繳付。簡易人壽保險合同的保險金額有嚴格的限制。為了防止逆選擇，大多採用等待期或削減給付制度，即被保險人必須經過一定時期，保險單才能生效。若被保險人在此期間內死亡，保險人不負給付責任或按保險金額的一定比例給付保險金。簡易人壽保險的保險費率略高於普通人壽保險的保險費率。主要原因有：免體檢造成死亡率偏高、業務瑣碎使得管理費用偏高、失效比率較高使保險成本提高。

3. 變額人壽保險

變額人壽保險是一種保額隨資金投資收益的變化而變化的壽險。最早於1976年在美國壽險市場上出現。這種產品可有效抵消通貨膨脹給壽險帶來的不利影響。在變額壽險保單的管理上，保費減去費用及死亡給付分攤額后，存入一個單獨的投資帳戶。大多數保險公司可提供的投資方式有：普通股票基金、債券基金以及其他形式的基金。通常保險金額與投資收益直接相連，但不管投資收益如何，保額不能低於某限額。保單現金價值也與投資收益相關，但並無最低值承諾。在任一時點的保單現金價值取決於該時點該險種保費投資資產的市場價值。變額壽險幾乎將所有投資風險都轉移給了保單持有人。該保單的死亡給付包括兩個部分：第一部分是保單約定的最低死亡給付額，這一部分是固定的；第二部分是可變的死亡給付部分，即隨投資收益變化的部分。投資收益超過保單預定利率的部分用來購買一份額外的保險。這份保險通常按純費率購買，購買時間可以按天、按周、按月、按年進行；如果投資收益低於保單預定的利率，則會相應減少過去已增加了的保額，直至保額的最低限度為止。

4. 萬能壽險

萬能壽險是一種繳費靈活、保額可調整、非約束性的壽險。首先於1976年在美國壽險市場上出現，是為了滿足那些要求保費支出少且繳費方式靈活的壽險消費者的需要而設計的。萬能壽險確實為保單持有人選擇靈活的繳費方式提供了便利，但保費支出的高低與其他壽險險種一樣，取決於保險人的定價基礎。萬能壽險的保費繳納方式靈活，保險金額可以根據規定進行調整。保單持有人在繳納一定量的首期保費後，可以按自己的經濟狀況選擇其他任何時候繳納任何數量的保費，有時也可以不再繳費，但前提條件是保單的現金價值足以支付保單的相關費用。保單持有人可以在具備可保性前提條件下提高保額，也可以根據自己的需要降低保額，萬能壽險的經營具有較高的透明度。萬能壽險的特點體現在以下五個方面：

（1）死亡給付模式。萬能壽險主要提供兩種死亡給付方式，投保人可以任選其一。當然，給付方式也可隨時改變。這兩種方式習慣上被稱為 A 方式和 B 方式。A 方式是一種均衡給付的方式，B 方式是直接隨保單現金價值的變化而改變的方式。在 A 方式中，淨危險保額每期都進行調整，以使得淨危險保額與現金價值之和成為均衡的死亡受益額。這樣，如果現金價值增加了，則危險保額就會等額減少。反之，若現金價值減少了，則危險保額會等額增加。這種方式與其他傳統的具有現金價值給付方式的保單較為類似；在 B 方式中，規定了死亡給付額為均衡的淨危險保額與現金價值之和。這樣，如果現金價值增加了，則死亡給付額會等額增加。

（2）保費繳納規定。萬能壽險的保單持有人可以在保險公司規定的幅度內，選擇任何一個數額，在任何時候繳納保費。

（3）保單附加費。通常有兩種等價的保單費用附加方法，即預先附加和事後附加。早期的萬能壽險主要採用預先附加的方法，而新的萬能壽險主要採用事後附加的方法。

（4）死亡給付成本。死亡給付成本每月從萬能壽險的現金價值中扣除，每月死亡給付成本是按照保單的淨危險保額計算的。每份保單中都規定了各個年齡千元保額的最大死亡給付分攤額，死亡給付分攤從不超過規定的最大額度。大多數萬能壽險死亡給付分攤額是不確定的，可能因被保險人是否吸菸及其性別的不同而不同。

（5）現金價值。萬能壽險保費扣除各種分攤額后的累積價值為其現金價值。保單通常都規定一個最低的現金價值累積利率，這個利率通常為 4% 或 5%。有的保險公司為保戶提供一種滾動式的利率，保險單的最低利率將不低於外界某一移動平均利率（也可做某些扣除），如 5 年期國債利率。大多數萬能壽險的當前利率將由公司確定，這使得現金價值累積利率稍稍低於外部利率。許多非指數化的萬能壽險保單的利率是基於保險公司的投資收益率的。有的保險公司使用投資組合收益率作為其保單利率。

5. 變額萬能壽險

變額萬能壽險是融合了保費繳納靈活的萬能壽險與投資靈活的變額壽險而形成的新險種。變額萬能壽險遵循萬能壽險的保費繳納方式，而且保單持有人可以根據自己的意願將保額降至保單規定的最低水平，也可以在具備可保性條件下，將保額提高。與萬能壽險不同的是，變額萬能壽險的資產保存在一個或幾個分離帳戶中。其現金價值的變化也與變額壽險現金價值的變化不同。變額萬能壽險沒有現金價值的最低承諾，即保單現金價值可能降至零。變額萬能壽險的投資通常是多種投資基金的集合。保單持有人可以在一定時期將其現金價值從一個帳戶轉至另一個帳戶，而不用繳納手續費。變額萬能壽險的死亡給付不同於變額壽險，而與萬能壽險相同。變額萬能壽險的死亡給付在 B 方式下，隨資產份額價值的改變而變化。而在 A 方式下，死亡給付保持不變，除非保單持有人改變死亡給付額。因此，投資收益的變化，只反應在保單現金價值中，而不改變保單的淨危險保額。變額萬能壽險保單適合那些將壽險保單現金價值視為投資而非儲蓄的人，保單持有人承擔投資風險。其可能的不利結果是，如果分離帳戶的投資結果不理想，保單的現金價值可能減至零，這時如果沒有另外的保費注入，保單就會失效。這種保單的分離帳戶與保險公司的一般帳戶的資產是分開的，當保險公司其他業務面臨財務困難時，分離帳戶的變額萬能壽險可能增加保單持有人的安全性。

第三節　人身意外保險

一、人身意外保險的概念

人身意外保險，又稱為意外險或傷害保險，是指投保人向保險公司繳納一定金額的保費，當被保險人在保險期限內遭受意外傷害，並以此為直接原因造成死亡或殘廢時，保險公司按照保險合同的約定向保險人或受益人支付一定數量保險金的一種保險。

人身意外保險是以被保險人的身體作為保險標的，以被保險人因遭受意外傷害而造成的死亡、殘疾、醫療費用支出或暫時喪失勞動能力為給付保險金條件的保險。根據這個定義，意外傷害保險保障項目包括死亡給付、殘疾給付、醫療給付和停工給付。傷害必須是人體的傷害，人工裝置以代替人體功能的假肢、假眼、假牙等，不是人身天然軀體的組成部分，不能作為保險對象。

人身意外保險是指針對於保險人受到外來的、突發性的、非本意和非疾病的情況下，還要求保險人是自然軀體，沒有假肢、假牙、假眼等人工的非天然軀體，遭受到傷害而由保險公司進行經濟賠償的一種險種。同時在受到保險人自身之外的比如摔砸、打壓、燙傷、燒傷、凍傷等因素使人體外表或內在留有損害跡象。

意外傷害保險承保的風險是意外傷害，但是並非一切意外傷害都是意外傷害保險所能承保的。按照是否可保劃分，意外傷害可以分為不可承保意外傷害、特約承保意外傷害和一般可保意外傷害三種。

1. 不可承保意外傷害

不可承保意外傷害包括以下情形：

（1）被保險人在犯罪活動中所受的意外傷害。意外傷害保險不承保被保險人在犯罪活動中受到的意外傷害，因為保險只能為合法的行為提供經濟保障，只有這樣，保險合同才具有法律效力。一切犯罪行為都是違法行為，所以，被保險人在犯罪活動中所受的意外傷害不予承保。犯罪活動具有社會危害性，如果承保被保險人在犯罪活動中所受意外傷害，即使該意外傷害不是由犯罪行為直接造成的，也違反了社會公共利益。

（2）被保險人在尋釁鬥毆中所受的意外傷害。尋釁鬥毆指被保險人故意製造事端挑起的鬥毆。尋釁鬥毆不一定構成犯罪，但具有社會危害性，屬於違法行為，因而不能承保。

（3）被保險人在酒醉、吸食（或注射）毒品（如海洛因、鴉片、大麻、嗎啡等麻醉劑、興奮劑、致幻劑）后發生的意外傷害。酒醉或吸食毒品對被保險人身體的損害，是被保險人的故意行為所致，當然不屬意外傷害。

（4）由於被保險人的自殺行為造成的傷害等。對於不可保意外傷害，在意外傷害保險條款中應明確列為除外責任。

2. 特約承保意外傷害

特約意外傷害保險是指只有經過投保人與保險人特別約定，有時還要另外加收保

險費后才予承保的意外傷害。特約承保意外傷害包括如下情形：

（1）戰爭使被保險人遭受的意外傷害。由於戰爭使被保險人遭受意外傷害的風險過大，保險公司一般沒有能力承保。戰爭是否爆發、何時爆發、會造成多大範圍的人身傷害，往往難以預計，保險公司難以擬訂保險費率。所以，對於戰爭使被保險人遭受的意外傷害，保險公司一般不予承保，只有經過特別約定並另外加收保險費以後才能承保。

（2）被保險人在從事登山、跳傘、滑雪、江河漂流、賽車、拳擊、摔跤等劇烈的體育活動或比賽中遭受的意外傷害。被保險人從事上述活動或比賽時，會使其遭受意外傷害的概率大大增加。因而保險公司一般不予承保，只有經過特別約定並另外加收保險費以后才能承保。

（3）核輻射造成的意外傷害。核輻射造成人身意外傷害的后果，往往在短期內不能確定，而且如果發生大的核爆炸時，往往造成較大範圍內的人身傷害。從技術和承保能力上考慮，保險公司一般不承保核輻射造成的意外傷害。

（4）醫療事故造成的意外傷害（如醫生誤診、藥劑師發錯藥品、檢查時造成的損傷、手術切錯部位等）。意外傷害保險的保險費率是根據大多數被保險人的情況制定的，而大多數被保險人身體是健康的，只有少數患有疾病的被保險人才存在醫療事故遭受意外傷害的危險。為了使保險費的負擔公平合理，保險公司一般不承保醫療事故造成的意外傷害。對於這些特約承保意外傷害，在保險條款中一般列為除外責任，經投保人與保險人特別的約定承保后，由保險人在保險單上簽註特別約定或出具批單，對該項除外責任予以剔除。

3. 一般可保意外傷害

即在一般情況下可以承保的意外傷害。除不可承保意外傷害、特約承保意外傷害以外，均屬一般可保意外傷害。

二、人身意外保險的類型

（一）按實施方式劃分

（1）自願性的人身意外傷害保險。自願性的人身意外傷害保險是投保人根據自己的意願和需求投保的各種人身意外傷害保險。比如，中國現開辦的中小學生平安險、投宿旅客人身意外傷害保險就是其中的險種。這些險種均採取家長或旅客自願投保的形式，由學校或旅店代收保費，再匯總交保險公司。

（2）強制性的人身意外傷害保險。強制性的人身意外傷害保險是由政府強制規定有關人員必須參加的一種人身意外傷害保險，它是基於國家保險法令的效力構成的被保險人與保險人的權利和義務關係。

（二）按承保風險劃分

（1）普通人身意外傷害保險。該類人身意外傷害保險是承保由一般風險而導致的各種人身意外傷害事件。在投保普通人身意外傷害保險時，一般由保險公司事先擬定好條款，投保方只需做出「是」與「否」的附和。在實際業務中，許多具體險種均屬

此類人身意外傷害保險，如中國現開辦的團體人身意外傷害保險、個人平安保險等。

（2）特種人身意外傷害保險。該類人身意外傷害保險是承保在特定時間、特定地點或由特定原因而發生或導致的人身意外傷害事件。由於「三個特定」，相對於普通人身意外傷害保險而言，后者發生保險風險的機率更大些，故稱之為特種人身意外傷害保險。例如在游泳池或遊樂場所發生的人身意外傷害、江河漂流、登山、滑雪等激烈的體育比賽或活動中發生的人身意外傷害等。實際開辦此類業務時，大多採取由投保方和保險方協商一致后簽訂協議的方式辦理。

（三）按保險對象劃分

1. 個人人身意外傷害保險

個人人身意外傷害保險是以個人作為保險對象的各種人身意外傷害保險。機動車駕乘人員人身意外傷害保險、航空人身意外傷害保險、旅客人身意外傷害保險和旅遊人身意外傷害保險等是個人人身意外傷害保險的主要險種。個人人身意外傷害保險的特點是：一是大多屬於自願保險，但有些險種屬於強制性保險。如中國旅客人身意外傷害保險就帶有強制性的特點。二是多數險種的保險期間較短。三是投保條件相對寬鬆。一般的個人人身意外傷害保險對保險對象均沒有資格要求，凡是身體健康、能正常工作或正常勞動者均可作為保險對象。四是保險費率低，而保障範圍較大。由於一般的個人人身意外傷害保險不具有儲蓄性，所以保險費僅為保險金額的千分之幾，甚至萬分之幾。個人意外傷害保險投保時，對於被保險人的年齡以及身體健康狀況，並沒有太嚴格的限制。65歲（有的保單延至70歲或80歲）以下的自然人均可成為被保險人，而且一般不需要進行嚴格的身體檢查，但出於避免道德危險發生的考慮，有的意外險保單對以未成年人或超高年齡者為被保險人時，在保險金額上加以限制或者加入相關的加費標準。

2. 團體人身意外傷害保險

團體人身意外傷害是以團體為保險對象的各種人身意外險。由於人身意外傷害保險的保險費率與被保險人的年齡和健康狀況無關，而是取決於被保險人的職業，所以人身意外傷害保險最適合於團體投保。

團體人身意外傷害保險的特點：一是投保人與被保險人不是一個人，投保人是一個投保前就已存在的單位，如機關、學校、社會團體、企業、事業單位等，被保險人是單位的人員，如學校的學生、企業的員工等。二是保險責任主要是死亡責任，以被保險人死亡作為給付保險金的條件，所以投保人在訂立保險合同時，應經被保險人書面同意，並認可保險金額。三是保險金額一般沒有上限規定，僅規定最低保額。四是保險費率低，團體人身意外傷害保險由於是單位投保，降低了保險人管理成本等方面的費用，保險費率因此降低。五是在通常情況下，保險費繳納是在保險有效期開始之日一次交清，保險費交清后保單方能生效。

團體人身意外保險與個人人身意外傷害保險相比較而言，二者在保險責任、給付方式等方面相同，區別比較明顯的是：保單效力有所不同。在團體人身意外傷害保險中，被保險人一旦脫離投保的團體，保險單即對該被保險人失效，投保單位可以專門

為該被保險人辦理退保手續，保險單對其他被保險人仍然有效。

3. 家庭意外傷害保險

家庭意外險主要有 A、B 兩種類型的條款，其中，A 款主要適用於年齡在 16 周歲以上 65 周歲以下的人作為被保險人，且身體健康、能正常工作或勞動。該類條款規定的承保條件及保險責任與個人意外險類似；B 款中被保險人的年齡放寬，凡年滿 1 周歲至 70 周歲的人均可成為被保險人，投保人可以為本人投保，也可以為與其共同居住的家庭成員（以戶籍資料為準，在投保時註明）投保，被保險人在 15 周歲及其以下的，投保人只能是其父親或母親。根據 B 類條款的規定，每一被保險人的意外傷害保險金額等於保險單的意外傷害保險金額除以投保時註明的被保險人人數；任一被保險人發生意外傷害住院醫療，保險人均按保險合同規定給付意外傷害住院醫療保險金，至累計給付金額達到意外傷害醫療保險金額時終止；保險人對每一被保險人所負給付保險金的責任以該被保險人的對應保險金額為限，一次或累計給付的保險金達到對應保險金額時，對該被保險人的該項保險責任終止；每一被保險人無論持有幾份該保險，保險人對其承擔的意外傷害保險金給付責任最高不超過人民幣 10 萬元；意外傷害住院醫療保險金給付責任最高不超過人民幣 5000 元，15 周歲及其以下的被保險人的意外傷害保險金額不得超過人民幣 5 萬元，對超過限額的部分保險人不予負責。

（四）按保險期限劃分

1. 極短期人身意外傷害保險

保險期限往往只有幾天、幾小時甚至更短。中國目前開辦的公路旅客人身意外傷害保險、住宿旅客人身意外傷害保險、旅遊保險、索道遊客人身意外傷害保險、游泳池人身意外傷害保險、大型電動玩具遊客人身意外傷害保險等，均屬於極短期人身意外傷害保險。其中，公路旅客人身意外傷害保險一般由地方政府或有關管理機關發布地方性法規或地方性行政規章，規定搭乘長途汽車的旅客必須投保。住宿旅客人身意外傷害保險以在旅館住宿的旅客為被保險人，由旅店代辦承保手續，但旅客可以自由選擇投保。旅遊保險以組織團體旅遊的旅行社（或機關、學校、企業、事業單位、群眾團體等）為投保人，以參加旅遊團體的旅遊者為被保險人，由旅行社為被保險人辦理投保手續。

旅客意外傷害保險。旅客意外傷害保險是以旅客在搭乘運輸工具過程中遭受意外傷害為承保對象的保險。目前可以搭乘的交通工具有汽車、火車、輪船和飛機等。因交通工具的不同，旅客意外險又分為鐵路旅客意外險、公路旅客意外險、航空旅客意外險和輪船旅客意外險等。例如，在中國，鐵路旅客意外險屬於強制保險的範圍，凡持票搭乘國營或專用鐵路火車的旅客，都應向保險公司投保鐵路旅客意外險，保險手續由鐵路管理局直接辦理，不另簽發保險憑證。旅客購買車票的同時也買了保險，火車票既是乘車憑證，也是保險憑證。旅客在乘車過程中因意外事故而遭受傷害需在醫院治療的，保險人在保險金額以內給付醫療保險金。旅客死亡或殘疾的，保險人按照約定給付死亡保險金或殘疾保險金；輪船旅客意外險也屬於強制保險的範疇。凡持票搭乘國營、公私合營或私營輪船公司所有輪船的旅客，都必須向保險公司投保輪船旅

客意外險，保險手續由輪船公司辦理，不另簽發保險憑證。旅客買船票時也買了保險，保險費包含在船票票價內，一般為基本票價的3%，由輪船公司核算代收統一匯繳保險公司。旅客在乘船過程中因意外事故遭受傷害的，保險人按照約定給付死亡保險金或殘疾保險金或醫療保險金。航空旅客意外險屬於非強制性保險，即屬於櫃臺銷售的、投保人可以自願決定是否投保的一種旅客意外險。旅客願意投保的，在購買機票時即可向機票代銷處辦理保險手續並繳納保險費，保險費並不包含在飛機票價內，而是需在票價之外另行繳納。其保險期限自被保險人踏入保險單上指定的航班班機（或等效班機）的艙門開始，至飛機飛抵目的地走出艙門后終止。保險人對這一期間被保險上因意外事故發生遭受的傷害，負一次性給付相應保險金的責任。但屬於除外責任範圍內的原因引發的傷害，保險人不承擔保險責任。

　　旅遊意外傷害保險。旅遊意外險主要承保以旅行社、機關、團體及企業事業單位組織的團體旅遊者在旅遊過程中遭受的人身意外傷害。其保險期限可以根據旅行的期限確定，一般是旅遊的全過程，自被保險人乘上旅行社等單位指定的交通工具時開始，至本次旅遊結束離開相應的交通工具時終止。如果旅遊期限發生變化，保險期限及保險費也要作相應的調整。在保險期限內，保險人對因下列原因造成的被保險人的傷害承擔保險責任：爆炸、雷電、溺水、跌墜、碰撞、交通事故、歹徒行凶、牲畜襲擊等。但下列原因引起的傷害除外：被保險人自殺或故意自傷、犯罪行為、毆鬥、冒險行為、疾病、酗酒、藥物中毒、吸食毒品、擅自離開組織旅遊單位規定的旅遊地點、不乘坐指定的交通工具等。

　　住宿旅客意外傷害保險。住宿旅客意外險主要承保住宿於旅館、飯店或招待所的旅客遭受的人身意外傷害。該險種要求旅客所住宿的旅館、飯店或招待所必須已經經過工商行政管理部門的登記。其保險期限自被保險人辦理完住宿手續時開始，至其退宿並辦理完退宿手續且按照退宿規定可停留在住宿地的時間結束時終止。在保險期限內，被保險人無論外出或者在住處因意外事故發生而遭受意外傷害時，保險人按照約定給付保險金。

　　2. 一年期人身意外傷害保險

　　人身意外傷害保險的大多數險種的保險期限為一年。目前中國開辦的團體人身意外傷害保險、團體人身保險、學生團體平安保險、附加人身意外傷害醫療保險等都屬於一年期人身意外傷害保險。其中，團體人身意外傷害保險和團體人身保險都是以具有法人資格的機關、團體、企業、事業單位為投保人，以這些單位的職工為被保險人，由投保人為被保險人向保險人集體辦理投保手續。由於是以團體方式投保，如果被保險人在保險期間離職，則自離職之日起，保險合同對其喪失保險效力，保險人退還未到期保費。學生團體平安保險是以在校學生為承保對象，由學校為學生向保險人集體辦理投保手續。

　　3. 多年期人身意外傷害保險

　　保險期限超過一年，但基本上不超過五年。如中國目前開辦的人身意外傷害期滿還本保險，保險期限可以是三年、五年。人身意外傷害還本保險的保險本金是根據團體人身意外傷害保險的保險費率和相應年期的利息率制定的。被保險人投保人身意外

傷害還本保險繳納的保險本金遠大於投保團體人身意外傷害保險時繳納的保險費，但由於保險人在保險期限結束時返還本金，被保險人只是損失利息。

（五）按險種結構劃分

單純人身意外傷害保險。保險責任僅限於人身意外傷害。中國目前開辦的團體人身意外傷害保險、公路旅客人身意外傷害保險、學生團體人身意外傷害保險、駕駛員人身意外傷害保險等，都屬於單純人身意外傷害保險。

附加人身意外傷害保險。這種保險包括兩種情況：一是其他保險附加人身意外傷害保險；二是人身意外傷害保險附加其他保險責任。如中國目前開辦的簡易人身保險，以生存到保險期滿或保險期限內死亡為基本保險責任，附加人身意外傷害造成的殘廢，屬於生死兩全保險附加人身意外傷害保險。再如，住宿旅客人身意外傷害保險，保險責任包括旅客由於人身意外傷害造成的死亡、殘廢以及旅客隨身攜帶行李物品的損失，屬於人身意外傷害保險附加財產保險。

（六）按是否出立保險單劃分

出單人身意外傷害保險。它是指承保時必須出立保險單的人身意外傷害保險。一年期和多年期人身意外傷害保險都必須出立保險單，如團體人身意外傷害保險、學生團體平安保險等。

不出單人身意外傷害保險。它是指承保時不出立保險單，以其他有關憑證為保險憑證的人身意外傷害保險。不出單人身意外傷害保險多為極短期人身意外傷害保險。例如公路旅客人身意外傷害保險以汽車票為保險憑證，而不需要單獨出立書面的保險單。

三、意外傷害保險的基本內容

（一）意外傷害保險的保險責任

意外傷害保險的保險責任是指由保險人承擔的被保險人因意外傷害所導致的死亡和殘疾給付保險金的責任，不負責疾病所致的死亡。死亡保險的保險責任是被保險人因疾病或意外傷害所致死亡，不負責意外傷害所致的殘疾。兩全保險的保險責任是被保險人因疾病或意外傷害所致的死亡以及被保險人生存到保險期限結束。在意外傷害保險中，責任期限是指被保險人遭受意外傷害的事件發生在保險期內，而且自遭受意外傷害之日起的一定時期內（即責任期限內，如 90 天、180 天、360 天等）造成死亡或殘疾的后果，保險人就要承擔保險責任，給付保險金，即使被保險人在死亡或確定殘疾時保險期限已經結束，只要未超過責任期限，保險人就要負責。意外傷害保險的保險責任由三個必要條件構成，即被保險人在保險期限內遭受了意外傷害；被保險人在責任期限內死亡或殘疾；被保險人所受意外傷害是其死亡或殘疾的直接原因或近因。上述三個必要條件缺一不可。

1. 被保險人遭受了意外傷害

被保險人在保險期限內遭受意外傷害是構成意外傷害保險的保險責任的首要條件。這一首要條件包括以下兩方面的要求：一是被保險人遭受意外傷害必須是客觀發生的

事實，而不是臆想的或推測的；二是被保險人遭受意外傷害的客觀事實必須發生在保險期限之內。如果被保險人在保險期限開始之前曾遭受意外傷害，而在保險期限內死亡或殘疾，則不構成保險責任。

2. 被保險人死亡或殘疾

被保險人在責任期限內死亡或殘疾，是構成意外傷害保險的保險責任的必要條件之一。這一必要條件包括以下兩方面的要求：一是被保險人死亡或殘疾。死亡即肌體生命活動和新陳代謝的終止。在法律上發生效力的死亡包括兩種情況：生理死亡，即已被證實的死亡；宣告死亡，即按照法律程序推定的死亡。《中華人民共和國民法通則》第二十三條規定：「公民有下列情形之一的，利害關係人可以向人民法院申請宣告他死亡：下落不明滿4年的；因意外事故下落不明，從事故發生之日起滿2年的。」殘疾包括兩種情況：人體組織的永久性殘缺（或稱缺損）如肢體斷離等；人體器官正常機能的永久喪失，如喪失視覺、聽覺、嗅覺、語言機能、運動障礙等。二是被保險人的死亡或殘疾發生在責任期限之內。責任期限是意外傷害保險和健康保險特有的概念，指自被保險人遭受意外傷害之日起的一定期限（如90天、180天、360天等）。在人壽保險和財產保險中，沒有責任期限的概念。如果被保險人在保險期限內遭受意外傷害，在責任期限內生理死亡，則顯然已構成保險責任。但是，如果被保險人在保險期限內因意外事故下落不明，自事故發生之日起滿2年、法院宣告被保險人死亡后，責任期限已經超過。為了解決這一問題，可以在意外傷害保險條款中訂有失蹤條款或在保險單上簽註關於失蹤的特別約定，規定被保險人確因意外傷害事故下落不明超過一定期限（如3個月、6個月等）時，視同被保險人死亡，保險人給付死亡保險金，但如果被保險人以後生還，受領保險金的人應把保險金返還給保險人。責任期限對於意外傷害造成的殘疾實際上是確定殘疾程度的期限。如果被保險人在保險期限內遭受意外傷害，治療結束后被確定為殘疾，且責任期限尚未結束，當然可以根據確定的殘疾程度給付殘疾保險金。但是，如果被保險人在保險期限內遭受意外傷害，責任期限結束時治療仍未結束，尚不能確定最終是否造成殘疾以及造成何種程度的殘疾，那麼，就應該推定責任期限結束時這一時點上被保險人的組織殘缺或器官正常機能的喪失是否是永久性的，即以這一時點的情況確定殘疾程度，並按照這一殘疾程度給付殘疾保險金。此后，即使被保險人經過治療痊愈或殘疾程度減輕，保險人也不追回全部或部分殘疾保險金。反之，即使保險人加重了殘疾程度或死亡，保險人也不追加給付保險金。

3. 意外傷害是死亡或殘疾的直接原因或近因

在意外傷害保險中，被保險人在保險期限內遭受了意外傷害，並且在責任期限內死亡或殘疾，並不意味著必然構成保險責任。只有當意外傷害與死亡、殘疾之間存在因果關係，即意外傷害是死亡或殘疾的直接原因或近因時，才構成保險責任。意外傷害與死亡、殘疾之間的因果關係包括以下三種情況：

（1）意外傷害是死亡、殘疾的直接原因。即意外傷害事故直接造成保險人死亡或殘疾。當意外傷害是被保險人死亡、殘疾的直接原因時，則構成保險責任，保險人應該按照保險金額給付死亡保險金，或按照保險金額和殘疾程度給付殘疾保險金。

（2）意外傷害是死亡或殘疾的近因。即意外傷害是引起直接造成被保險人死亡、

殘疾的事件或一連串事件的最初原因。

（3）意外傷害是死亡或殘疾的誘因。即意外傷害使被保險人原有的疾病發作，從而加重后果，造成被保險人死亡或殘疾。當意外傷害是被保險人死亡、殘疾的誘因時，保險人不是按照保險金額和被保險人的最終后果給付保險金，而是比照身體健康遭受這種意外傷害會造成何種后果給付保險金。

（二）意外傷害保險的給付方式

意外傷害保險屬於定額給付性保險，當保險責任成立時，保險人按保險合同中約定的保險金額給付死亡保險金或殘疾保險金。在意外傷害保險合同中，死亡保險金的數額是保險合同中規定的，當被保險人死亡時如數支付。殘疾保險金的數額由保險金額和殘疾程度兩個因素確定。殘疾程度一般以百分率表示，殘疾保險金數額的計算公式是：

$$殘疾保險金 = 保險金額 \times 殘疾程度百分率$$

在意外傷害保險合同中，應列舉殘疾程度百分率，列舉得越詳盡，給付殘疾保險金時，保險方和被保險方就越不易發生爭執。但是，列舉不可能完備窮盡，無論殘疾程度百分率列舉得如何詳盡，也不可能包括所有的情況。對於殘疾程度百分比率中未列舉的情況，只能由當事人之間按照公平合理的原則，參照列舉的殘疾程度百分率協商確定。協商不一致時可提請有關機關仲裁或由人民法院審判。在意外傷害保險中，保險金額不僅是確定死亡保險金、殘疾保險金數額的依據，而且是保險人給付保險金的最高限額，即保險人給付每一被保險人死亡保險金、殘疾保險金累計以不超過該保險金額為限。當一次意外傷害造成被保險人身體若干部位殘疾時，保險人按保險金額與被保險人身體各部位殘疾程度百分率乘積之和計算殘疾保險金，但如果各部位殘疾程度百分率之和超過100%，則按保險金額給付殘疾保險金。被保險人在保險期限內多次遭受意外傷害時，保險人對每次意外傷害造成的殘疾均按保險合同中的規定給付保險金，但給付的保險金累計以不超過保險金額為限。

第四節　健康保險

一、健康保險的概念

健康保險是以人的身體為對象，保證被保險人在疾病或意外事故所致傷害時的費用或損失獲得補償的一種保險。並不是每一個健康保險保單的承保內容都包含所有費用和損失，否則其成本相當大。一般來說，健康保險承保的主要內容有如下兩大類：一是由於疾病或意外事故所致的醫療費用。在現實生活中，人們習慣將承保醫療費用的健康保險統稱為醫療保險或稱醫療費用保險。二是由於疾病或意外傷害事故所致的收入損失。如果被保險人不能參加任何工作，則其收入損失是全額的。如果只能從事比原工作收入低的工作，那麼收入損失則是部分的，其損失數額即為原收入與新收入之差。這種健康保險的保單被稱為殘疾收入補償保險。

健康保險單中，有的給被保險人支付臨時的殘疾補償，或是長期的每月或每週生活補助，有的提供全部的或部分的收入損失補償，也有的是在殘疾時給付一筆保險金，例如雙目失明或肢體殘缺等情況。而相當大部分的健康保單則集中在承保醫療費用方面。健康保險中的疾病與傷害是兩個完全不同的概念。疾病是指由於人體內在的原因，造成精神上或肉體上的痛苦或不健全。構成健康保險所指的疾病必須具備以下三個條件：

（1）必須是由於明顯的非外來原因所造成的。外來的、劇烈的原因造成的病態視為意外傷害，而疾病是由身體內在的生理的原因所致，但若因飲食不慎感染細菌引起疾病，則不能簡單視為外來因素。因為，外來的細菌還要經過體內抗體的抵抗以後，最后再形成疾病。因此，一般講，要以是否是明顯外來的原因，作為疾病和意外傷害的分界線。

（2）必須是非先天性的原因所造成的。健康保險僅對被保險人的身體由健康狀態轉入病態承擔責任。由於先天原因，使身體發生缺陷，例如視力、聽力的缺陷或身體形態的不正常，這種缺陷或不正常，則不能作為疾病由保險人負責。

（3）必須是由於非長存的原因所造成的。在人的一生中，要經歷生長、成年、衰老的過程，因此在肌體衰老的過程中，也會顯示一些病態，這是人生必然要經歷的生理現象。對每一個人來講，衰老是必然的，但在衰老的同時，誘發出其他疾病卻是偶然的，需要健康保險來提供保障。而屬於生理上長存的原因，即人到一定年齡以後出現的衰老現象，則不能被稱為疾病，也不是健康保險的保障範圍。

二、健康保險的特徵

健康保險是以被保險人在保險期間內因疾病不能從事正常工作，或因疾病造成殘疾或死亡時由保險人給付保險金的保險。健康保險的保險費率與被保險人的年齡、健康狀況密切相關，保險公司往往要求被保險人體檢，規定觀察期或約定自負額，承保比較嚴格。因此，趁年輕、健康時購買最有利。

（一）連續有效條款

健康保險的保險期限通常為一年。一般的健康保險條款都註明保單在什麼條件下失效，在什麼條件下可自動續保，常見的方式有以下四類：

（1）定期保單。這種保單規定了有效期限，一旦期滿，被保險人必須重新投保。在保險期限內，保險人不能提出解除或終止合同，也不能要求改變保險費或保險責任。但合同期滿后被保險人重新投保時，保險人有權拒絕承保或要求改變保費或保險責任。

（2）可取消保單。對於這種保單，被保險人或保險人在任何時候都可以提出終止合同或改變保險費以及合同條件、保障範圍。但是，當保險人提出終止合同或改變合同條件、保障範圍時，對於已經發生尚未處理完畢的保險事故，仍應按原來規定的合同條件、保障範圍承擔責任。這種保單的優點在於保險人承擔的風險小，所以其成本低，並對承保條件要求不嚴格。

（3）續保。被保險人續保時，一般有兩種不同的續保條款：一是條件性續保。只

要被保險人符合合同規定的條件，就可續保其合同，直到某一特定的時間或年數。二是保證性續保。這種保單規定，只要被保險人繼續交費，其合同可繼續有效，直到一個規定的年齡。在這期間，保險人不能單方面改變合同中的任何條件。

（4）不可取消條款。就是對被保險人和保險人而言，都不得要求取消保險合同，被保險人不能要求退費。但如果被保險人不能繳納保費時，則保險人可自動終止合同。

（二）嚴格的承保條件

健康保險的承保條件一般比壽險要嚴格，由於疾病是健康保險的主要風險，因而對疾病產生的因素需要相當嚴格的審查，一般是根據被保險人的病歷來判斷，瞭解被保險人身體的既往史、現病史，有時還需要瞭解被保險人的家族病史。此外還要對被保險人所從事的職業及其居住的地理位置及生活方式也要進行評估。在承保標準方面，一般有以下三種規定：

（1）觀察期。由於僅僅依據以前的病歷難以判斷被保險人是否已經患有某些疾病，為了防止已經患有疾病的被保險人投保，有時要在保單中規定一個觀察期或稱免責期，觀察期一般為半年，被保險人在觀察期內因疾病支出醫療費及收入損失，保險人不負責，觀察期結束後保單才正式生效。

（2）次健體保單。對於不能達到標準條款規定的身體健康要求的被保險人，一般按照次健體保單來承保。這時可能採用的方法有兩種：一是提高保費；二是重新規定承保範圍，比如將其某種疾病或某種保險責任作為批註除外后才予以承保。

（3）特殊疾病保單。對於被保險人所患的特殊疾病，保險人制定出特種條款，以承保規定的特殊疾病。

（三）免賠額條款

免賠額條款是醫療保險的主要特徵之一，這種規定對保險人和被保險人都有利。在醫療費用方面，保單中規定了免賠額，即保險費用給付的最低限額。保險人只負責超過免賠額的部分。

免賠額的計算一般有三種：一是單一賠款免賠額。針對每次賠款的數額。二是全年免賠額，按每年賠款總計。超過一年數額后才賠付。三是集體免賠額，這是對團體投保的被保險人而言，對於同一事故，按所有成員的費用累計來計算。

規定了免賠額之後，小額的醫療費由被保險人自負，大額的醫療費由保險人承擔。這種做法是基於這樣一種承保理論，即自負費用的一定比例能夠促使被保險人努力去恢復身體，而不會去利用沒有必要的服務和醫療設備；而且並不意味著醫療保險就可以隨便拿藥、住院，醫療保險並不是無限度的。

（四）給付條件

在健康保險的保險事故發生時，合理的和必需的費用，保險人都會給予保險金給付。可以賠付的費用包括門診費、藥費、住院費、護理費、醫院雜費、手術費、各種檢查費等。醫療費用保險一般規定一個最高保險金額，保險人在此保險金額的限度內支付被保險人所發生的費用，超過此限額時，則保險人停止支付。在一個年度內當醫療費用的支出累計超過（也可以是按次計算）免賠額時，被保險人才有資格申請給付

各種醫療費用。

（五）保險費率

決定健康保險費率的因素主要包括：殘疾發生率、利率和費用率等，健康保險保費的多少，與殘疾率、費用率的高低成正比例，而與利率成反比例。另外，免賠額和保險費的費率密切相關，免賠額高則費率低；反之，免賠額低則費率高。健康保險的費率確定主要是根據被保險人的職業、性別、年齡、保險金額及給付種類。其中職業尤為重要，一般依職業危險的大小劃分等級，規定費率，而年齡因素不像人壽保險那樣重要。

三、健康保險的分類

（一）醫療保險

醫療保險是指提供醫療費用保障的保險，它是健康保險的主要內容之一。醫療費用是病人為了治病而發生的各種費用，它不僅包括醫生的醫療費和手術費用，還包括住院、護理、醫院設備使用等費用。醫療保險就是醫療費用保險的簡稱。醫療保險的範圍很廣，醫療費用則一般按照其醫療服務的特性來區分，主要包含醫生的門診費用、藥費、住院費用、護理費用、醫院雜費、手術費用、各種檢查費用等。各種不同的健康保險保單所保障的費用一般是其中的一項或若干項組合。醫療費用保險一般規定一個最高保險金額，保險人在此保險金額限度內支付被保險人所發生的費用，超過此限額時，保險人則停止支付。免賠額條款則是醫療保險的主要特徵之一，在此基礎上，經常採用比例給付條款。如果是一個家庭投保，則免賠額可規定在整個家庭成員所需費用之和的基礎上。常見的醫療保險包括普通醫療保險、住院保險、手術保險和特種疾病保險、住院津貼保險、綜合醫療保險等。

1. 普通醫療保險

普通醫療保險給被保險人提供治療疾病相關的一般性醫療費用，主要包括門診費用、醫藥費用、檢查費用等。這種保險比較適用於一般社會公眾。因為到醫院看病是每個人經常發生的事，而這種保險的保費成本較低。由於對醫藥費用和檢查費用的支出控製有一定的難度，所以，這種保單一般也具有免賠額和比例給付規定，保險人支付免賠額以上部分的一定百分比（比如80%），保險費用則每年規定一次。每次疾病所發生的費用累計超過保險金額時，保險人不再負責任。

2. 住院保險

由於住院所發生的費用是相當可觀的，故將住院的費用作為一項單獨的保險，住院保險的費用項目主要是每天住院的床位費用、住院期間醫生費用、使用醫院設備的費用、手術費用、醫藥費等，住院時間長短將直接影響其費用的高低。由於住院費用比較高，因此，這種保險的保險金額應根據病人平均住院費用情況而定。為了控製沒必要的長時間住院，這種保單一般規定保險人只負責所有費用的一定百分比（例如90%）。

3. 手術保險

這種保險提供因病人需做必要的手術而發生的費用。這種保單一般是負擔所有手術費用。

4. 綜合醫療保險

綜合醫療保險是保險人為被保險人提供的一種全面的醫療費用保險，其費用範圍則包括醫療和住院、手術等的一切費用。這種保單的保險費較高，一般確定一個較低的免賠額連同適當的分擔比例（例如85%）。

5. 特種疾病保險

某些特殊的疾病往往給病人帶來的是災難性的費用支付，例如癌症、心臟疾病等。這些疾病一經確診，必然會產生大範圍的醫療費用支出。因此，這種保單的保險金額通常要求比較大，以足夠支付其產生的各種費用。特種疾病保險的給付方式一般是在確診為特種疾病后，立即一次性支付保險金額。

(二) 殘疾收入補償保險

如果一個人因疾病或意外傷害事故而不能參加工作，那麼他就會失去原來的工資收入。這種收入的損失數額可能是全部的，也可能是部分的，其時間可能較長，也可能較短。提供被保險人在殘疾、疾病或意外受傷后不能繼續工作時所發生的收入損失之補償的保險稱為殘疾收入補償保險，或稱喪失勞動能力收入補償保險。殘疾收入補償一般可分為兩種：一種是補償因傷害而致殘疾的收入損失；另一種是補償因疾病而致殘疾的收入損失。在實際過程中，因疾病而致的殘疾比傷害的要廣泛。殘疾收入補償保險的給付方式一般有以下三種：一是按月或按周給付。根據被保險人的選擇而定，每月或每週可提供金額相一致的收入補償。二是按給付期限給付。給付期限可以是短期或長期的。短期補償是為了補償在身體恢復前不能工作的收入損失，長期補償則規定較長的給付期限，一般是補償全部殘疾而不能恢復工作的被保險人的收入，通常規定給付到60周歲或退休年齡，或被保險人死亡時停止給付。短期給付期限一般為1年到2年。三是按推遲期給付。在殘疾后的前一段時間稱為推遲期，在這期間不給付任何補償，推遲期一般為3個月或半年，這是由於在短時間內，被保險人還可以維持一定生活。同時，通過取消對短期殘疾的給付可以減少保險成本。

四、健康保險的常用條款

健康保險的基本責任，主要是指疾病醫療給付責任，即對被保險人的疾病醫治所發生的醫療費用支出，保險人按規定給付相應的疾病醫療保險金。由於健康保險具有風險大、不易控製和難以預測的特性，因此在健康保險中，保險人對所承擔的疾病醫療保險金的給付責任往往帶有很多限制或制約性條款，常用的條款有以下四種：

(一) 免賠額條款

在健康保險中，一般對一些金額較低的醫療費用均採用免賠額的規定。這樣做，一方面是金額較低的醫療費用，被保險人在經濟上可以承受，同時也可以省去保險人因此而投入的大量工作；另一方面，免賠額的規定可以促使被保險人加強對醫療費用

的自我控製，避免不必要的浪費。

（二）等待期或觀望期條款

健康保險合同生效一段時間后，保險人才對被保險人因疾病發生的醫療費用履行給付責任。在此之前，儘管保險合同已經簽訂，但保險人並不履行給付義務。這一規定是對已經患病或在等待期或觀望期中出現的疾病或發生的費用不予負責，以防止可能出現的逆選擇。

（三）比例給付條款

比例給付條款又稱共保比例條款。在健康保險中，由於是以人的身體為標的，不存在是否足額投保問題，同時由於健康保險的危險不易控製性，因此，在大多數健康保險合同中，對於保險人醫療保險金的支出均有比例給付的規定，即對超免賠額以上的醫療費用部分採用保險人和被保險人共同分攤的比例給付辦法。比例給付，既可以按某一固定比例（例如，保險人承擔70%，被保險人自負30%）給付，也可按累進比例給付，即隨著實際醫療費用支出的增大，保險人承擔的比例累進遞增，被保險人自負的比例累進遞減。這樣規定，既有利於保障被保險人的經濟利益，解除其後顧之憂，也利於被保險人對醫療費用的控製。

（四）給付限額條款

由於健康的危險性大小差異很大，醫療費用支出的高低也相差很大，為了加強對健康保險的管理、保障保險人和廣大被保險人的利益，一般對保險人醫療保險金的最高給付均有限額規定，以控製總支出水平。當然，在以某些專門的大病為承保對象的健康保險中，也可以沒有賠償限額的規定，但這種合同的免賠額比較高，被保險人自負的比例一般也較高。健康保險的除外責任，一般包括戰爭或軍事行動、故意自殺或企圖自殺造成的疾病、死亡和殘疾，墮胎導致的疾病、殘疾、流產、死亡等。健康保險中將戰爭或軍事行動除外，是因為戰爭所造成的損失程度，一般來講是較高的，而且難以預測，在制定正常的健康保險費率時，不可能將戰爭或軍事行動的傷害因素以及醫療費用因素計算在內，因而把戰爭或軍事行動列為除外責任。而故意自殺或企圖自殺均屬於故意行為，與健康保險所承擔的偶然事故相悖，故亦為除外責任。

本章小結：

1. 人身保險的保險標的是人的身體和生命，因此人身保險具有區別於其他保險種類的特殊性，表現為保險金額的確定與給付、保險期限的長期性、生命風險的相對穩定和儲蓄性。

2. 人壽保險是人身保險的主要種類，它是以人的生命為保險標的，主要包括普通人壽保險和特種人壽保險。而普通人壽保險又可分為定期人壽保險、終身壽險、生死合險等。

3. 特種人壽保險可分為年金保險、簡易人壽保險、變額人壽保險、萬能壽險和變額萬能壽險。

4. 意外傷害保險是以保險人因被保險人在保險期限內遭受意外傷害造成死亡、殘疾為給付保險金條件的人身保險業務。意外傷害保險中要注意其含義、可保風險等概念。

5. 意外傷害保險責任構成包括：被保險人在保險期限內遭受了意外傷害、在責任期限內死亡或殘疾，意外傷害是死亡和殘疾的直接原因或近因。

6. 健康保險是以人的身體為保險標的，保證被保險人在疾病或意外事故所致傷害時的費用或損失獲得補償的人身保險業務。

7. 健康保險有兩種基本類型，即醫療保險和殘疾收入補償保險。其中醫療保險是主要種類，是補償性保險，具有代位追償權。由於健康保險的危險具有變動性和不易預測性，加上健康保險道德風險很大，因此在健康保險中有免賠額、等待期或觀望期、比例給付和給付限額等條款。

8. 團體保險是向因非投保目的而組成的集體成員所提供的人身保險。同個人保險相比，它具有本身的基本特徵。具體包括團體人壽保險、團體意外傷害保險和團體健康保險。

復習思考題：

1. 簡述人身保險的特殊性。
2. 簡述人壽保險的主要分類及保險特點。
3. 簡述意外傷害保險的含義及特點。
4. 簡述意外傷害保險的責任構成。
5. 簡述健康保險的含義及特點。
6. 簡述健康保險的基本類型及特點。
7. 試從保險人的角度分析團體保險的優點。

第十章
旅遊風險與保險

學習要點：
　　◇ 理解旅遊風險的概念、產生原因
　　◇ 理解旅遊保險的概念、種類

第一節　旅遊風險

一、旅遊風險的內容

（一）旅遊風險的概念

根據世界旅遊組織和聯合國統計委員會推薦的技術性的統計定義：旅遊是指為了休閒、商務或其他目的離開他/她們慣常環境，到某些地方並停留在那裡，但連續不超過一年的活動。旅遊目的包括六大類：休閒、娛樂、度假、探親訪友、商務、專業訪問、健康醫療、宗教/朝拜、其他。

旅遊風險是指人們在從事旅遊活動中遭受到能夠導致損失的不確定性，這種不確定性一般是難以預測的，即便可以預測人力也無法抗拒。

（二）旅遊風險的特點

1. 風險的多樣性

旅遊在外，不僅僅面臨人身風險，還同時面臨著財產風險。往往是一件風險事件，就會使得旅遊者同時面臨著人身的傷害和財產的損失。將旅遊中的風險進行一個分類，主要有自然風險和社會風險。自然風險主要包括自然災害和意外事故；社會風險主要是個人或集團的社會行為導致損失的風險。旅遊中主要面臨的是有道德和心理因素引致的風險，如偷竊和搶劫。

2. 風險的個體性

旅遊絕大多數都是一個人或家庭的形式出行，因此旅遊風險的承擔者也是家庭和個人。其一，不同的個人和家庭的偏好往往是千差萬別的，不可能制定統一的衡量風

險的標準和操作規範；其二是旅遊風險被眾多的旅遊者分散承擔，而單個旅遊者者很難抵禦旅遊風險的襲擊；其三是旅遊風險還具有十分明顯的地域性。

3. 風險的地域性

旅遊由於其活動特點帶有明顯的地域性。因此，風險多伴隨著不同的地域而表現出不同。這主要表現在：一是旅遊目的地的不同。不同的旅遊目的地，有著不同的自然環境、社會環境、人文環境，而環境的差異必然造成風險的差異；二是旅遊的路徑不同，不同路徑的選擇，意味著在旅途中面臨著不同的風險，例如，同樣是登山，是選擇旅遊者眾多的大路，還是遊客罕至的小道，面臨的風險自然不同。

(三) 旅遊風險的來源

導致旅遊中發生損失的風險因素很多，從風險管理角度看，主要包括自然因素和社會因素。

1. 自然因素

自然因素主要包括自然災害和意外事故。自然災害主要是人力不可抗拒的、突然的、偶發的和具有破壞力的自然現象等作用而造成的災害，如洪水、地震、泥石流、滑坡、崩塌、地面下沉、火山、風暴潮、海嘯和臺風等；意外事故是指由於人們的疏忽或違反操作規程所致的突發事故，如火災、爆炸和空中運行物體墜落等。自然因素屬於純粹風險。

2. 社會因素

社會因素是指個人或集團的社會行為導致財產損失的風險。個人和家庭面臨的社會風險主要是指由道德和心理因素引致的風險，即人為地、有意識地製造的風險，如縱火、偷竊和搶劫等。這些風險給個人和家庭造成的損失往往不可預見或很難控製的。

二、旅遊風險的種類

(一) 財產損失風險

在旅遊的過程中，面臨的財產損失風險是指導致財產損毀、滅失的風險。例如，交通工具的損壞、錢財的被盜。

(二) 死亡風險

旅遊死亡風險是指發生在旅遊過程中，且在自然的、預期的生命結束階段之前的情形。雖然就個體而言，死亡最終一定會發生，但這一風險何時發生卻是未知的。

(三) 傷殘風險

旅遊傷殘風險是指發生在旅遊過程中，對人的身體造成的暫時性或永久的傷殘的風險。這種風險對個人或家庭的經濟影響主要表現在：一是各種醫療費用，二是誤工的費用。

第二節 旅遊保險

一、旅遊保險的概念和類型

旅遊保險是指旅遊者根據旅遊保險合同的約定，向保險公司支付保險費，保險公司對於旅遊者在旅遊過程中死亡、傷殘、疾病或者合同約定的其他事故因其發生所造成的財產損失承擔賠償保險金責任的商業保險行為。

旅遊保險主要類型：遊客意外傷害保險、旅遊人身意外傷害保險、住宿遊客人身保險、旅遊救助保險和旅遊求援保險，其中前三種為基本保險。

（一）旅遊意外保險

旅遊意外保險是指旅行社在組織團隊旅遊時，為保護旅遊者的利益，代旅遊者向保險公司支付保險費，一旦旅遊者在旅遊期間發生意外事故，按合同約定由承保保險公司向旅遊者支付保險金的保險行為。其賠償範圍主要包括：人身傷亡、急性病死亡引起的賠償；受傷和急性病治療支出的醫藥費；死亡處理或遺體遣返所需的費用；旅遊者所攜帶的行李物品丟失、損壞或被盜所需的賠償；第三者責任引起的賠償。

（二）旅遊救助保險

旅遊救助保險是保險公司與國際救援中心聯合推出的一種保險，這種保險對於出國旅遊十分合適。旅遊者無論在國內外任何地方一旦發生意外事故或者由於不諳當地習俗法規引起了法律糾紛，只要撥打電話，就會獲得無償的救助。

（三）旅客意外傷害保險

旅客意外傷害保險在旅客購買車票或船票時，實際上就已經投了該險。其保費是按照票價的5%計算，每份保險的保險金額為人民幣2萬元，其中意外事故醫療金1萬元。保險期從檢票進站或中途上車上船起，至檢票出站或中途下車下船止。在保險有效期內因意外事故導致旅客死亡、殘疾或喪失身體機能的，保險公司除按規定付醫療費外，還要向傷者或死者家屬支付全數、半數或部分保險金額。

（四）旅遊人身意外傷害保險

旅遊人身意外傷害保險每份保險費為1元，保險金額最高可達1萬元，一次最多投保10份。保險期限從遊客購買保險進入旅遊景點和景區時起，直至遊客離開景點和景區。該保險比較適合探險遊、生態遊、驚險遊等。

（五）住宿旅客人身保險

住宿遊客人身保險每份保費為1元，一次可投多份。從住宿之日零時起算，保險期限15天，期滿后可以續保。每份保險責任分三個方面：一為住宿旅客保險金5000元，二為住宿旅客見義勇為保險金為1萬元，三為旅客隨身物品遭意外損毀或盜搶而丟失的補償金為200元。在保險期內，旅客因遭意外事故，外來襲擊、謀殺或為保護自身或他人生命財產安全而致身死亡、殘疾或身體機能喪失、或隨身攜帶物品遭盜竊、搶劫等而丟失的，保險公司按不同標準支付保險金。

二、旅遊保險的保障和投保方式

（一）旅遊保險的保障

一般的旅遊保險的保障範圍大致分為四部分：

（1）人身意外保障。由於意外造成死亡或永久性傷殘而給予一筆預先約定的金額。

（2）醫療費用保障。在旅途中因意外而引致的醫療費用開支。完善的旅遊保險應包括「國際醫療支援」服務，萬一在外地發生嚴重事故，受保人可享用國際醫療隊伍的服務；例如緊急醫療運送或送返原居地等。大部分的旅遊保險都是只保障因意外造成之醫療開支，但亦有少部分的保單可同時保障在旅途中因疾病而帶來的醫療支出。

（3）個人財物保障。保障在旅途中，財物因意外損毀或被盜竊所帶來的經濟損失。

（4）個人法律責任保障。在旅途中受保人因疏忽而導致第三者人身傷亡或財物損失而被追討索償的保障。由於不同的保險公司發出的保單條款可能有異，因此保障範圍可有不同。

（二）投保方式

（1）消費者可到專業保險公司銷售櫃面購買：填寫投保單，保險公司收具保險費后出具保險憑證，保險生效。

（2）消費者還可以通過網站購買，例如開心保網等在線投保網站支持在線投保。消費者在網上完成填寫投保信息和付費，保險公司出具電子保險憑證通過電子郵箱或短信發送給客戶，保險生效。

（3）消費者可以聯繫有資質的個人代理人購買。很多消費者都有為自己服務的保險代理人，消費者可以通過這個代理人購買。

（4）還可以通過有資質的代理機構購買。很多保險公司將系統終端裝置在代理機構，客戶提供投保信息並向代理機構交付保險費后，代理機構通過保險公司系統打印保險憑證給消費者，保險生效。

三、購買人群及注意事項

（一）購買人群

（1）隨旅行社組團旅遊者。

（2）自駕遊、徒步旅行和探險愛好者。

（3）單位組織外出旅遊或其他活動的。

（4）拓展訓練公司組織客戶訓練時。

（5）戶外店或論壇管理者組織會員出遊者。

（6）出差時間長、出差地點安全因素存在問題的出差者如導遊等。

（7）戶外活動的舉辦方。

（二）購買旅遊保險需要注意事項

（1）注意閱讀保險期限，比如是 7 天還是 10 天。

（2）注意閱讀保險的保障範圍，保哪些內容，不保哪些內容，這是非常重要的，

尤其是要看免責條款。

（3）注意看保險金額，有些人認為旅遊保險都一樣，事實上有時候價格一樣保險金額卻不一樣。

（4）保險金額一定要買足。有些人習慣買通常的 10 萬意外和 5000 元的醫療這種保險，實際上起不了多大的保障作用。因為人們購買保險就是希望能夠獲得超過自己支付能力範圍外的補償，如果保險金額較低，真出個大事故，也就不能真正的起到保障作用。所以建議購買旅遊保險產品其意外金額最好大於 20 萬，意外醫療最好大於 2 萬，這樣才能夠真正的放心。

（5）注意購買方便快捷的旅遊保險，旅行本來就要準備很多東西，如果再花過多的時間在購買保險上面，就等於消耗了很多時間成本，人也很累，不太劃算。

（6）購買后，一定要注意檢查審核保單的要素是否齊全和正確，保險資料是否完善，一般投保都應該有發票、保險單、投保單和保險條款等。

本章小結：

1. 旅遊風險是指人們從事旅遊活動中遭受到能夠導致損失的不確定性。
2. 旅遊風險的特點有風險的多樣性、風險的個體性、風險的地域性。
3. 旅遊風險的分類有財產損失風險、死亡風險、傷殘風險。
4. 旅遊保險可以分為旅遊意外保險、旅遊救助保險、旅客意外傷害保險、旅遊人身意外保險、住宿遊客人身保險。

復習參考題：

1. 如果出門旅遊應該注意哪些風險？
2. 購買旅遊保險應該注意的問題？
3. 旅遊保險的種類有哪些？

第十一章
農業風險與保險

學習要點：
◇ 理解農業保險的概念
◇ 理解農業風險的內容
◇ 瞭解農業保險的基本內容
◇ 瞭解種植業保險、養殖業保險的內容及分類

第一節　農業風險概述

一、農業風險的內容

（一）農業風險的概念

農業風險是指人們在從事農業生產和經營過程中遭受到能夠導致損失的不確定性，這種不確定性一般是難以預測的，即便可以預測人力也無法抗拒。

農業作為基礎產業，由於自身的弱質性和生產過程的特殊性，在整個再生產循環過程中面臨著許多風險，是典型的風險產業。農業風險一般具有風險單位大、發生頻率較高、損失規模較大、區域效應明顯，而且還具有廣泛的伴生性等特點。

（二）農業風險的特點

1. 多樣性

首先是自然風險，自然風險是指與農業生產密切相關的自然環境的影響。自然災害對農業影響之大是其他行業不可比的。其次是市場風險，市場風險是指農產品供求失衡導致的價格波動。農產品是一種特殊的商品，因而使得農業市場風險也具有十分明顯的特殊性，如農產品需求彈性小，可替代性低和不可缺性，決定了農產品價值的實現較一般工業品的難度大，這使農產品的生產和經營總是處在一種邊際效應上。最後是政策風險，政策風險是指一個國家所執行的農業政策對農業發展的直接影響。農業是基礎產業，重要性人們都十分清楚，但在國民經濟發展中，「重農」或「抑農」

就一直是困擾政策制定者的難題，使得國家農業政策在制定和執行中有時出現偏差。

2. 分散性

農業生產地域廣闊，農業風險有較強的分散特點：其一是農業經營多以家庭經營為主，不可能制定統一的衡量風險的標準和操作規範；其二是農業風險被千家萬戶分散承擔，而單個農業經營者很難抵禦農業頻繁的風險襲擊；其三是農業風險還具有十分明顯的地域性。

3. 季節性

農業相對其他行業，其經營特點帶有明顯的季節性。因此，農業風險多伴隨著不同的季節出現和發生。這主要表現在：一是農業生產風險的時間性，錯過季節，將給農業造成巨大損失；二是農業風險的集中性，受季節的影響。農產品進入市場表現出很強的集中性，同一品種的農業產品基本都在同時上市和下市，容易造成市場季節性飽和及季節性短缺，給農業經營者帶來市場風險。

二、農業風險的種類

農業生產和經營過程中各種風險因素複雜多樣，導致農業風險也具有廣泛性、複雜性和多樣性。人們對於農業風險的認識也不盡一致。一般說來，根據風險的成因可以把農業風險劃分為自然風險、市場風險、技術風險和社會風險。

（一）自然風險

農業的發展離不開自然界，受多種自然因素的影響。自然風險，是指由於自然力的不規則變化，引起的種種物理、化學現象造成損失機會的風險，也就是通常所說的自然災害。農業的自然風險主要表現在氣象災害、病害和蟲害三個方面。特別是中國地緣遼闊，地理環境和氣候千差萬別，農業風險更加複雜。中國素有「三歲一饑、六歲一衰、十二歲一荒」之說。中國的自然災害不僅具有種類多、頻率高、強度大，而且還具有時空分佈廣、地域組合明顯、受損面廣、損害嚴重等特徵。近年來，由於溫室效應而帶來的全球氣候變化明顯，包括中國在內的世界各地自然災害頻發，農業的自然風險有日趨增強的趨勢。

（二）市場風險

農業的市場風險，也稱經濟風險，一般是指在農業生產和農產品銷售過程中，由於市場供求失衡、農產品價格的波動、經濟貿易條件等因素變化、資本市場態勢變化等方面的影響，或者由於經營管理不善、信息不對稱、市場前景預測偏差等導致農戶經濟上遭受損失的風險。其中，價格波動是影響農業生產的重要因素，這種影響既可能使農業生產所需的生產資料價格上漲，有可能使農產品價格下跌，還可能使農業所需生產資料價格上漲高於農產品價格上漲。由於農業生產的週期較長導致市場調節的滯後性，農產品的價格易發生較大的變動。然而，由於計劃經濟時代中國所實行的統購統銷以及嚴格的價格管制等制度安排，農業的市場風險表現得並不明顯。但改革開放以來，伴隨著市場化進程的加快，農產品流通體制的改革以及價格管制的逐步放開，農產品價格波動幅度和頻率都在增強，農業的市場風險的影響日趨上升。

（三）社會風險

社會風險又稱為行為風險，它是指由於個人或團體的社會行為造成的風險。農業企業的社會風險主要表現在如下五個方面：一是偽劣種子、化肥和農藥等農業生產資料造成的農業生產損失；二是錯誤的行政干預造成的農業生產損失；三是工業污染給農業生產和經營造成的損失；四是農業政策等經濟環境的變化給農業生產和經營造成的損失；五是政局變化、政權更迭、動亂等政治因素引起或造成的各種損失。其中，政策風險是影響農業生產和經營的重要因素。政策風險主要來源於與農業生產和經營相關的政策轉換及政策改變兩個部分。

（四）技術風險

農業的技術風險是指由於某些技術因素，如農業科學技術的發展、進步和提高（如稻麥播種收割的半機械化、產品品種的改良、農業生產技術的改進、農業科技成果的推廣和應用等），給中國農業生產造成損失的可能性。技術風險產生於科學技術的副作用（比如轉基因對食物安全的可能損害、農業在殺害蟲的同時可能使牲畜因誤食而中毒等）、局限性或其不適當的使用而給農業生產和經營帶來的各種損失的可能性。中國是一個人口多、耕地少的國家，確保農產品總量的有效供給，必須立足於農業的科技進步，新的適用技術的採用和由此帶來的技術進步應成為克服資源約束、促進農業發展的最有效的方式之一。隨著大量農業高新技術的採用和推廣，農業的技術風險將會迎來一個大幅擴散和高發的態勢。需要指出的是，在眾多影響農業風險的因素當中，由於市場變化而導致的價格變化和由於自然災害因素而導致的產量變化是最為重要的風險因素。

三、制度變遷對農業風險的影響

改革開放三十多年來，中國目前正處於經濟轉型時期，經濟社會發展的內外環境發生了一系列深刻的制度變化。這其中最為顯著的就是市場經濟體制的成功引入和2001年入世的順利實現。制度變遷不僅改變了中國經濟與社會發展面貌，也使中國農業生產和經營的微觀基礎與宏觀環境產生深刻影響，進而也對農業風險產生較大影響，主要表現在以下四個方面：

（一）市場風險日趨複雜

自改革開放以來，中國逐步推行的市場化取向改革有序推進，各種價格管制逐步放開乃至取消。特別是在農產品的流通領域，計劃經濟時代統購統銷的政策被徹底打破，逐步引入市場競爭機制，農產品價格基本上由市場供求關係自發調節。這樣一來，在農業生產和經營領域，從計劃經濟時代到市場經濟體制的基本確立，市場風險經歷了一個由無到有的過程。農業的市場風險效應完全顯現出來。而且，隨著2001年中國順利實現加入WTO，在經濟全球化、市場國際化及貿易自由化的大背景下，中國農業不僅面臨國內市場風險，還面對來自國際市場諸如價格波動、政策調節、市場操縱等多方面的風險衝擊，市場的不確定性空間增大，市場風險的累積效應將會明顯增強。中國農業「小生產」與「大市場」的矛盾被進一步放大甚至激化。農業的市場風險因素

日趨複雜，市場風險對農業生產和經營的影響將越來越突出，會逐漸成為主導農業風險的主要因素。

(二) 各種風險因素參差交錯

目前，中國正處於經濟轉軌和社會轉型時期。各種來自體制內外、國內和國際的風險因素廣泛類聚，農業面臨著許多難以預期的各種風險，農業風險呈現多樣化發展趨勢，各種風險因素參差交錯，更是加重其不可預期性。農業面臨的風險種類繁多，且有日趨增長，呈現多元化發展的趨勢，各種風險相互聯繫相互影響。農業風險的客觀存在、多元化發展，使得農業經營面臨著諸多不確定性，特別是伴隨著信息社會的到來，農業風險的擴散和傳遞將更為迅速，這必然會影響到農業生產的正常發展和農民收入的穩定。中國農業生產和經營將會進入一個「高風險」時代。隨著中國社會主義市場經濟體制改革的不斷深入，加入 WTO，走向世界經濟一體化發展的歷史格局初步形成。中國農業和農村的經濟社會發展與世界經濟和人類社會大環境變化的關係更為密切，開放型的農村經濟發展除了要承受自然災害帶來的風險之外，還將承受更多的來自於市場、經濟、技術和社會等各種不確定性及其風險的影響。而且這些風險因素經常會交織在一起，加大人們社會經濟生活中的不確定性，將使農業風險的管理問題變得更為複雜。這也要求我們對農業風險進行有效管理，構築系統的風險防範體系。

(三) 農業風險管理模式走向市場化

人類社會生存和發展的歷史，也是一部與風險不斷博弈鬥爭的歷史。在多年的實踐經驗中，中國社會傳統的依靠政府援助與社會救濟為主的風險管理模式已經越來越顯露出其內在的局限性，這種依靠政府補貼的模式與 WTO 的原則和要求產生衝突。按照 WTO 的規則，不僅要逐步放開農產品市場，而且還要減少國家對農產品出口的補貼。但是，WTO 規則中將與農業生產、收入相關的自然災害保險和收入保障稱為「綠箱（Green Box）」政策，不予限制。從國外的實踐來看，農業保險和農產品期貨是防範產量風險和價格風險的有效手段，對於農業風險管理具有重要意義。經過多年的不斷探索，中國的農業風險管理市場從無到有，農業保險市場和農產品期貨市場日趨壯大，初具規模，具備了大力發展的條件。中國已經具備了建立以市場導向為主的農業風險管理模式的基本條件。

(四) 農業風險管理手段日趨多樣化

相對於傳統農業，現代農業是產業化、科學化、現代化的農業。發展現代農業，是要用現代物質條件裝備農業，用現代科學技術改造農業，用現代產業體系提升農業，用現代經營形式推進農業，用現代發展理念引領農業，用新型農民發展農業，從而提高農業水利化、機械化和信息化水平，提高土地產出率、資源利用率和勞動生產率，提高農業素質、效益和競爭力。現代農業在中國的發展已經穩步推進。在發展現代農業的過程中，人們逐步認識了農業風險，累積了許多農業風險管理的方法和手段。農業風險管理手段日趨多樣化，如「訂單農業」「合同農業」「垂直一體化」、種植業保險、養殖業保險、套期保值等農業風險管理手段紛紛呈現，豐富了中國農業風險管理的內容和方式。這為我們構築現代農業風險管理體系提供了工具基礎。

第二節　農業保險概述

一、農業保險的含義

農業保險是對種植業（農作物）、養殖業（禽畜）在生產、哺育、成長過程中可能遭到的自然災害或意外事故所造成的經濟損失提供經濟保障的一種保險。保險機構通過保險的形式，組織農業從業人員集體互助，使受損單位或個人得到應有的補償，以便及時恢復生產，保證農業生產順利進行。農業保險不是農村保險。農村保險是一個地域性的概念，它是指在農村範圍內所舉辦的各種保險的總和。農村保險不僅包括農業保險、農業生產者的家庭財產保險和人身保險，還包括鄉鎮企業的各種財產、人身、責任等保險種類。

農業是利用動植物的生活機能，通過人工培育來獲得大量產品的社會生產部門，是國民經濟的基礎。為人民生活和國家建設提供糧食、副食品和輕、化工業原料。農業生產的特點是：除土地是基本的生產資料外，主要勞動對象是有生命的動植物。植物和動物的成長受自然條件的影響很大，即使在經濟發達的國家，也是如此。種植業和養殖業的生產週期較長，短則幾個月，長則要幾年，甚至幾十年。在生產過程中，資金的投放、物料的消耗、產品的收穫、資金的回收以及自然災害，動植物疾病的影響都具有明顯的季節性和不穩定性。農業生產的豐歉不僅影響從事農業的生產者，而且關係到廣大消費者、加工工業部門以及外貿部門。

農業保險起源於18世紀的德國農戶互助合作組織。但是由於農業生產的特殊性，使得農業保險的商業化極其艱難。從20世紀30年代起，一些國家政府開始從多方面扶持農業保險，採用農業保險的方式為農業提供較全面的風險保障，並逐步走上制度化的軌道，使之成為支持農業的一種政策工具或國家社會保障政策的一部分。

二、農業保險的特徵

農業保險屬於財產保險的範疇，但又有區別於其他財產保險的顯著特點。

（一）保險標的的特徵

農業保險的保險標的大多是有生命的植物或動物，受生物學特性的強烈制約，具有以下不同於一般財產保險的非生命標的的特點：

一是保險價值難以確定。一般財產保險的標的是無生命物，保險價值相對穩定，容易確定；農業保險的標的在保險期間一般都處在生長期，其價值始終處於變化中，只有當它成熟或收穫時才能最終確定，在此之前，保險標的處於價值的孕育階段，不具備獨立的價值形態，因此，投保時的保險價值難以確定。實務中，農業保險的保險金額多採用變動保額，而一般財產保險的保險金額是固定的。

二是具有明顯的生命週期及生長規律。保險期限需要細緻而又嚴格地按照農作物生長期特性來確定，長則數年，短則數日；普通財產保險的保險期限一般為一年。

三是在一定的生長期內受到損害后有一定的自我恢復能力，從而使農業保險的定損變得更為複雜，定損時間與方法都與一般財產保險不同，尤其是農作物保險，往往需要收穫時二次定損。

四是種類繁多，生命規律各異，抵禦自然災害和意外事故的能力各不相同，因而難以制定統一的費率標準和賠償標準，增加了農業保險經營難度；普通財產保險的費率標準和賠償標準相對容易確定。

五是受自然再生產過程的約束，對市場信息反應滯后，市場風險高，農業保險的承保、理賠等必須考慮這些因素；普通財產保險則相對簡單。

六是農產品的鮮活性特點使農業保險的受損現場容易滅失，對農業保險查勘時機和索賠時效產生約束，如果被保險人在出險后不及時報案，則會失去查勘定損的機會。這也是農業保險更容易引發道德風險的重要原因。因此，農業保險合同對理賠時效的約定比普通財產保險嚴格得多。

（二）農業風險的特殊性

農業的主要活動是在露天下進行的，農業所面臨的風險主要是自然風險，農業風險的特殊性主要表現在以下四個方面：

一是可保性差。可保風險的條件是：大量的獨立的同質風險；損失是意外的、偶然的、不可控的；風險損失必須是可以測量的、確定的；發生巨災損失的概率非常小。一般財產保險的風險大都符合這些條件，而農業風險與可保條件多有不符。首先，農業風險具有很強的相關性。農業風險大多來源於人類難以駕馭的大自然，如洪災、旱災、雹災、蟲災等，在災害事故及災害損失中常常表現為高度的時間與空間的相關性。其次，由於農業災害的覆蓋面廣、影響面大，農業風險所造成的經濟損失往往難以度量。最后，農業風險發生巨災損失的概率相對較大。中國幾乎每年必發的洪水災害都造成高達幾百億元的直接經濟損失，相對於保險基金來說都屬於巨災損失。

二是風險單位大。風險單位是指發生一次災害事故可能造成保險標的的損失範圍。對於普通財產保險，一個保險單位通常就是一個風險單位，只要承保標的充分，就能在空間上有效分散風險。在農業保險中，一個風險單位往往包含成千上萬的保險單位，風險單位巨大。一旦災害發生，同一風險單位下的保險單位同時受損，使農業風險難以在空間上有效分散，保險賴以存在的風險分散機制難以發揮作用。

三是具有明顯的區域性。這也是農業風險所特有的。中國幅員遼闊，地理環境複雜，自然災害種類繁多，發生頻率、強度各異，表現出明顯的區域性。首先是風險種類分佈的區域性，即不同地區存在著不同的災害種類，如中國南方地區水災較為頻繁，北方地區則旱災較為嚴重，而臺風主要侵害沿海地區等；其次是同一生產對象的災害種類和受損程度的地區差異性，即由於地理、氣候、品種不同，同一生產對象在不同地區有不同類型的災害，而且對同一災害的抵抗能力不同，如同樣是水稻，在中國南方和北方就有著不同的自然災害，而且即使是遭受同樣災害，南方、北方不同水稻品種的抗御能力也不同。農業風險的區域性使得農業保險經營必須進行風險區劃與費率分區，這是一項科技含量高、成本高的工作，大大增加了農業保險經營的難度和成本。

四是更為嚴重的逆選擇與道德風險。保險業務中普遍存在逆選擇與道德風險。但是，由於農業保險的標的大都是有生命的動植物，其生長、飼養都離不開人的行為作用，農民購買了保險之後，難免通過其行為增加預期索賠；又由於農村廣闊，業務分散，交通不便，管理難度大，有效監管成本高。因此，農業保險業務中存在更為嚴重的逆選擇和道德風險。

農業風險的特殊性，造成農業保險經營極不穩定，經營難度大，賠付率高。根據中國保監會公布的有關資料，從1985年到2004年的20年裡，中國農業保險業務除了2年微利以外，其餘18年都處於虧損狀態，綜合賠付率高達120%。

（三）農業保險商品的特殊性

商品按市場性質可以區分為公共物品與私人物品，一般財產保險商品屬於私人物品，而農業保險商品既不是完全意義上的私人物品，也不是典型的公共物品，而是介於私人物品和公共物品之間的一種準公共物品。農業保險的準公共物品性主要表現在：

（1）農業保險雖然在直接消費上具有排他性的主要特徵，即購買了保險的農戶在保險責任範圍內能得到直接的經濟補償，沒有購買保險的農戶不能得到相應的補償，但在其整個消費過程中即保險經營的一定環節上並不具有排他性。例如，防災防損是農業保險經營的重要環節，是減少風險損失、降低保險經營成本的主要措施，但在實施防災防損措施時，不買保險的農戶常常可以搭「便車」。

（2）農業保險的主要商品不具有競爭性。一方面，農業保險的高風險與高成本決定了農業保險的高費率；另一方面，農業本身的預期收益不高，農民可任意支配的收入很低，支付能力非常有限。因此，在市場條件下，難以形成有效供給和有效需求。中國自1982年恢復開辦農業保險以來，除了新近成立的幾家農業保險公司以外，一直只由原中國人民保險公司和原新疆兵團財產保險公司承辦農業保險，業務日趨萎縮。

（3）農業保險的成本和利益具有顯著的外在性。雖然在短期內農業保險產品的供需雙方可以確切計算利益，但從長期看，由於農產品（尤其是關係到國計民生的基礎性農產品）的需求擴張受到人的生理條件的限制，其價格彈性和收入彈性都很小，引進農業保險後，農產品的有效供給增加，價格下降，從而提高了整個社會的福利水平，使全社會受益。保險公司和農戶並沒有得到全部甚至是主要的利益。農民購買農業保險的邊際私人收益小於其邊際社會收益，農業保險公司提供農業保險的邊際私人成本大於其邊際社會成本，即農業保險的成本和利益是外溢的。

（4）農業風險的特殊性決定了農業保險必須進行規模經營，才能在大範圍內分散風險，保持經營的相對穩定。農業保險商品的準公共物品性決定了農業保險採用純商業性經營方式難以成功，國內外農業保險發展的歷程都證明了這一點。

（四）農業保險經營方式的特殊性

農業保險商品的特殊性，決定了其經營方式的特殊性。普通財產保險商品屬於競爭性私人物品，一般採用商業性經營方式；農業保險商品是準公共物品，其「公共部分」應該由政府來提供。因此，農業保險必須採用政策性保險經營方式。政策性農業保險的實質就是國家財政對農業保險的淨投入並輔之以必要的法律與行政支持。美國、

日本、法國、加拿大等農業保險發達國家，政府對農民所交保費的補貼比例大都在50%以上，並承擔保險公司的部分或全部管理費用。以美國為例，按照2000年通過的《農業風險保護法》，政府每年對農業保險的財政補貼超過30億美元，國家對農業的保護主要通過農業保險來實現。中國長期實行以直接的農業補貼和價格補貼為主的農業保護政策，發生自然災害時由中央財政直接撥款救濟災民，對農業保險的投入很少。中國目前除對農業保險免繳營業稅外，沒有其他扶持政策，幾乎是純商業性經營。中國農業保險要健康發展，必須增加政府投入。一是對農業保險實行補貼投保農戶、補貼保險公司、補貼農業再保險的「三補貼」等政策，即中央和地方財政對農產投保按品種、按比例給予保費補貼，對經營政策性農業保險業務的保險公司適當給予管理費用補貼，建立中央、地方財政支持的農業再保險體系。同時，對農業保險經營實行稅收減免、優惠貸款等扶持政策。二是盡快研究制定「農業保險法」及其配套的法律法規，從各方面對農業保險予以規範和規定，保證農業保險體系的健康運行。三是對農業保險發展予以行政支持，包括保險宣傳、協調各方關係等。但是，對農業保險的補貼要依據本國國情，實事求是、量力而行。中國是發展中國家，國家財政實力有限，在目前情況下，第一，逐步減少農產品收購價格補貼和出口補貼（這也是「WTO」《農業協議》所要求的），轉用於農業保險保費補貼和費用補貼，逐步實行以支持農業保險為主的農業保護政策；第二，農業保險實施必然使政府財政用於災害補償和救濟的支出減少，可將節省的部分投入到支持農業保險發展中；第三，在農業保險發展初期，國家應著眼長遠，適當增加巨災風險基金的累積。國家增加對農業保險的投入，有利於調整中國支持和保護農業的政策，完善中國農業保護制度體系。

（五）農業保險組織形式的特殊性

農業保險商品的準公共物品性以及農業保險經營的政策性決定了其組織形式有別於普通財產保險。中國《保險法》第七十條規定，保險公司應當採取股份有限公司和國有獨資公司兩種組織形式。鑒於農業保險的特殊性，2004年中國保監會提出，在現有發展水平下，中國農業保險發展應走經營主體組織形式多元化道路。主要包括：

（1）為政府代辦農業保險的商業保險公司。如中國人民保險公司、中華聯合保險公司分別在四川、江蘇等地實行的奶牛、水稻等政策性農業保險試點。這種組織形式的優勢在於，上述兩家公司經歷了長時間和大範圍的農業保險實踐，培養了大批專業技術人才，累積了豐富的經營管理經驗，業務較易開展。

（2）專業性農業保險公司。即專門或者主要經營農業保險的股份制保險公司，如2004年相繼成立的上海安信農業保險公司、吉林安華農業保險公司。這種組織形式較適合於農業較發達地區，但要解決好股份公司的商業性與農險業務的政策性之間的矛盾。

（3）農業相互保險公司。這種公司採用相互保險的形式但又吸收了公司制的運作方式和法人治理結構，日本、美國、歐洲國家等多採用此形式，中國2005年也成立了黑龍江陽光農業相互保險公司。這種形式產權清晰、交易成本低，有利於相互監督防範道德風險，有利於協調政府、公司、農戶間的關係，比較適合於農業生產經營比較

集中，組織性較好的地區，如黑龍江農墾區、新疆建設兵團等。

（4）地方財政兜底的政策性農業保險公司。上海市原來由市農委主導的「農業保險促進委員會」即為此種組織形式。「兜底」雖可解保險公司的后顧之憂，但容易使其放鬆管理，滋生心理風險；並且，對於巨災風險損失，地方政府也難以「兜底」。

（5）外資或合資農業保險公司。如 2004 年 10 月成立的法國安盟保險公司成都分公司。設立外資或合資農業保險公司有利於引進先進經營技術、管理經驗和高素質專業人才。由於農業生產、農村經濟和地方財政存在著巨大的地區差異，實踐中具體採用哪種組織形式，則應因地制宜、因時制宜。

三、農業保險的分類

依據不同的分類標準，農業保險有不同的分類。

（一）按農業生產的對象分類

（1）種植業保險。承保植物性生產的保險標的保險，即為種植業保險，如農作物保險、林木保險。

（2）養殖業保險。承保動物性生產的保險標的保險，即為養殖業保險，如牲畜保險、家禽保險、水產養殖保險。

（二）按保障程度分類

（1）成本保險。以生產投入作為確定保障程度的基礎，根據生產成本確定保險金額的保險。農業生產成本時隨生長週期而漸進投入的，因此，成本保險一般採用變動保額、按生育期定額保險的方式進行。

（2）產量保險或產值保險。以生產產出作為確定保障程度的基礎，根據產品產出量確定保險金額的保險。以實物量計，稱為產量保險；以價值量計，稱為產值保險。由於農產品產量是生產過程結束時最終形成的，因此，產量或產值保險一般採用定額保險的方式進行，即按正常產量的一定成數承保。不足額承保的目的，是控製道德風險。

（三）按交費方式分類

（1）短期農業險。保險期限一般不超過一年，投保人若連續投保，需在每次投保時按條款規定直接交費。

（2）長效儲金型農業保險。保險期限一般三年以上，投保人投保時繳納一定數額的儲金，以儲金的利息作為保費，在保險期內不需要年年交費，如小麥儲金保險、林木儲金保險等。

（四）按保險標的所處生長階段分類

（1）生長期農作物保險。針對農作物在生長過程中因保險災害事故造成的減產損失的一種保險，如各種作物種植保險。

（2）收穫期農作物保險。針對農作物成熟收割及其之後脫粒、碾打、晾曬、烘烤期間所受災害損失的一種保險。收穫期農作物保險不同於普通的財產保險，農產品在臨時加工場地進行初步加工完畢入倉后，才屬於財產保險範疇。

（五）按保險責任分類

（1）單一風險保險。只承保一種責任的保險，如小麥雹災保險、林木火災保險等。

（2）多風險保險。承保一種以上可列明責任的保險，如水果保險可以承保風災、凍害等。

（3）一切險保險。除了不保的風險以外，其他風險都予以承保，如美國等國開辦的農作物一切險保險，就承保了幾乎農作物所有災害事故損失責任。

（六）按保單形式分類

（1）單險種保險。一張保單只包含一個險種的內容。

（2）組合式保險。幾個相關險種組合在一起形成一張保單，如塑料大棚保險包括棚體保險和棚內作物保險。

第三節　種植業保險

一、種植業保險的內容

（一）種植業保險的概念

種植業保險是指以農作物及林木為保險標的，對在生產或初加工過程中發生約定的災害事故造成的經濟損失承擔賠償責任的保險。種植業保險一般分為農作物保險和林木保險兩類。農作物保險進一步可以按照農作物生長週期來劃分，可以分為生長期農作物保險和收穫期農作物保險。

（二）種植業保險的經營原則

在目前的外部條件下，商業性保險公司應當遵循積極穩妥的思路，按以下原則經營種植業保險。

（1）堅持低保障、低保額。生長期農作物的保險金額是農作物生長過程中發生保險責任災害損失時，保險人對被保險人承擔損失補償的最高限額，也是計算保費的依據。目前，農作物的保險金額一般參照投保農作物前5年平均產量的價值計算，保平均產量的價值的50%~70%，或是保生產成本的50%~70%。其餘損失由被保險人自己承擔。保障水平不宜太高，以保障投保人在受災后能恢復簡單再生產能力為宜。這樣做，一是為了促使被保險人精心生產，防止圖謀保險賠款而放松管理的道德風險發生；二是為了適應農民負擔保險費的經濟承受能力；三是適應當前環境下商業性保險公司控制風險的需要。

（2）提倡承保單一責任。可選擇突發性強、損失率較低的局部洪水、澇漬、冰雹、風災、霜凍作為保險責任。不宜選擇旱災和病蟲害作為保險責任。其原因是：旱災發生緩慢，在有灌溉條件的地方可以抗旱，減少損失；另外，旱災發生的機率高且年際波動較大，風險難以分散，一般商業性保險公司無法承擔其賠償責任。病蟲害的發生和危害大小與人為因素關係極大，在目前不具備承保條件。

（3）規定責任免除有利於調動農民防災減損及災后進行生產自救的積極性。在種

植業保險中、不同地區、不同險種的責任免除內容不同，一般應包括如下幾個方面：一是被保險人的道德風險；二是社會、政治及經濟風險；三是被保險人生產管理不善造成的損失；四是通過正常渠道可獲經濟補償的損失；五是災後沒有及時搶救而使損失擴大的部分，也是未盡力防範或搶救所致的損失。

（4）實行區域費率。種植業保險對不同的標的、不同的保險責任、不同地域、不同的保障水平，實行不同的費率標準。

（5）堅持大保面承保。保險是依靠集合大量同質風險來有效分散風險的。由於農業自然災害多數具有一定的規律性，因此，應當在努力增加農業風險單位的數量的前提下，擴大承保面，以分散風險。

二、種植業保險的分類

（1）農作物保險。農作物保險以稻、麥等糧食作物和棉花、菸葉等經濟作物為對象，以各種作物在生長期間因自然災害或意外事故使收穫量價值或生產費用遭受損失為承保責任的保險。在作物生長期間，其收穫量有相當部分是取決於土壤環境和自然條件、作物對自然災害的抗禦能力、生產者的培育管理。因此，在以收穫量價值作為保險標的時，應留給被保險人自保一定成數，促使其精耕細作和加強作物管理。如果以生產成本為保險標的，則按照作物在不同時期、處於不同生長階段投入的生產費用，採取定額承保。

（2）收穫期農作物保險。收穫期農作物保險以糧食作物或經濟作物收割後的初級農產品價值為承保對象，即是作物處於晾曬、脫粒、烘烤等初級加工階段時的一種短期保險。

（3）森林保險。森林保險是以天然林場和人工林場為承保對象，以林木生長期間因自然災害和意外事故、病蟲害造成的林木價值或營林生產費用損失為承保責任的保險。

（4）經濟林、園林苗圃保險。這種險種承保的對象是生長中的各種經濟林種。包括這些林種提供具有經濟價值的果實、根葉、汁水、皮等產品以及可供觀賞、美化環境的商品性名貴樹木、樹苗。保險公司對這些樹苗、林種及其產品由於自然災害或病蟲害所造成的損失進行補償。此類保險有柑橘、蘋果、山楂、板栗、橡膠樹、茶樹、核桃、棗樹等保險。

三、種植業保險的基本技術方法

（一）保險金額的確定

1. 按成本確定金額保險金額

生產成本包括種子、肥料、農藥、人工作業費、機械或畜力作業費、灌排費、田間運輸費等其他費用。一般不包括人工費。按這種方法確定保額，一般要求對當地的農作物種植成本進行調查。

2. 按產量確定保險金額

首先，確定保險產量。一般是調查條款所適用範圍（省、地區或地級市、縣或縣級市）前 3~5 年農作物產量的統計數字，所以年份一定要連續，其保障水平一般按 3~5 年平均產量的 40%~60%。其次，確定保險價格。保險價格一般按國家的農產品平均收購價或商業合同價確定，最低以國家的保護價為限。最后，計算保險金額。保險價格與每畝保險產量的成績，即為每畝農作物的保險金額。

（二）保險費率的擬定

厘定種植業保險費率時應考慮以下四個方面的因素：

1. 合理確定測算的範圍

目前，以縣的範圍為單位來測算保險損失率和費率，比較實際。根據各縣作物的實際和不同的損失情況，實行區域性檔次費率，較為準確，投保人和被保險人也比較容易接受，也便於承保工作的開展。若在全國、一個省或較大範圍的地區實行一個費率，就會導致投保人的逆選擇。

2. 參照農作物種植區劃

一般情況下，平原地區農作物種植區劃較為單一；而在山區、平原、丘陵相互交叉的地區，農作物種植區劃就比較複雜。儘管農作物種植區劃和農業保險區劃不同，但在同一個種植區劃內的農作物種類和生產水平大體相當。一般情況下，平原地區農作物種植區域較為單一。

3. 合理選擇資料年限

應該調查研究的基礎上，對確定測算範圍的生產水平、種植面積、災害損失情況進行逐年分析，看正常年景是否保持相近水平。若長時期變化不大，所選擇測算資料的年限應長些，一般說來，最好有 25 年以上的連續數據資料。若資料情況呈趨勢性變化，則可縮短選擇測算資料的年限，但至少應選擇接近 5 年的資料數據。

4. 考慮保障程度（保額大小）因素

保障程度大，費率水平高；費率水平高；保障程度低，費率水平低。費率水平與保額大小成正相關。

（三）查勘定損方法

1. 定損和計賠單位的確定

首先要確定定損單位，這是確定損失程度的基礎。特別對於大火查勘定損，由於受災範圍大，受損程度輕重不一，如果定損單位定得過大，會造成損失程度不準確；如果定損單位定得過小又會使工作量加大。目前，採取大災以村為單位，小災以組或戶為定損單位較為可行。

2. 損失面積的確定

損失面積的確定可採用以下三種方法：第一，目測法。它可分為兩種：一種是憑經驗判斷面積；另一種依田間參照物（如里程碑、線杆、樹距等），這種方法在農作物種植規範的地區比較可行。第二，實地丈量法，丈量的工具可以是鋼尺、皮尺、測繩等。此方法不適用大面積定損。第三，調查詢問法。向當地政府和農民認真詢問災情，

發現與實際不符的地方進行糾正，申明利害，糾正虛報面積。損失面積的確定，一般需要上述辦法綜合使用才能奏效。

3. 損失程度的確定

一般採用隨機抽樣或等距抽樣方式抽樣，盡可能使各樣本段在總體中均勻分佈，以提高樣本的代表性。對於出現面積較大、同一地塊不同部位損失程度差異較大的情況，抽樣程度差異較大的情況，抽樣時還應考慮不同損失程度在總體中所占的比例。例如，某作物遭災，經目測，2/3 面積遭災程度較輕，1/3 面積遭災程度較重，抽樣時，在輕、重地段的抽樣數量亦應是 2：1。

4. 田間查勘定損注意事項

一是生長期農作物的查勘一般在災后的 7~10 天內進行。因為植物體在災后一般有自我恢復能力；二是生長期農作物保險部分損失的定損一般應在收穫前測產計算，但災后查勘一定要進行，並做好詳細記錄，多次受災要多次查勘記錄，非保險責任災害必要時也要查勘，以便分清保險責任和非保險責任。

5. 利用遙感技術定損

農作物遭受大面積災害損失后，為了盡快對災害損失面積和損失程度做出評估，有條件的，可採用遙感技術或光譜儀、照度儀進行測定。

（四）賠償方式和有關規定

1. 按損失比例賠償方式

這種賠償方式適用與種植業成本保險。根據農作物種植物化成本時隨著生長進程逐漸投入的特點，將農作物生長期分為幾個階段，如苗期、營養生長期、生殖生長期，不同生長期實行不同的賠償標準。保險農作物無論發生絕產或部分損失，均按當時的賠償標準和損失程度比例賠償。一般通用的賠償計算方式為：按收穫產量與保險產量的差額賠償。

這種賠償方式適用於農作物產量保險。發生絕產損失時，按不同階段確定的最高賠償標準賠償。苗期發生損失時，可重播的，按重播的種子秧苗費計算賠償金額，經一次賠付后保險責任並不終止；不可重播的，經一次賠付后保險責任即行終止。生長后期和成熟收穫期發生絕產損失，經一次性賠付后保險責任即行終止。發生部分損失時，按實際收穫產量與保險產量的差額賠償。多次發生保險責任範圍內的損失，按發生最終一次保險災害后的實際收穫產量與保險產量的差額賠償。

2. 免賠規定

免賠設置要適度，若設置太高，會使保戶利益受損，特別是在保障程度較低的情況下更不宜；若設置太低，則達不到免賠的目的。

第四節 養殖業保險

一、養殖業保險的內容

（一）養殖業保險的概念

養殖業保險是指以飼養的畜、禽和水生動物等為保險標的，對在養殖過程中發生約定的災害事故造成的經濟損失承擔賠償責任的保險。

（二）養殖業保險的特點

（1）養殖業保險的保險標的是具有生命力的動物。

（2）對環境要求嚴格。動物的一生都在各種環境的包圍中，它們的機體不斷地與環境進行物質和能量的交換。當環境超出機體所耐受的範圍，會引起各種疾病，甚至造成死亡。

（3）與人類的管理密接相關。保險標的是人來飼養管理的，當人們滿足其生長發育所需要的營養和環境條件，它們就能夠健康生長，發揮生產性能。一旦發生疫病往往波及很大，損失也很大。

（三）責任免除

為促進投保人對自家的動物進行科學的養殖、合理管理的積極性，合理控製風險，保險人制定了責任免除條款。內容一般有以下五條：

（1）被保險人及他人管理不善或者故意、過失行為。

（2）凍餓、中暑、摔跤、中毒、互鬥、閹割、走失、宰殺。

（3）戰爭、軍事行動或暴亂。

（4）在觀察期內的疾病。

（5）自然淘汰。

二、養殖業保險的分類

由於養殖業所養殖的動物種類繁多，並且養殖業生產形式也多種多樣，因此，養殖業保險的分類也比較複雜。主要分類方法有：

（一）按照保險標的和業務管理需要進行分類

（1）牲畜保險。牲畜保險是以役用、乳用、肉用、種用的大牲畜，如耕牛、奶牛、菜牛、馬、種馬、騾、驢、駱駝等為承保對象，承保在飼養使役期，因牲畜疾病或自然災害和意外事故造成的死亡、傷殘以及因流行病而強制屠宰、掩埋所造成的經濟損失。牲畜保險是一種死亡損失保險。

（2）家畜保險、家禽保險。以商品性生產的豬、羊等家畜和雞、鴨等家禽為保險標的，承保在飼養期間的死亡損失。

（3）水產養殖保險。以商品性的人工養魚、養蝦、育珠等水產養殖產品為承保對象，承保在養殖過程中因疫病、中毒、盜竊和自然災害造成的水產品收穫損失或養殖

成本損失。

（4）其他養殖保險。以商品性養殖的鹿、貂、狐等經濟動物和養蜂、養蠶等為保險對象，承保在養殖過程中因疾病、自然災害和意外事故造成的死亡或產品的價值損失。

（二）按其他方法分類

按保險責任可以分為：單一責任保險，即僅承保一項風險造成的損失責任；混合責任保險，即承保兩項或兩項以上風險造成的損失責任。

按保險標的的品種的多少劃分：單一標的保險，即只承保一種標的的損失風險；混合標的保險，承保被保險人的多種標的物的風險損失，如養豬「一攬子」保險，不僅承擔養豬死亡風險，也承擔了豬舍、飼料設備的風險保險。

按保險的實施方式劃分，可劃分為養殖業強制保險和養殖業自願保險。

按保險收費方式劃分，可分為一年期養殖業保險或長期儲蓄返還性保險。

本章小結：

1. 農業保險是農業生產者以支付保費為代價，把農業生產經營過程中由於災害事故所造成的財產損失轉嫁給保險人的一種制度安排。
2. 農業保險的特徵可以分為保險標的的特徵、風險的特徵、商品的特徵、經營方式的特徵。
3. 種植業保險是以各種作物，包括果樹、林木、儲藏農產品作為保險對象的一種保險。
4. 養殖業保險是指以飼養的畜、禽和水生動物等為標的，對在養殖過程中發生的約定的災害事故造成的經濟賠償責任的保險。

復習思考題：

1. 農業保險的概念是什麼？
2. 種植業保險有哪些特點？
3. 簡述養殖業保險按照保險標的和業務管理需要進行的分類。

第十二章
再保險

學習要點：
◇ 瞭解再保險的職能
◇ 掌握再保險的概念
◇ 理解再保險的作用

第一節　再保險概述

保險公司是經營風險的機構，但任何一家保險公司都不可能無限度地承擔所有的風險。保險公司自身也需要有一種機制來分散和轉移風險，這種機制就是再保險。再保險是保險人之間分散風險損失的一項經營活動。隨著社會經濟和科學技術的發展、社會財富日益增長和集中，保險金額和保險賠付金額會越來越高，保險人必須通過再保險分散風險，穩定保險經營。再保險已經成為現代保險公司不可或缺的一項重要活動。

一、再保險的概念

（一）再保險的含義

再保險也稱分保，是保險人在原保險合同的基礎上，通過訂立再保險合同的形式，將其所承保的部分風險和責任向其他保險人進行投保的行為。簡單地說，再保險就是「保險的保險」。在再保險業務中，習慣上把分出自己承保業務的保險人叫原保險人、分出公司、直接保險公司；接受分保業務的保險人叫再保險人、分入公司、分保接受人。原保險人風險的轉移，可以是一部分，叫做部分再保險；也可以是全部，叫做全部再保險。部分再保險中，原保險人會自留一部分所承保的業務，這樣可以加強再保險人與原保險人的利益與共關係。全部再保險即原保險人將承擔的保險業務全部進行再保險，在這種情況下，原保險人無須負任何責任，它僅僅是賺取再保險費或手續費，

其地位類似於保險經紀人。在保險實務中，大部分業務都是部分再保險。

和直接保險轉嫁風險一樣，再保險轉嫁風險責任也要支付一定的保費，這種保費叫做再保險費或分保費；同時，原保險人在承保業務和經營管理的過程中要花費一定的開支，因此原保險人要向再保險人收取一定的費用加以補償，這種由分入公司支付給分出公司的費用報酬被稱為分保手續費或分保佣金。有時，再保險人還會從分保盈餘中支付一定比例的佣金給分保人，作為對分出人良好經營成果的酬報，這種佣金叫做盈餘佣金，盈餘佣金的存在有利於分保分出人更加注意業務質量的選擇。如果分保接受人又將其接受的業務再分給其他保險人或再保險人，這種業務活動被稱為再再保險或轉分保，雙方分別被稱為轉分保分出人和轉分保接受人。再保險可以發生在一國範圍內，也可以發生在國家與國家之間。尤其對於一些較大的保險項目，如大型工程、衛星、萬噸巨輪、核電站等，當其超過國內保險市場承受能力時，通常在世界範圍內進行分保，這叫做國際再保險。

（二）再保險的相關術語

1. 風險單位

風險單位也稱危險單位，是指保險標的發生一次災害事故可能造成的最大損失範圍。風險單位的劃分重要而複雜。在實務中，對風險單位的劃分通常要注意兩點。一是應根據不同的險別和保險標的來決定風險單位。例如，車輛險以一輛汽車為一個風險單位，船舶險以一艘船為一個風險單位，火險通常以一棟獨立的建築物為一個風險單位，但是如果數棟建築物毗連，則應視具體情況（如使用性質、間距、周圍環境等因素）來決定是否劃為一個風險單位。二是風險單位的劃分關鍵是和每次事故最大可能損失範圍的大小聯繫起來，並根據該最大損失範圍確定一個風險單位，有時並不一定和保單份數相等。比如，一個航空公司的一份保單可以承保數百架飛機，涉及的風險單位也有數百個；同一艘船上不同的貨主為各自的貨物都投了貨運險，雖然有數份保單，但同屬一風險單位。風險單位的劃分在實務中是個技術性很強的問題，要想準確地估計出可能的最大損失範圍有時是件複雜的工作，需要非常專業的知識。風險單位劃分的恰當與否，直接關係到再保險當事人雙方的經濟利益，甚至會影響到被保險人的利益。再保險合同一般規定如何劃分風險單位由分出公司決定。

2. 自留額與分保額

自留額，又稱自負責任額，是指對於每一風險單位或一系列風險單位的責任或損失，分出公司根據其自身的財力確定的所能承擔的限額。分保額，又稱分保接受額或分保責任額，是指分保接受人所能承擔的分保責任的最高限額。分保雙方通過合同按照一定的計算基礎對保險責任進行分配，在實務中自留額和分保額可以以保額為基礎計算，也可以以賠款為基礎計算。計算基礎不同，決定了再保險的方式不同。以保額為計算基礎的分保方式屬比例再保險，以賠款金額為計算基礎的分保方式屬非比例再保險。自留額與分保額可以用百分率表示，如自留額與分保額分別佔保險金額的 40% 和 60%；或者用絕對數表示，如超過 100 萬元以后的 150 萬元。根據分保雙方承受能力的大小，自留額與分保額均有一定的控製，如果保險責任超過自留額與分保額的控

製線，則超過部分應由分出公司自負或另行安排分保。保險公司在確定自留額大小時，通常考慮三個因素：一是公司自身財務狀況。資本金越大，保險基金越多，自留額可以越大；二是承保業務的風險程度。發生損失的風險越大，自留額應越小；三是保險人的經營能力及管理水平。保險人經營能力及管理水平越高，對保險標的情況掌握越充分，就能越合理準確的確定自留額。為了確保保險企業的財政穩定性及其償付能力，許多國家通過立法將再保險的自留額列為國家管理保險業的重要內容。中國《保險法》第九十九條規定：經營財產保險業務的保險公司當年自留保險費，不得超過其實有資本金加公積金總和的四倍。第一百條規定：保險公司對每一危險單位，即對一次保險事故可能造成的最大損失範圍所承擔的責任，不得超過其實有資本金加公積金總和的10%；超過的部分，應當辦理再保險。

(三) 再保險與原保險的關係

再保險是保險人將原保險業務分給其他保險人的過程。再保險與原保險具有十分密切的關係，總的來說，二者是相輔相成、相互促進的。

首先，沒有原保險就沒有再保險，原保險是再保險的基礎。從保險發展歷史邏輯來看，先有原保險，而後有再保險。再保險的產生發展，是基於原保險人分散風險的需要。再保險是以原保險人承保的風險責任為保險標的，以原保險人的實際賠款和給付為攤賠條件的。所以，其保險責任、保險金額、保險期限等，都必須以原保險合同為基礎。

其次，再保險是原保險的保險，它支持和促進原保險的發展。再保險是原保險人以繳付分保費為代價將風險責任轉嫁給再保險人，在它們之間進一步分散風險，分擔責任。因此，再保險是保險的進一步延續，也是保險業務的重要組成部分。在現代保險經營中，再保險的地位與作用越來越重要，再保險可以反過來支持保險業務的發展，甚至對於某些業務，沒有再保險的支持，保險交易難以達成。再保險已成為保險的強力后盾。

再保險與原保險的區別在於以下三點：

首先，保險關係的主體不同。原保險關係的主體為保險人與投保人或被保險人；再保險關係的主體是原保險人與再保險人。

其次，保險標的不同。原保險的保險標的既可以是財產、利益、責任、信用，也可以是人的生命和身體；再保險的保險標的是原保險人所承擔的風險責任，是一種具有責任保險性質的保險。

最后，合同性質不同。原保險合同中財產險合同屬補償性質，人身險合同屬給付性質；而再保險人對原保險合同的分攤，無論是財產再保險還是人身再保險，都屬補償性質的合同，都是對原保險人承擔的風險損失的補償。

二、再保險的職能

保險作為風險的承擔者，在它直接承保的大量業務中，不可避免地會有一些巨額責任保險。同時隨著社會經濟突飛猛進的發展，社會財富日益集中，現代科學技術在

社會生產中廣泛應用，一次災害事故可能造成的物質財富和人身損毀的傷害程度在不斷擴大。如大型飛機、核電站、人造衛星、石油開發、大型建築工程等，其保險金額高達幾千萬元，甚至幾億、幾十億元，一旦發生災害事故，所造成的損失，絕非一個或幾個保險人所能全部承擔的。事實上，任何一個保險人都不敢獨自承保類似的巨額風險，因為每個保險人的資金和承受風險的能力總是有限的。為了保持保險業務正常經營和保險人的財政穩定，避免承保的風險過於集中，對於超過自身承受能力的風險，保險人通過再保險的途徑，在同業之間相互分散風險，這樣可以把許多保險公司的承保力量集合在一起，實際上起到了聯合積聚資金、擴大承受能力的作用。再保險可使保險人有可能承保超過自身財政和經濟力量規定的承保能力，達到分散其承擔風險的目的，從而求得經營的穩定性。可以這樣說，風險分散得越廣泛、越平均，保險人就越能控制所承擔的責任。因此，再保險的基本職能是分散風險或責任。保險公司為了經營的穩定，將承保的一部分風險責任在國內和國際範圍分散，使災害事故責任均衡化，利用集中起來的保險基金，保障巨大災害事故的經濟損失。

三、再保險的作用

再保險的產生，主要是基於保險人分散風險的需要。保險被譽為是「社會的穩定器」，再保險被譽為「保險經營的穩定器」，從而再保險也是社會的穩定器。再保險的作用主要表現在以下六個方面。

（一）擴大業務規模，提高承保能力

擴大業務規模，承保盡可能多的風險單位，是保險企業經營保險業務必須堅持的基本原則之一。然而每一個保險人的業務發展是有限的，不可能無限制地承攬業務。因為保險公司的實際承保能力是受資本金和總準備金等自身財務狀況限制的。有了再保險，保險公司就可以突破限制，盡可能多地拓展業務。因為在計算保險費收入的時候可扣除分出保費，只計算自留保費。因此保險人對大額業務也可以承保，然後通過分保將超過自身承受能力的部分轉移出去。這樣一方面，保險人在不違反法律對業務資本量比例限制的前提下，就可以將保險責任控制在可以承受的範圍之內；另一方面，利用分保增加了承保數額，保費收入增加，而管理費用並未按比例增加，從而降低了經營成本。同時，保險人將業務分出，再保險人還會返還分保佣金，當分出業務良好時又可得到盈餘佣金。對保險人來說，有了分保，降低了成本，增加了保費及各項佣金，提高了經營利潤，增強了保險人的承保能力。

（二）控製保險責任，保持財務的穩定性

保險業要實現穩健經營，要求承保的每一風險單位的風險責任比較均衡，不能差距過大。因為根據風險分散的原理，保險單位越多，保額越均衡，保險人的財務穩定性就越好；反之，保險人對各風險單位承擔的經濟責任越是大小不等，保險人的財務穩定性就越差。可能由於一次風險事件的發生，在一個風險單位內必須支付巨額的保險賠款就會使財務陷入困境，甚至導致保險人的破產。因此，保險人必須對每一風險單位承擔的責任加以控制。但事實上，保險標的的價值懸殊，保險金額差別很大，保

險人又不能一味地追求均衡保額，因為那樣的話根本無法滿足投保人的需求。通過再保險，保險公司和再保險公司都可以根據自己的承保能力，科學地制定自留額和責任限額來控製自己的風險責任，包括對一個風險單位風險責任的控製、一次巨災事故的累積風險責任的控製以及全年累積風險責任的控製。這樣把超過自己承擔能力的風險責任轉移出去，既增多了風險單位的數目，又達到了保險金額均衡的目的，使預期平均損失與實際損失更加接近，從而保持了財務的穩定性。

（三）被保險人獲得更為可靠的保障

再保險分散了原保險人的責任，被保險人得到的賠償實質上是由原保險人與再保險人共同分擔，顯然這種保障比由原保險人單獨承保更加安全可靠。同時，對於巨額保險業務的投保人來說，再保險使其投保程序大大簡化，投保人只須向一家保險公司投保即可，節省人力物力，便於投保人對投保的管理。同時，對於企業投保人來說，因為有了原保險公司和再保險公司的保障，投保企業更能得到銀行的信賴，從而提高了企業信用，為獲得融資提供便利。

（四）增加保險公司的淨資產，提高保險公司的償付能力

再保險的這一作用主要表現在兩個方面。一方面，再保險可以使分出公司通過提取未到期賠付責任準備金、未決賠款準備金、分攤賠款和分攤保險經營費用而聚集大量資金，同時加以適當運用，來增加保險公司的收益；另一方面，分出公司在分保業務中還可以得到一定數量的分保佣金和盈餘佣金，從而增強了分出公司的財務力量。保險公司的償付能力是以公司的淨資產來衡量的，即資產減負債。通過辦理再保險可以增加公司的資產，降低公司的負債，從而提高償付能力。

（五）形成巨額全球性保險基金，加強同業合作

保險公司之間通過再保險業務，相互分保，可以使較多的保險公司聯合起來，形成巨額保險基金，共同承保巨額保險責任。就世界範圍來講，再保險已經打破國家與地區之間的界限，形成了國際再保險市場。各國保險同業之間分出分入業務，有往有來，使世界各國的保險基金通過再分配，形成雄厚的國際性聯合保險基金，發揮了再保險在國際間分散風險與補償損失的積極作用。有了這種巨額的、聯合的、全球性的保險基金，就可以承保一家保險公司或一國保險市場無法承擔的巨額風險，滿足現代化生產和高新技術發展對巨額保險的需要。

（六）促進國際貿易和經濟全球化的發展

隨著世界經濟的發展，各國之間的經濟往來日益頻繁。在經濟交往中，無論是國際貿易還是人員技術交流都離不開保險，貨物運輸保險和運輸工具保險已成為國際貿易和經濟全球化發展的重要保障，而再保險作為保險的保險，自然也是不可或缺的。同時國際再保險本身就是一項國際經濟活動，是國際經濟合作與交流的體現，對世界經濟一體化具有重要的支持和推動作用。當然，再保險的作用還表現在多個方面，如促進國內保險事業的發展、促進科學技術的發展、為國家創造外匯收入等。

第二節　再保險的形式和種類

一、再保險的形式

再保險的形式是分出公司與分入公司建立再保險關係所採用的具體合同形式，包括臨時再保險、合同再保險和預約再保險這三種形式。

(一) 臨時再保險

臨時再保險是最早採用的再保險方式，是指在保險人有分保需要時，臨時與再保險人協商，訂立再保險合同，合同的有關條件也是臨時議定的。對於臨時分保的業務，分出公司和分入公司均可自由選擇。也就是說，對於某一業務，是否要安排再保險、再保險額是多少，完全是根據保險人本身所承受風險的情況來決定的。再保險人是否接受、接受多少、是否需要調整再保險條件等，都可以由分出人和分入人根據風險的性質、本身的承受能力等因素來臨時商定。由此可見，靈活性是臨時分保的一大顯著特點。另外，臨時再保險還具有針對性。其通常是以一張保險單或一個風險單位為基礎逐筆辦理分保。分保的風險責任、攤賠條件等都具有很強的針對性，便於再保險人瞭解、掌握業務的具體情況，正確作出分入與否的決策。臨時再保險的缺點主要表現在兩方面。其一，由於臨時分保時間性較強，要求辦理分保要及時，否則原保險人將承擔較大風險。因為在臨時分保未辦妥之前，如果原保險合同已經生效，一旦發生損失，損失將全部由原保險人自己承擔。而如果原保險人與再保險人達成分保協議後才決定接受原保險業務，則將可能失去獲取業務的良機，從而限制了原保險人的業務接受能力，不利於原保險人對業務的競爭。其二，由於必須逐筆安排業務及到期續保，手續繁雜，工作量大，費用開支也大，對雙方來說在人力、時間及費用上都是不經濟的。

(二) 合同再保險

合同再保險也稱固定再保險，是由原保險人和再保險人事先簽訂再保險合同，約定分保業務範圍、條件、額度、費用等事項。在合同期內，對於約定的業務，雙方無須逐筆洽談，也不能對分保業務進行選擇，分出公司必須按照合同規定的條件向分入公司辦理分保；而分入公司也必須接受分保，承擔保險責任，不得拒絕。可見，固定分保合同對於分出公司和分入公司都有「強制性」。一般來說，固定分保合同沒有期限的規定，屬於長期性合同。但訂約雙方都有終止合同的權利，通常是要求終止合同的一方於當年年底前三個月以書面形式通知對方，在年底終止合同。合同再保險是以某一類險別的全部業務為基礎的。也就是說，原保險人要對某類別業務進行分保，就必須將該險別的全部業務納入分保合同，不能有所選擇。這樣可以防止原保險人的逆向選擇，即將優質業務自留，將劣質業務分出，損害再保險人利益。同時這樣做也可以簡化業務操作手續。由於合同再保險的長期性、連續性和自動性，對於約定分保的業務，原保險人無須逐筆辦理再保險，從而簡化了分保手續，提高了分保效率。同時，

通過合同再保險，分保雙方建立了長期穩定的業務關係。這樣對原保險人而言，可以及時分散風險，從而增強了原保險人的承保能力；對再保險人而言，可以比較均衡地獲得批量業務。因此，合同再保險是國際市場上普遍採用的主要分保方法。

(三) 預約再保險

預約再保險也稱臨時固定再保險，是一種介於臨時再保險和合同再保險之間的再保險。它是指雙方事先簽訂分保合同，原保險人對於合同規定範圍內的業務可以自由選擇是否分保，而再保險人則沒有選擇的自由，凡合同規定範圍內的業務，只要原保險人決定分出，再保險人就必須接受，無選擇的餘地。這種再保險的特點是，對原保險人沒有強制性，原保險人有選擇是否分出的權利；而對再保險人具有強制性，再保險人沒有選擇的權利。因此，預約再保險對原保險人來說是有利的，原保險人既可以享有臨時再保險的靈活性，又同時具有合同再保險及時分散風險的優點。但對於再保險人來說則較為不利，因為原保險人可能將業務分給再保險人，也可能不分，使得再保險人業務來源的穩定性差，而且原保險人通常會選擇將風險大、質量欠佳的業務分給再保險人，而再保險人卻沒有對分入的業務進行選擇的權利，業務的質量難以控製，因而預約再保險並不受再保險人的歡迎。預約再保險實際上是合同再保險的一種補充。當原保險人承保業務的保險金額超過合同再保險的自留額和再保險限額之和時，需要對超過的溢額部分再進行分保。採用臨時分保，則時間緊迫，而且手續繁瑣、費用高；這種情況下，預約分保是比較合適的選擇，預約分保無須和再保險人臨時協商，手續簡便，並且可以及時分散風險。由於預約分保對原保險人有利，許多再保險人不願接受預約分保業務，所以這種分保方式僅在業務關係密切的保險人之間進行，並未被廣泛運用。

二、再保險的種類

再保險是在原保險人和再保險人之間分擔責任和賠款的，按再保險關係雙方責任與賠款分擔方式的不同，再保險業務分為比例再保險和非比例再保險兩大類。

(一) 比例再保險

比例再保險是以保險金額為基礎來確定分出公司自留額和接受公司責任額的再保險方式，故有「金額再保險」之稱。在比例再保險中，分出公司的自留額和分入公司的責任額都表示為保險金額的一定比例，該比例也是雙方分配保費和分攤賠款時的依據。也就是說，分出公司和分入公司對於保費和賠款的分配，按照其分配保額的同一比例進行，這就充分顯示了保險人和再保險人利益的一致性。因為比例再保險最能顯示再保險當事人雙方共命運的原則，因而其應用範圍十分廣泛。比例再保險方式具體分為成數再保險、溢額再保險兩種。

1. 成數再保險

成數再保險是最典型的也是最簡便的比例再保險方式。它是指原保險人將每一風險單位的保險金額，按照約定的比率分給再保險人。成數再保險方式的最大特徵是「按比率」。例如，分出公司自留30%，分出70%，則稱該合同為70%的成數再保險合

同。由於成數再保險對每一風險單位都按一定的比率分配責任，故在遇有巨額風險責任時，原保險人和再保險人承擔的責任仍然很大。因此，為了使承擔的責任有一定範圍，每一份成數再保險合同都按每一危險單位或每張保單規定一個最高責任限額，分出公司和接受公司在這個最高責任限額中各自承擔一定的份額。

成數再保險的優點主要體現在兩個方面。首先，合同雙方的利益一致。由於成數分保對於每一風險單位的責任均按保險金額由分出公司和分入公司按比例承擔，因此合同雙方存在真正的共同利益，不論業務大小、好壞，雙方一律共同分擔。在各種再保險方式中，成數再保險是保險人與再保險人雙方利益完全一致的唯一方式。因此，成數再保險雙方很少發生爭執。其次，成數再保險手續簡單，節省人力和費用。採用成數分保，分出公司和分入公司之間的責任、保費和賠款分配都按約定的同一比例進行計算，使得分保實務和分保帳單編製方面手續簡化，節省了人力、時間和管理費用。成數再保險的特性具有上述優點，但其也有不足之處。具體表現在以下兩點：

(1) 成數再保險過於僵化，缺乏彈性。成數再保險具有手續簡便的優點，但同時也意味著其缺乏彈性。在成數再保險合同中，只要屬於合同的承保範圍，任何業務分出人均應按照約定的比例自留和分出，沒有選擇的餘地。這種死板的規定使分出人對於沒有分保必要的質量好而保額不大的業務，也要按比率分出而不能多做自留，從而使分出公司支付較多分保費；反之，對質量較差的業務，分出人又不能減少自留。其結果表現為對再保險人有利，對分出人不利。總的來說，成數再保險往往不能滿足分出公司獲得準確再保險保障的需求。

(2) 成數再保險不能均衡風險責任。由於不論保險金額高低，一律按固定比例劃分責任，因此，針對各風險單位的保險責任不能做到均衡化。在成數分保之後保險金額高低不齊的問題仍然存在。比如船舶保險，有的船只保險金額很大，有的很小，各船的保險金額很不平衡，而原保險人都要按一個比例確定自留額，結果是原保險人對不同船只承擔的保險責任不均衡，這樣，如果價值昂貴的船只受損，保險公司會遭受較大的損失。成數再保險由於其操作方便簡單，因此多用於新公司、新業務。新建立的保險公司由於對分析風險責任缺乏經驗，往往採用成數再保險，這樣可以從再保險人那裡獲得技術上的幫助。對於新開辦的險種，由於缺乏實際操作經驗和統計資料，因此，多採用成數再保險進行分保。有一些險種，如汽車險、航空險，危險程度高，賠償頻繁，利用成數再保險可以發揮手續簡便、確保雙方利益一致的優勢。相對而言，經驗豐富、歷史悠久的公司一般較少採用成數再保險。另外，成數再保險和其他分保方式混合運用，往往能發揮最佳效果。

2. 溢額再保險

溢額再保險是指原保險人與再保險人在合同中約定自留額和最高分入限額，將每一風險單位的保險金額超過自留額的部分分給分入公司，並按實際形成的自留額與分出額的比率分配保險費和分攤賠款的再保險方式。由於在溢額再保險合同項下，原保險人與再保險人之間保險費的分配、賠款的分攤，都是按實際形成的保險金額分割比率進行，因此，溢額再保險也屬於比例再保險。在溢額再保險合同項下，若某一業務的保險金額在自留額之內時，就不需要辦理分保，只有在保險金額超過自留額時，才

將超過部分分給溢額再保險人。因此，溢額再保險的自留額是一個確定的自留額，不隨保險金額的大小變動；而成數再保險的自留額表現為保險金額的固定百分比，隨保險金額的大小而變動。這是溢額再保險與成數再保險的最大區別。溢額再保險也是以保險金額為基礎來確定再保險當事人雙方的責任的。對於每一筆業務，自留額已先定好，將保險金額與自留額進行比較，即可確定分保額和分保比例。例如，某一溢額分保合同的自留額為50萬元，現有三筆業務，保險金額分別為50萬元、100萬元和200萬元，第一筆業務在自留額之內無須分保，第二筆業務自留50萬元，分出50萬元，第三筆業務自留50萬元，分出150萬元。溢額與保險金額的比例即為分保比例。本例第二筆業務的分保比例為50%，第三筆業務的分保比例為75%。由以上可以看出，溢額再保險關係成立與否，主要看保險金額是否超過自留額，超過自留額的部分即由溢額再保險吸收承受。但分入公司分入的保險金額，並非無限制，而是以自留額的一定倍數為限。這種自留額的一定倍數，稱為線數。自留額與線數的乘積就是分入公司的最高分入限額，超過這個限額的部分，由分出公司自己負責或自行安排。

合同規定的自留額的大小，決定分出公司承擔責任的大小。同樣，在自留額一定的條件下，線數的多少，決定著分入公司可能承擔的責任的大小。自留額與分保額之和叫做合同容量或合同限額。

一般而言，分出公司根據其承保業務和年保費收入來制定自留額和決定溢額分保合同的最高限額的線數。有時由於承保業務的保額增加，或是由於業務的發展，需要設置不同層次的溢額，依次稱為第一溢額、第二溢額等。當第一溢額的分保限額不能滿足分出公司的業務需要時，則可組織第二甚至第三溢額作為第一溢額的補充。

(二) 非比例再保險

非比例再保險是以賠款為基礎確定再保險當事人雙方責任的分保方式。當賠款超過一定額度或標準時，再保險人對超過部分的責任負責。與比例再保險不同的是，在這種再保險方式下，分出公司和分入公司的保險責任和有關權益與保險金額之間沒有固定的比例關係，因此稱為非比例再保險。

比例再保險與非比例再保險主要有以下區別：

(1) 自負責任與分保責任的確定基礎不同。比例再保險以保額為基礎劃分雙方責任額，接受公司的責任額要受原保險金額大小的影響；而非比例再保險是以賠款為基礎來確定自負責任和分保責任的，接受公司的責任額不受原保險金額大小的影響，而是與賠款總額相關聯。

(2) 保費計算的方式不同。比例再保險分保費率與原保險費率一致，按分保責任比例與保費之積計算分保費；非比例分保由於雙方賠付機會不一樣，不是按原保險費率計算分保費，而是採取單獨的費率制度，根據分保業務損失資料另行制訂再保險費率，分保費按合同年度的淨保費收入與分保費率之積計算，與原保險費並無比例關係。

(3) 分保手續費是否支付。比例再保險中有分保佣金和盈余佣金的規定；非比例再保險的分保接受公司視分出公司與被保險人地位相等，因此，不必向分出公司支付分保佣金和盈余佣金。

（4）保險費準備金是否扣留。比例分保的接受公司必須提存與其承擔責任比例相應的保費準備金，並根據需要提存賠款準備金；非比例分保的接受公司僅在賠款超過起賠點時才承擔賠償責任，通常在合同中沒有提存保費準備金的規定。

（5）賠款的償付方式不同。比例再保險的賠款償付，除個別巨災賠款分出公司要求接受公司以現金賠償外，通常都通過帳戶處理，按期結算；非比例再保險的賠款多以現金償付，接受公司於收到分出公司的損失清單后短期內如數償付。

非比例再保險可以分為險位超賠再保險、事故超賠再保險和賠付率超賠再保險三種方式。

（1）險位超賠再保險。險位超賠再保險是以一次事故中每一風險單位所發生的賠款金額為基礎，來確定分出公司的自負責任額和分入公司最高責任限額的再保險方式。假若總賠款金額不超過自負責任額，其全部損失由分出公司賠付；假若總賠款金額超過自負責任額，則超過部分由接受公司賠付。但再保險責任額在合同中的規定，也是有一定限度的。關於險位超賠在一次事故中的賠款計算，有兩種情況：一是按風險單位分別計算，接受公司對每一風險單位的賠款不超過最高責任限額，但對一次事故的總賠款沒有額度限制；二是接受公司在對每一風險單位的賠款不超過最高責任限額的情況下，還有事故限額，即對每一次事故總的賠款有限制，一般為險位限額的兩至三倍，即每次事故接受公司只賠付兩到三個單位的損失。

（2）事故超賠再保險。事故超賠再保險是指在合同中分出公司首先確定其對每一事故可能發生的賠款的自負責任額，分入公司在該自負責任額之上確定其最高賠款責任限額的再保險。在事故超賠再保險形式下，在一次事故的實際賠款不超過分出公司的自負責任額時，全部賠款都由分出公司負責。只有一次事故的實際賠款超過分出公司的自負責任額時，分出公司才在最高責任限額以內負責超過分出公司自負責任額以上的部分。

（3）賠付率超賠再保險。賠付率超賠再保險是按年度賠款與保費的比率來確定自負責任和再保險責任的一種再保險方式。在約定的年度內，當賠付率超過分出公司自負責任比率時，超過的部分由分入公司負責。由於這種再保險可以將分出公司某一年度的賠付率控製於一定的標準之內，所以，對於分出公司而言，又有「損失中止再保險」之稱。

本章小結：

1. 再保險是保險人在原保險合同的基礎上，通過訂立再保險合同的形式，將其所承保的部分風險和責任向其他保險人進行保險的行為。它是建立在原保險基礎之上的，但又與原保險在保險主體、保險標的和保險合同性質上有所區別。

2. 再保險的基本職能是分散風險或責任。再保險的產生，主要是基於保險人分散風險的需要。再保險在擴大業務規模、提高承保能力、控製保險責任、保持財務穩定性、增加保險公司的淨資產、提高保險公司的償付能力、形成巨額全球性保險基金、加強同業合作、促進國際貿易和經濟全球化的發展以及被保險人獲得更為可靠的保障

等方面發揮著巨大的作用。

  3. 再保險的形式是分出公司與分入公司建立再保險關係所採用的具體合同形式，包括臨時再保險、合同再保險和預約再保險三種形式。

  4. 按再保險關係雙方責任與賠款分擔方式的不同，再保險業務可分為比例再保險和非比例再保險兩大類。其中比例再保險又分為成數再保險和溢額再保險，非比例再保險分為險位超賠再保險、事故超賠再保險和賠付率超賠再保險。

復習思考題：

  1. 再保險對於保險公司的經營有何作用？
  2. 簡述再保險與原保險之間的聯繫和區別。
  3. 再保險有何基本職能和作用？
  4. 比較成數再保險和溢額再保險的優缺點。
  5. 再保險合同有哪些形式？

第十三章
生態風險與保險

學習要點：
◇ 瞭解生態安全的內容
◇ 理解生態風險的概念及內容
◇ 理解生態責任保險的概念

第一節　生態風險概述

一、生態安全

（一）生態安全的內容

人類所有的，包括政治、經濟和軍事在內的活動都必須依託於所棲息的生態環境。生態系統為人類提供了生命維護系統，提供了從事各種活動所必需的最基本的物資資源。面對肆虐兩湖平原的滔天之水，面對緊逼津門的滾滾黃沙，面對嚴重缺水期即將來臨的警告……面對這一切來自自然界的威脅，我們的生存環境已經不再安全。保護我們生態安全這一刻不容緩的問題已經不容迴避地擺在了我們的面前。曾幾何時，人們在迅速逼近的生態危機面前還表現出了不可思議的冷漠，而今天，我們必須從維護安全這個角度來討論生態問題。

生態安全是近年新提出的概念，有廣義和狹義的兩種理解。前者以國際應用系統分析研究所提出的定義為代表：生態安全是指在人的生活、健康、安樂、基本權利、生活保障來源、社會秩序和人類適應環境變化的能力等方面不受威脅的狀態，包括自然生態安全、經濟生態安全和社會生態安全。狹義的生態安全是指自然和半自然生態系統的安全，即生態系統完整性和健康的整體水平反應。生態系統健康是環境管理的一個新方面和新目標。通常認為，功能正常的生態系統可稱為健康系統，它是穩定的和可持續的，在時間上能夠維持它的組織結構和自治，以及保持對脅迫的恢復力。反之，功能不完全或不正常的生態系統，即不健康的生態系統，其安全狀況處於威脅之

中。如果說生態系統健康診斷是對所研究的特定生態系統質量與活力的客觀分析,那麼生態安全研究則是從人類對自然資源的利用與人類生存環境辨識的角度來分析與評價自然和斑子讓的生態系統,因而它帶有某種先驗性。首先,所研究的對象具有特定性和針對性,主要發生在生態脆弱區。其次,生態安全的評價標準具有相對性和發展性,不同國家和地區或者不同的時代(發展階段),其標準會有不同。最後,生態安全的研究要體現人類活動的能動性,在分析、評價的基礎上,還要研究如何建立生態安全保障體系。一般認為,安全與風險互為反函數,風險是指評價對象偏離期望值的受脅迫程度,或事件在期望值狀態的保障程度,或防止不確定事件發生的可靠性。生態風險是指特定生態系統中所發生的非期望事件的概率和后果,如干擾或災害對生態系統結構和功能造成的損害。其特點是具有不確定性、危害性和客觀性。雖然安全概念與風險有緊密聯繫,但為了更好地體現人類度安全管理和安全預警等方面的主動設計與能動性,本書將生態安全與保障程度相聯繫,把生態安全定義為人類在生產、生活和健康等方面不受生態破壞與環境污染等影響的保障程度,包括飲用水與食物安全、空氣質量與綠色環境等基本要素。

對生態安全的研究可包括不同的尺度,如自然生態方面,從個體、種群到生態系統;人類生態方面,從個人、社區、地方到國家。當前,人們最為關注的生態安全問題如洪澇災害、沙塵暴等大多數屬於區域尺度,可按地理區(流域)、生態區或行政區進行研究。對區域生態安全的分析主要包括:關鍵生態系統的完整性和穩定性,生態系統健康與服務功能的可持續性,主要生態過程的連續性等。其分析主要包括:關鍵生態系統的完整性和穩定性,生態系統健康與服務功能的可持續性,主要生態過程的連續性等。其分析步驟一般為:①生態系統功能分析;②生態系統演化狀態的監測;③主要脅迫因子分析;④生態平衡期望值的設定;⑤重要閾值的判定(變化的允許範圍);⑥對系統演化的預測和預警;⑦調控對策。

生態安全的顯性特徵是生態系統所提供的服務的質量或數量的狀態。當一個生態系統所提供的服務的質量或數量出現異常時,則表明該系統的生態安全受到了威脅,即處於生態不安全狀態。因此生態安全具有兩重含義:其一是生態系統自身是否安全,即自身結構是否受到破壞;其二是生態系統對於人類是否安全,即生態系統所提供的服務是否滿足人類的生存需要。顯然前者是后者實現的基礎。

在當前對生態安全的研究中,按研究的範圍不同將生態安全概念分為三種:全球生態安全、國家生態安全和區域生態安全。全球生態安全指地球中各個國家和地區,它們的生存和發展所需要的生態環境不受或較少破壞與威脅,處於一種不同國家和地區之間生態相互協調、促進的狀態。所謂國家生態安全,是從國家的角度考慮一國生存和發展所處生態環境不受或少受破壞和威脅的狀態。實現生態安全,主要是保持土地、水資源、天然林、地下礦產、動植物種資源、大氣等自然資源的保值增值、永續利用,實現經濟社會的可持續發展。所謂區域生態安全是指一個區域的自然群落能滿足區域持續生存的需要,不損害自然環境的潛力。區域生態安全是國家生態安全的基礎,同時國家生態安全是區域生態安全的保障。全球生態安全則實現生態安全的最高目標。

（二）生態安全與可持續發展的關係

生態安全是可持續發展的核心與基礎。沒有生態安全，系統就不可能實現可持續發展。生態安全對經濟發展具有一定的約束作用。同時，它對發展還具有引導、調控和促進作用。生態安全是引導、調控發展的依據，穩定的生態環境對經濟具有加速作用。生態安全對可續發展具有保障作用，是可持續發展能力的重要組成部分。在經濟發達階段，比較充足的財富條件使人們更加關注安全。發展與生態安全的矛盾相對弱化，但在發展的初級階段，尤其是在經濟比較落後的情況下，人們面臨的發展壓力很大，特別容易忽視生態安全盲目發展，造成的后果輕則環境惡化、阻礙經濟持續增長，重則危及人的生產問題。所以如果不能夠保證生態安全，那麼發展最終會偏離可持續的方向，速度越快，經濟崩潰得越早。

二、生態風險的內容

（一）生態風險的概念

生態環境是構成人類和其他生物生存發展的光、熱、氣、水、土、營養等環境條件的總稱。自然的、人為的因素使生態環境得到保護，生態系統保持相對平衡，人類和其他生物才能生存和發展。生態環境遭破壞，生態系統失去相對平衡，就會給人類和其他生物的生存和發展帶來難以逆轉的風險。這種風險就是生態風險，在自然和人為不利條件的作用下變為現實災難的概率越來越大。生態環境遭破壞的程度越高，風險后果越嚴重，有些甚至是毀滅性的。

生態風險，是指生態系統及其組分所承受的風險，指在一定區域內，具有不確定性的事故或災害對生態系統及其組分可能產生的作用，這些作用的結果可能導致生態系統結構和功能的損傷，從而危及生態系統的安全和健康。生態系統受外界脅迫，從而在目前和將來減小該系統內部某些要素或其本身的健康、生產力、遺傳結果、經濟價值和美學價值的可能性。

（二）生態風險的特點

生態風險除了具有一般意義上的「風險」含義外，還具有如下特點：

1. 影響層面的廣泛性

社會風險、政治風險、經濟風險的產生，固然有各種各樣的原因，但是，按照馬克思主義的歷史唯物主義原理，社會風險和政治風險的產生的終極原因是經濟方面的，最終結局體現為生產力發展內在要求的人的選擇。

也就是說，政治風險和和社會風險，固然讓民眾的生命、財產受到威脅，但是，最終結局總是出現了更適應的生產力發展和民眾福利的社會，人類社會也正是如此向前演進的。而政權更迭中的失敗者，可以說是咎由自取。經濟風險同樣如此，重大的錯誤的經濟決策導致經濟風險事件的發生，如果到了極點，經濟崩潰，也會導致政治風險事件的發生，一般民眾同樣會經歷下降到上升的過程，唯錯誤當局因此失去存在的理由。但是，生態風險就不同了，覆巢之下安有完卵，一旦一個社會的生態風險事件發生，失去生存條件的是整個社會。也就是說，生態風險事件一旦發生，就是不換

「舵手」，而是「翻船」問題了，所有人全部落水。更何況，一旦超過「承載」能力，首先「落水」的會是人群中最脆弱的貧民。所以，為最大多數人民的最大利益服務的政府，必須更加關注生態風險事件是否發生，以及對生態風險事件的防禦。

2. 生態風險事件的嚴重性

由於相當一些生態過程一旦超過「臨界值」就不可逆，受到人類破壞的大自然的報復，往往不給人類機會，讓后者沒有糾正錯誤，重新選擇的機會，或者要付出百十倍大於當初預防、及時治理的代價。這與政治風險事件不同。一般而言，只有順應時代的要求的政權取代逆歷史潮流而動的政權，國家面貌很快就會煥然一新，新中國取代舊中國就是好的例證。經濟風險事件也同樣，數年、十數年的重大失誤可以釀成重大的危機，需要經歷痛苦的調整過程，但是，一旦明瞭問題所在，採取有力有效的措施，也會在數年、十數年改觀。例如，中國於 20 世紀 50 年代末 60 年代初的「大躍進」「公社化」的失誤，歷時 6 年從谷底恢復過來；美國於 20 世紀 20 年代末 30 年代初的大蕭條，歷時 12 年由 1933 年的谷底恢復過來，即使按股指衡量，1955 年恢復到 1929 年水平，歷時 26 年。至於當今世界的東南亞金融危機及恢復、中國經濟軟著陸、美國聯邦政府預算赤字及轉為盈餘，均以「年」計，而不是以「代」計，甚至不會以「世紀」計。然而，資源枯竭、環境退化造成的生態風險事件，通常很難在一代人、幾代人，甚至是幾十代人手裡挽回。中國西北的荒漠化過程，延續了 2000 年，至今沒有出現中止、扭轉。更何況，一些生態過程尚屬未知領域，如人為活動對地球大氣的不利影響，很可能未及確切認知，已經無可挽回地鑄成大錯。

3. 生態風險的效應的代際轉移性

由於生態風險的成本會在「代際」間轉移。導致生態風險諸因素的生成、作用和消除時間，比起影響社會風險、政治風險、經濟風險的諸多因素要長很多。這導致了成本的代際轉移。也就是說，前一任的政績，可能是后一任的隱患；前一任承擔了的成本，可能要到后一任、后幾任、后幾十任才見到。這意味著，只有高度負責的政府、高度文明的社會，才可能以最大的努力關注於生態風險。

4. 生態風險與民眾聯繫的廣泛性

政治風險、經濟風險主要是由國家政府當局來防備，雖然最終的確定因素是經濟實力和人心向背。但是，直接起作用的是國家政府、上層集團的活動。國家經濟風險也主要取決於宏觀決策當局的明智程度。國家生態風險卻可以因具有動力的、有能力的社區和地方等微觀主體的自覺行動而得到改善，也可以因他們的錯誤而變得更大。

5. 生態安全對地區間其他成員利害關係的高度統一性

全人類共有一個地球的現實，任何一國的生態風險成本和生態效益都會外溢。這不同於經濟風險、政治風險、社會風險。雖然有「雙贏」之說，但畢竟存在直接或間接的利益衝突。比如，一國的糧食風險的降低，很可能引致貿易夥伴的異議；一國的軍事風險的降低，很可能引致鄰國的不安。而一國的生態風險，最易得到國際社會的認同，相應的最能取得國際社會的協同幫助。

三、生態風險導致的損失后果

（一）生態風險增加會加劇生態系統良性逆轉的風險

熱帶雨林、森林被稱為「地球之肺」，濕地被稱為「地球之腎」，其面積的減少和系統破壞，災害性氣候的風險會增加，同時依賴濕地、森林生存繁衍的動植物會增加減少或滅絕的風險；海洋、江河、湖泊水體污染、系統遭到破壞，會增加魚類和依賴水體生存發展的其他生物減少和滅絕的風險；草原面積減少，草場退化，會增加土地半荒漠、荒漠化和載畜量減少的風險；沙地植被減少、系統遭破壞，會增加沙漠化面積擴大和沙塵暴侵襲風險；農田作物生長環境遭破壞，會增加農產品質量、產量降低的風險；有毒有害固體、氣體物質排放會增加人與其他生物的安全風險；水土流失地區生態環境惡化，會加劇土地石漠化、土地貧瘠、泥沙淤積庫壩、河流、湖泊導致洪災的風險。總之，生態系統遭到破壞，生態平衡就會被打破，生態環境隨之惡化，使其良性循環所付出的代價越高昂。

（二）生態風險增加會加劇經濟社會難以持續穩定發展的風險

當今世界面臨人口、資源和環境三大難題。中國人口占全球人口的五分之一，人均土地、淡水資源佔有量不足世界人均的四分之一。人口、資源和環境成為中國經濟社會可持續發展的嚴重制約因素。黨中央和國務院把經濟社會可持續發展作為一項長期的戰略任務而努力實施。中國生態環境惡化的程度相當嚴重，1998 年以來，長江、松花江、淮河、黃河發生洪澇災害，直接及間接的經濟損失上萬億，受災地區人口近億，抗洪救災、恢復生產、重建家園、修建防洪設施、治理嚴重水土流失等投入的財力、物力、人力非常巨大。雲南滇池、淮河污染，南海赤潮，新疆、青海、甘肅、內蒙古四省區的沙塵暴頻發，南方、北方干旱災害的加重，永定河干涸，黑河、塔里木河、黃河斷流，都給經濟社會發展帶來嚴重的不良后果。

（三）生態風險增加會加劇人類和其他生物的安全風險

空氣、土壤、水的污染，森林、草原、濕地生態系統遭破壞，均直接威脅人類、動物、植物的生存發展。因生態環境惡化，一些珍貴動植物瀕臨滅絕，一些已經滅絕。因有毒、有害物質過量排放，不僅對食品的安全生產構成威脅，而且對人類和其他生物的生活質量與健康構成危害。

（四）生態風險增加會加劇政治危機風險

生態環境惡化的后果會導致資源枯竭。一個國家、一個民族的生存環境遭到破壞，資源不能保障，就會引起資源爭端。縱觀世界歷史，國家之間為爭奪資源而發動戰爭的顯而易見，民族性、地域性為資源而戰的也非鳳毛麟角。中國是一個擁有 13 億人口的大國，實現中華民族的長治久安，實現中華民族的繁榮昌盛，就必須對生態環境進行保護，在發展經濟的同時努力實現人與自然的和諧相處，最終實現社會經濟的持續穩定發展。

第二節　環境責任保險概述

一、環境責任保險的內容

(一) 環境責任保險的概念

環境責任保險被稱為「綠色保險」，又稱生態保險，其在各個國家的具體的名稱有所不同，如英國稱之為「環境損害責任保險」和「屬地清除責任保險」，美國稱之為「污染法律責任保險」。一般認為環境責任保險是以被保險人因玷污或污染水、土地或空氣，依法應承擔的賠償責任作為保險對象的保險。具體來說，排污單位作為投保人，依據保險合同按一定的費率向保險公司預先繳納保險費，就可能發生的環境風險事件在保險公司投保，一旦發生污染事故，由保險公司負責對污染受害者進行一定金額的賠償。當然，這種玷污和污染是有嚴格限制的。保險公司只對突然的、意外的污染事故承擔保險責任，而將故意的、惡意的污染視為除外責任。

(二) 環境責任保險的特點

(1) 承保條件嚴格，承保責任範圍受到限制。環境污染責任通常具有廣泛性和不確定性，賠付額高，有時需要巨額資金。商業保險人為保障自身利益，保證財務平衡，往往對承保責任和範圍作出嚴格規定。譬如「指定地點污染責任條款」的除外責任就有10項。在美國的公眾責任保單和歐洲的第三者責任保單中，都含有突然和意外條款，任何不屬於突然和意外發生的污染，均屬於除外責任。譬如由於廢液、廢氣、廢渣等的排放和處理，空氣、水、土壤等的污染所致的人身或財產損害，都不屬於保險責任範圍。由於法庭對突然和意外的解釋過於寬泛，保險人甚至感到應將CGL保單（商業綜合責任保險基本保單）中的污染風險全部列入除外責任的範疇。

(2) 個別確定保險費率。環境責任保險的特殊之處在於賠償責任大，對保險的技術要求高，而被保險人狀況千差萬別，因此保險人要對每一承保標的進行實地調查和評估，單獨確定保險費率以降低風險，每一份保險合同的內容均具有特定性。

(3) 經營風險較大，需要政府支持。從西方國家的實踐看，污染的責任問題複雜，環境責任保險人承擔的賠付金額過大，承保範圍較窄，經營風險大大高於其他商業保險。如果要發展環境責任保險，借此形成多元化的環保力量，需要政府的大力支持。如稅收優惠、由政府強制實施某些類別的環境責任保險等。

(三) 環境責任保險的功能

當前，中國正處於環境污染事故的高發期。一些地方的工業企業污染事故頻發，嚴重污染環境，危害群眾身體健康和社會穩定，特別是一些污染事故受害者得不到及時賠償，引發了很多社會矛盾。環境污染責任保險的以下功能，決定了它在應對環境污染事故上的優越性。

1. 分散企業風險

由於環境污染事故影響範圍廣和損失數額巨大的特點，單一的企業很難承受。通

過環境污染責任保險，可以將單個企業的風險轉移給眾多的投保企業，從而使環境污染造成的損害由社會承擔，分散了單一企業的經營風險，也能夠使企業可以迅速恢復正常的生產經營活動。

2. 發揮保險的社會管理功能

保險產品和保險公司的職能之一就包括社會管理功能，這在環境污染責任保險上體現得尤為突出。保險公司可以利用環境污染責任保險的費率槓桿機制來促使企業加強環境風險管理，提升環境管理水平，同時也能夠提高企業的環境保護意識。

3. 有利於迅速地使受害人得到經濟補償，有效地保護受害者

目前中國對於環境污染造成的人身財產損害的賠償，主要由國家財政承擔，由於權力機構的複雜性，使得受害人不能在最快的時間得到損失補償，從而甚至激化社會矛盾，同時也會增加國家財政的負擔。利用環境污染責任保險來參與環境污染事故的處理，有利於使受害人及時獲得經濟補償，穩定社會秩序，減輕政府的負擔，還可以促進政府職能的轉變。

二、環境污染責任保險現狀

（一）中國環境污染責任保險現狀

1. 2007年12月前

中國環境污染責任保險起步較晚。1991年中國的保險公司和環保部門聯合推出環境污染責任保險，首先在大連試點，後來在瀋陽、長春、吉林等城市相繼開展。2006年6月，國務院發布的《關於保險業改革發展的若干意見》中明確指出要大力發展環境責任保險。

但這段時期環境污染責任險開展的範圍很小，僅限於幾個城市，投保的企業也很少，賠付率也很低。大連市1991—1995年的賠付率只有5.7%，瀋陽市1993—1995年的賠付率為零，遠遠低於國內其他險種50%左右的賠付率，而國外保險業的賠付率為70%~80%。

2. 2007年12月後

2007年12月4日，國家環保總局和中國保監會聯合出抬《關於環境污染責任保險工作的指導意見》。以該意見的發布為轉折，全國各地環保和保險部門開始積極進行環境污染保險的推進。2007年12月，華泰保險公司正式推出「場所污染責任保險」和「場所污染責任保險（突發及意外保障）」。湖南省2008年將化工、有色、鋼鐵等18家重點企業作為投保試點，2009年1月中石化巴陵石化公司等五家企業又投保平安保險公司的環境污染責任險。江蘇省2008年7月推出了內河船舶污染責任保險，由人保、平安、太平洋和永安四家保險公司組成共保體共同承保。湖北省2008年9月率先在武漢進行試點，武漢市專門安排200萬資金為參保企業按保費50%進行補貼；2009年3月中石化武漢分公司等五家企業與中國人保財險武漢分公司簽訂了環境污染責任保險協議。浙江寧波市2008年已有4家保險公司開展了環境污染責任保險業務。上海一些保險機構也在2008年設立了環境污染責任保險業務。深圳市2009年2月龍善環保科技

實業有限公司與中國人保財險深圳市分公司簽訂了深圳首份環境污染責任險保單。沈陽市率先在地方立法中明確規定：自 2009 年 1 月起，支持和鼓勵保險企業設立危險廢物污染損害責任險種，並鼓勵相關單位投保。

全國首例環境污染責任險賠償案例發生在湖南株洲。2008 年 7 月，株洲一家農藥生產企業購買了平安保險公司的污染事故責任險，投保額為 4.08 萬元。2008 年 9 月，該企業發生氯化氫氣體泄漏，污染了附近村民的菜田，引起周邊 120 多戶村民到企業索賠。平安保險公司接到企業報告後，迅速派人到現場，經過實地查勘，依據保險條款與村民們達成賠償協議，在不到十天的時間裡將 1.1 萬元賠款支付到位。環境責任保險有效地維護了污染受害者的合法權益，維護了企業的正常生產秩序和當地社會的穩定。

（二）國外環境污染責任保險現狀

環境責任保險最早出現於 20 世紀 60 年代。1965 年英國發布《核裝置法》，其中規定安裝者必須負責最低限額為 500 萬英鎊的核責任保險。1970 年開辦聲震保險。自 20 世紀 70 年代起，隨著環境污染事故的頻頻出現，公眾環保意識的日益增強，西方發達國家紛紛出抬了一系列環保法案，企業面臨著環境污染索賠的巨大風險，迫切需要將風險轉嫁出去，環境污染責任保險應運而生。目前，世界主要發達國家的環境污染責任保險業務已經進入較為成熟的階段，成為各國通過社會化途徑解決環境風險管理的重要手段。

美國的環境責任保險分為環境損害責任保險和自有場地治理責任保險兩類，對有毒物質和廢棄物的處理、處置可能引發的損害賠償責任實行強制保險制度。1976 年的《資源保全與恢復法》規定由國家環保局長發布行政命令，要求業主就日後對第三人的損害賠償責任進行投保。1980 年的《綜合性環境回應、賠償和責任法》規定危險物質運載工具的所有人或經營人，都必須建立和保持保險等形式的財產責任。1988 年美國成立了專門的環境保護保險公司，於同年 7 月開出了第一張污染責任保險單，這是國際保險行業承認的最早的污染保險。

德國的環境污染保險起初採用強制責任保險與財務保證或擔保相結合的方式。但自 1991 年 1 月起，隨著《環境責任法》的通過和實施，開始強制實行環境損害責任保險。該法以附件方式列舉了存在重大環境責任風險的設施名錄，對於高環境風險的「特定設施」，不管規模和容量如何，都要求其所有者投保環境責任保險。

芬蘭在環境責任保險立法領域進行了一些積極的嘗試，走在了世界前列。芬蘭實行強制環境責任保險制度，1998 年 1 月生效的《環境損害保險法》規定，所有可能對環境產生危害的企業都必須在保險公司購買環境保險，根據企業的規模和可能產生的環境危害的程度，保險金額從 1000 萬～3000 萬芬蘭馬克不等。該法規定所有芬蘭領土上發生的環境損害都必須得到賠償。據此，即使受害者無法確定環境損害的來源，也可以從環境保險公司得到賠償。

法國的環境污染保險採取以自願保險為主、強制保險為輔的方式。一般情況下，由企業自主決定是否投保環境責任保險，但法律規定必須投保的，則應依法投保。

1998 年 5 月頒布的《法國環境法》規定，油污損害賠償採用強制責任保險制度。對環境責任險，法國採取了由保險行業聯合承保的方式。1977 年外國保險公司和法國保險公司組成污染再保險聯盟，制定了污染特別保險單，除偶然性、突發性的環境損害事故，還承保因單獨、反覆性或漸進性事故所引起的環境損害。1989 年法國保險業組建了高風險污染集團，由 50 個保險人和 15 個再保險人組成，承保能力高達 3270 萬美元，在抑制污染和保護環境方面發揮了重要作用。

三、開展環境保險的意義

（一）增加治理環境污染的參與主體

目前中國的環境污染已經相當嚴重，是世界上受污染最嚴重的國家之一。2002 年，全國廢水排放總量為 439.5 億噸；二氧化硫排放量 1927 萬噸，菸塵排放量 1013 萬噸，工業粉塵排放量 941 萬噸；全國工業固體廢物產生量 9.5 億噸。環境污染給國民經濟造成了巨大損失，聯合國《2002 年中國人類發展報告》指出，環境問題使中國損失 GDP 的 3.5%～8%，2002 年，全國環境污染治理投資為 1363.4 億元。環境污染已經直接影響廣大人民的生命健康，與環境污染有關的疾病在許多地區明顯增加，SARS（甲型流感）的流行更是給我們敲響了環保的警鐘。面對愈發嚴重的環境污染，環境保護絕非單純是政府和環保部門的事情，需要全社會的參與，環境責任保險通過解決環境糾紛、分散風險、為環境侵權人提供風險監控等為環境保護提供服務。

（二）轉移風險，降低企業經營負擔，減少政府環境壓力

環境污染具有受害地區廣闊、受害人數眾多、賠償數額巨大的特點，污染企業一般無法全部承擔造成的損失，即使企業能夠全部承擔，也會因賠償數額巨大而影響企業的正常經營和發展。如果企業投保環境責任保險，可用少量的確定性的支出（保費）減少未來的不確定性，保證生產、經營持續穩定進行，從而避免了侵權人因賠償負擔過重甚至破產而影響經濟社會的發展。與此同時，保險人為了降低賠付率，一定會請專業人士對投保人的污染風險進行控製和管理。可以通過等級劃分、費率浮動等措施督促投保人做好防災防損工作，從而減少污染事故的發生。投保企業也因此獲得了間接的風險控製能力。在規範與間接激勵的雙重作用下，投保企業有能力將污染事故的發生概率降到最低。另外在許多環境污染事件中，政府擔任了最後責任人的角色。發展環境責任保險通過風險分攤，也可以減輕政府的環境負擔，使被破壞了的生產條件和生活環境能夠及時得到重建和修復。

（三）降低環境糾紛的交易成本，有效維護公眾的環境權益

近幾年來，中國的環境糾紛呈逐年遞增的趨勢，1998 年為 18 萬件，1999 年增加到 25 萬件，2000 年超過 30 萬件。在眾多環境糾紛中，由於侵權人的賠償能力不足，再加上高昂的訴訟費用和曠日持久的訴訟過程，使許多受害人實際上得不到賠償。據估計，美國的環境污染清理糾紛案件中，88%的案件成本花在了交易成本上（律師費及相關的費用），只有 12%花在清理污染上。在中國，污染受害者有許多都是弱勢群體，面對高昂的訴訟費用只能望而卻步，難以得到公正賠償，在得不到公正賠償時有些人

會採取極端做法，影響社會安定。開辦環境責任保險，由保險人承擔被保險人的經濟賠償責任，則能夠降低環境糾紛的交易成本，及時對受害人進行賠付，有效保障公民的環境權益。

(四) 轉移西部大開發的環境污染風險責任

西部大開發是在西部環境承載力相當弱的情況下進行的，必須走可持續發展的道路，不能以污染環境作為代價。在西部大開發的過程中，尤其是在能源開發中，環境污染的風險無處不在。假設開發計劃要在十年內使西部達到東部的經濟發展水平，總投資大概需5萬億左右，其中4萬億用來治理環境，1萬億用來投資企業，根據目前中國的經濟實力，根本無法做到。2001年中國為西部大開發發行了430億國債，但僅是治理蘭州市目前的環境污染就需要幾百億的資金，新開發項目中的環境污染將給國家財政帶來的巨大壓力是可以想像的。因此不應該讓開發西部有限的資金來承擔環境污染的風險責任，而應該將風險轉嫁出去，在堅持污染者付費的原則下，要求投資者投保環境責任保險，以較小的代價來獲得未來可能遇到的損失賠償的分攤權。

本章小結：

1. 生態安全是指在人的生活、健康、安樂、基本權利、生活保障來源、社會秩序和人類適應環境變化的能力等方面不受威脅的狀態，包括自然生態安全、經濟生態安全和社會生態安全。

2. 生態風險是指生態系統及其組成成分所承受的風險。

3. 環境責任保險是以被保險人因玷污或污染水、土地或空氣，依法應承擔的賠償責任作為保險對象的保險。

復習思考題：

1. 什麼是生態安全？
2. 生態安全有哪些特點？
3. 如何理解生態風險的概念？
4. 生態責任保險的意義有哪些？

第十四章
保險市場與保險監管

學習要點：
◇ 理解保險市場的概念、特徵及主要運行機制
◇ 瞭解保險市場監管的產生、發展
◇ 掌握保險監管的主要內容

第一節　保險市場

保險市場是現代市場經濟體制的重要組成部分，但由於世界各國的社會狀況不同，保險市場的結構和發達程度不盡相同，各國在保險監管方面也存在很大的差異。目前，世界上主要跨國保險金融集團和發達國家的保險公司都已經進入中國，中國保險市場已成為世界上最重要的新興保險市場之一。

一、保險市場的概述

（一）保險市場的概念

一般意義上的市場通常都有狹義和廣義之分。狹義上的市場，是指商品交換的場所；而廣義上的市場，是指商品生產者之間全部交換關係的總和。照此，我們可以給出保險市場的定義：保險市場是指保險商品進行交換的場所，是保險交易主體之間所產生的全部交換關係的總和。保險市場既可以有固定的交易場所（如保險交易所），也可以沒有固定的交易場所。較早的保險市場出現在英國的保險中心——倫巴第街。后來隨著「勞合社」海上保險市場的形成，參與保險市場交易活動的兩大主體——供給方和需求方漸趨明朗，但這種交換關係仍較簡單。隨著經濟全球化趨勢的增強和保險業的快速發展，保險仲介人應運而生，他們一方面使得保險交換關係複雜化，另一方面也使保險市場趨於成熟。尤其當今，科技進步日新月異，信息革命波及全球，通過信息網絡，足不出戶，就可以完成保險的交易活動。各種新事物層出不窮，給保險市

場不斷注入新的活力。因此,要從全面的、動態的角度來理解保險市場的含義。

(二) 保險市場的特徵

1. 保險市場是直接的風險市場

任何市場都有風險。但是,一般的商品市場所交易的對象,其本身並不與風險聯繫,而保險企業的經營對象恰恰是風險,通過對風險的聚集和分散來開展經營活動。沒有風險,投保人或被保險人就沒有通過保險市場尋求保險保障的必要。「無風險,無保險」。所以,保險市場是一個直接的風險市場。

2. 保險市場是預期性的交易市場

金融市場上,不僅有現貨交易,還有期貨交易。期貨交易的顯著特點之一就是契約的訂立和實際交割在時間上的分離,保險交易也具有期貨交易的特點。保險市場所成交的任何一筆交易,都是保險人對未來的風險事件發生所致經濟損失進行補償的承諾。而保險人是否履約卻取決於保險合同約定時間內是否發生約定的風險事件以及這種風險事件造成的損失是否符合保險合同規定的補償條件。不難看出,保險交易類似於一種期貨交易,可稱為「災難期貨」。保險市場是一個預期性很強的市場。

3. 保險市場是非即時結清性市場

所謂即時結清性市場是指交易一旦結束,雙方應立即知道交易結果的市場。如一般意義上的商品市場、貨幣市場、勞動力市場等,都是即時結清市場,保險市場則與上述市場不同。由於風險的不確定性和保險的射幸性使得交易雙方都不可能確切知道交易結果,所以不能立刻結清。保險單的簽發,看似保險交易的完成,實際是保險保障的開始,最終交易結果則要看雙方約定的保險事件是否發生。因此,保險市場是非即時結清市場。

(三) 保險市場的要素

無論是財產保險市場,還是人身保險市場,其構成必須具備交易主體、交易客體及交易價格等要素。

1. 保險市場的主體

早期保險市場的主體主要是指保險商品的供給方和需求方,但隨著保險業的不斷發展,充當供需雙方媒介的仲介人出現了。正是仲介人的存在,才使得保險市場順利運轉,因此,仲介人也成為保險市場的主體。

保險商品供給方。保險商品的供給方是指提供保險商品,承擔、分散和轉移他人風險的各類保險人。他們以各類保險組織形式出現在保險市場上,如國有保險人、私營保險人、合營保險人、合作保險人、個人保險人等。

保險商品的需求方。種各樣的客戶構成了保險市場的需求方,即各類投保人。社會中的每一個人,都面臨著大量的風險,這些風險會給人們的生產生活帶來很多不便,於是人們便產生了對安全的需求,當保險出現後,安全需求轉化為保險需求。根據客戶的不同需求特徵,可以把保險商品需求方劃分為個人投保人和團體投保人。農村投保人和城市投保人。根據保險需求的層次還可將其劃分為當前的投保人與未來的投保人等。

保險市場的仲介方。保險市場仲介方又稱市場輔助人，既包括活動於保險人與投保人之間，將其聯繫起來並建立保險合同關係的人，如保險代理人和保險經紀人；也包括獨立於保險人和投保人之外，以第三方身分處理保險合同當事人委託辦理的有關保險業務的公證、鑒定、理算、精算等事項的人，如保險公估人、保險理算師、保險精算師、保險律師等。

2. 保險市場的客體

保險市場的客體就是保險商品，即保險市場上供求雙方具體交易的對象，這個交易對象就是保險經濟保障。作為一種特殊形態的商品，保險商品有著自己的特徵。首先，它是一種無形的商品。保險企業經營的是看不見、摸不著的風險，「生產」出來的商品是對保險消費者的一紙承諾，而承諾的履行只能在約定的事件發生或約定期限屆滿時，是一種勞務商品，具有抽象性，無法被客戶具體感知。其次，保險商品還是一種「非渴求商品」，即人們不會主動去購買的商品。通常，很少有人主動買保險，除非法律有強制性的規定，這主要源於人們對風險事件發生的不確定性所存在的僥幸心理。由於保險商品具有這些特性，使得「保險必須靠推銷」，才能更好地完成保險市場的交易活動。

3. 交易價格

在保險市場上，保險價格即保險費，是調節市場活動的經濟槓桿，也是構成保險市場的基本要素。保險價格有理論價格和市場價格之分。理論價格單純以影響保險供給的內在因素（如成本等）為基礎而形成的價格。市場價格即通常所說的交易價格，主要受市場競爭、貨幣價值、保險標的、國家有關政策及替代品價格等諸多外部因素的影響。在保險市場上，交易價格是最敏感的因素，它會深刻地影響供求雙方。交易價格低，保險商品易於出售；反之，則需求乏力。因此，價格競爭是保險公司最基本的競爭手段，它會淘汰競爭力弱的保險公司。

（四）保險市場的模式

世界保險市場主要有四種模式：完全競爭模式、完全壟斷模式、壟斷競爭模式和寡頭壟斷模式。

1. 完全競爭模式

完全競爭的保險市場是指一個保險市場上有數量眾多的保險公司，任何公司都可以自由進出市場。在這種市場條件下，每個保險公司都能提供同質無差異的保險商品，都是價格的接受者，並充分掌握信息。這種模式中，價值規律充分發揮作用，各種保險資源完全由市場配置。國家保險管理機構對保險企業監管力度較小，主要是保險行業組織在市場管理中發揮重要作用。完全競爭的保險市場是一種理想狀態的市場，它能最充分、最適度、最有效地利用保險資源，使其配置達到最優化。但由於這種模式所要求的條件十分嚴格，所以真正意義的完全競爭的保險市場並不存在。在保險業發展的早期，類似於這種模式的市場曾在西方國家出現過，而當今現實的保險市場中，完全的自由競爭已不復存在。

2. 完全壟斷模式

完全壟斷的保險市場，是指保險市場完全由一家保險公司所操縱，市場價格由該公司決定，其他公司無法進入保險市場。在這種模式中，沒有任何競爭，消費者沒有選擇的餘地，只能購買壟斷公司的保險產品，壟斷公司可以輕易獲得超額利潤。完全壟斷模式還有兩種變通的形式：一是專業型完全壟斷模式，即在某一地區內，同時存在兩家或兩家以上的保險公司，各壟斷某類保險業務，相互間業務不交叉，以保證其在細分市場上的壟斷地位；二是地區型完全壟斷模式，指在一國保險市場上，同時存在兩家或兩家以上的保險公司，各壟斷某一地區的保險業務，各業務不得向彼此地區滲透。在完全壟斷的保險市場上，價值規律、供求規律和競爭規律受到極大的限制，各種資源配置扭曲，市場效率低下，投保人遠遠不能達到效用最大化。因此，一般只有經濟落後的國家，出於控制的需要才選擇這種市場模式。

3. 壟斷競爭模式

壟斷競爭模式下的保險市場，大小保險公司並存，各公司提供有差別的同類產品，保險公司能夠較自由地進出市場，各公司之間競爭激烈，但少數大保險公司在市場上仍有較強的壟斷勢力而處於壟斷地位。總之，在壟斷競爭模式中，壟斷因素和競爭因素並存。

4. 寡頭壟斷模式

寡頭壟斷模式比壟斷競爭模式的壟斷程度要高，是指在一個保險市場上，只存在少數相互競爭的保險公司，其他保險公司進入市場較難。在這種模式的市場中，保險業經營依然以市場為基礎，但競爭是不充分的，仍具有較高的壟斷程度，通常只是國內幾家大保險公司展開競爭，從而形成相對封閉的國內保險市場。

綜上所述，完全競爭模式和完全壟斷模式是保險市場的兩種極端形式，在當今世界上很少存在。我們通常所見的大多為壟斷競爭模式和寡頭壟斷模式下的保險市場。

(五) 保險市場的機制

1. 市場機制及其內容

市場機制是指價值規律、供求規律和競爭規律三者之間的相互聯繫、相互作用、互為因果的關係。現代意義的市場，是以市場機制為主體進行經濟活動的系統和體系。市場機制包括機制規律、供求規律和競爭規律及其相互關係等具體內容。價值規律是商品經濟的基本規律。它要求在流通領域中實行等價交換，而交換以價值量為基礎，商品的價格由價值決定。價值規律在流通領域中的運動，表現為價格的運動，由於受供求關係影響，價格一般以價值為中心，圍繞價值而上下波動。供求規律表現為供給與需求之間的關係，一般地，供給總是隨著需求的變化而變化。需求旺盛，供給將會增多，需求乏力，供給將會減少，雙方常常處於一種非均衡狀態，但從長期發展趨勢看，供給與需求是相等的。在構成市場機制的諸要素中，競爭是最具活力的，它是市場經濟的靈魂，競爭的結果將導致優勝劣汰，從而實現資源的優化配置。競爭規律是市場活動的典型規律。競爭包括生產者之間的競爭、消費者之間的競爭及生產者和消費者之間的競爭。流通領域中，價格競爭是競爭的主要形式；生產領域中，競爭主要

體現在生產資金的投放方面，即資金總是從利潤率低的部門流向利潤率高的部門。價值規律、供求規律和競爭規律之間的關係在流通領域直接表現為價格和供求之間的關係。如果供求平衡，價格就會趨同於價值；若供大於求，價格將會低於價值；反之，則高於價值。在生產領域，則是通過資金的流向反應出來。當某生產部門生產的商品供小於求，價格高於價值時，資金將大量流入該部門；反之，則流出該部門。

2. 保險市場機制的作用

存在市場的地方，市場機制必然起作用，保險市場也不例外。在保險市場上，價值規律、供求規律和競爭規律起著重要的作用。

(1) 價值規律在保險市場上的作用。價值規律的主要作用就是合理配置保險資源。保險費率即保險商品的價格，投保人據此所繳納的保險費是為換取保險人的保障而付出的代價，無論從個體還是總體角度，都表現為等價交換。但是，由於保險費率的主要構成部分是依據過去的、歷史的經驗測算出來的未來損失發生的概率。所以，價值規律對於保險費率的自發調節只能限於凝結在費率中的附加費率部分的社會必要勞動時間，因此，保險企業只能通過改進經營技術、提高服務效率，來降低營銷和管理成本。價值規律將引導各種生產要素，如資金、技術、人力資源等流向競爭力強的保險企業，從而完成資源的更優化配置。例如，價值規律促進了保險市場中信息技術的應用，業績良好的保險企業將主動採用信息技術，以提高其營運效率，增強自身的市場競爭力。

(2) 供求規律在保險市場中的作用。供求規律在於能夠通過保險商品的供求關係，影響其價格。從長期來看，供給和需求大致相等的，但在短期內，保險企業不能準確地預測出顧客的需求，所以不能提供相應的供給，這樣，供求關係將會失衡，保險價格就會波動。儘管供求狀況能在一定程度上影響保險商品價格，但正如前所述，它並不是決定保險商品價格的唯一因素。保險商品價格的形成還取決於風險發生的頻率，如人壽保險的市場費率，是保險人根據預定死亡率、預定利率與預定營業費用率三要素事先確定的，而不是完全依據市場的供求情況來確定。

(3) 競爭規律在保險市場上的作用。競爭是市場經濟中最活躍的因素。通過競爭規律的作用，保險市場將形成一套優勝劣汰的機制，使得保險資源的單位效益達到最大化。價格競爭是競爭的重要手段。但在保險市場上，由於交易的對象與風險直接相關聯，使得保險商品的價格並不完全決定於供求力量的對比，相反，風險發生的頻率才是決定保費率的主要因素。因此，一般的商品市場價格競爭機制，在保險市場上必然受到某種程度的限制，所以保險市場的競爭手段多種多樣，除了價格競爭外，還有服務競爭、險種競爭等。保險企業的經營目標是利潤的最大化。在競爭規律作用下，業績好、競爭力強的公司將發展壯大，而業績差、競爭力弱的公司將會被市場淘汰。

二、保險市場的組織形式

(一) 保險市場的一般組織形式

保險市場的組織形式，是指在一國或一地區的保險市場上，保險人依法設立、登

記，採用各種組織形式經營保險業務。由於財產所有制關係不同，主要有以下幾種組織形式。

1. 國營保險組織

國營保險組織是由國家或政府投資設立的保險經營組織。它又可分為以下兩種。

（1）由政府直接經營壟斷的保險組織。政府辦保險一般處於兩種考慮：一是提供商業保險的企業及其他保險企業不願或無力承保，而社會又急需的險種，如失業保險、基本的養老和醫療等社會保障性質的保險及農作物保險、存款保險等有關社會經濟生活正常運行的種類；二是出於對整個國民經濟政策的考慮，由政府獨家經營保險業，防止外國資本掌控本國的保險市場，這在發展中國家常常可以見到。該類組織通常類似於政府機構，管理體制一般也是行政式的。1988年以前，中國的中國人民保險公司就屬於這一性質的國營保險組織。

（2）與民營保險自由競爭的非壟斷性保險組織。該類組織形式主要是通過國家法令規定某個團體來經營，可稱為間接國營保險組織。同其他民營的組織形式一樣，它可以自由經營各類保險業務，並與之展開平等競爭，追求組織利潤最大化。如日本健康保險組合，中國目前的中國人壽保險有限公司、中國再保險有限公司就屬於這一性質的國營保險組織。

2. 私營保險組織

私營保險組織是由私人投資設立的保險經營組織。它多以股份有限公司的形式出現。股份保險公司是將全部資本分成等額股份，股東以其所持股份為限對公司承擔責任，公司則以其全部資產對公司債務承擔責任的企業法人。保險股份有限公司是現代保險企業制度下最典型的一種組織形式。

3. 合營保險組織

合營保險組織形式一種是政府與私人共同投資設立，屬於公私合營保險組織形式；另一種是本國政府或組織與外商共同投資設立的合營保險組織。公私合營保險組織通常也是以股份有限公司的形式出現，並具有保險股份有限公司的一切特徵。目前，中國保險市場上，這種保險組織形式較多。如1998年10月由中國太平洋保險股份有限公司與美國安泰人壽保險公司合資設立的太平洋安泰人壽保險公司；1999年1月由德國安聯保險集團與中國大眾保險股份有限公司合資建立的安聯大眾人壽保險有限公司等。

4. 合作保險組織

合作保險組織是由社會上具有共同風險的個人或經濟單位，為了獲得保險保障，共同集資設立的保險組織形式。它既可以採取公司形式（如相互保險公司），也可以採取非公司形式（如相互保險社與保險合作社）。一般而言，保險合作社與相互保險公司最早都屬於非盈利的保險組織，但二者存在區別。

首先，保險合作社屬於社團法人，而相互保險公司屬於企業法人。

其次，就經營資金的來源而言，相互保險公司的經營資金為基金；保險合作社的經營資金包括基金和股金。

再次，保險合作社與社員間的關係比較永久，社員認繳股本後，即使不投保，仍

與合作社保持關係。相互保險公司與社員間，保險關係與社員關係則是一致的，保險關係建立，則社員關係存在；反之，則社員關係終止。

最後，就適用的法律而言，保險合作社主要適用保險法及合作社法的有關規定；相互保險公司主要適用保險法的規定。當然，由於保險合作社與相互保險公司都屬於合作保險組織形式，二者也有很多共性：如均為非盈利保險組織；保險人相同，投保人即為社員；決策機關相同，均為社員大會或社員代表大會；責任損益的歸屬相同，均為社員等。

5. 個人保險組織

個人保險組織是以個人名義承保保險業務的組織形式。該組織主要存在於英國。英國的勞合社是世界上最大的、歷史最悠久的個人保險組織。「勞合社」本身並不是承保危險事故的保險公司，僅是個人承保商的集合體，是一個社團組織，其成員全部是個人，且各自獨立、自負盈虧，進行單獨承保，並以個人的全部財力對其承保的風險承擔無限責任。

6. 行業自保組織

行業自保組織是指某一行業或企業為本企業或本行業提供保險保障的組織形式。歐美國家的許多大企業集團，都有自己的自保保險公司。行業自保公司是在一次和二次世界大戰期間首先在英國興起的，到了20世紀50年代美國也開始出現了這種專業型自保公司。行業自保組織具有一般商業保險所具備的優點，但其適用範圍有限制，所以不能像商業保險那樣普遍採用。行業自保的優點在於：①降低被保險人的保險成本。②增加承保彈性。即自保公司承保業務的伸縮性較大，對於傳統保險市場所不願承保的風險，也可予以承保，以解決母公司風險管理上的困難。③減輕稅收負擔，因自保公司設立的重要動機，在於獲得稅收方面的利益。④加強損失控製，即通過建立自保公司，可以降低商業企業保險引起的道德風險，母公司會更加主動的監督其風險管理方案。行業自保公司的缺點在於：①業務能量有限，因現今多數自保公司雖皆接受外來業務，以擴大營業範圍，但在本質上其大部分業務仍以母公司為主要來源，危險單位有限，使大數法則難以發揮功能。②風險品質較差，因自保公司所承保的業務，多為財產保險及若干不易從傳統保險市場獲得保障的責任保險，不僅易於導致風險的過分集中，且責任保險的風險品質較差，如損失頻率頗高、損失額度大、損失補償所需的時間常拖延甚久等，增加了業務經營的困難。③組織規模簡陋，因自保公司通常因規模較小、組織較為簡陋，不易羅致專業人才，無法採用各種損失預防或財產維護的措施，難以創造良好的業績，僅能獲得稅負較輕的利益而已。④財務基礎脆弱，即自保公司設立資本較小，財務基礎脆弱，同時外來業務少，不易分散經營的風險。

（二）七種典型的保險市場組織形式

由於各國具體的社會經濟制度、歷史傳統等方面存在差異，各國保險人的組織形式不盡相同。主要包括保險股份有限公司、國有獨資公司、相互保險公司、相互保險社、保險合作社、勞合社等幾種典型的保險市場組織形式。其中，保險股份有限公司居主導地位。

1. 保險股份有限公司

　　保險股份有限公司是當今世界上經營保險業的主要組織形式。它由一定數目以上的股東發起組織，全部註冊資本被劃分為等額股份，股東以其所認購股份承擔有限責任，公司以其全部資產對公司債務承擔民事責任的保險公司。保險股份有限公司以盈利為經營目標。該種組織形式的顯著特點是出資者的所有權和公司法人的經營權有效分離，實現了現代企業制度所必需的出資者與經營者之間的委託—代理機制。其組織機構包括以下四方面：

　　（1）股東大會。股東大會由保險股份有限公司的股東組成，它是保險股份有限公司的最高權力機構，股東大會會議由股東選組的董事會負責召集，董事長主持，一般每年召開一次，某些特殊情況下可以召開臨時股東大會。股東大會行使的職權主要是和公司的重大決策有關，如對公司合併、分立、解散和清算等事項進行投票表決，審議批准董事會、監事會報告，審議批准公司年度財務預、決算方案，修改公司章程等。

　　（2）董事會。董事會是由股東大會選舉產生的公司日常經營決策和常設業務的執行機關。一般由5~19名成員組成，設董事長1人，副董事長1~2人。董事會是公司組織的主要統治集團，對股東大會負責，行使以下職權：負責召集股東大會，並向股東大會匯報工作；執行股東大會的決議；決定公司的經營計劃和投資方案；制訂公司的年度財務預決算方案；制訂公司的利潤分配方案和彌補虧損方案；負責制訂公司增減註冊資本的方案和發行公司債券的方案；擬訂公司的合併、分離、解散方案；決定公司內部管理機構的設置；負責公司經理等高級管理人員的任免；制定公司的基本管理制度。董事會每年度至少召開兩次會議。董事對董事會的決議承擔責任。

　　（3）監事會。監事會由股東代表和適當比例的公司職工代表組成，成員一般不得少於3人，是股份有限公司的監督機構。董事、經理及財務負責人一般不得兼任監事。監事會主要行使的職權有：檢查公司財務，監督董事、經理依法及公司章程執行公司職務，要求董事、經理糾正損害公司利益的行為，提議召開臨時股東大會等。監事會的議事方式和表決程序由公司章程規定。

　　（4）經理。經理由董事會聘任或解聘，對董事會直接負責。經理主要負責執行公司的經營方針，行使公司章程和董事會授予的職權。經理是公司的代理人，應當忠實履行職務，維護公司利益，不得以權謀私。

　　保險股份有限公司的形式之所以被世界各國廣泛採用，是因為它具有以下優點：①產權關係明確，經營效率高；②利用股份制可以集聚大規模的資本，開展大規模的保險經營活動，廣泛地分散危險，為被保險人提供更充分的保障；③採用固定費率制，排除了被保險人的追補義務，有利於公司的展業；④易於匯集眾多專業人才，極大提高公司的經營管理水平，開發出具有市場潛力的險種；⑤通常利用獨立的代理人和經紀人出售保險，有利於保險業的競爭，不斷提高行業整體服務水平。

　　但是，股份保險公司也有一些局限：由於以盈利為經營目標，其提供的保障範圍會受到限制。如農業保險等，在沒有政府補貼的情況下，一般不會列入股份保險公司的經營範圍；由於要將仲介人的佣金、股東的利潤考慮在保費之中，相對於合作保險而言，股份保險的費率偏高。以上兩點也是后面將提到的合作保險機構、國有獨資保

險公司等其他組織形式存在的主要原因。

2. 國有獨資公司

國有獨資保險公司是國家授權投資機構或國家授權的部門單獨投資設立的保險有限責任公司。其基本特徵有：投資者的單一性、財產的全民性、投資者責任的有限性。對於一些特殊行業，特別是關乎國計民生的行業，宜採用國有獨資公司進行經營管理。保險行業涉及千家萬戶、各行各業，是社會經濟的「穩定器」，國有獨資保險公司的存在是十分必要的。國有獨資保險公司因無其他投資主體，僅有國家授權投資的機構或國家授權的部門，因而不設股東大會，最高權力歸屬於國家授權投資的部門，其組織機構由董事會、監事會和經理組成。

（1）董事會。國有獨資保險公司的董事會成員一般為3~9人，由國家授權投資的機構或國家授權的部門委派或更換，還應包括由公司職工民主選舉產生的職工代表。董事會設董事長1人，他是國有獨資保險公司的法定代表人。董事會每屆任期3年。董事會主要行使由國家授權投資的機構或國家授權的部門賦予的部分職權，此外還要執掌公司的決策大權。

（2）監事會。根據中國《保險法》的規定，國有獨資保險公司的監事會由金融監管部門、有關專家和保險公司工作人員的代表組成。監事會主要負責監督國有獨資保險公司各項準備金的提取、最低償付能力、國有資產的保值增值，並對高級管理人員違反法律、行政法規或公司章程的行為進行監督。

（3）經理。國有獨資保險公司的經理也是由董事會聘任或者解聘。經國家授權投資的機構或國家授權的部門同意，董事會成員可以兼任經理。經理負責執行公司的具體方針政策。

3. 相互保險公司

相互保險公司是所有參加保險的人為自己辦理保險而合作成立的法人組織，它是保險業特有的公司組織形態，為非營利性組織中最重要的一種。與股份保險公司比較，主要區別在於以下兩點：首先，股份保險公司中保險人與被保險人完全分離，被保險人不參與公司管理，而相互保險公司中的被保險人也是保險人，公司為全體投保人所有，投保人能夠參與管理；其次，股份保險公司常採用固定費率制，而相互保險公司的收費則使用多種方式，有預收保費制、攤收保費制和永久保費制等。

相互保險公司的特點有以下三點：

（1）相互保險公司的投保人具有雙重身分。相互保險公司沒有股東，投保人與股份公司的股東相似。當投保人購買公司保單後，就成為公司成員。投保人可以參與公司的管理，並可從中分紅。一旦解除保險關係，就自然脫離公司，成員資格即告喪失。

（2）相互保險公司是一種非盈利性公司。公司遵循合作分紅的原則，在其財務報表中，沒有股本，只有盈余。公司虧損時，成員要承擔虧空的彌補額，可見相互保險公司並不考慮盈利問題，經營目的是降低保險成本。

（3）相互保險公司的組織機構類似於股份公司。相互保險公司的最高權力機構是由全體會員組成的代表大會，從代表大會中產生董事會，董事會再任命高級管理人員。但隨著公司規模的擴大，董事會和高級管理人員實際上已經控制了公司的全部事務，

每一個會員都參與到公司的管理是不可能的。相互保險公司在經營方面，與股份有限公司並無多大差別。它和股份有限公司都具有很強的競爭力。尤其在壽險方面，相互保險公司具有優勢。以美國為例，約7%的人壽保險公司採用相互公司的組織形式，如美國最大的人壽保險公司謹慎人壽保險公司、大都會人壽保險公司都是相互保險公司，美國國內110家相互保險公司控製了壽險市場的40%的份額。

4. 相互保險社

相互保險社是同一行業的人員，為了應付自然災害或意外事故造成的經濟損失而自願結合起來的集體組織。它是保險組織的原始形態，一般規模較小。目前，主要存在於英、美、日等國，如在人壽保險方面有英國的「友愛社」、海上保險方面有「船東相互保障協會」等。相互保險社具有的特徵：一是保單持有人即為該社社員，社員之間相互提供保險；二是相互保險社沒有股本，其經營資金來源於社員繳納的分擔金，一般在每年年初按暫定分攤額向社員預收，年末計算出實際分攤額后，多退少補；三是社員均能參與管理活動，相互保險社通常設有社員選舉出來的管理委員會，負責保險社的日常事務。

5. 保險合作社

保險合作社是由一些對某種風險具有同一保障要求的人，自願集股設立的保險組織。它和其他合作保險機構一樣，也是一種非營利性的組織形式。保險合作社和相互保險社有諸多相似之處，但二者還是有明顯區別。保險合作社的特點在於以下四個方面：

（1）保險合作社是由社員共同出資入股設立的，只有保險合作社的社員才能作為保險合作社的被保險人，但是社員也可以不與保險合作社建立保險關係。即保險關係的建立必須以社員為條件，但社員卻不一定必須建立保險關係，保險關係的消滅不影響社員關係的存在，也不喪失社員身分。因此，相對相互保險社而言，合作保險社與社員的關係具有長期性。

（2）保險合作社有由社員繳納的股本，社員以股東的身分，可以參與合作社的管理活動，其對合作社的權利以其認購的股金為限。而相互保險社卻沒有股本。

（3）業務範圍僅局限於合作社的社員。

（4）採取固定保險費制，一經收繳，不再追加。

6. 交互合作社

交互合作社是存在於美國的一種保險組織形式。它也是為投保人提供低成本的保險組織形式，而不是以盈利為目的。交互合作社不是法人組織，設立時不需要籌足法律所規定的最低資本金。交互合作社由委託代理人管理，代理人的權利由社員規定，其薪酬來自合作社的保險費收入。這種組織形式主要經營財產責任保險業務，其中又以個人汽車業務為主，一般不經營人壽保險業務。近年來，這種組織形式的數量一直在下降。

7. 勞合社

勞合社是當今世界上最大的保險壟斷組織之一，它是倫敦勞合士保險社的簡稱。它並不是一個保險公司，它僅是個人承保商的集合體。其成員主要是個人，各自獨立、

自負盈虧，進行單獨承保，並以個人的全部財產對其承保的風險承擔無限責任。勞合社在世界保險業中有著特殊的地位，它所出具的保單條款、制定的費率在世界保險市場上一直是被效仿的對象。它主要具備以下職能：搜集世界範圍的有關保險資料並對危險損失作出完整記錄；協助成員處理理賠事務，監督各地區的救難與維修工作；為會員提供進行保險交易的場所；制定保險交易規則，仲裁糾紛，開發新險種，並為會員寄送保險單。

勞合社的會員除經營一般險種外，還經營許多特殊的險種。承保範圍之廣，令人嘆為觀止，如承保某著名演員的眼睛、某一選舉的勝負等。勞合社之所以能享譽世界數百年，不僅因為它的交易有著嚴格的自律機制（類似常見的股票交易所的形式），還在於它有著一套完備的財務制度。每個加入勞合社的會員，都要具備雄厚的財力並願意承擔無限責任。勞合社定期將對其帳目進行檢查。除此以外，勞合社還成立各種基金來保障被保險人的權益。為進一步保證其安全性，承保會員常常通過辛迪加形式來展開經營活動，各辛迪加之間還相互提供再保險，辛迪加內的會員本來就只承擔一部分責任，經過辛迪加之內的再保險，會員承擔的責任進一步減小了。

（三）中國現行的保險組織形式

根據中國《保險法》的規定，中國保險公司的組織形式為國有獨資公司和股份有限公司。國有獨資保險公司和股份有限保險公司，除保險法有特別規定的外，適用中國《公司法》的有關規定。至於保險公司的其他組織形式，如相互保險公司等，可以根據保險業改革和發展的情況，由法律、行政法規另行規定。中國的國有獨資保險公司是由國家授權投資的機構或國家授權的部門單獨設立的有限責任保險公司。它不是政策性經營機構，而是以盈利為目的的商業性保險公司，如中國人民保險公司、中國人壽保險有限公司、中國再保險公司。目前這 3 家國有獨資公司已相繼完成股份制改造，股改后中國人保、中國人壽還成功實現海外上市。據統計，至 2000 年年底，中國大陸共有保險公司 31 家，其中，國有和股份制保險公司 13 家，而合資及外資保險公司卻達 18 家。還有許多外資保險公司正在積極申請進入中國。條件放寬后，進入中國的外資保險公司將更多。因此，隨著中國保險市場的開放，應增加內資保險公司的數量，放寬對內資保險公司組織形式的限制。中國在組建新保險公司時可以借鑑其他組織形式，推動保險市場發展，這也是與國際保險組織形式接軌的必然要求。

第二節 再保險市場

一、再保險市場的特點

市場是商品買方和賣方交換商品的場所。再保險市場是指從事各種再保險業務活動的再保險交換關係的總和。由於再保險是一種特殊的商品，因此，再保險市場也是一種具有特殊因素的市場。其特點表現在以下四點：

（1）再保險市場具有國際性。一般來說，地理界限對再保險的限制較小，巨大的

保險責任有必要超越國界，進入國際市場尋求更大的保障。再保險業務通過國際保險市場趨向國際化。世界上很多國家特別是發展中國家，在保險技術、承保能力方面，都需要依賴國際保險市場，而這種聯繫大多數都是通過分保形式實現的。隨著跨國再保險公司的發展，它們在許多國家的重要城市設立分支機構或代理機構，吸收當地保險人的再保險業務，逐漸形成了國際保險中心和國際再保險市場。

（2）再保險市場與保險市場緊密相連，相互依存。再保險市場是從保險市場發展而來的，它是直接保險人對其承保的巨大風險或特殊風險不能承受時，有必要進入再保險市場，尋求進一步分散風險的手段。因此，保險市場是再保險市場的基礎，再保險市場是保險市場的延伸；保險市場的發展狀況決定和影響著再保險市場的發展狀況；同時，再保險市場對保險市場又具有巨大的反作用，它為保險市場分散了風險，可以促進保險市場的繁榮與發展。

（3）再保險市場由再保險買方和賣方以及再保險經紀人組成的。再保險人向保險人承擔一部分風險，是再保險的賣方。保險人將自己承保的業務分給再保險人，是再保險的買方。作為國際再保險市場上的中間人，再保險經紀人一方面為分出人安排業務，另一方面向再保險分入人介紹業務。在有些市場，由保險人和再保險人直接進行交易。在另一些市場，則通過經紀人安排國際再保險業務，比如，倫敦市場的再保險絕大部分由經紀人代理，勞合社的再保險業務全部由經紀人安排。

（4）再保險市場積聚大量保險資金，對分散巨大風險有充分的保障。再保險市場集合了各方面的技術力量，對促進原保險人改進經營管理，在保險技術方面進行協助，都起到積極的作用。再保險市場的交易是以再保險雙方互相信任為基礎的，從某種程度上來說，再保險合同也是一種合作性契約。這就要求再保險交易具有廣泛的國際信息交流。一些需要在世界範圍內分散的風險通常超越國界，進入世界再保險市場。有些國家的金融市場（包括保險市場和再保險市場）本身就是國際性的金融中心，如新加坡、盧森堡、百慕大等。然而國際再保險市場和國內再保險市場並不是能絕對分清的，在有些市場，只有國內再保險人可以經營國內和國外的再保險業務，而嚴格控制向國外分出再保險業務；在另一些市場，則既可以由國內再保險人，也可以由國外再保險人進行分出和分入再保險業務。

二、再保險市場的組織形式

目前國際再保險市場承保人的組織形式很多，大體有如下五種：

（一）兼營再保險業務的保險公司

兼營再保險業務的保險公司是最早的再保險組織形式。在再保險業務尚不發達的時候，通常都是由直接承保公司兼營的，現在這種組織形式也大量存在。這種保險公司既經營直接業務，又分出和分入再保險業務；既充當原保險人，又充當再保險人；通過與保險同業來回交換業務形成互惠分保，從經營再保險業務的角度看屬於兼營性質。它們在再保險市場上既是分出公司，也是接受公司。從大數法則的原理看，分保交換有利於增強自身的經營穩定性。在19世紀中期專業再保險公司產生之前，通常都

是由直接承保公司兼營再保險的。隨著再保險業的發展，這類保險公司部分逐漸演變成專門經營再保險業務的專業再保險公司。

（二）專業再保險公司

專業再保險公司是在再保險需求不斷擴大、保險業之間競爭加劇的情況下，從兼營再保險業務的保險公司中獨立出來的。其本身不直接承保業務，而是專門接受原保險人分出的業務，同時也將接受的再保險業務的一部分轉分給別的保險人，從中賺取分保手續費。專業再保險公司財力雄厚，經營能力強，特別是在分保技術方面顯示出專業化的優越性，它們有專門的技術力量從事分保業務研究，信息靈通，信譽較高。據記載，早期的專業再保險公司有：1843年成立的威塞爾再保險公司、1846年成立的德國科隆再保險公司和1863年成立的瑞士再保險公司等。1999年，瑞士再保險公司以128.3億美元的保費收入名列榜首，慕尼黑再保險公司以120.86億美元居第二位。2000年慕尼黑再保險公司重新奪回第一的寶座。目前全球約有200多家專業再保險公司，主要集中在歐、美、日。

（三）再保險集團

再保險集團是由某一地區或國家的數家保險公司為集中承保能力而聯合建立的組織。在集團內部，成員公司既是分出公司，又是分入公司；每一成員公司將本身承包的直接保險業務全部或在扣除自留額後，通過集團在成員公司之間辦理分保，各成員公司按約定比例接受，也可根據業務性質的不同，逐筆協商接受。大部分集團自己不承擔風險，實際上起類似中間人的作用，少數集團有自己的自留額，並對超限額部分，向集團外分保。再保險集團主要有三方面的優勢。首先，簡化再保險手續，節省管理費用。再保險集團的管理費用是依照各參加公司業務量的大小分攤的，比單獨經營節省。其次，增強競爭能力，增加業務量。集團內各保險公司對一切再保險事務，都由集團統籌辦理，因此可集中力量，加強對外的競爭，爭取更多的直接業務，同時也間接增加了再保險業務。並且由於集團力量雄厚，因此可以承保巨額保險業務，而且絕大多數業務可以自留，不至於對外分出。最后，再保險集團可以達成合理的費率。各個保險公司業務範圍有限，其使用的費率是否公平合理很難有個正確答案。通過再保險集團內的所有保險公司提供業務資料，使資料更加充分、翔實、可靠，依據集團的資料可以釐定合理的保險費率。

（四）勞合社承保人

勞合社創立於1688年，是由以創始人愛德華·勞埃德命名的勞氏咖啡館發展而成的世界最大的、最古老的國際保險市場，在世界保險業擁有極高的聲譽，現有社員3萬餘人，組成400多個水險、非水險、人身險、航空險、汽車險等承保人組合，既辦理直接保險業務，也辦理分保業務，既有分出業務，又有分入業務，其分保業務大約占英國的50%。1998年、1999年其再保險費收入分別達到35.657億美元和37.974億美元，2000年達到39.54億美元。2001年，勞合社是世界上第二大保險人和第五大再保險人。2006年，勞合社的預期承保能力將達148億英鎊。以全球再保險保費收入計算，勞合社排在第六位。勞合社在世界70多個國家和地區擁有經營保險和再保險業務

的執照。

(五) 專業自保公司

專業自保公司是一些大的工商企業成立的專門負責經營其母公司或兄弟公司保險和再保險業務的保險公司。有些專業自保公司也承保外界的風險並接受分入業務。專業自保公司於20世紀60年代初逐漸發展起來，其中大部分成立於20世紀70年代末80年代初，在美國、歐洲及澳大利亞有較快的發展。很多專業自保公司為了享受免稅優惠，都在免稅經濟區登記設立，比如百慕大、開曼等地。專業自保公司一般規模不大，業務質量也良莠不齊，所以通常要將主要風險轉嫁給再保險公司，通過購買再保險的方式轉嫁其已接受的超過自身承保能力的那部分責任。

三、世界主要的再保險市場

(一) 倫敦再保險市場

倫敦再保險市場是隨著國際保險中心的發展而發展起來的。無論勞合社承保組合，還是英國保險公司，在辦理國際性業務方面都具有悠久的歷史，這為倫敦市場上再保險業務的辦理提供了豐富的經驗和大量的人才。這是倫敦再保險市場成為當今世界主要再保險市場的重要原因之一。另外，倫敦作為國際金融中心的地位也促進了倫敦再保險市場的發展。在倫敦再保險市場中，大約有50家專業再保險公司，勞合社的保險費收入一半以上來自再保險市場。倫敦再保險市場是世界再保險市場提供巨災風險保障的中心，已經形成了倫敦超賠再保險市場，專門為地震、洪水等巨災損失提供全面、穩妥的保障。此外，他們還為意外險、責任險等承擔再保險責任。從1991年開始，倫敦超賠再保險接受人在提高費率、改善分保條件和調整分保機構等方面取得了明顯的成果。例如，倫敦超賠再保險市場提高了高層超賠再保險合同的保險費，最高幅度提高了10倍；要求再保險分出公司提高自留額，或者在再保險合同中增加共保條件，先前航空險的分出公司每個風險單位的自留額僅為0.5%，現在提高到2.5%，甚至更高。

倫敦再保險市場經營再保險業務主要有如下三個特點：

(1) 倫敦再保險市場的經紀業十分興旺，經紀人在再保險市場上地位舉足輕重。根據勞合社的規定，再保險業務必須通過再保險經紀人安排成交，如果再保險業務不通過勞合社的經紀人安排，再保險公司就不能接受業務。倫敦的再保險經紀人頻繁地在世界各地往來，積極參加各種保險會議或者活動，信息靈通，十分活躍。

(2) 倫敦再保險市場接受的再保險業務，主要源於外國。在倫敦再保險市場成交的業務中，外國業務的比重非常高。以勞合社為例，美國的業務占60%，其中大部分是以美元成交，其餘40%中的大部分業務來源於世界100多個國家和地區的2000多個保險公司，只有少部分業務來源於本地，這在其他再保險市場極為少見。

(3) 專業再保險公司在倫敦再保險市場上不占主導地位。在倫敦再保險市場上，專業再保險公司接受的業務量不到整個市場容量的1/6。此外，英國本土的專業再保險公司的承保能力又遠遠低於外國專業再保險公司。德國慕尼黑再保險公司和瑞士再保險公司在倫敦設立的附屬機構實力最強，即使英國最大的商業綜合再保險公司、皇家

再保險公司及維多利亞再保險公司，也無法與他們相比。倫敦再保險市場上的大型專業再保險公司通常隸屬於英國的大保險集團或者是外國再保險公司的分支機構。

（二）美國再保險市場

美國作為世界再保險業最發達的國家之一，其再保險市場已越來越為人們所矚目，其中最著名的是紐約再保險市場。美國保險市場廣闊，保費收入占全球保費收入的40%左右。紐約再保險市場經過最近20多年的快速發展，已躋身於世界再保險市場前列。紐約再保險市場主要由國內和國外專業再保險公司組成，公司的規模有大有小，組織結構多種多樣，發展速度快，業務來源廣，使其成為世界再保險市場的主要力量。紐約再保險市場具有如下三個特點：

（1）分保主要依靠倫敦再保險市場。美國保險市場具有巨大的承保能力，大型業務通常可在美國本土消化，不完全依賴再保險的配合。但過去10年來，美國保險市場由於自然災害、恐怖事件損失巨大，已開始尋求再保險人，向勞合社及倫敦保險人協會市場分出的美國業務已呈大幅上升之勢。

（2）再保險交易方式。紐約再保險市場的再保險交易主要有三種方式。第一種是通過互惠交換業務。所謂互惠交換業務是指有再保險關係的保險人之間互相交換業務，一方保險人向另一方保險人分保，又從另一方保險人處獲取回頭的分保業務。如此互通有無，不但擴大了業務面，提高了淨保費收入，而且避免了總業務量的減少，進一步分散了風險，降低了費用開支。第二種是由專業再保險公司直接與分出公司交易。第三種是通過再保險經紀人。其業務主要來源於北美洲、南美洲和倫敦市場。

（3）再保險經紀人作用不大。紐約再保險經紀人的地位與作用不及英國再保險經紀人。近10年來，美國與英國經紀人公司進行一連串的兼併，許多大型經紀公司合二為一，促使美國業務流入英國再保險市場。

（三）歐洲大陸再保險市場

歐洲大陸再保險市場主要由專業再保險公司構成，其中心在德國、瑞士和法國。歐洲再保險市場的特點是完全自由化、商業化、競爭很激烈，並且逐步從不很重要的位置變得在世界再保險市場中舉足輕重。歐洲大陸最大的再保險中心在德國。在世界前15家最大的再保險公司中，德國占了1/3。德國的再保險市場很大程度上是由專業再保險公司控製的，直接由保險公司做的再保險業務量很有限。慕尼黑再保險公司立足於強大的國內保險市場，再保險業務主要來源於德國境內的保險業務。近年來，它將經營範圍擴展到國際上並成為重要的國際性再保險公司。歐洲大陸第二大再保險中心是瑞士。同德國再保險市場一樣，瑞士再保險市場也是專業再保險公司占統治地位。瑞士穩定的社會和經濟、成熟的金融業和自由的法律環境，特別是蘇黎世金融機構的發展，瑞士法郎持續堅挺，資金流動和貨幣兌換無限制，使瑞士成為國際保險和再保險的中心。歐洲大陸在保險市場上的主要專業再保險人經常不斷地向世界各地派出代表，通過與分出人的直接接洽獲得業務。一些規模不大的專業再保險人則大多通過經紀人來接受業務，以降低業務招攬成本。

（四）日本再保險市場

日本進入國際再保險市場開始於國內主要大保險公司與其國外保險夥伴的互惠交

換業務的發展。日本再保險市場上除了托婭和杰西兩家專業再保險公司外，其餘都是兼營直接保險業務和再保險業務的公司。托婭主要承保非壽險再保險業務，杰西僅承保國內地震再保險業務，其再保險市場佔有率較低。日本國內再保險市場向日本非壽險公司提供了大量的再保險責任，在全國範圍內充分分散風險，獲得高水平的利潤，有效保證了日本保險市場的穩定。從日本市場分向國際市場的業務主要是高風險和巨災風險。同時，日本國內主要保險人通過與海外保險人進行業務交換逐步吸收國際再保險業務，使業務範圍逐步向國際化發展，不局限於本國業務。日本再保險市場承接國際業務的能力相當可觀，東京已成為國際再保險中心之一。

四、中國再保險市場

（一）中國再保險市場現狀

中國的再保險市場起步於20世紀30年代。當時的分保業務由外商操縱，華商保險公司實力薄弱。中華人民共和國成立後，政府取消了在華外國保險公司的種種特權，在華外國保險公司業務來源枯竭，紛紛退出中國保險市場，從此徹底結束了外國保險公司長期壟斷中國保險市場的局面。

1953年，隨著私營保險公司合併經營和外商保險公司的退出，再保險市場主體逐漸減少，分保業務逐步演變成由「人保」一家辦理國際再保險業務的局面。1959年，中國國內保險業務停辦以後，國外業務由中國人民銀行國外業務管理局保險處負責，統一經辦國際分保業務，這種狀況一直延續到1979年。改革開放以後，再保險市場有了較大發展。再保險業務快速增長，業務險種不斷增多，自留額迅速提高，再保險法規逐步完善。1995年6月中國《保險法》出抬以後，在國家保險監管機關和保險公司的共同努力下，於1996年制定了《財產險法定分保條件》和《人身險法定分保條件》，以及相應的《分保業務實施細則》，使法定分保有法可依、有章可循。此外，中國的再保險的主體機構不斷健全。隨著保險體制改革的深入，1996年2月，中國人民保險公司組建集團公司，並成立了中保再保險有限公司，從而結束了中華人民共和國成立以來無專業再保險公司的歷史。「中保再」在經營法定分保業務的同時，還協理其他各類非法定分保業務。為適應再保險市場發展的新情況，1999年3月，中國再保險公司在中保再保險有限公司的基礎上組建成立，註冊資金30億元人民幣，截至2001年年底資產總額達到185.09億元。中國再保險公司的成立，標誌著中國再保險市場主體趨向成熟。2003年12月，經過重組改制，中國再保險（集團）公司成立，開始了中國民族再保險業產壽險分體改制、集團化經營的嶄新一頁。2005年9月26日，中國保險監督管理委員會主席辦公會審議通過了《再保險業務管理規定》，這是中國第一部全面系統地規範再保險市場的法規。它的發布實施，結束了中國再保險市場多年來沒有專門法規的歷史，對正確貫徹實施《保險法》關於再保險業務的規定、培育中國再保險市場、規範保險公司的再保險行為、強化對再保險市場的法制化監管具有重要的意義。

（二）中國再保險市場存在的問題

從上述中國再保險市場的基本情況可以看出，中國的再保險市場還十分稚嫩，還

有很多方面有待完善。

1. 再保險組織機構不健全，再保險市場不完善

目前，中國只有唯一的一家專業再保險公司——中國再保險公司在中國市場上經營再保險業務，具體經辦法定再保險業務。各保險公司對於自己的分出業務無法選擇分入公司進行分保，是一種完全壟斷的市場模式。而中國再保險公司無論是其主體的質量、數量，還是其客體的規模，都無法滿足國內保險市場上萬億保險責任的分保需求。並且中國的再保險市場上也沒有再保險仲介人，而這是任何一個完善的再保險市場都不可或缺的。所有這些都無法滿足國內各保險企業對再保險的需求。

2. 國內再保險市場與國際再保險市場不接軌

由於人民幣目前還沒有實現資本項目下的可自由兌換，人民幣保費業務不能與國際再保險市場接軌，在向外轉分保時，如果原來是人民幣業務，則會增加外匯支出或承擔外匯匯率變動的風險。國內巨額風險的壓力無處緩解，因此不利於國內風險的分散，同時也嚴重制約了國內業務進入國際再保險市場。另外，中國再保險市場費率也未與國際接軌。「9·11」事件之后，國內保險市場費率並未與國際費率水平同步上揚。目前，國內只有特殊險種的費率稍有提高，如飛機險、石油開發險和核電站建築安裝險費率上漲了20%~40%，但與國際保險市場100%~500%的增幅仍相差懸殊。

3. 中國再保險市場面臨嚴峻挑戰

中國加入WTO做出的承諾是，法定分保業務逐年降低5個百分點，加入WTO后5年內，20%的法定分保將完全取消。外資再保險公司大量進入中國再保險市場，將對中國內資再保險企業在承保能力、人才、信息、服務水平等方面形成巨大的壓力和挑戰。

4. 保險公司自留風險過大

從自留比率看，中國直接保險公司的自留比率一直偏高。據不完全統計，2003年國內有效保單中，洪水、風暴的累積責任約為13,000億美元，其中至少有80%~90%的風險累積在國內，未向國際市場分保。高自留比例說明中國直接保險公司普遍存在超額自留即超承保能力承擔風險責任的現象。此外，目前中國一些商業保險公司開展了洪水保險和少量地震附加險。多個方面表明，目前國內保險公司在自然巨災等方面已存在巨額責任累積。

(三) 建立和完善中國再保險市場的對策建議

借鑑國外再保險市場的發展經驗，結合中國目前再保險業發展的現狀，我們可以嘗試採取一系列措施，建設和完善中國的再保險市場。

1. 增加再保險供給主體，增強專業再保險公司的承保能力

在堅持數量適宜、避免惡性競爭原則的前提下，允許各保險公司出資建立商業性的股份制專業再保險公司。這不但有利於滿足不斷增長的再保險需求，而且有利於打破中國再保險公司的獨家壟斷局面，適當引入競爭機制，提高服務質量，促進再保險業的良性競爭與發展。各保險公司在完成法定分保業務外，其餘的分出業務可自行選擇再保險公司進行分保，或者與其他保險公司交換業務。另外，中國再保險公司的承保能力有限，資金實力正好與現在的法定分保業務規模相適應。如果法定分保業務規

模擴大，或商業分保業務拓展，中國再保險公司的資本實力很不充足，因此提高中國再保險公司的資本金實力，突破承保能力的資金限制已刻不容緩。

2. 積極組建國內再保險集團

發展國內再保險市場，急需組建國內再保險集團。組建國內再保險集團對各保險公司來說，既是分出公司又是分入公司，成員公司之間平等互利，既達到分散風險、穩健經營的目的，又不使成員公司因大量分保費的支出而減少公司的收入。而且還可以擴大中國保險市場的整體承保能力，減少對國際再保險市場的依賴，有效地控製保費外流，從而提高中國保險業的整體實力。顯然，組建再保險集團對於保護稚嫩的民族保險業是十分有利且必要的。

3. 發展再保險仲介機構

再保險業務主要通過再保險經紀人來接洽處理，這在世界再保險市場上是一個通行且成功的做法。再保險仲介機構由於其專業性強、服務質量高、信息渠道廣等優勢，往往可能更快地促進再保險雙方達成協議，提高業務質量，減少許多不必要的支出；同時還可以緩和或調解再保險雙方當事人的矛盾或摩擦。而且一些資深的再保險仲介機構不僅能給保險公司帶來國際保險市場的動態與信息，而且還帶來承保經驗與技術，使分出業務能及早規避因國外分入公司的財務問題而帶來的風險。因此，再保險仲介機構在世界再保險市場上有著不可替代的重要地位。像倫敦勞合社規定分出和分入再保險業務必須經過再保險經紀人，美國有大量業務也是通過再保險經紀人分給勞合社。中國保險業不發達，承保高技術含量風險時，缺乏技術支撐，往往依賴國外再保險經紀人提供技術幫助，從而導致中國許多高額保險項目的再保險外流。因此建立中國再保險經紀人制度，培養訓練有素的再保險經紀人隊伍，是中國再保險業發展的必要條件。

4. 加大再保險的監管力度，淨化再保險市場

應加速提高再保險監管能力。目前國內的監管水平與 WTO 的要求尚有距離，這對於中國再保險業參與國際競爭十分不利。我們應加強再保險監管規模、機構、組織以及指標體系方面的建設，借鑑和參考國外在再保險監管方面的經驗和教訓，提高公司透明度，引進國際公認的信用評級機制等，努力縮短與國際水平的差距。一是要認真貫徹落實《保險法》《再保險業務管理規定》及有關法規中關於再保險的規定，切實強調依法經營；二是加強對再保險業的管理，嚴禁各保險公司作為境外保險機構的出單公司，以明顯低於再保險市場正常的分保價格的條件向外分保；三是要加大對再保險經紀人的監管，要把違規經營、炒作市場的再保險人列入「黑名單」，凡被列入「黑名單」的再保險經紀人，任何公司均不得與其發生業務關係。

5. 加強再保險專業人才培養

再保險業務是一項技術性很強的業務，比如風險單位的劃分、自留額的確定、超額賠款、再保險費率的厘定等，要求業務人員必須具備較高的專業素質和豐富的實踐經驗以及掌握保險市場信息的能力和相應的精算水平，這是建立和完善中國再保險市場不可缺少的重要因素。為了滿足日益迫切的人才需求，中國的保險公司應當加強與教育部門的合作，在對大專院校相關專業學生進行再保險專業理論知識的系統教育的

同時，更要在實踐中對這部分畢業生大膽任用，在實踐中提高其本領。另外，還要加強對再保險在職員工的培訓，建立再保險經紀人的資格考試制度等。

第三節　保險市場監管

一、保險市場監管概述

（一）保險市場監管的產生與發展

監管就是監督與管理，保險監管是對保險業的監督管理，是保障整個保險市場健康有序運行必不可少的工作。在整個保險監管體系中，監管主體有國家立法、司法和行政部門，監管對象有保險業務以及與保險業相關的其他利益組織或個人。保險監管最早於19世紀出現在美國。1800年，依據英國保險法註冊的大部分保險公司進入美國保險市場，通過收取較低的保費來拓展業務，美國的州政府開始覺得保護州內保險公司和被保險人利益存在壓力。1810年，美國賓夕法尼亞州為保護本州被保險人的利益，率先通過一部保險法律，禁止外州保險公司在本州開辦保險，違者罰款高達5000美元。隨後，馬里蘭州和紐約州也相繼通過類似的法律。從此，保險監管開始萌芽。此後，由於戰爭紐約州不能要求外州保險公司支付保險賠款，該州被保險人因而蒙受損失，所以，紐約州的保險法律明確要求保護被保險人的利益，這使保險監管的目的進一步地明確。1814年，紐約州部分保險公司因喪失償付能力而破產，致使該州被保險人遭受嚴重的經濟損失。為規範保險公司的破產清算行為，紐約州通過立法規定了保險公司的清算程序。清算制度的規定，大大加強了對保險公司破產的管理。1827年，紐約州要求保險公司向州會計檢察官提交年報，年報包括保費收入、資產、負債等13個方面的內容。1835年，紐約州要求各個公司的年報必須由本公司官員簽署，並附有關於保險經營的詳細的資料。1849年，紐約州通過了保險分業經營的法律，要求保險公司只能經營一類保險業務。1851年，壽險與健康保險被界定為同一類保險業務。1853年，火災保險被界定為一類保險業務。從此，產壽險分業經營原則開始確立。直到19世紀50年代，美國各州仍沒有專門的保險監管部門。1851年，新罕布什爾州首先成立保險委員會。1852年，佛蒙特州也建立了本州的保險委員會，該委員會發布了三部法律，即《健康保險法》《壽險法》和《火災保險法》，在法律中再次強調了產壽險分業經營的原則。1855年，馬薩諸塞州也成立了類似的委員會。這些委員會的成立，對於加強對保險業的管理起到了促進作用，但它們還不能稱之為現代意義上的保險監管機構。現代意義上的保險監管部門是於1859年在紐約州率先成立的，即紐約州保險監督官委員會。到20世紀初期，隨著汽車工業的發展，保險公司開始辦理汽車保險及相關的意外保險業務。1907年，紐約州修改其保險法，允許保險公司銷售包括汽車保險和意外保險在內的一攬子保單，但不允許經營汽車保險業務和意外保險業務的保險公司經營火災保險業務和水險，經營火災保險和水險業務的保險公司也不得經營汽車保險業務和意外保險業務。由於這項規定對於保險公司和被保險人均帶來不便，1923

年，紐約州修改本項法律，打破了上述界限。20世紀20年代，保險監督官開始監管保險公司的盈利狀況。至此，美國建立了對保險公司市場行為監管和償付能力監管並重的保險監管體系。在歐洲，奧地利於1859年率先建立了保險監管制度，此後，英國也於1870年建立了保險監管制度。從1870年起，儘管歐美各國經濟政策經歷了自由放任到政府干預以及自由主義復興的變遷，但由於保險業本身的特殊性及其在整個國民經濟中佔有舉足輕重的地位，各國政府對保險業的監督管理一直朝著強化的趨勢發展，其目的是建立一套嚴格的宏觀的保險監督管理體制，從制度上確保保險業在社會經濟中的穩定發展及具有良好的社會效益。

(二) 保險監管的理論基礎

保險監管產生以來，許多學者都對保險監管產生的原因及監管目的等作過理論解釋，這些理論大致可以分為經濟理論和政治理論兩大部分。

1. 保險監管的經濟理論

保險監管的經濟理論將保險監管看作一種經濟資源，是完善保險市場和促進保險業發展的一種手段。它有公眾利益論和公眾選擇論兩種。

(1) 公眾利益論。公眾利益論認為監管的目標是保護公眾的利益，其基本出發點是政府為矯正市場失靈而對市場加以干預，以使其達到經濟效益最大。這一理論的根源是西方微觀經濟理論中的社會利益論，而社會利益論本身缺乏事實的支持，許多事實與理論不相符。公眾利益論可以用來解釋約束保險人行為和穩定保險市場的監管工作。例如，通常認為維護保險人的償付能力符合公眾利益論，因為如果保險人償付能力不足，被保險人在遭受損失時就得不到應有的保障。

(2) 公眾選擇論。與公眾利益論不同，公眾選擇論認為保險監管不是政府通過行使政府權力保護大眾利益，而是維護市場上強有力團體的利益。

2. 保險監管的政治理論——監管政治論

監管政治論認為保險監管是一種職權系統，保險監管行為是一種權力的運用；還認為監管是在一種政治環境中發展起來並付諸實施的，各種特殊利益形成政治團體，影響監管政策。

(三) 保險監管原則與模式

1. 保險監管的原則

保險監管的原則與監管目標是相一致的。具體的原則有：依法監管的原則；適度競爭的原則；自我約束與外部強制相結合的原則；綜合性管理原則；穩健經營與風險預防原則；不干預保險機構內部經營管理的原則。

2. 保險監管的模式

就世界保險市場而言，英國和美國代表了國際保險市場上兩種不同風格的監管模式。

英國的保險監管模式。英國實行由議會立法、貿工部全面監督管理和保險同業工會自我管理相結合的管理體制。貿工部是國家設立的保險監管機構，保險監管的具體工作由貿工部下設的保險局來執行。保險局的主要監管職能是批准經營保險業務的申

請，調查可能非法經營的保險公司情況，審核保險公司提交的各種報表，批准保險業務的轉移，管理保險公司的投資活動等。貿工部以保險人的償付能力為監管中心，而對保險費率、保單條款內容和公司所有權等，一般不進行干預。英國保險業以高度的行業自律為特色，保險業自律組織負責各自不同的管理範圍。行業自律的主要機構有勞合社理事會、經紀人委員會、保險人協會等。

美國保險監管模式。美國對保險業實行聯邦政府和州政府雙重監管制度，聯邦政府和州政府擁有各自獨立的保險立法權和管理權。聯邦保險局負責聯邦洪水保險、聯邦農作物保險、聯邦犯罪保險等特定業務。美國各州有自己的《保險法》，各州保險局在州管轄範圍內行使保險監管權，以保險公司償付能力和被保險人利益為主要監管內容。雖然美國各州有自己的《保險法》，但在全美保險監管協會的努力下，內容上已無太大差別。

(四) 保險監管的方式與手段

1. 保險監管的方式

保險監管的方式根據保險監管模式的不同和所處的歷史時期的不同，主要有三種方式。

(1) 公示方式，即國家對保險業的實體不加以任何直接監管，而僅把保險業的資產負債、營業結果以及其他有關事項予以公布。

(2) 規範方式，又稱是準則主義，是由政府規定的保險經營的一定原則，要求保險業共同遵守的方式。

(3) 實體方式，又稱作許可方式，即國家制定有完善的保險監管規則，國家保險監管機關具有較大的權威和權力。

2. 保險監管的手段

各國對保險市場監管手段因監管模式不同而存在差異，一般有法律手段、經濟手段、計劃手段和行政手段。

二、保險市場的監管內容

各國保險監管主要從對保險人、保單格式與費率、償付能力、仲介人、再保險公司和跨國保險活動等方面的監管來做。

(1) 對保險人的監管。對保險人的監管包括對市場准入的資格審定，保險人對監管部門應履行的義務，對公司管理和市場行為的監管，對公司的整頓、接管和破產的監管等方面。

(2) 對保單格式與費率的監管。費率厘定是保險公司承保時的關鍵程序，對費率的監管也是保險條款監管的內容主體。

(3) 償付能力監管。償付能力是保險公司的靈魂，沒有充足的償付能力就不能從根本上保證公司的健康發展，從而最終保證被保險人的利益。對保險人償付能力的監管涉及公司操作的方方面面，主要包括：資本額和盈餘要求，定價和產品，投資，再保險，準備金，資產負債匹配，與子公司、分支公司的交易，公司管理。

（4）對保險仲介人的監管。保險公司出售的保險產品多數是由保險仲介人面向顧客進行銷售的，仲介人是保險公司和顧客之間的一個橋樑。因此，對保險仲介人的監管就成為保護消費者利益的一個重要環節。

（5）對再保險公司的監管。再保險業務與直接的保險業務相比有本質上的不同，而且再保險多按照習慣加以操作，沒有統一的格式保單和費率，因此，對再保險公司的監管與直接的保險公司的監管存在許多差異，不同的國家有不同的監管方式。

（6）對跨國保險活動的監管。保險市場的開放是每一個國家面臨的必然問題，監管方面也相應地存在著管與不管的矛盾。國際再保險監管協會對跨國監管提出了一些基本原則：不同監管機構應進行合作，以使任何國外的保險機構都無法逃脫監管；子公司應受東道國規則監管，分支公司則同時受母國與東道國的監管；所有跨國保險集團和保險人都必須服從有效監管；跨國設立保險實體要同時徵得東道國和母國的同意。

本章小結：

1. 保險市場是指保險商品進行交換的場所，是保險交易主體之間所產生的全部交換關係的總和。保險市場是直接的風險市場、預期性的交易市場、非即時結清性市場。無論是財產保險市場，還是人身保險市場，其構成必須具備交易主體、交易客體及交易價格等要素。

2. 保險監管產生以來，許多學者都對保險監管產生的原因及監管目的等作過理論解釋，大致可以分為經濟理論和政治理論兩大部分。就世界保險市場而言，英國和美國代表了國際保險市場上兩種不同風格的監管模式。保險監管的方式根據保險監管模式的不同和所處的歷史時期的不同，主要有公示、規範和實體三種方式。各國主要從保險人、保單格式與費率、償付能力、仲介人、再保險公司和跨國保險活動等方面進行保險監管。

復習思考題：

1. 什麼是保險市場？保險市場的特徵有哪些？
2. 保險市場的構成要素有哪些？
3. 比較相互保險公司、相互保險社、保險合作社的異同。
4. 簡述保險監管的主要內容。

國家圖書館出版品預行編目(CIP)資料

風險保險學 / 石大安 主編. -- 第一版.
-- 臺北市：崧博出版：財經錢線文化發行, 2018.10
　　面 ；　　公分

ISBN 978-957-735-567-6(平裝)

1.保險業管理 2.風險管理

563.7　　　　　107017080

書　　名：風險保險學
作　　者：石大安 主編
發 行 人：黃振庭
出 版 者：崧博出版事業有限公司
發 行 者：財經錢線文化事業有限公司
E-mail：sonbookservice@gmail.com
粉絲頁　　　　　　網　址：
地　　址：台北市中正區延平南路六十一號五樓一室
8F.-815, No.61, Sec. 1, Chongqing S. Rd., Zhongzheng Dist., Taipei City 100, Taiwan (R.O.C.)
電　　話：(02)2370-3310　傳　真：(02) 2370-3210
總 經 銷：紅螞蟻圖書有限公司
地　　址：台北市內湖區舊宗路二段 121 巷 19 號
電　　話：02-2795-3656　傳真：02-2795-4100　網址：
印　　刷：京峯彩色印刷有限公司（京峰數位）

　　本書版權為西南財經大學出版社所有授權崧博出版事業有限公司獨家發行電子書及繁體書繁體版。若有其他相關權利及授權需求請與本公司聯繫。
定價：500元
發行日期：2018 年 10 月第一版
◎ 本書以POD印製發行